跨境贸易商品估价指南

Guide to the Valuation of Goods for Cross-border Trade

杜连莹 编著

中国海关出版社有限公司

图书在版编目（CIP）数据

跨境贸易商品估价指南 / 杜连莹编著. —北京：中国海关出版社有限公司，2019.11
ISBN 978-7-5175-0397-2

Ⅰ. ①跨… Ⅱ. ①杜… Ⅲ. ①国际贸易—商品价格—估价—指南 Ⅳ. ① F740.3-62

中国版本图书馆 CIP 数据核字 (2019) 第 221613 号

跨境贸易商品估价指南
KUAJING MAOYI SHANGPIN GUJIA ZHINAN

作　　者：	杜连莹
策　　划：	普　娜
责任编辑：	杨　升
出版发行：	中国海关出版社有限公司
社　　址：	北京市朝阳区东四环南路甲 1 号
网　　址：	www.hgcbs.com.cn
编 辑 部：	010-65194242-7530（电话）
发 行 部：	010-65194221/4238/4246（电话）
社办书店：	010-65195616（电话）
	www.customskb.com/book（网址）
印　　刷：	北京天恒嘉业印刷有限公司
开　　本：	889mm×1194mm 1/16
印　　张：	29
版　　次：	2019 年 11 月第 1 版
印　　次：	2019 年 11 月第 1 次印刷
书　　号：	ISBN 978-7-5175-0397-2
定　　价：	280.00 元

邮政编码：100023

010-65194231（传真）
010-65194233（传真）
010-65195127（传真）

经　　销：新华书店

字　　数：950 千字

海关版图书，版权所有，侵权必究
海关版图书，印刷错误可随时退换

顾问：朱　昉　高瑞峰　刘学透

监制：毛建平　詹四军　回增杰　莫　丽　许小兵　邓国风
　　　姚　伟　李　鸣　孙加林　史　强　王　刚　闫铁恒
　　　肖渊斌　崔玮华

责编：黄银燕　范一夫

校对：熊祥林　朱　明　李佳楠　谈文洲　陆俊颖　刘　鹏
　　　郭金辉　贾军虎　张兴源　陈　昊　舒　悦　陈熠昃
　　　李　由　王　峰　刘　成　肖元声　张　楠

序

全国海关通关一体化改革，优化营商环境，"放管服"改革深入推进，在稽（核）查领域，海关重点加强后续监管，深化"多查合一"改革，强化稽（核）查工作成效。研究推动核查管理制度建立，规范稽（核）查执法程序。海关总署署长倪岳峰在2019年全国海关工作会议上指出，要强化稽（核）查工作，针对转让定价领域开展专项稽查。目前，对集成电路、医药、汽车、大宗商品、飞机租赁等重点行业跨国公司转让定价涉及商品价格的稽（核）查工作正在有序开展。转让定价是跨国企业经营的重要问题，也是我国税务机关和海关同时关注的重点。税务机关主要依据《中华人民共和国企业所得税法》和《中华人民共和国税收征收管理法》，关注企业关联定价是否偏高，向境外转移利润；海关依据《中华人民共和国进出口关税条例》和《中华人民共和国海关审定进出口货物完税价格办法》，关注跨境贸易成交价格的真实性、合法性，是否存在因特殊关系影响了成交价格，导致进口环节税的少征、漏征。作者针对跨国公司转让定价业务，在全面、深入、客观调研的基础上，发现许多企业仅从符合企业税法的合规角度建立某时期的转让定价方法，却忽视了每单进口商品的独立交易原则，从而对影响进口商品的成交价格，造成商品进口环节税少征和漏征。此书便于我国海关和跨国公司参阅，在进口商品申报环节和后续稽（核）查过程中，依法依规分析和研判商品交易过程中价格的影响因素，还原商品交易实质，力求客观完整地对每单进口商品成交价格实施主动申报和合理海关估价。

海关总署稽查一级专家
海关总署企业管理和稽查司副司长

海关总署关税一级专家
北京海关副关长
海关总署税收征管局（京津）局长

天津海关副关长

前 言

随着贸易全球化和投资便利化，国际经济合作日益密切，各国之间的经济依赖度逐渐提升，贸易模式愈加复杂，结算方式不断创新，海关估价面临新的挑战。如何既确保国家税收安全，又保障进出口企业合法权益，践行符合客观贸易事实的海关估价，成为海关监管必须思考的重要议题。

本书分两部分，共计八章，第一部分含三章，分别为转让定价、海关估价方法及会计制度的相关政策及法规解析；第二部分含五章，分别为集成电路、医药行业、汽车行业、大宗商品及飞机租赁等五大行业估价解析及论注。

作者通过对跨国公司转让定价、海关估价相关法规制度体系的研究，结合跨境贸易领域海关监管工作实践，对集成电路、医药行业、汽车行业、大宗商品及飞机租赁行业跨境贸易的概况、交易模式、国家相关政策、进口商品报验状态、行业定价政策进行研究和剖析。在此基础上，依据《中华人民共和国进出口关税条例》《中华人民共和国海关审定进口货物完税价格办法》、OECD《转让定价指南》、《企业会计准则》等对上述行业海关估价进行了解析，并著有针对性的论注。通过对不同跨国公司商品转让定价方法的审核，确定商品的申报价格是否符合客观、公平、统一的原则，以跨国公司在交易中承担的功能、职责和风险为出发点，并以《中华人民共和国进出口关税条例》《中华人民共和国海关审定进口货物完税价格办法》《WTO估价协定》、OECD《转让定价指南》为依据，确定合理的定价体系和估价方法。本书还原商品交易实质，使海关估价在客观贸易事实的基础上符合客观、公平、统一的原则，从而满足贸易全球化和投资便利化的需求，促进中国经济的高水平开放、高质量发展。

2019年8月

目录

跨境贸易
商品估价指南
Guide to the Valuation of Goods
for Cross-border Trade

第一章 转让定价 1
 第一节 转让定价简介 1
 第二节 中国海关对转让定价的规定 11
 第三节 各转让定价方法的审核重点 18

第二章 海关估价方法 34
 第一节 估价顺序 34
 第二节 相同或类似货物估价方法 38
 第三节 商业水平和数量水平的调整 50
 第四节 倒扣价格估价方法 53
 第五节 计算价格估价方法 66
 第六节 计算价格法和倒扣价格法的颠倒 77
 第七节 合理方法 81
 第八节 转让定价与海关估价的区别 91

第三章 会计制度 95
 第一节 公认会计原则 95
 第二节 利润和一般费用 101

第四章 集成电路行业估价解析 106
 第一节 集成电路行业概况 106
 第二节 行业商品交易模式 115
 第三节 集成电路产业国家政策 145
 第四节 集成电路进口报验状态 153
 第五节 集成电路行业定价政策 159
 第六节 商品估价解析 165
 第七节 论　注 176

第五章 医药行业估价解析 179

- 第一节 医药行业概况 179
- 第二节 中国现行医药政策 205
- 第三节 药品交易模式 215
- 第四节 药品进口报验状态 229
- 第五节 药品行业定价政策 238
- 第六节 商品估价解析 246
- 第七节 论 注 253

第六章 汽车行业估价解析 255

- 第一节 汽车行业概况 255
- 第二节 汽车行业交易模式 261
- 第三节 汽车产业国家政策 289
- 第四节 汽车整车和零配件进口报验状态 291
- 第五节 汽车行业定价政策 295
- 第六节 商品估价解析 296
- 第七节 论 注 306

第七章 大宗商品估价解析 309

- 第一节 大宗商品行业概况 309
- 第二节 大宗商品交易流程 319
- 第三节 大宗商品交易特点 335
- 第四节 大宗商品进口报验状态 336
- 第五节 大宗商品行业定价政策 347
- 第六节 行业商品估价过程 354
- 第七节 商品估价解析 363
- 第八节 论 注 376

第八章 飞机租赁估价解析 383

- 第一节 飞机租赁行业概况 383
- 第二节 行业商品交易模式 390
- 第三节 飞机租赁产业国家政策 410
- 第四节 飞机租赁贸易进口报验状态 423
- 第五节 飞机租赁行业定价政策 431
- 第六节 商品估价解析 436
- 第七节 论 注 446

第一章 转让定价

第一节 转让定价简介

一、转让定价的定义

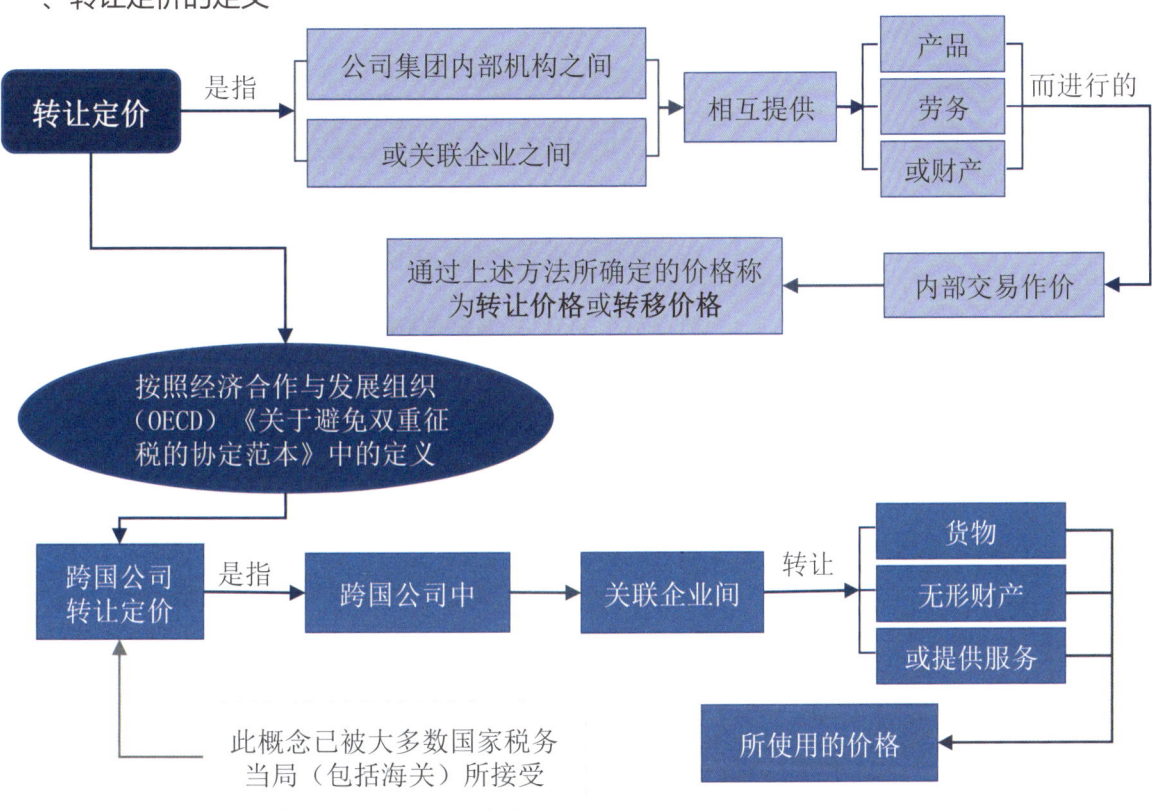

二、转让定价的动机

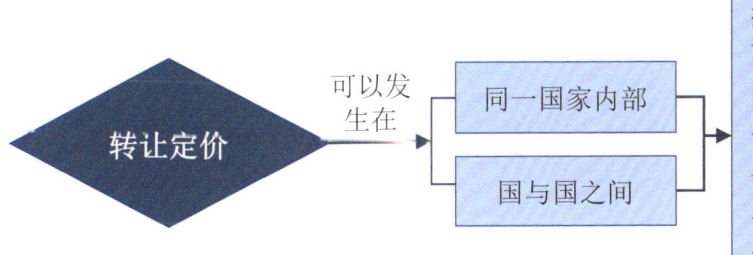

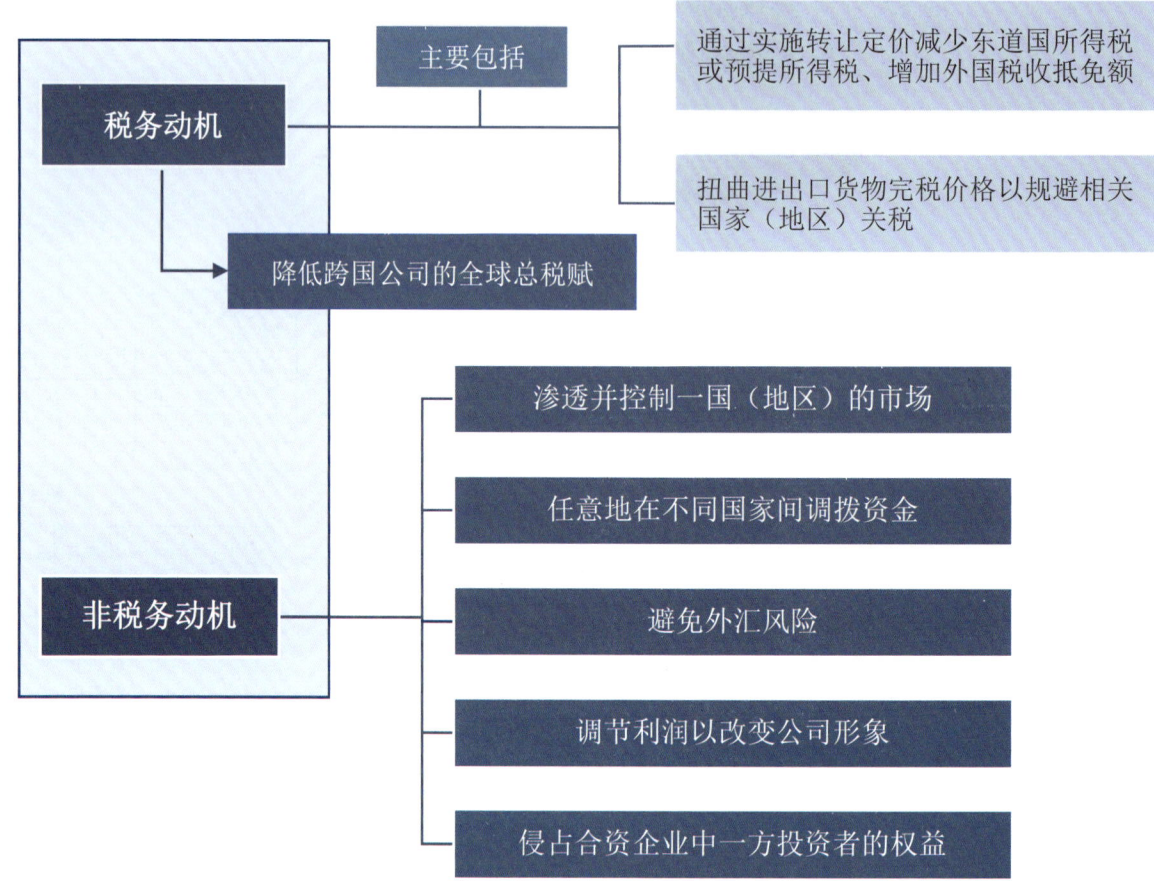

三、转让定价的特点

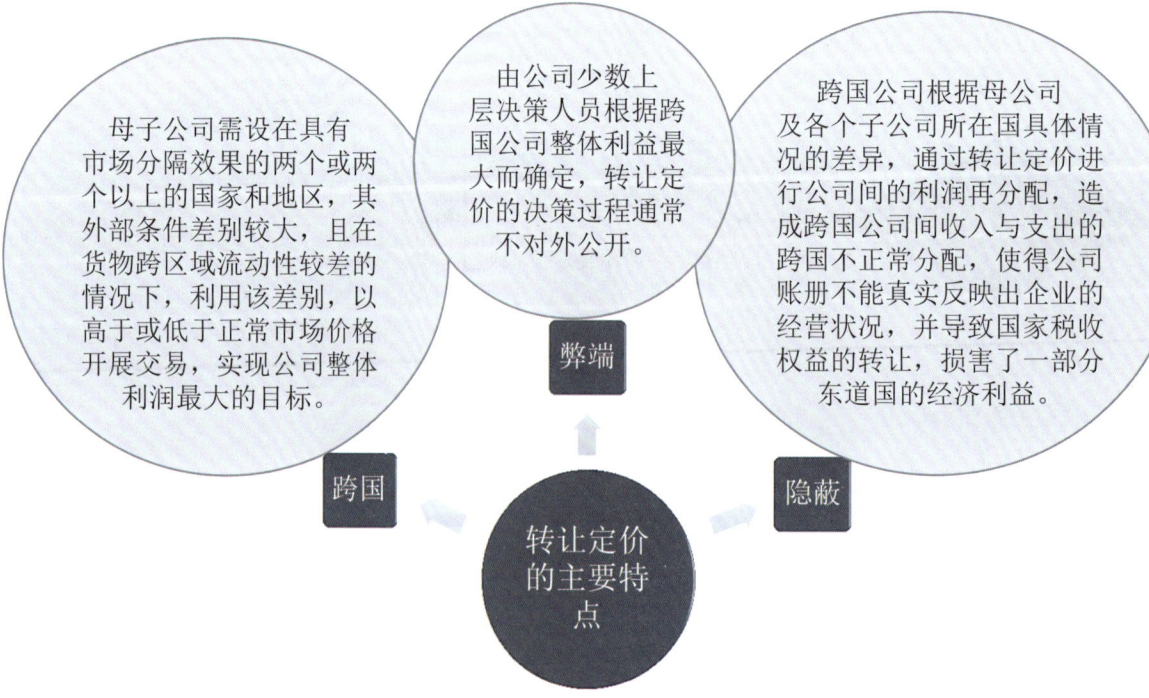

四、转让定价的实质

转让定价的实质 → 国家与跨国公司妥协的产物跨国企业与税务机关 OECD《转让定价指南》（以下简称《指南》）

- 一方面，它为跨国公司通过控制内部交易价格，以达到调配利润、降低税赋提供了一个合理理由。
- 另一方面，针对跨国公司的内部交易定价制定了一套游戏规则，限制了跨国公司滥用转让定价实施避税的行为。

五、公平交易原则

公平交易原则

- 在经济学界也称之为一臂长原则
  - 是指关联企业交易，应当按照独立企业之间的交易原则行事。
- 是OECD成员国同意用于确定转让定价有关税收问题的国际性标准。
- 《指南》采用了《OECD税收协定范本》中的定义
  - 当两家公司在其相互的商业或财务关系上制造或强加上不同于独立企业之间的条件时，其中一方应取得利润，但由于这些特殊的条件而没取得的利润，应包括在该企业的利润之内并相应地予以征税。
- 是税收公平原则在处理关联企业之间的交易时的具体体现。
- 为关联企业和独立企业提供了同等的税收待遇，尽量消除跨国公司利用转让定价达到减少税收负担的目的，避免税收对国际经济活动行为选择的扰动。

六、可比性分析

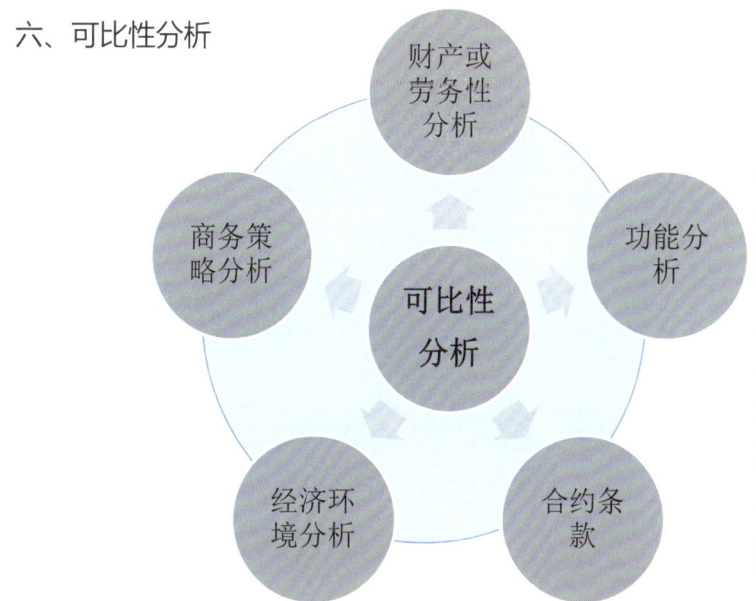

需要注意的是，关于商业策略的转让定价分析主要是依据税务部门的所得税税基角度开展分析，但在海关估价领域，由于海关转让定价所针对的对象为具体的交易货物，税基的差异导致海关估价不能直接采用税务部门所得税转让定价的分析角度。

七、转让定价的主要方法

转让定价的主要方法
《指南》中，符合正常交易原则的转让定价认定方法
传统交易比较定价法
利润比较法
可比非受控定价法（CUP）
再销售价格法（RPM）
成本加成法（CPM）
利润分割法（PSM）
交易净利润率法（TNMM）

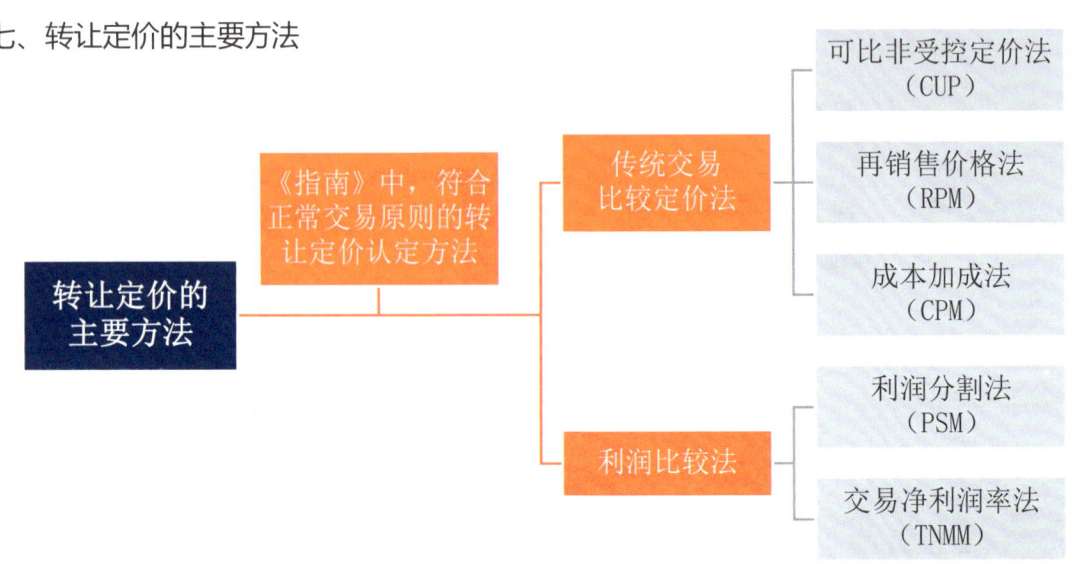

（一）可比非受控定价法（CUP）

可比非受控定价法（CUP）
含义
在可比环境下的受控交易中，转让财产劳务时所定的价格，以及在可比环境下非受控交易中，转让财产或劳务所制定的价格。如果两个价格有所不同，则说明该关联企业的商务和财务关系状况是非公平独立的，需要用非受控交易的价格来替换受控交易的价格。
采用该方法
首先找出作为参照的非受控交易，并应用前述关于可比性的分析思路开展审查
所有的比较因素都必须予以考虑，特别要考虑可比性因素中产品的相似性
此外，还需着重比较下列因素
买卖双方实际拥有的其他进货和销货的对象
汇率风险
与销售相关的无形资产
交易的时间
交易所处的地域性市场
市场级次
合同条款
产品的质量
如果无法进行上述调整，或者受控交易与非受控交易之间的差异已经超过了微小的程度，则一般不建议使用可比非受控定价法。
此外，在进行可比性分析时，还要充分考虑所用数据的完整程度和准确程度，以及为使用这种方法所设定前提的可靠程度。
《指南》特别指出，在一个独立企业销售的货物和关联企业间销售的货物相同的情况下，可比非受控定价法是一种特别可靠的方法。

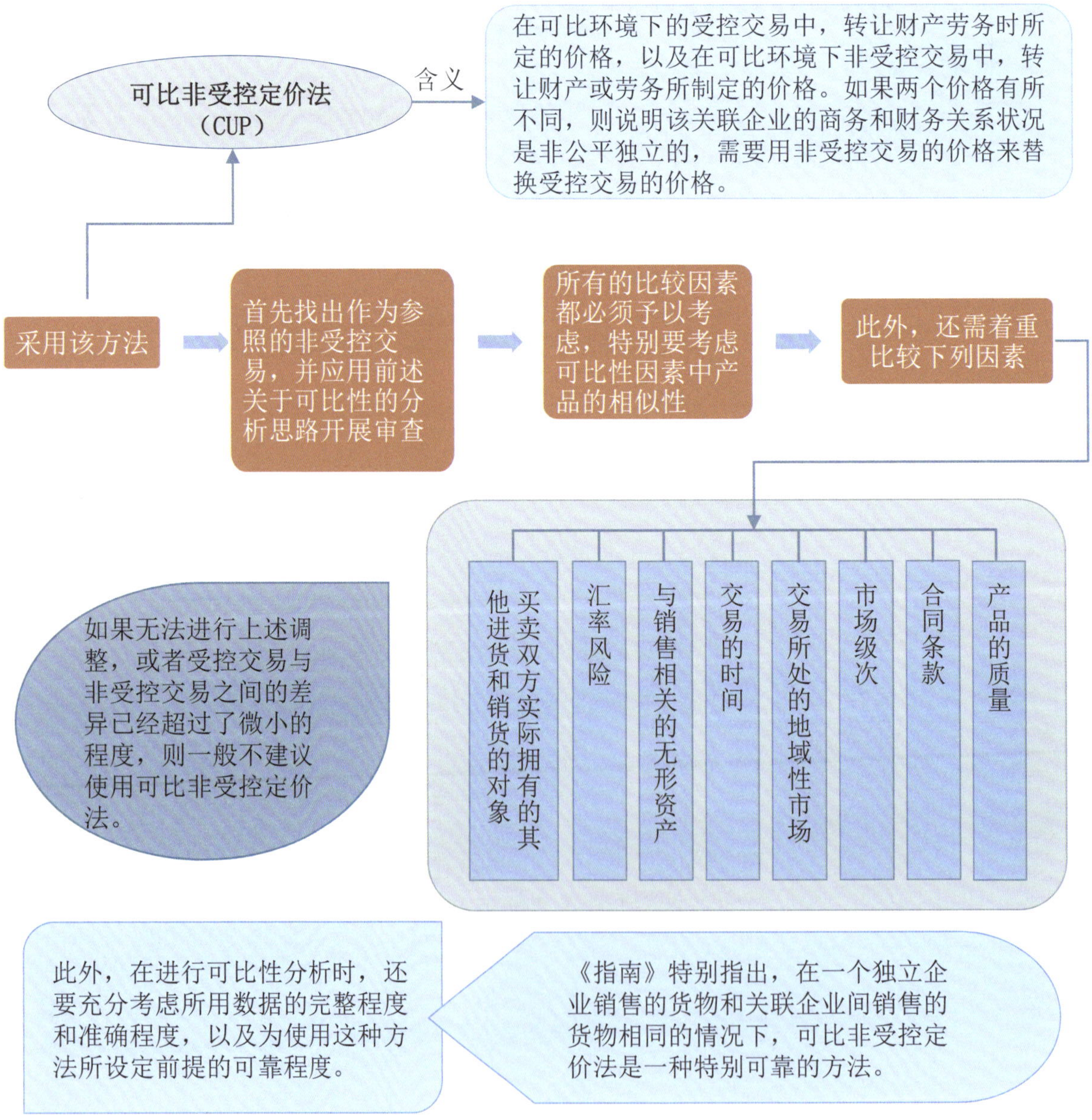

(二) 再销售价格法（RPM）

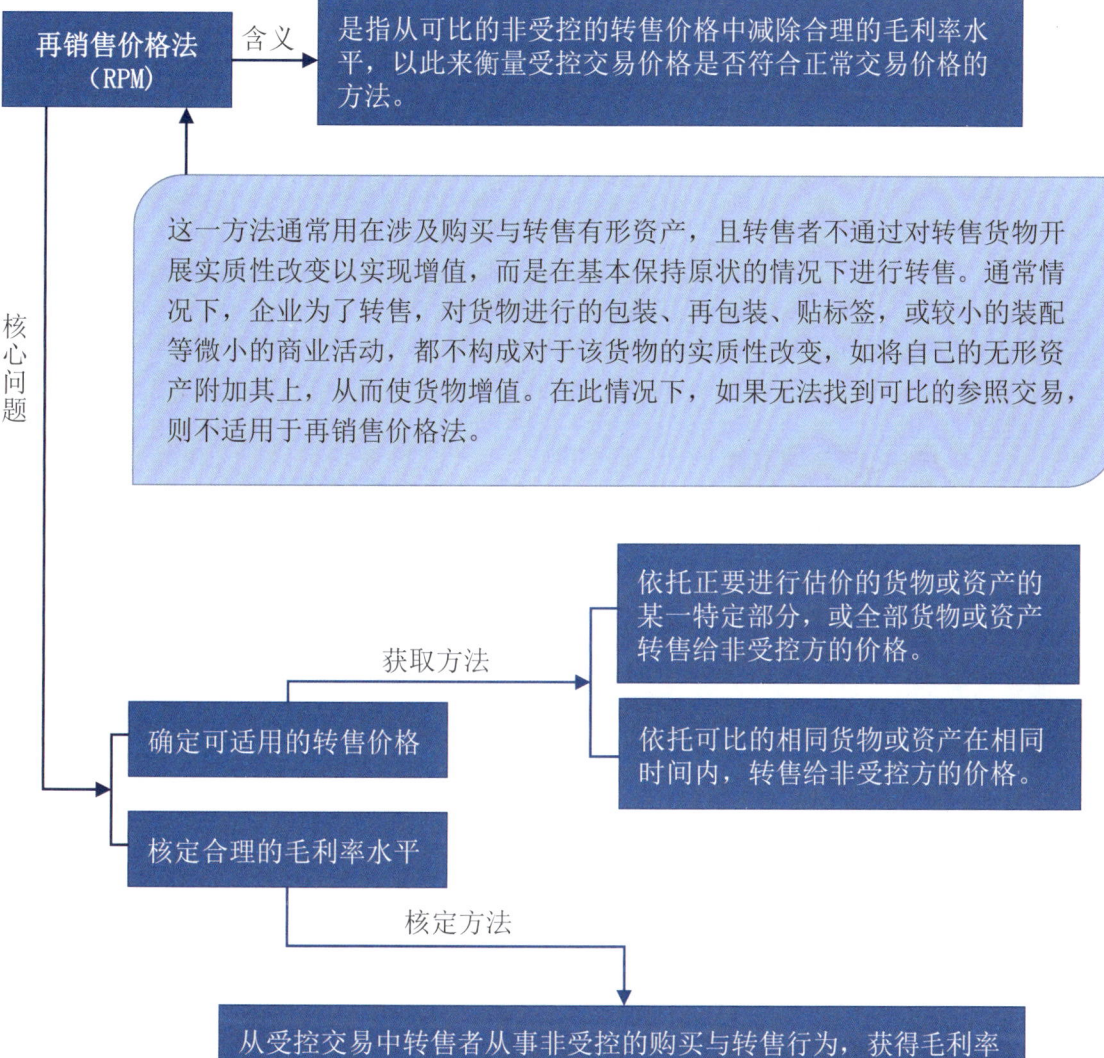

确定可适用的转售价格和毛利率水平的基础性工作，同样来源于对可比性的分析。本方法对转让货物在物理上的相似性要求较低，但产品（或服务）在物质上的差异对获得的比较结果仍具有重要意义，因此通常应当选择同类产品的经营者作为比较对象，寻找可比毛利率时还需注意某些对价格影响较小的因素可能对毛利率水平产生较大的影响。

采用此方法同样应重视所用数据的完整程度和准确程度，以及为使用该方法所设定前提的可靠程度，这都会影响使用再销售价格法所得结果的可靠性。在开展上述分析时，特别要注意保持会计记录上的一致性，如存货及其他成本的会计处理差异，会实质性地影响毛利率水平。此外，还应特别注意受控交易与非受控可比方之间销货成本与经营费用项目（如折旧、运费、保险费、包装等）的一致性。

《指南》还指出，可比毛利率的选择要考虑时间因素，如果作为参数用于计算公平交易价格的毛利率是在受控交易发生的较短时间内取得的，则该毛利率水平具有较强的可靠性。因为，价格或毛利率水平不是固定不变的，而是会随着市场、汇率、成本等变化因素的影响而发生改变。受控交易发生以后的较长时间的非受控交易毛利率因交易环境已经发生了变化，与受控交易的可比性就会降低。

（三）成本加成法（CPM）

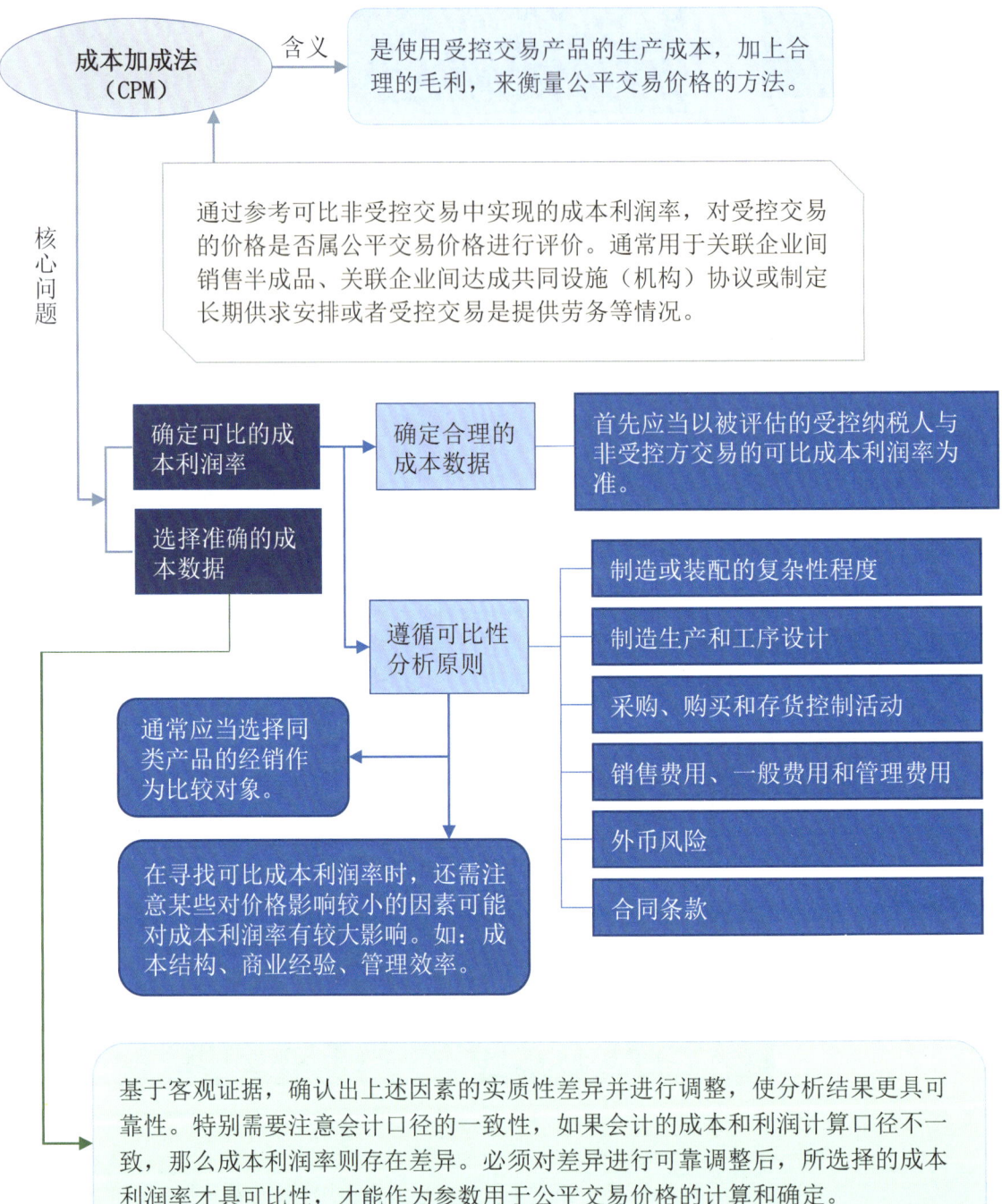

应用成本加成法除需正确选择可比的成本利润率外，还需关注成本的计算口径。对此，《指南》明确了总毛利法和净毛利法的区别，指出成本加成法中的成本不应当包含企业经营费用（一般费用、监督费用、管理费用等），利润是指企业毛利，即不扣除企业经营费用的利润，扣除企业经营费用的利润被称为净利。总之，在采用成本加成法时，要特别注意受控交易和作为参照的非受控交易在成本和利润计算口径上的一致性，否则需要做出合理调整。

（四）利润分割法（PSM）

利润分割法（PSM）

含义：是先计算关联企业集团一项或几项受控交易的总利润，然后通过考察每个受控纳税人对这一项或几项受控交易的合并营业利润（或亏损）的**贡献值**，从而决定每一个受控纳税人可分配到的利润额（或亏损额），并据此判断受控交易是否符合公平交易的价格原则。

贡献值要根据可比的非受控的纳税人在相同情况下对合并利润的贡献大小进行计算。

付出分析法

含义：就是使用从事与受控纳税人相似交易的非受控纳税人的利润或损失占综合利润或损失的百分比，来分摊关联企业相关营业活动的综合利润或损失。

关注点：

- 首先，进行可比性分析，将受控纳税人之间以及在相似情况下、相似活动中的非受控纳税人之间对营业利润的分摊进行比较，所有应比较因素都需考虑。因付出分析法基于受控与非受控纳税人营业利润的比较，固依赖于所用的资源和承担的风险因素。

- 其次，合同条款中相关营业活动参与者之间商业关系的规定，是参与者之间分配功能和风险的主要决定因素。因此，应重视受控和非受控纳税人所在的情况和活动的相似程度，如无法找到合适的非受控可比纳税人的综合营业利润数据，或者找到的非受控纳税人的情况与受控纳税人的情况相差过于明显，则不应使用付出分析法。

- 如果受控与非受控纳税人之间的差异，会实质性地影响营业利润的分摊，则应进行调整。

- 付出分析法所得结果的可靠性，同样受到所用数据质量的影响，应特别引起关注。

剩余分析法

是将受控交易的综合营业利润或亏损在各受控纳税人之间进行分摊。先根据一般性贡献进行分摊，然后再根据每一个纳税人的特殊贡献对剩余利润进行分摊，即对合并利润或亏损分两个阶段在受控纳税人之间进行分摊。

剩余分析法

关注点：

一般性贡献分摊： 以每一个受控纳税人在其参与的受控交易中，发挥的一般性贡献所能得到的回报为基础，将营业利润分配给受控交易的每一方。其中，一般性贡献能得到的回报，指在相似的营业活动中的非受控纳税人，用归其所有的有形资产、服务和简单可比的无形资产，发挥的相同或相似的贡献所能得到的基本回报。在具体计算过程中，可以使用可比的资产利润率、销售利润率等指标对此项进行分摊。

剩余利润的分摊： 涉及复杂无形资产等特殊的受控交易环境时，须基于受控纳税人对受控交易所做的无形资产价值贡献（特殊贡献）水平，在受控纳税人之间分配剩余利润。每个受控纳税人对无形资产所做贡献的相对价值，应当依据该无形资产的公平市场价格作为标准进行衡量。

一般性贡献分摊依赖于由市场决定的利润水平，只要可比性强，所作出的分析结果就是相对可靠的。剩余利润的分摊，因分摊的依据并不是直接依赖于市场标准，判断过程中带有较大的主观成分，其最终结果的可靠性会降低。对此，《指南》指出，尽管存在上述缺陷，但是由于这一方法不需要直接依赖于严格可比的交易，在评价关联企业独有的交易时显得较为灵活和主动，对涉及无形资产的交易环境，是一种有用的转让定价调整办法。

（五）交易净利润率法（TNMM）

交易净利润率法

是指： 采用可比非受控纳税人的营业利润，即净利指标，如成本利润率、销售利润率、资产利润率等，对受控交易的交易价格进行评价和调整。

特点：

- 交易净利润率法运作的方式与成本加成法和再销售价格法相同，交易净利润率法的应用方式必须和再销售价格法或成本加成法的应用方式相一致，尤其是指纳税人在受控交易中取得的净利，应当通过参考同一纳税人在可比非受控交易中所取得的净利来恰当地确定。

- 如上述运作方式存在难度，则可使用独立企业在可比交易中所赚取的净利作为指导。

- 需强调的是，在可比性标准方面，交易净利润率法只要求分析完全净利润率而不是毛利润率或半毛利润率，这是该方法与再销售价格法和成本加成法的区别所在。

- 对比可比非受控价格法，较少受到被审交易的类别、性质差异的影响，因为生产经营不同的产品或服务，可能产生相同的净利，而同样生产经营相同的产品或服务也可能产生不同的净利。

- 对比营业费用毛利率等毛利指标，净利指标较少地受功能差异的影响，功能差异往往反映在营业费用的差异程度上，净利是毛利扣除营业费用后的余额，同样的功能可能产生不同的净利，不同的功能可能产生相同的净利。

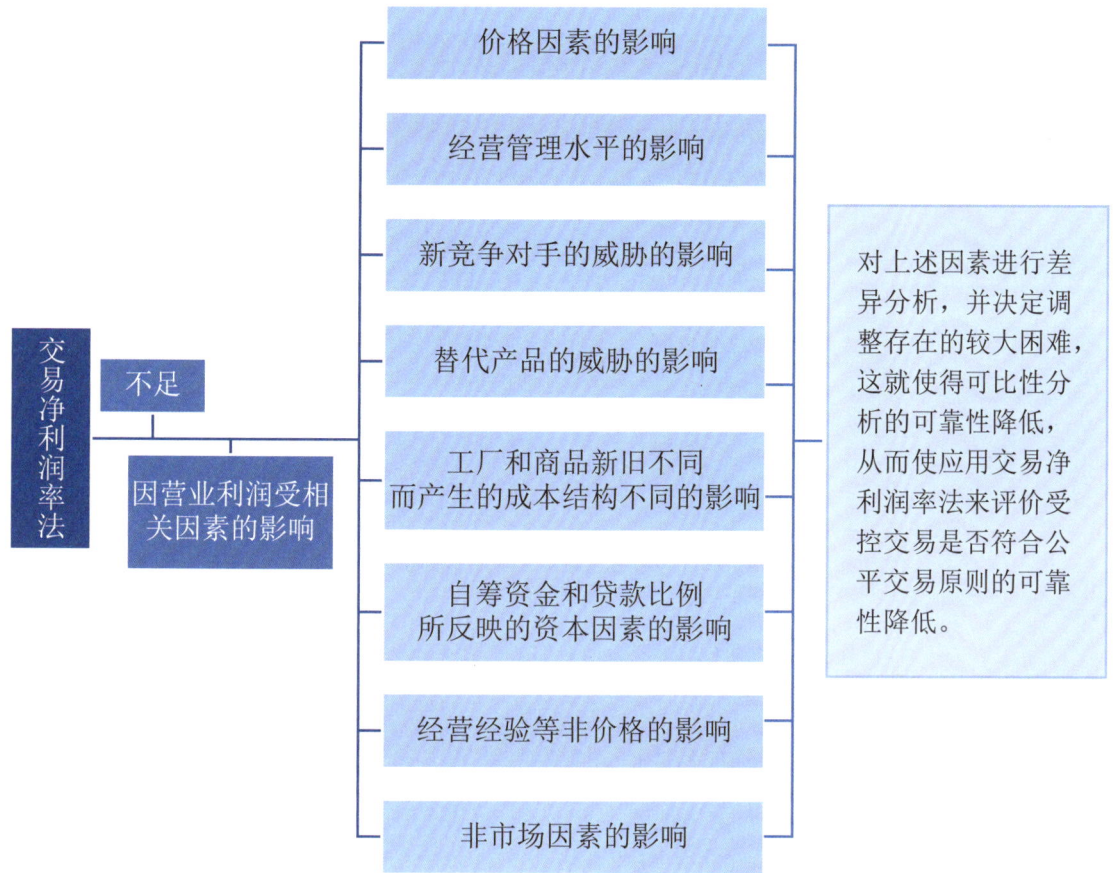

（六）转让定价方法的选择

转让定价方法	适用情形	选择/排除理由
可比非受控定价法	适用于高度相似交易条件下同一产品或服务既存在关联方之间交易又存在非关联方之间交易的情况。	由于进口商没有向第三方在相似的合同或经济条件下采购或销售原材料、零部件、产品，同时也不存在可靠的外部可比非受控价格信息，因此该方法不适用。
再销售价格法	再销售价格法一般适用于再销售者为对商品进行改变外形、性能、结构或更换商标等实质性增值加工的简单加工或单纯购销业务。	由于进口商的生产活动不仅仅是简单加工，还涉及对原材料、零部件或半成品的外形、性能及结构进行实质性的改变，因此该方法不适用。

转让定价方法	适用情形	选择/排除理由
成本加成法	成本加成法一般适用于有形资产使用权或者所有权的转让、资金融通、劳务交易等关联交易。	成本加成法的应用基于对毛利率的分析，因此，可比公司在会计处理上的任何潜在细微差异都将影响该方法应用的可比性。 此外，该方法对受控交易与非受控交易的功能可比性要求也非常高。 由于无法得到可用于对潜在会计处理方法和功能差异作出调整的具体公开数据，且也不存在可以适用成本加成法的内部可比交易，因此该方法不适用。
交易净利润率法	交易净利润率法一般适用于不拥有重大价值无形资产企业的有形资产使用权或者所有权的转让和受让、无形资产使用权受让以及劳务交易等关联交易。 由于该方法的应用基于对净利润指标的分析，因此该方法受功能或会计处理方法差异的影响相对较小。	由于应用交易净利润率法所需要的信息数据可以获得，因此选择该方法为评估进口商许可生产业务的整体利润情况以及合约研发业务的转让定价安排是否符合独立交易原则的最合适的方法。
利润分割法	利润分割法（包括一般利润分割法和剩余利润分割法）通常适用于企业及其关联方均对利润创造具有独特贡献，业务高度整合且难以单独评估各方交易结果的关联交易。 利润分割法的适用应当体现利润应在经济活动发生地和价值创造地征税的基本原则。	由于进口商在其关联交易中并不拥有或贡献有价值的独特无形资产，并且关联交易一方的经营业绩可以通过公开数据被可靠评估，因此该方法不适用。

第二节 中国海关对转让定价的规定

一、审核原则

中国遵循《WTO估价协定》相关精神，实行国际通行规则，以成交价格为基础确定完税价格，海关也本着尊重贸易实质、维护贸易公平的原则，对每票货物开展价格审核。

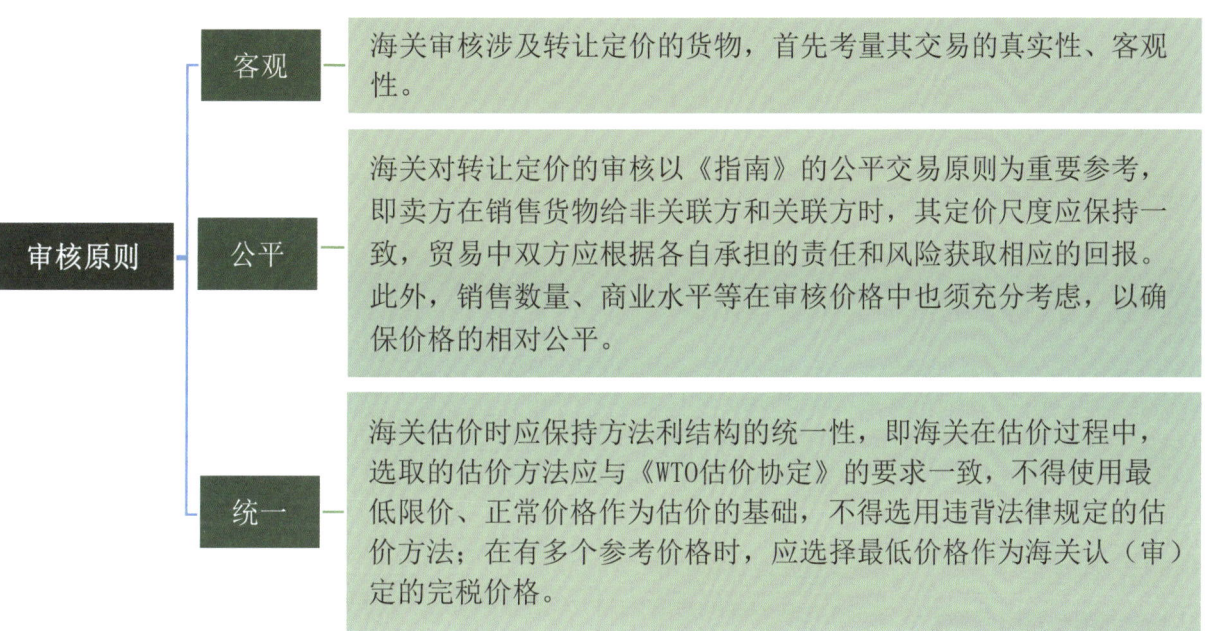

审核原则
- 客观：海关审核涉及转让定价的货物，首先考量其交易的真实性、客观性。
- 公平：海关对转让定价的审核以《指南》的公平交易原则为重要参考，即卖方在销售货物给非关联方和关联方时，其定价尺度应保持一致，贸易中双方应根据各自承担的责任和风险获取相应的回报。此外，销售数量、商业水平等在审核价格中也须充分考虑，以确保价格的相对公平。
- 统一：海关估价时应保持方法利结构的统一性，即海关在估价过程中，选取的估价方法应与《WTO估价协定》的要求一致，不得使用最低限价、正常价格作为估价的基础，不得选用违背法律规定的估价方法；在有多个参考价格时，应选择最低价格作为海关认（审）定的完税价格。

二、法律依据

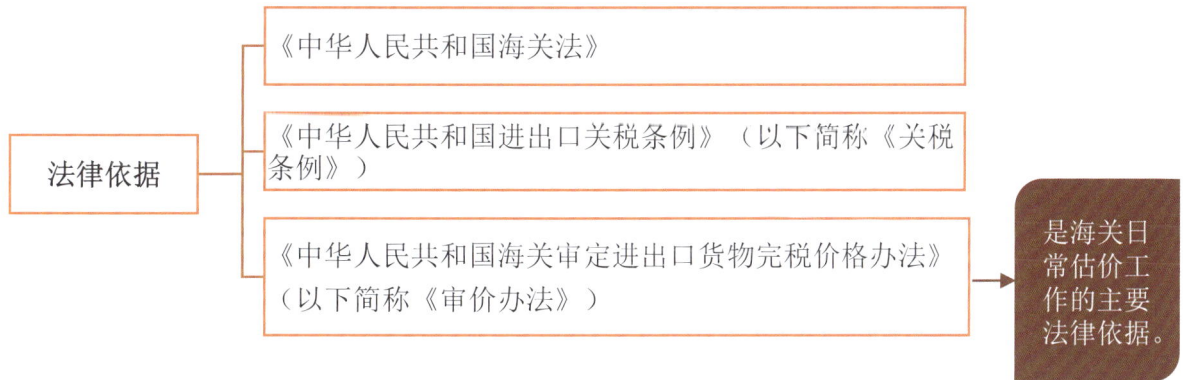

法律依据
- 《中华人民共和国海关法》
- 《中华人民共和国进出口关税条例》（以下简称《关税条例》）
- 《中华人民共和国海关审定进出口货物完税价格办法》（以下简称《审价办法》）——是海关日常估价工作的主要法律依据。

需注意，转让定价是从企业整体盈利角度考虑的，确定单票进口货物价格时存在很大的不确定性。因此，海关在审核每票进口货物的价格时，应将转让定价方法作为工具、依据，还原转化每票货物的进口价格，再依法运用相应方法实施估价。

海关审核转让定价合理性的具体依据

海关审核转让定价的合理性时 → 首先应明确的是买卖双方的关系 → 如买卖双方存在特殊关系，则需对其交易价格进行两方面的审核

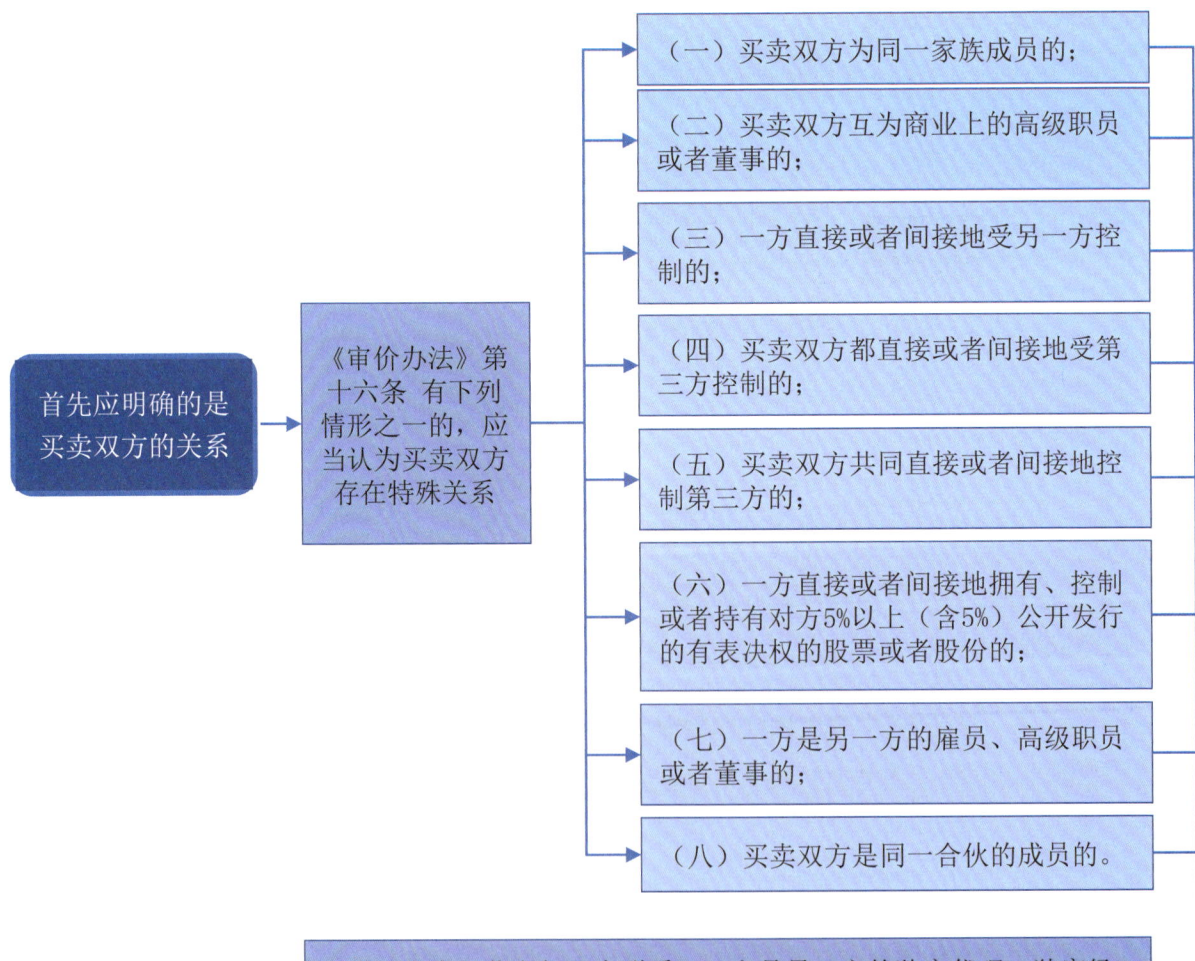

首先应明确的是买卖双方的关系 → 《审价办法》第十六条 有下列情形之一的，应当认为买卖双方存在特殊关系：

（一）买卖双方为同一家族成员的；

（二）买卖双方互为商业上的高级职员或者董事的；

（三）一方直接或者间接地受另一方控制的；

（四）买卖双方都直接或者间接地受第三方控制的；

（五）买卖双方共同直接或者间接地控制第三方的；

（六）一方直接或者间接地拥有、控制或者持有对方5%以上（含5%）公开发行的有表决权的股票或者股份的；

（七）一方是另一方的雇员、高级职员或者董事的；

（八）买卖双方是同一合伙的成员的。

买卖双方在经营上相互有联系，一方是另一方的独家代理、独家经销或者独家受让人，如果符合前款的规定，也应当视为存在特殊关系。

第一章 转让定价

涵盖了海关审核转让定价时的多个重点

（一）货物的使用和处置不受限制，如关联企业在销售货物时规定，货物只能加工后销售给卖方或指定第三方，那么该货物进口价格不能作为成交价格；

（二）成交价格不应受到影响，如关联企业在销售货物时要求进口商同时向第三方销售其他货物，则进口价格也不能作为成交价格；

（三）进口价格未包含应税费用，如佣金、协助费、特许权使用费、转售收益等，进口商又无法客观量化上述费用，则进口价格不满足成交价格的定义；

（四）进口价格满足成交价格的定义，但还存在佣金、协助费、特许权使用费、转售收益等未计入的可客观量化费用，必须将上述费用调整计入完税价格。

如买卖双方存在特殊关系，则需对其交易价格进行两方面的审核

审核申报价格是否符合成交价格定义。

《审价办法》第七条 进口货物的成交价格，是指卖方向中华人民共和国境内销售该货物时买方为进口该货物向卖方实付、应付的，并且按照本章第三节的规定调整后的价款总额，包括直接支付的价款和间接支付的价款。

《审价办法》第八条 进口货物的成交价格应当符合下列条件：

（一）对买方处置或者使用进口货物不予限制，但是法律、行政法规规定实施的限制、对货物销售地域的限制和对货物价格无实质性影响的限制除外；

（二）进口货物的价格不得受到使该货物成交价格无法确定的条件或者因素的影响；

（三）卖方不得直接或者间接获得因买方销售、处置或者使用进口货物而产生的任何收益，或者虽然有收益但是能够按照本办法第十一条第四款的规定做出调整；

（四）买卖双方之间没有特殊关系，或者虽然有特殊关系但是按照本办法第十七条、第十八条的规定未对成交价格产生影响。

给予进口商机会证明其申报价格的合理性，主要通过"测试价格"的方式。

《审价办法》第十七条 买卖双方之间存在特殊关系，但是纳税义务人能证明其成交价格与同时或者大约同时发生的下列任何一款价格相近的，应当视为特殊关系未对进口货物的成交价格产生影响；

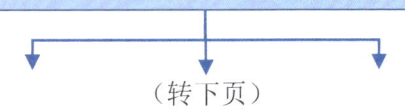

（转下页）

（接上页）

（一）向境内无特殊关系的买方出售的相同或者类似进口货物的成交价格；

（二）按照本办法第二十三条的规定所确定的相同或者类似进口货物的完税价格；

（三）按照本办法第二十五条的规定所确定的相同或者类似进口货物的完税价格。

海关使用上述价格进行比较时，应当考虑商业水平和进口数量的不同，以及买卖双方有无特殊关系造成的费用差异。

测试价格

当进口货物存在相同或类似货物时，"测试价格"是证明转让定价合理性的有效工具，一旦进口货物被进口商垄断，没有可比货物，企业就无法主动证明其价格的合理性。

依据《WTO估价协定》第二条注释 → 销售环境测试 测试方法

（一）定价方式与所涉产业的正常定价做法相一致或与卖方指定售予与其无特殊关系的买方的价格的方法相一致，则这一点可证明该价格未受此种关系的影响。

（二）如证明价格足以收回全部成本加利润，该利润代表该公司在一代表期内（如按年度计算）销售同级别或同种类货物所实现的总利润，则可表明该价格未受影响。

经审核，如发现转让定价确定的进口商品价格不合理，海关将对其价格实施调整。

调整方法使用顺序

成交价格法 → **相同或类似货物成交价格法** → **倒扣价格法** → **计算价格法** → **合理方法**

- 适用于整体转让定价政策合理，但存在应税费用未计入完税价格的情况。
- 适用于存在非关联方进口相同或类似商品的情况。
- 适用于进口价格因某些因素难以确定（如包含商标、设计等无形资产，但相关费用无法量化）而国内相关费用和利润的数据均可获取的情况。
- 适用于不存在商标权等导致价格无法确定的因素，同时生产成本、行业利润等数据均可获取的情况。
- 当以上方法均无法适用时，才能使用合理方法。

第一章 转让定价

> 除上述法律法规外,海关总署关税司于2008年12月下发的《海关对跨国公司转让定价估价指导意见》(以下简称《指导意见》),明确了海关进行转让定价评估时应审核的材料、不同转让定价方法的审核方法以及相关费用的审核重点。

三、审核要求

转让定价的审核还需企业积极配合,并依法履行相应的举证义务,才能保证顺利高效地完成此项工作。

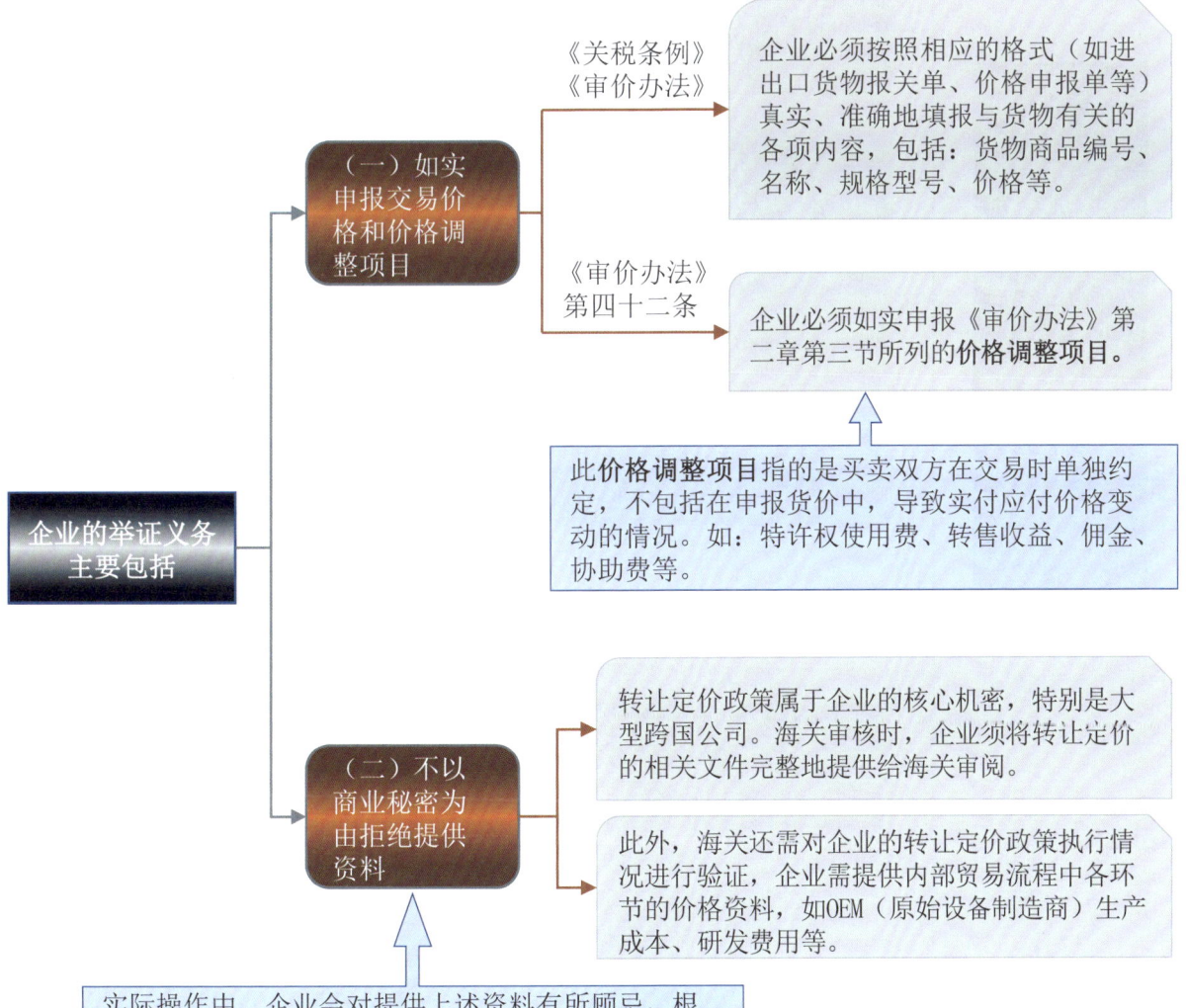

企业的举证义务主要包括:

(一)如实申报交易价格和价格调整项目

- 《关税条例》《审价办法》:企业必须按照相应的格式(如进出口货物报关单、价格申报单等)真实、准确地填报与货物有关的各项内容,包括:货物商品编号、名称、规格型号、价格等。

- 《审价办法》第四十二条:企业必须如实申报《审价办法》第二章第三节所列的**价格调整项目**。

  此**价格调整项目**指的是买卖双方在交易时单独约定,不包括在申报货价中,导致实付应付价格变动的情况。如:特许权使用费、转售收益、佣金、协助费等。

(二)不以商业秘密为由拒绝提供资料

- 转让定价政策属于企业的核心机密,特别是大型跨国公司。海关审核时,企业须将转让定价的相关文件完整地提供给海关审阅。

- 此外,海关还需对企业的转让定价政策执行情况进行验证,企业需提供内部贸易流程中各环节的价格资料,如OEM(原始设备制造商)生产成本、研发费用等。

实际操作中,企业会对提供上述资料有所顾忌,根据《审价办法》第四条的规定,纳税义务人不得以商业秘密为理由拒绝向海关提供有关资料,如企业提交的资料涉及商业机密,企业可以书面向海关提出为其保守商业秘密的要求,并具体列明需要保密的内容。

四、资料要求

转让定价除审核进出口货物的合同、发票、装箱单、付汇凭证等文件外，还可能要求企业就证明其转让定价公允性而提供以下材料

- （一）工商、税务登记证件。
  - 明确企业的性质、投资人之间关系及股份结构。

- （二）投资、经营合同、章程及可行性研究报告。
  - 了解企业的主营业务、成立背景，部分特许权使用费、专利费等。

- （三）近三年年度财务会计报表、审计报告。
  - 反映企业财务状况，如价外支付的特许权使用费、专利费、服务费等。审计报告中就关联方交易的金额、数量，以及关联方之间的定价方法做出描述。

- （四）进口情况，包括进口货物品名、规格、价格清单，供应商清单等。
  - 了解企业主要进口商品和货物的来源，区分涉及关联交易和转让定价的进口商品。

- （五）关联企业清单，关联企业之间的关系，包括跨国公司组织结构、关联企业之间的分工等。
  - 明晰整个跨国公司内部架构和各企业之间的职能划分，进口货物的流程和最终流向，关联公司内部流转与流出关联公司集团以后的价格变动情况。

- （六）与关联企业的交易情况，包括与关联企业相互发生有形及无形财产的购销、转让、使用，融通资金，提供劳务等。
  - 了解企业是否存在其他关联企业间贸易往来，重点审查是否存在非贸易项下的往来，如支付商标费、管理费、服务费等。

- （七）企业定价政策，包括采购定价、销售定价政策。
  - 是审核转让定价的关键材料，通常属于企业内部政策性文件，确定关联企业间有形、无形资产转让的价格。通过审查转让定价文件，明晰关联公司之间的定价安排是否符合行业惯例，是否公平合理；通过对比关联公司的转让定价和其具体执行情况，可以判断企业在执行过程中是否严格按照转让定价的文件进行执行，执行与理论要求之间是否存在差异。

- （八）与进口货物价格有关的其他材料。
  - 该类资料范围广泛，如无形资产转让涉及的合同、协议、发票，企业内部商讨价格的邮件，与进口货物相关的董事会决议等。

五、其他事项

其他事项

（一）审价时限要求

海关对企业商品价格的完整性产生疑问时、或认为买卖双方之间的特殊关系影响成交价格时，将会对企业制发《中华人民共和国海关价格质疑通知书》，并将价格质疑的理由告知企业。

企业应当自收到通知书之日起5个工作日内提供资料，以证明其价格的准确性，或者双方关系未对成交价格造成影响。

因转让定价审核需要调阅企业很多资料，对于大型跨国公司来说，牵涉多个部门，甚至可能需要企业的境外母公司直接提供，在5个工作日内一般无法提供完整资料，因此海关允许企业以书面方式向海关申请延期。

（二）价格核查

为提高转让定价审核时效，可采用价格核查的方式加快取证和审核进度。

价格核查是指海关为确定进出口货物的完税价格，依法行使规定的职权，通过审查单证、核实数据、核对实物及相关账册等方法，对进出口货物申报价格的真实性、准确性进行的审查。

企业应积极配合海关的价格核查工作，如实提供相关资料和信息。

（三）海关义务

1. 保守商业秘密

2. 及时完成审价

第三节 各转让定价方法的审核重点

一、可比非受控定价法审核

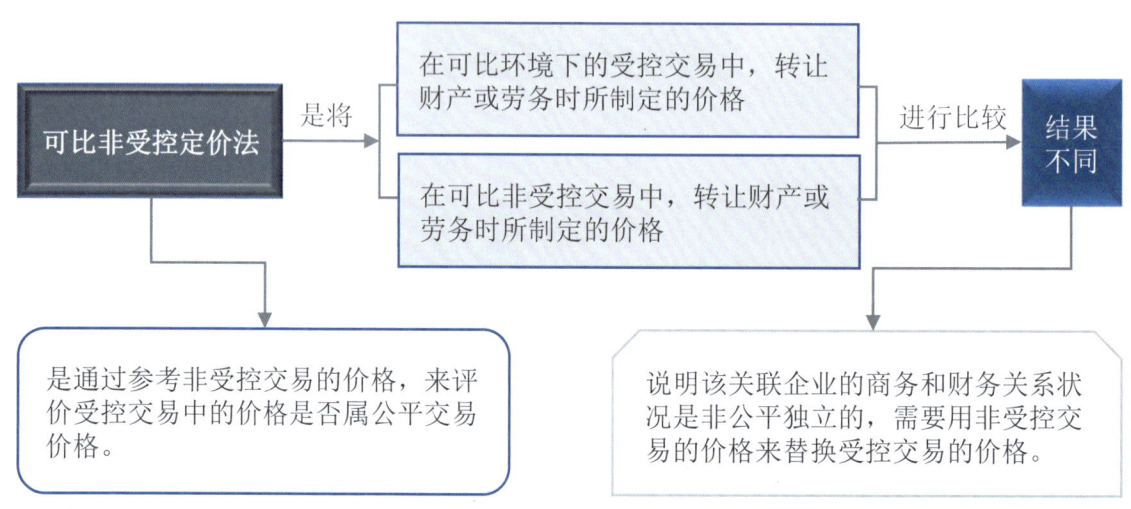

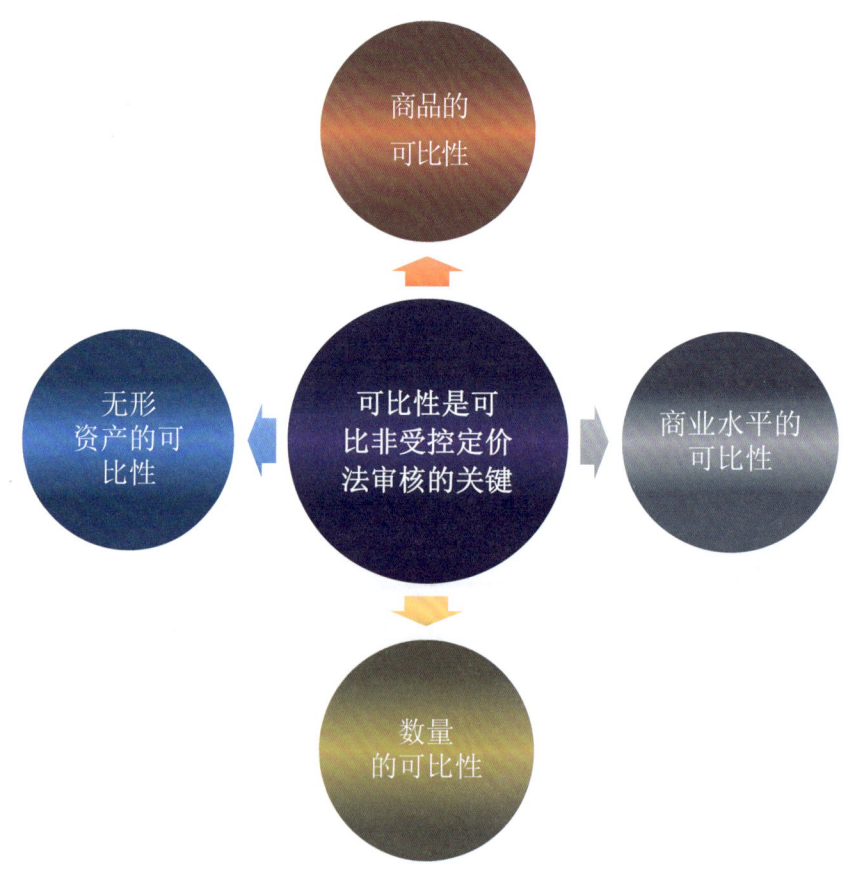

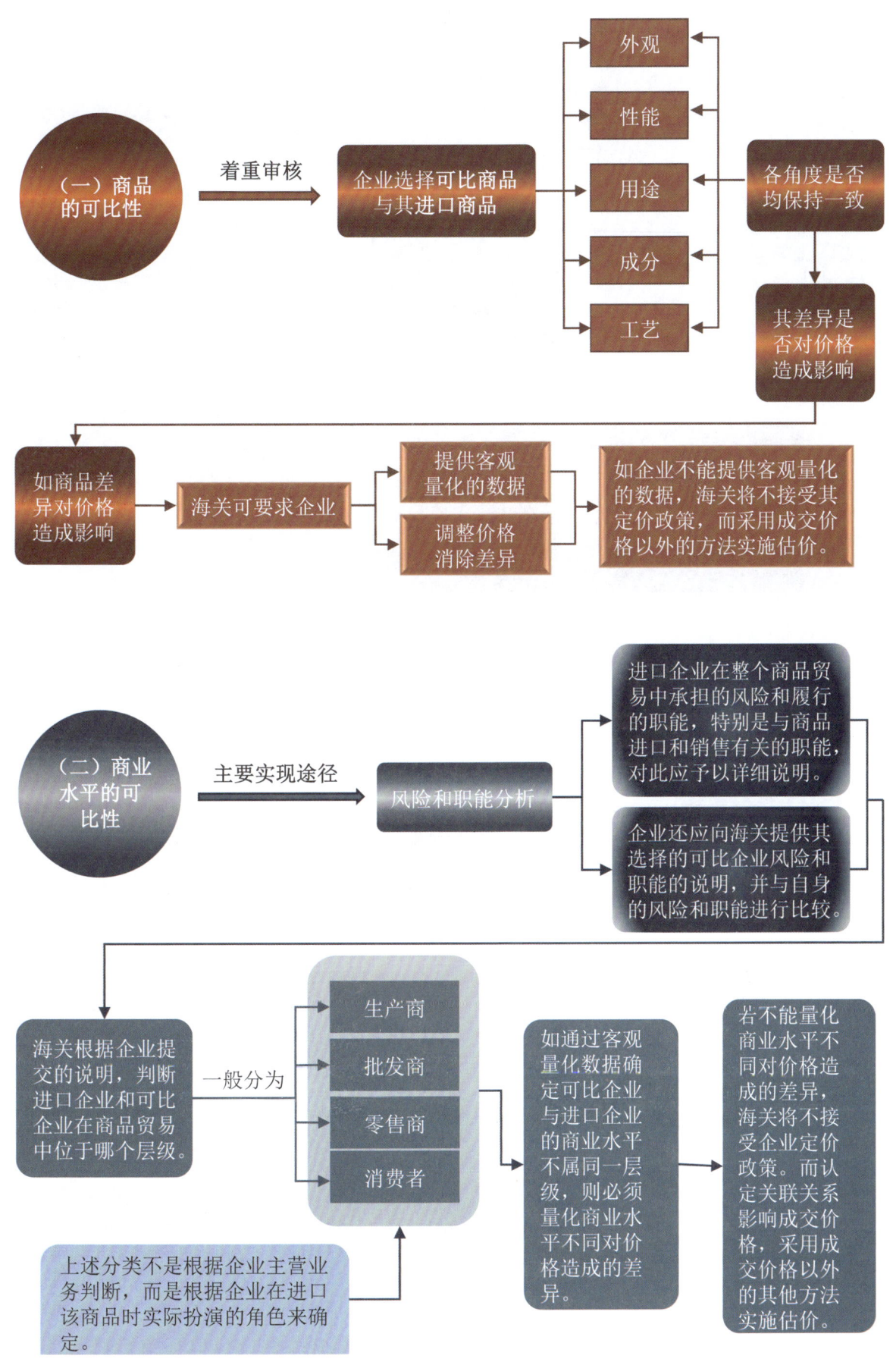

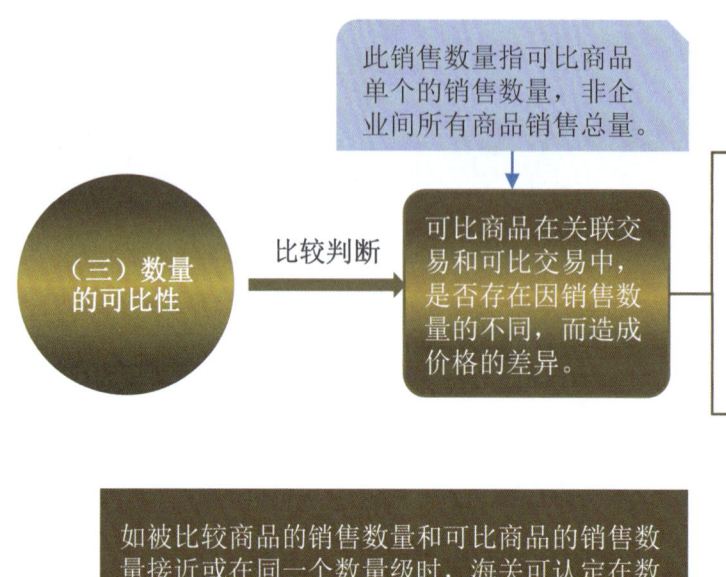

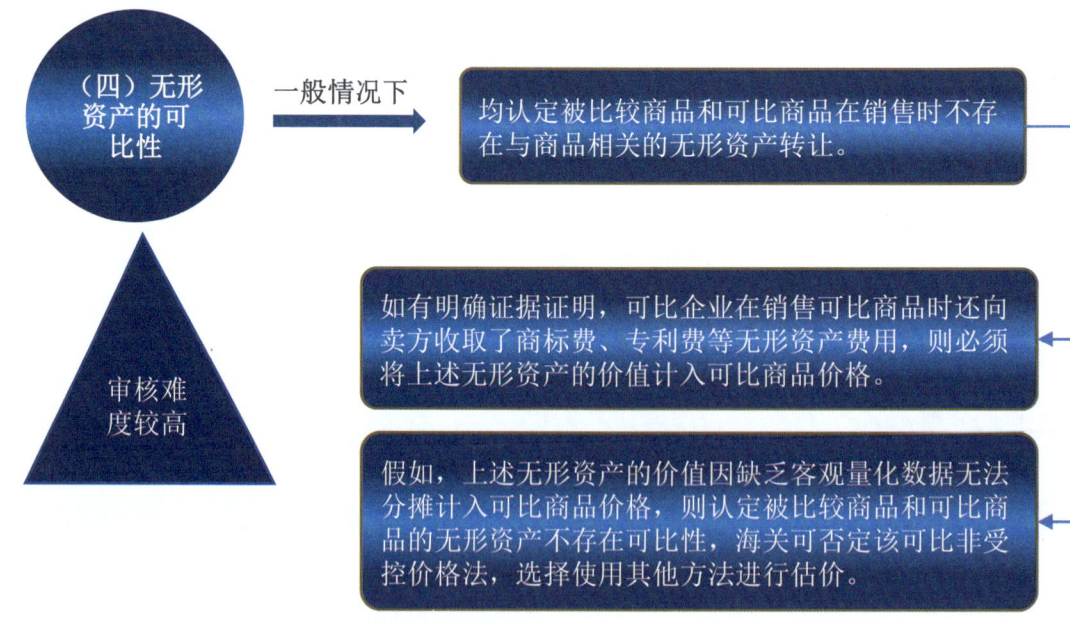

二、再销售价格法审核

（一）再销售价格法审核

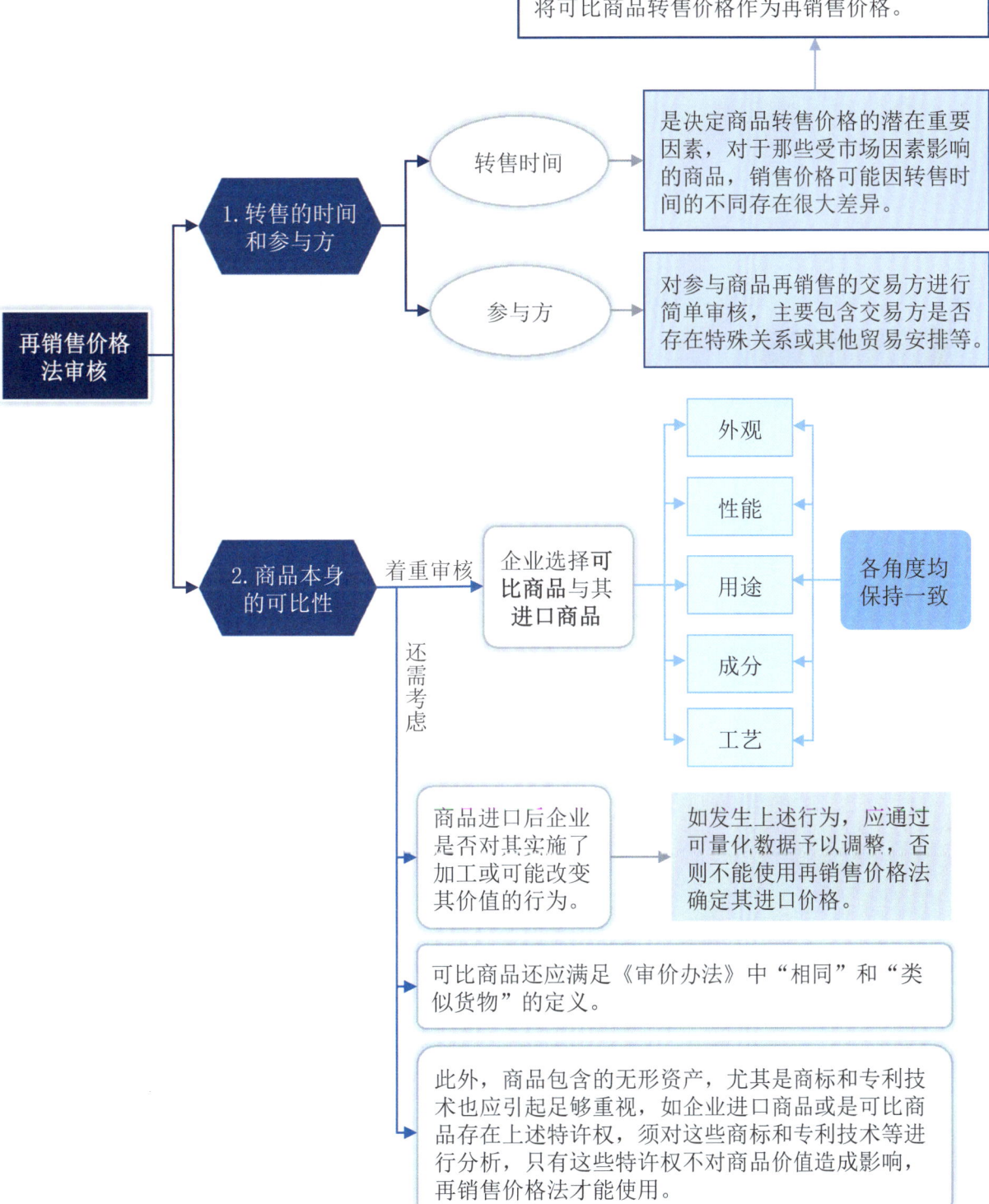

（二）转售毛利率

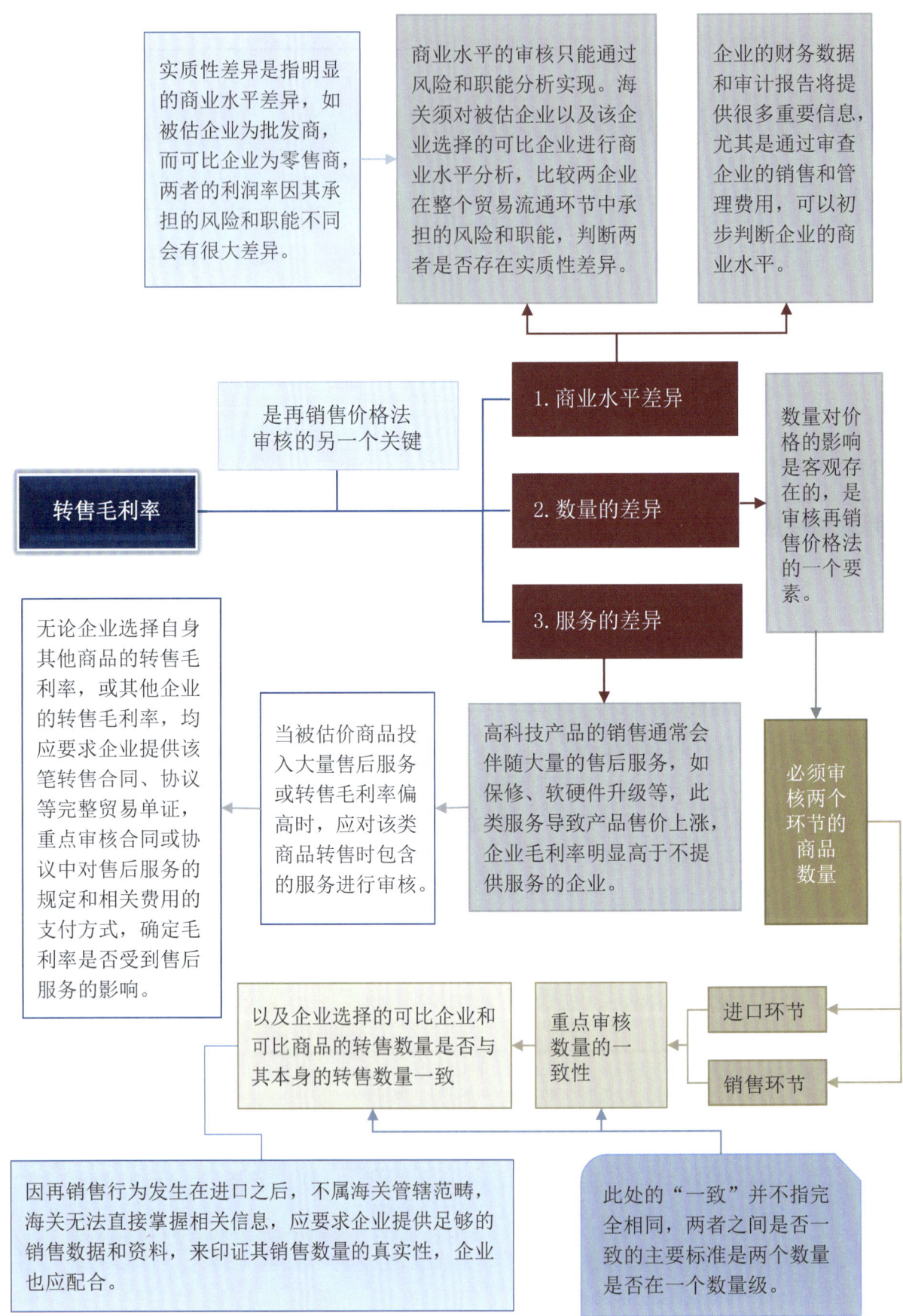

三、成本加成法审核

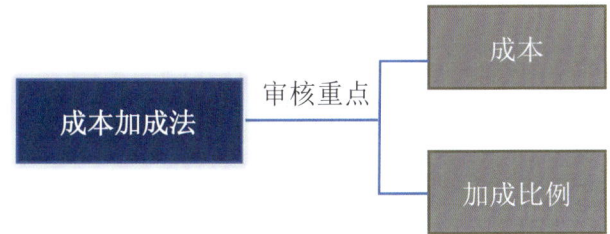

（一）成本审核

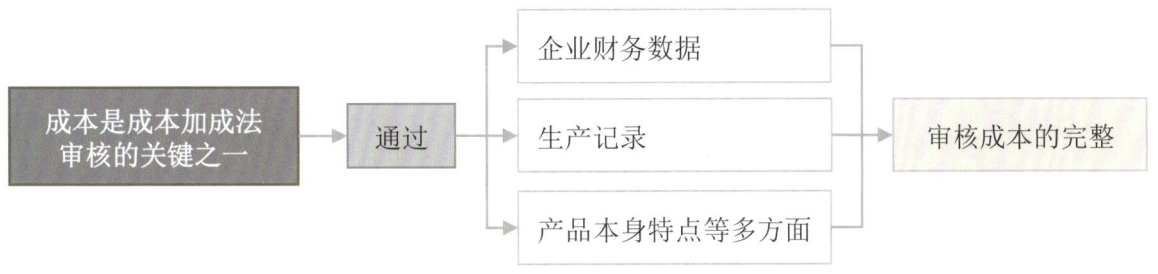

1. 审核企业财务数据

企业财务数据中，可查到产品成本各项组成部分的实际价值，通过核对料件入账价格确定企业定价过程中成本的准确性。

通过企业财务数据还可查到各生产料件是否从关联企业采购及其购价，如存在此情况，应分析此类原料价格是否受关联关系影响，并将受关联关系影响的原料价格调整至正常价格后重新计算成本。

2. 审核企业生产记录

生产记录反映企业生产过程中使用的料件情况，包括企业在生产中使用、但未入财务账的材料，如产品预装了买方免费提供的软件，但所用软件并未计入企业的财务成本账。

如企业在生产过程中使用了买方或第三方免费提供的料件或耗材，应在确定上述物品的价值后将其计入货物的总成本。

3. 根据产品本身特点分析漏记的成本

产品在生产过程中除了账面上反映的料件价值外，还可能包含一些隐性费用，主要涉及商标、设计、专利或专有技术等无形资产，和买方免费提供的机器、模具等商品。

海关应从产品本身特点入手，判断是否存在漏记成本的可能，如无证据显示涉及的设计和品牌价值、专利产品的专利或专有技术等无形资产价值已通过某种方式进行了补充，则可能存在应计未计的情况。

（二）加成比例审核

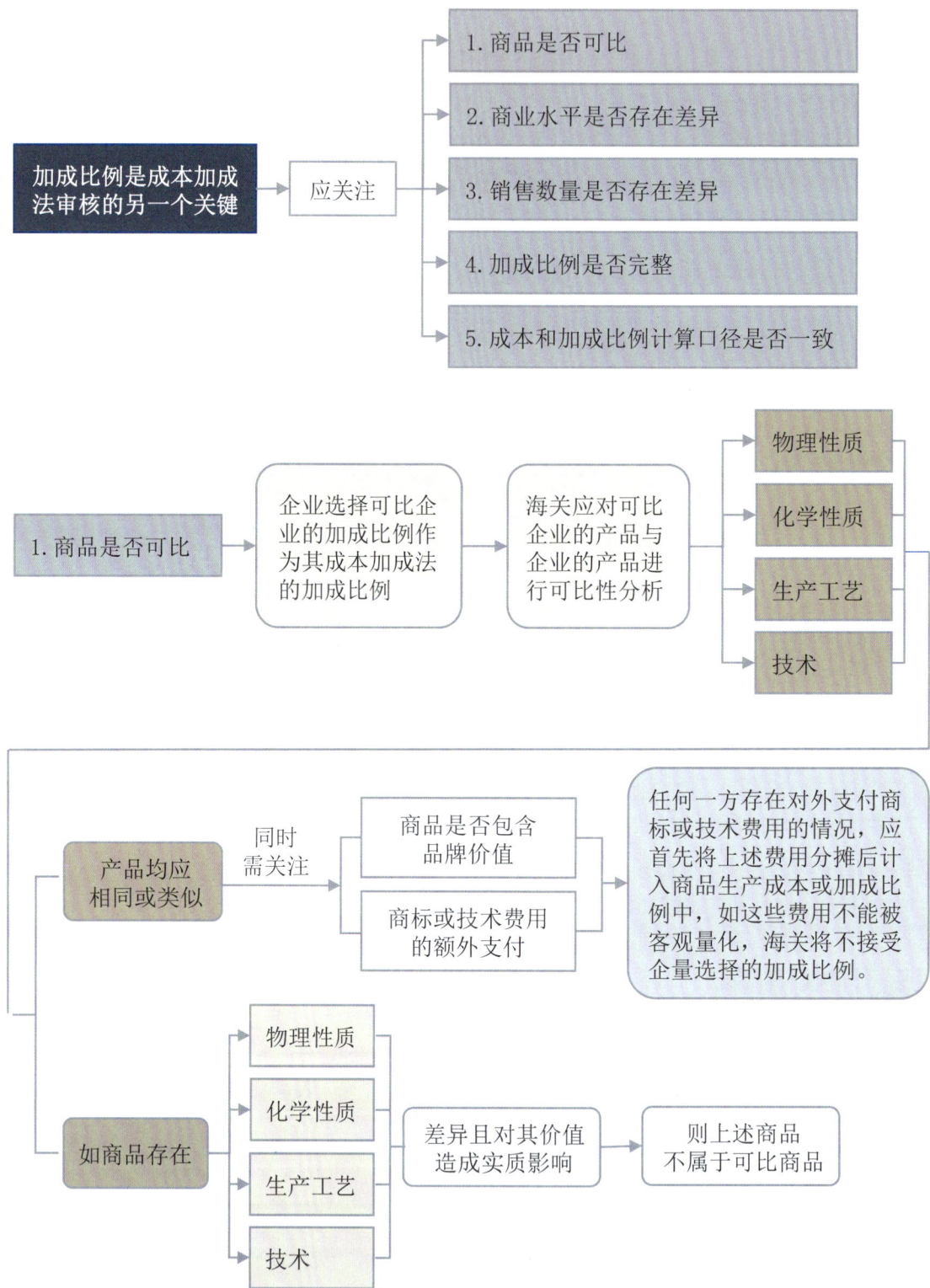

2. 商业水平是否存在差异

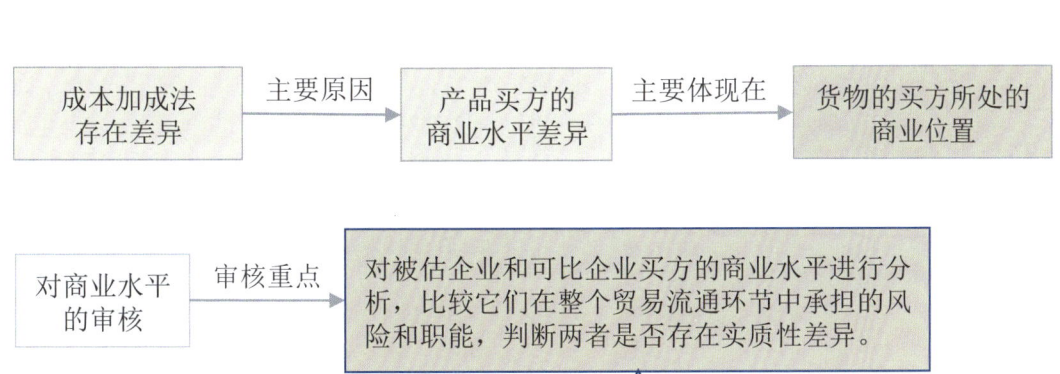

3. 销售数量是否存在差异

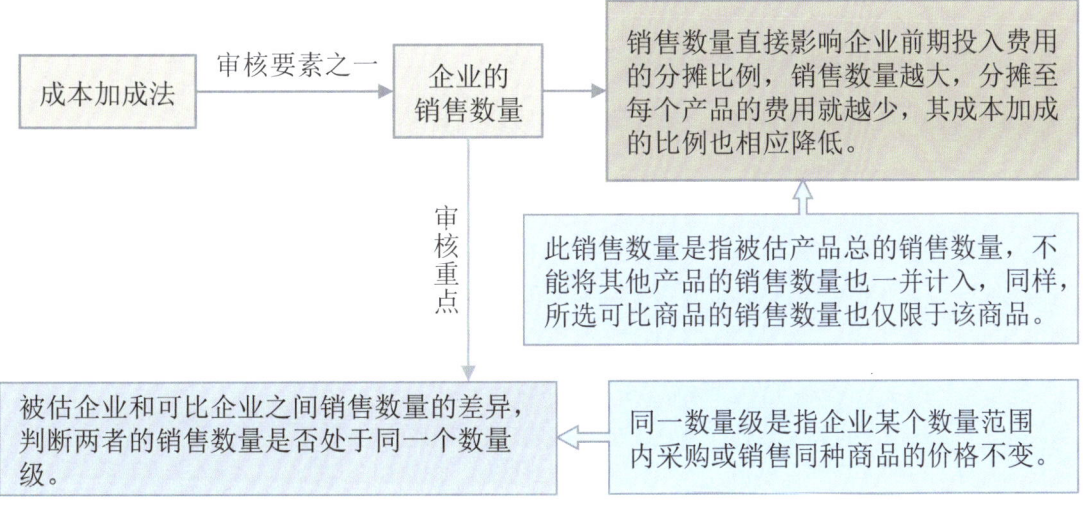

4. 加成比例是否完整

| 成本加成法 | —关注→ | 加成比例的完整性 | → | 因对关联企业的优惠或其他原因，被估企业在使用成本加成法确定商品转让价格时，只计入生产成本及必要的管理费用和人工费用，忽略前期投入的费用和品牌、商标价值，导致关联企业之间销售同类商品的价格明显低于卖给非关联方的价格。 |

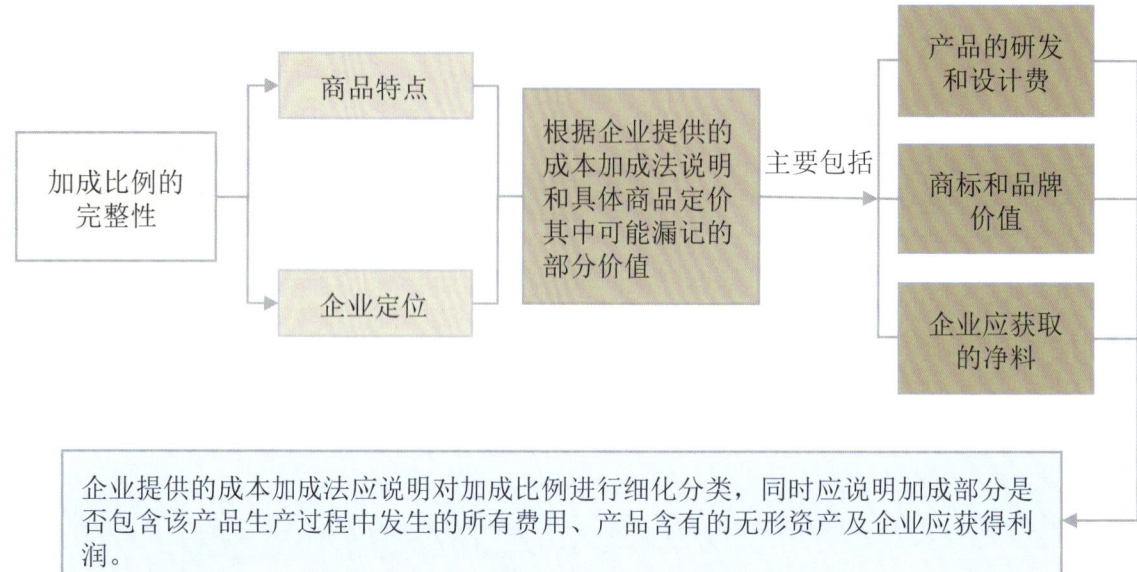

企业提供的成本加成法应说明对加成比例进行细化分类,同时应说明加成部分是否包含该产品生产过程中发生的所有费用、产品含有的无形资产及企业应获得利润。

5. 成本和加成比例计算口径是否一致

如被估企业将产品的前期研发费用计入成本科目,而可比企业将前期研发费用计入费用科目,则在参考使用可比企业的加成比例时,应把研发费用调整至成本科目,重新计算加成比例后,才可将其作为可比的加成比例。

四、利润分割法审核

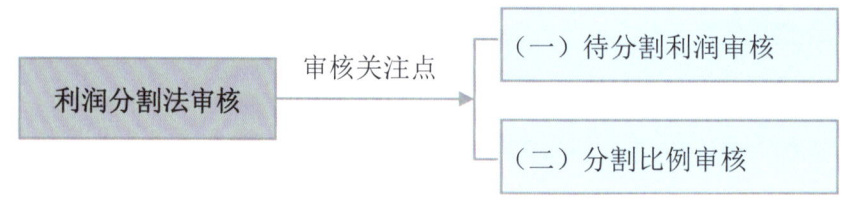

（一）待分割利润审核

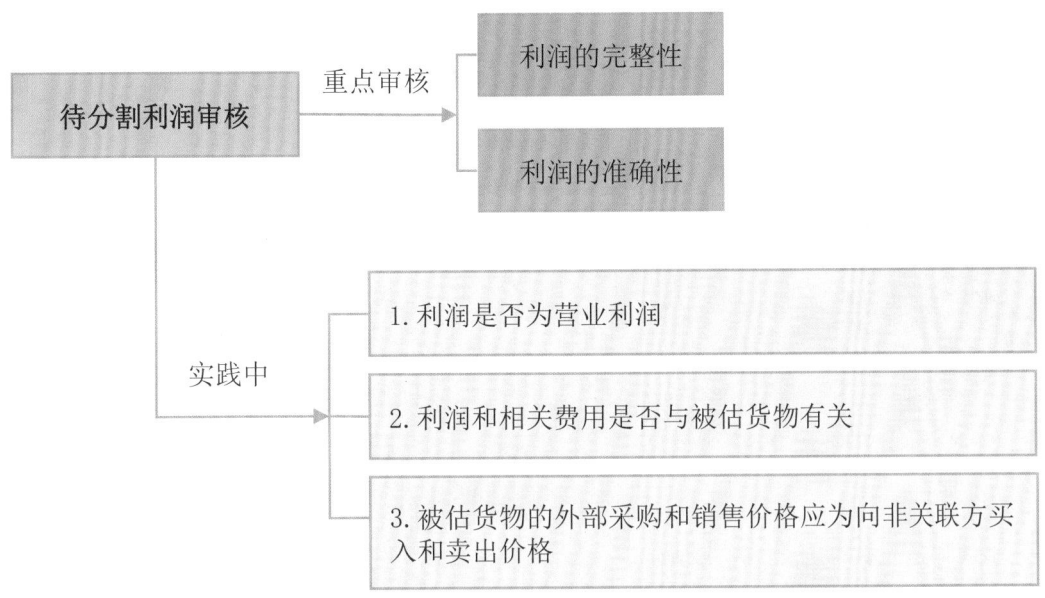

1.利润是否为营业利润	利润分割法涉及的利润应是营业利润，即出售货物收入减去货物的成本和相关费用，不应扣除企业的管理费用和财务费用。
	但在实践中，企业在确定待分割利润时，将其管理费用和财务费用也从收入中扣除，则该利润不符合OECD《指南》的相关规定，应将上述扣减的费用还原，保证待分割利润为销售货物的营业利润。

2.利润和相关费用是否与被估货物有关	在确定待分割利润时，应确定该营业利润以及在计算营业利润时扣减的相关费用的确是企业从事关联交易时采购和出售被估货物所获得和发生的。
	如企业将从事其他货物的采购和出售所获取的收入和发生的费用计入待分割利润中，则该待分割利润无法反映企业在从事被估货物采购和销售获利的实际情况，应要求企业将上述不相关的费用和收入扣除。

3. 被估货物的外部采购和销售价格应为向非关联方买入和卖出价格

在利润分割法下，待分割利润为关联企业集团一项或几项受控交易的利润总额，该利润总额是通过关联企业集团从外部非关联方处采购货物，再通过关联集团内部转手后，销售给另一个外部非关联方来实现的。

因此，确定待分割利润的决定性因素除关联集团内部在从事该项交易过程中产生的费用外，外部的采购价格和销售价格也十分重要。

关联企业在使用利润分割法时，应使用与非关联方之间的采购和销售价格。

如货物是从关联方处购买或是向关联方销售，则计算得出的营业利润不符合OECD《指南》中有关利润分割法的定义，应将上述关联采购方或销售方一并纳入整个关联集团，重新确定外部非关联方的采购或销售价格，并在分割利润时，也将上述关联方考虑在内。

（二）分割比例审核

分割比例是利润分割法审核的另一个重点 应关注：

1. 是否依照关联方在受控交易中的贡献值确定分割比例
2. 使用剩余利润分割法时，双方获取的基础利润是否符合公平交易原则
3. 利润分割法是否存在利润调整

1. 是否依照关联方在受控交易中的贡献值确定分割比例

根据《指南》的相关规定，利润分割比例应按照关联方在受控交易中投入的资产和承担的风险来确定。即根据关联方对整个交易的贡献值来划分各关联方的利益。

在确定分割比例时，应仔细分析各关联方在交易中所做的贡献和所承担的风险，并以此判断分割比例是否合理。

如关联方在确定分割比例时，忽略了某方作出的贡献，如两方中一方拥有商品的商标或商品的生产专利，另一方负责销售，分割利润时拥有商标或专利的一方仅获得10%的利润，另一方获得了90%的利润，那么此种分割比例明显忽视了商标和专利对整个交易的贡献。审价关员应要求企业在充分考虑商标或专利贡献度的前提下，依照公平交易的原则对利润进行重新分割。

2. 使用剩余利润分割法时，双方获取的基础利润是否符合公平交易原则

在利润分割法下，一般都根据关联方的贡献值来确定利润分配比例，无须使用非关联企业的可比数据，仅需要使用非关联企业可比数据是剩余利润分割法的第一步，即确定关联交易各参与方的**常规利润**。

根据OECD《指南》的规定，**常规利润**是指排除特殊贡献的影响，关联方在从事相同或类似交易时能够获取的利润。

确定常规利润，通常使用的方法是参考内部可比数据或外部可比数据，即以企业自身财务数据或可比企业的盈利数据来确定。

如，A公司是集团公司的生产基地，也是集团公司品牌的拥有者，该公司除了生产集团自有品牌产品外，还为其他品牌代工。如该集团公司内部采用剩余利润分割法作为转让定价方法，在确定B公司的常规利润时，应忽略其拥有的集团品牌，以该公司为其他品牌代工时的利润率计算其常规利润。如A公司不为其他品牌代工，则可使用其他类似工厂的利润率来确定B公司的常规利润。在确定过程中，应关注关联方之间的常规利润是否符合公平交易原则和海关的估价规定，如发现常规利润明显高于或低于其他企业从事相同或类似交易时可获取的利润，应及时要求企业进行说明或调整。

3. 利润分割法是否存在利润调整

由于利润分割法自身的特点，利润分割比例通常都是暂定的，企业根据上年情况和经营现状估算出利润分割比例，并确定商品的内部转让价格。一旦关联企业在该年度调整其经营策略，加大或减少相关费用投入势必会影响其对关联交易的贡献度。

此外，如该年度内被估商品的产销价格出现大幅波动，也会导致利润分割法得出的暂定转让价格不满足利润分割法的规定和公平交易原则。

在上述两种情况下，企业会在年底根据重新确定的分割比例和价格对该年转让定价实施后续调整。如存在此类情况，应关注其转让定价调整的合理性，如符合公平交易原则和海关估价法规，可按照企业调整的情况对其该年的商品进口价格进行统一调整。

五、交易净利润率法审核

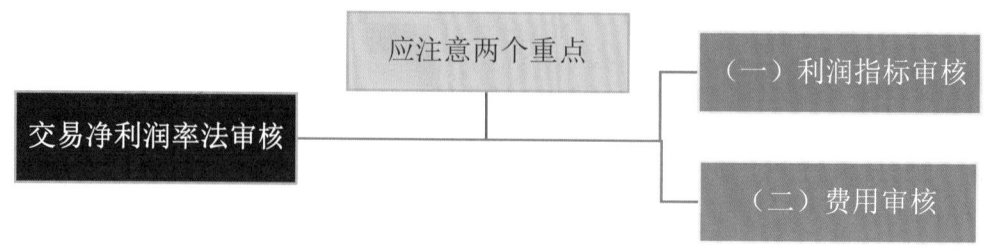

（一）利润指标审核

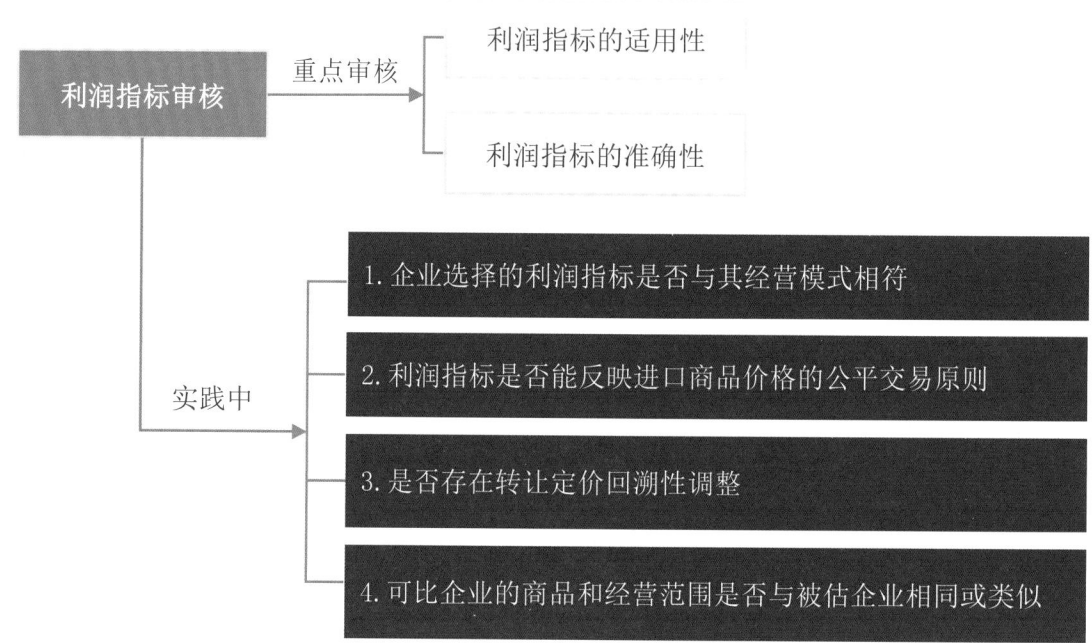

| 1. 企业选择的利润指标是否与其经营模式相符 | 交易净利润率法包括多种利润指标，不同的利润指标针对不同的企业类型。在审核交易净利润率法时，应关注所选择的利润指标是否符合其经营模式，如企业属劳动密集型生产企业，那么应选择完全成本加成率作为利润指标。 |

| 实践中会出现企业采用不适合其经营模式的利润指标来证明其转让定价政策符合公平交易原则，最典型的是以生产为主的企业使用贝里比率证明其转让定价的合理性，即使利润指标在公平交易区间，海关也不能够接受。 | 对于利润指标选择不合理的企业，应要求其重新挑选利润指标，并用新指标来判断转让定价是否符合公平交易原则。如重新选择的利润指标表明企业转让定价违背公平交易原则，海关应根据利润指标偏离正常水平的原因，判断是否应对企业进口商品的价格实施后续调整。 |

2. 利润指标是否能反映进口商品价格的公平交易原则

利润指标是根据企业一段时间内（通常是一个财务年度）的财务数据计算得出的，反映的是该段时间内企业转让定价的合理性。

但就某批进口货物而言，利润指标无法直接证明进口货物价格符合公平交易原则，因为利润指标的合理性可能是成本偏低和费用过高共同作用的结果，也可能是一种商品进口价格偏低、另一种商品进口价格偏高共同作用的结果。

对此，可通过分析某批进口货物的成本、收入和费用，测算出该批货物企业实际盈利情况，并与企业制定的利润指标相比较，以此判断商品进口价格的合理性。如通过测算发现进口商品的盈利水平高于企业目标，应在审核费用合理性后，对进口商品的价格实施调整。

3. 是否存在转让定价回溯性调整

交易净利润率法中，利润指标是确定企业内部转让定价的主要依据，集团内部商品的转让价格都是以该利润指标为目标确定的。

通常情况下，企业在年初会根据分析和测算，决定利润指标和目标利润，再以此确定全年商品的转让价格。

然而，企业运营存在一定的变数，外部经济形势的走势会直接影响企业的经营情况，导致实际年度盈利情况会与年初确定的目标存在一定的差异。

一般情况下，调整净利润最直接的方法就是调整货物的成本，即从关联企业采购的价格，企业也倾向于通过此种方法使利润率达到目标值。在估价实践中，应关注使用交易净利润率法的企业是否存在该类型的进口价格回溯调整，并按照实际发生情况对企业实施估价补税。

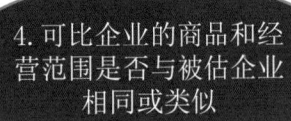被估企业在使用可比企业验证其利润指标合理性时，一般会选择与其功能类似，行业接近的企业作为候选可比企业，随后再使用四方位法计算出公平交易区间。

在交易净利润率法下，此类可比要求较为宽松，宽松的可比要求直接导致了商品的差异，在实践中应尽可能要求企业选择与其经营范围和产品类似的企业作为可比企业。

(二) 费用审核

1. 费用的合理性 是指 该费用为企业日常经营所必须发生的或企业自主发生的费用，不是母公司或关联企业强制要求支付或发生的费用，同时上述费用应与实际情况相一致。

在审核费用合理性时，首先分析费用发生的原因，从费用金额较大的科目入手，看相关费用是否为企业正常经营必须发生的，如厂房租金、员工工资等均属于企业正常经营必须发生的费用。

其次，判断费用是否为强制要求支付或发生，通过调阅企业与关联企业或其他公司签订的协议，看其中是否存在要求企业支付的款项。

最后，核对费用发生情况，看与费用相关的商业活动是否如实发生，如总部向进口企业收取了专利费，但并未向进口企业提供任何形式的专利和专有技术。

对于不合理的费用，应要求企业将费用调整至正常水平后重新计算利润指标，再与可比企业的数据进行比较，重新确定其转让定价是否符合公平交易原则。

2.费用的应税性 是指 企业的相关费用是否与进口货物相关,是否符合海关估价法律中的应税条件,是否应计入进口货物的完税价格。

估价实践中,企业的应税费用主要出现在特许权使用费、转售收益、协助费及卖方指定支付的费用等方面。

在审核应税费用时,应严格遵循《审价办法》的相关规定,只有满足应税条件的才能计征。如发现企业对外支付特许权使用费,应审核特许权是否与货物相关、特许权使用费的支付是否构成货物进口的要件,只有满足上述两个条件才能将该进口货物的特许权使用费计入完税价格。

对于应税的费用,只有在企业转让定价符合公平交易原则时,才可将上述费用计入完税价格。如果企业本身的转让定价政策不符合公平交易原则或海关审价规定,即使发现企业支付应税费用,也不能将其计入完税价格,应使用除成交价格以外的方法确定企业进口货物的完税价格。

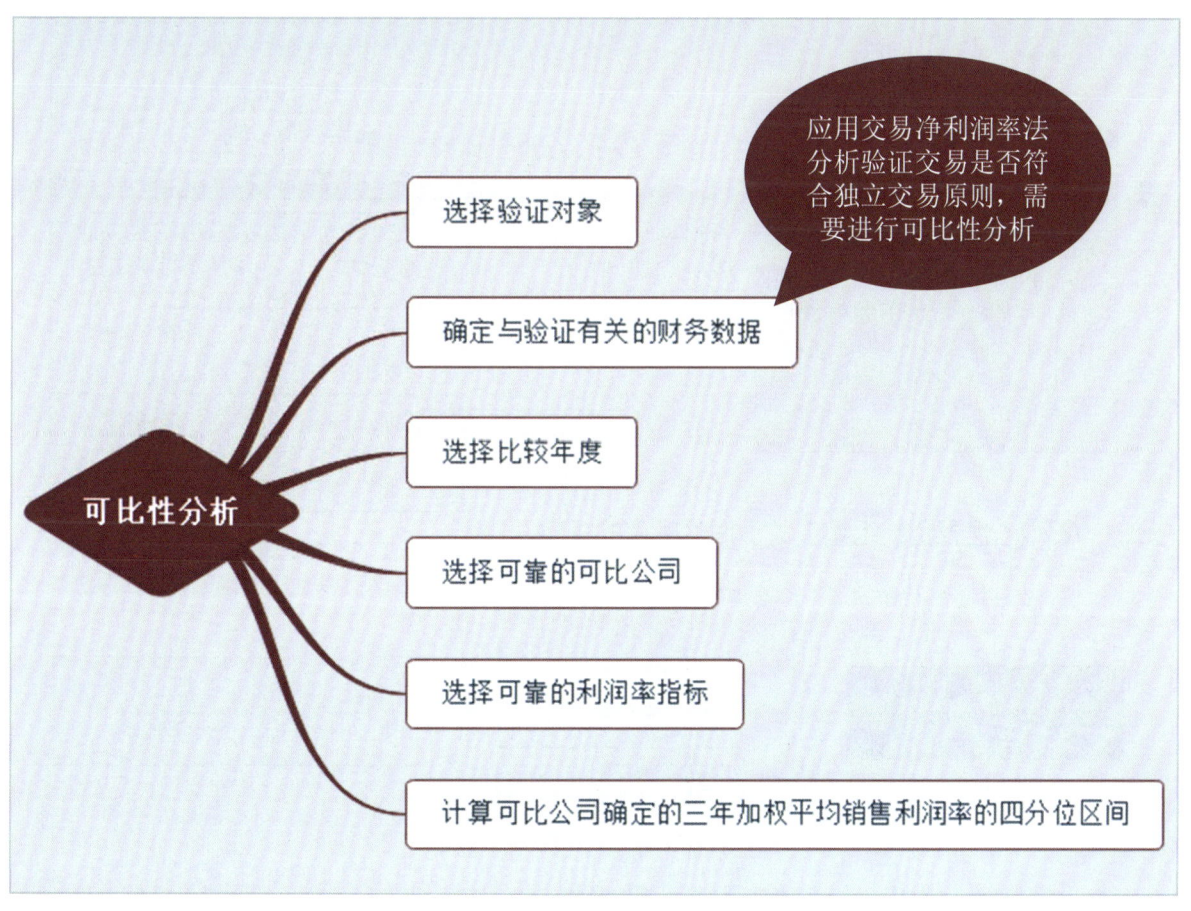

第二章 海关估价方法

第一节 估价顺序

一、估价顺序概述

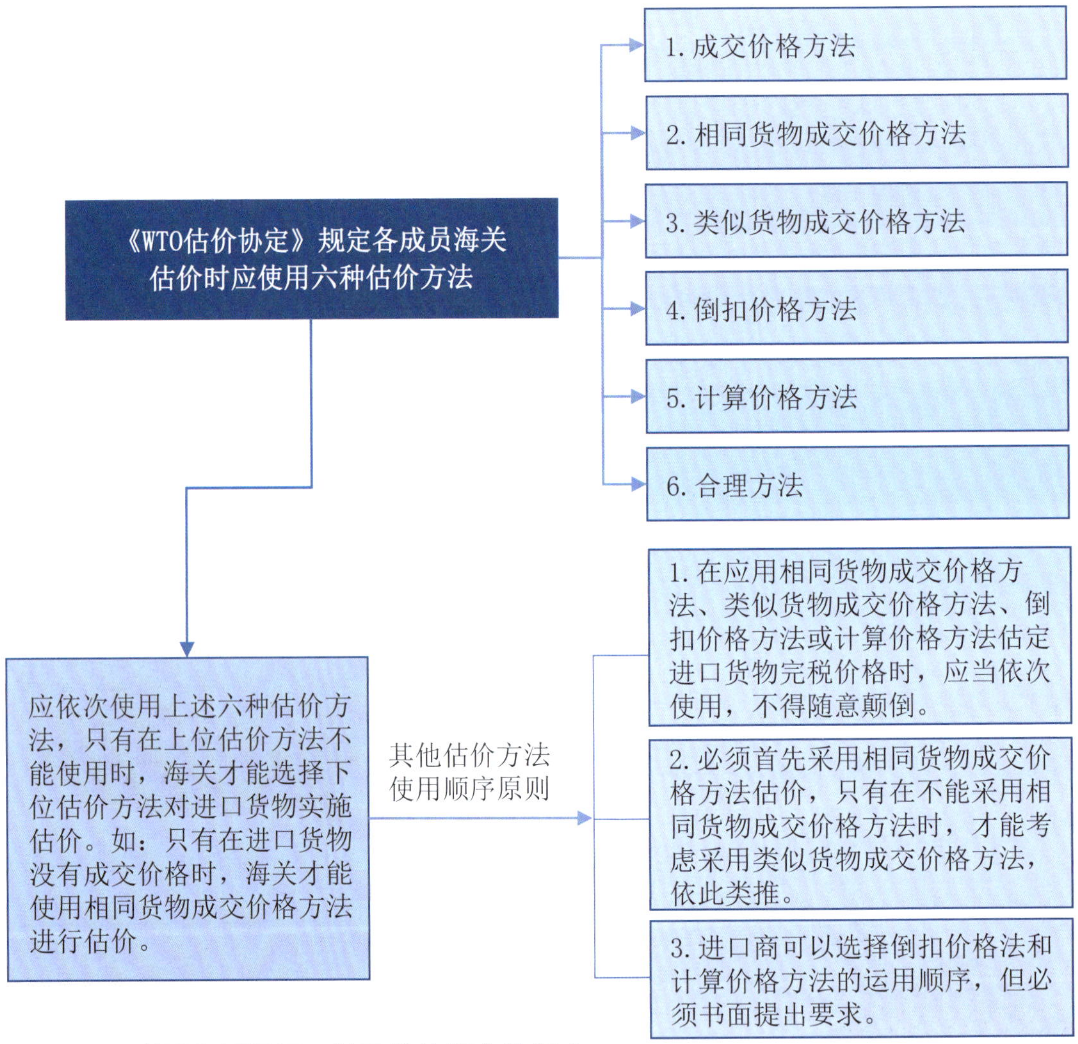

《WTO估价协定》规定各成员海关估价时应使用六种估价方法
1. 成交价格方法
2. 相同货物成交价格方法
3. 类似货物成交价格方法
4. 倒扣价格方法
5. 计算价格方法
6. 合理方法
应依次使用上述六种估价方法，只有在上位估价方法不能使用时，海关才能选择下位估价方法对进口货物实施估价。如：只有在进口货物没有成交价格时，海关才能使用相同货物成交价格方法进行估价。
其他估价方法使用顺序原则
1. 在应用相同货物成交价格方法、类似货物成交价格方法、倒扣价格方法或计算价格方法估定进口货物完税价格时，应当依次使用，不得随意颠倒。
2. 必须首先采用相同货物成交价格方法估价，只有在不能采用相同货物成交价格方法时，才能考虑采用类似货物成交价格方法，依此类推。
3. 进口商可以选择倒扣价格法和计算价格方法的运用顺序，但必须书面提出要求。

二、WTO（世界贸易组织）关于估价顺序的规定

《WTO估价协定》
一般介绍性说明
解释性说明
附件3
分别从不同的角度对估价顺序问题做了进一步的阐述。

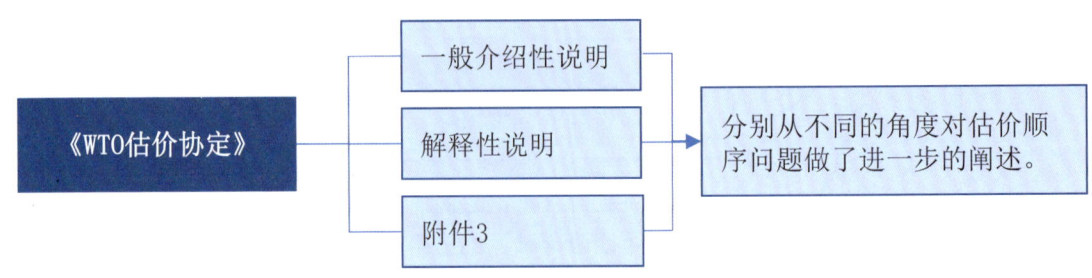

（一）《WTO估价协定》一般介绍性说明对于估价顺序的规定

		内　容
《WTO估价协定》	一般介绍性说明	1. 本协定项下完税价格的首要依据是第一条所定义的"成交价格"。第一条应与第八条一起理解，第八条特别规定，如被视为构成完税价格组成部分的某些特定要素由买方负担，但未包括在进口货物的实付或应付价格中，则应对实付或应付价格作出调整。第八条还规定，在成交价格中应包括以特定货物或服务的形式而非以货币的形式由买方转给卖方的某些因素。第二条至第七条规定了在根据第一条的规定不能确定完税价格时，确定完税价格的方法。 2. 如根据第一条的规定不能确定完税价格，则在海关和进口商之间通常应进行磋商，以期根据第二条或第三条的规定得到确定价格的依据。例如，可能发生的情况是，一方面进口商可能掌握关于相同或类似进口货物完税价格的信息，而进口港的海关却不能立即获得此类信息。另一方面，海关可能掌握相同或类似进口货物完税价格的信息，而进口商却不能轻易获得此类信息。双方之间的磋商过程在遵守商业机密的要求前提下，可使信息得到交流，以期确定海关估价的适当依据。 3. 第五条和第六条规定了在不能依据进口货物、相同或类似进口货物的成交价格确定完税价格时用以确定完税价格的两个依据。根据第五条第一款的规定，完税价格根据货物以进口时的状态向进口国中无特殊关系的买方销售的价格确定。如进口商提出请求，进口商还有权要求对进口后经进一步加工的货物根据第五条的规定进行估价。根据第六条的规定，完税价格根据计算价格确定。这两种方法都会带来某些困难，因此，应根据第四条的规定给予进口商选择这两种方法适用顺序的权利。 4. 第七条列出了在不能根据前述各条的规定确定完税价格时，如何确定完税价格的方法。

（二）《WTO估价协定》解释性说明对于估价顺序的规定

		内　容
《WTO估价协定》	总体说明估价方法的适用顺序	1. 第一条至第七条规定了如何根据本协定的规定确定进口货物的完税价格。估价方法按适用的顺序列出。第一条规定了海关估价的首要方法，只要满足该条规定的条件，进口货物即依照该条的规定进行估价。

		内　容
《WTO估价协定》	总体说明估价方法的适用顺序	2.如不能根据第一条的规定确定完税价格，则应按顺序使用随后各条中最先能够确定完税价格的条款确定完税价格。除第四条规定外，只有在完税价格无法根据某一条款确定时，方可按顺序使用下一条款的规定。 3.如进口商未请求颠倒第五条和第六条的顺序，则应遵循正常顺序。如进口商虽提出此种请求，但随后证明不能根据第六条的规定确定完税价格，而根据第五条能够确定完税价格，则应根据该条的规定予以确定。 4.如完税价格无法根据第一条至第六条的规定确定，则应根据第七条的规定确定。
	附件3	认为本协定第四条关于应进口商请求颠倒顺序的规定可能带来真正困难的发展中国家，可能希望按类似货物下列条件对第四条提出保留： "……政府保留作出如下规定的权利：只有在海关同意关于颠倒第五条和第六条顺序的请求时，本协定第四条的有关规定方可适用。" 如发展中国家提出此种保留，各成员应根据本协定第二十一条的规定予以同意。

三、中国关于估价顺序的法律规范

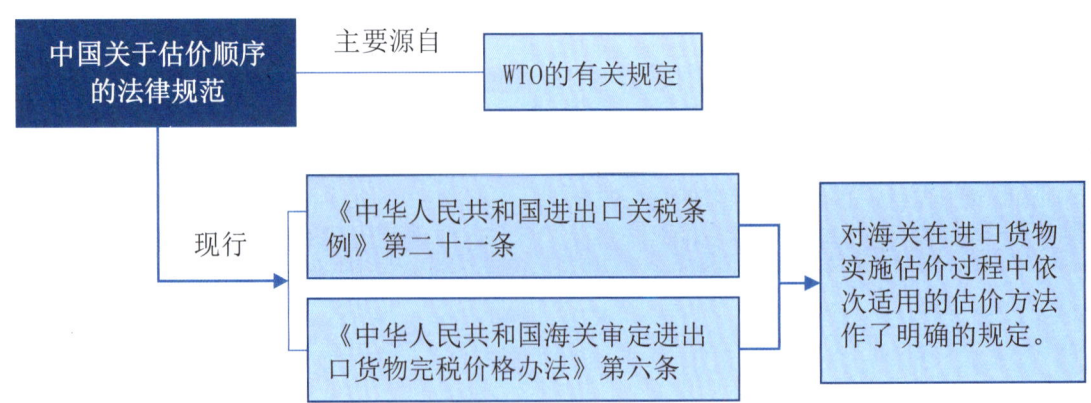

（一）《中华人民共和国进出口关税条例》对于估价顺序的规定

	内　容
《中华人民共和国进出口关税条例》	第二十一条　进口货物的成交价格不符合本条例第十八条第三款规定条件的，或者成交价格不能确定的，海关经了解有关情况，并与纳税义务人进行价格磋商后，依次以下列价格估定该货物的完税价格： （一）与该货物同时或者大约同时向中华人民共和国境内销售的相同货物的成交价格； （二）与该货物同时或者大约同时向中华人民共和国境内销售的类似货物的成交价格； （三）与该货物进口的同时或者大约同时，将该进口货物、相同或者类似进口货物在第一级销售环节售给无特殊关系买方最大销售总量的单位价格，但应当扣除本条例第二十二条规定的项目； （四）按照下列各项总和计算的价格：生产该货物所使用的料件成本和加工费用，向中华人民共和国境内销售同等级或者同种类货物通常的利润和一般费用，该货物运抵境内输入地点起卸前的运输及其相关费用、保险费； （五）以合理方法估定的价格。 纳税义务人向海关提供有关资料后，可以提出申请，颠倒前款第（三）项和第（四）项的适用次序。

（二）《中华人民共和国海关审定进出口货物完税价格办法》对于估价顺序的规定

	内　容
《中华人民共和国海关审定进出口货物完税价格办法》	第六条　进口货物的成交价格不符合本章第二节规定的，或者成交价格不能确定的，海关经了解有关情况，并与纳税义务人进行价格磋商后，依次以下列方法审查确定该货物的完税价格： （一）相同货物成交价格估价方法； （二）类似货物成交价格估价方法； （三）倒扣价格估价方法； （四）计算价格估价方法； （五）合理方法。 纳税义务人向海关提供有关资料后，可以提出申请，颠倒前款第（三）项和第（四）项的适用次序。

第二节 相同或类似货物估价方法

一、相同或类似货物估价方法的概述

（一）相同或类似货物估价方法的定义
- 当海关不能使用成交价格方法估价时
- 或者成交价格方法涉及的费用调整项目无法确定时

海关将使用相同或类似货物成交价格方法估价，即以被估的进口货物同时或大约同时进口的相同或类似货物的成交价格为基础估定完税价格。

相同货物，是指在所有方面都相同的货物，包括物理特性、质量和信誉。表面上的微小差别并不影响在其他方面符合定义的货物被视为相同货物。

类似货物，指虽然不是在所有方面都相同，但具有类似特性和类似组成材料，从而能够起到同样效用而且在商业上可以互换的货物，在确定货物是否类似时，考虑的因素应包含该货物的品质、信誉和现有的商标。

（二）相同或类似货物估价方法的估价要点
1. 海关估价的次序
2. 相同或类似货物估价方法的要求
3. 价格较低者
4. 相同或类似货物的使用次序
5. 商业水平
6. 数量水平
7. 价格调整项目与相同或类似货物估价方法的关系
8. 价格磋商的目的
9. 价格磋商的作用

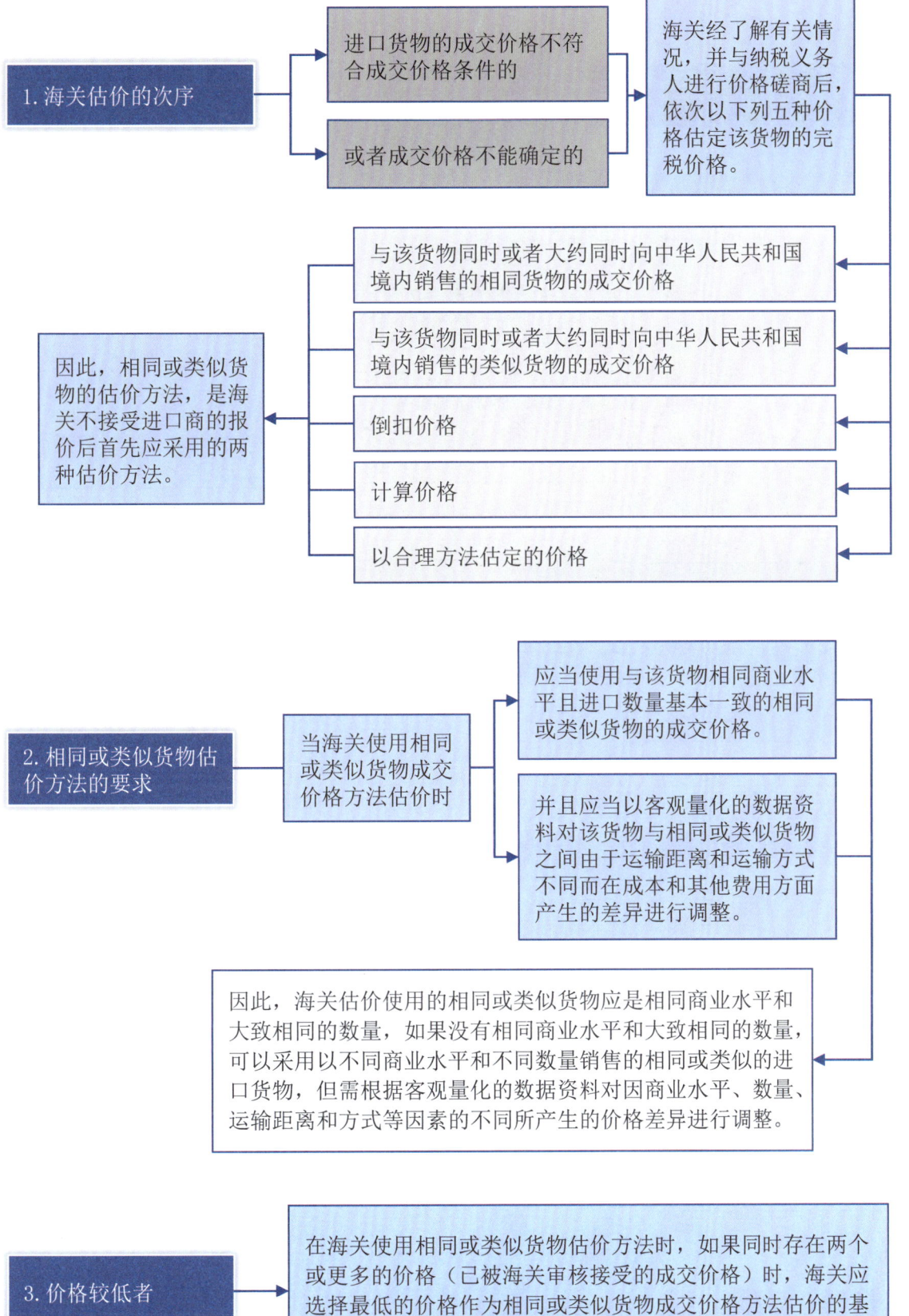

4. 相同或类似货物的使用次序

根据《中华人民共和国进出口关税条例》第二十一条：进口货物的成交价格不符合本条例第十八条第三款规定条件的，或者成交价格不能确定的，海关经了解有关情况，并与纳税义务人进行价格磋商后，依次以下列价格估定该货物的完税价格。

（1）与该货物同时或者大约同时向中华人民共和国境内销售的相同货物的成交价格；

（2）与该货物同时或者大约同时向中华人民共和国境内销售的类似货物的成交价格。

同时，根据《WTO估价协定》第三条"如进口货物的完税价格不能根据第一条和第二条的规定确定，则完税价格应为与被估货物同时或大约同时出口销售至相同进口国的类似货物的成交价格"。

因此，海关应首先使用相同货物估价方法，只有在没有相同货物或相同货物估价方法不适用时，才可使用类似货物估价方法。

如：海关在估价时，同时找到
（1）成交数量和商业水平均不同的相同货物成交价格
（2）成交数量和商业水平均相同的类似货物成交价格

如果成交数量和商业水平的差异可以合理调整，海关应优先使用相同货物成交价格方法估价。

5. 商业水平

是指买卖双方在销售环节中所处的位置。

例如从商品最初生产到最终消费之间存在如下环节：

生产商 → 批发商 → 零售商 → 消费者

商品向下一环节移动时，其交易价格通常包括上一环节收取的对应利润，因此通常情况下消费者的购买价格应是最高的。

如果出口商在销售时并不考虑商业水平，即不区分购买者的级别，则商业水平不应成为影响价格的因素。

例如，在电子商务中，出口商仅针对购买数量给予折扣，而不区分商业水平的差异。在这种情况下，海关应认定商业水平对相同或类似货物价格的使用不产生影响。

6. 数量水平

在贸易实践中，当购买方一次性或累计购买的数量较大时，往往可从卖方得到一定的折扣。

因此，在使用相同或类似货物估价方法时应考虑数量水平的影响。但是，数量水平的影响应基于客观事实。

例如，卖方提供的销售价格表列明了购买数量与折扣的对应关系。如果卖方根据其销售价格表的承诺进行销售，而买方也享受到了对应的折扣，海关则应将上述折扣政策作为数量水平对相同或类似货物价格产生影响的直接证据，并在使用相同或类似货物估价方法时对此作出相应的调整。如果海关未能掌握关于数量水平的相关情况，而进口商也不能提供出直接证据，那么单纯的数量差异不应视为数量水平对相同或类似货物价格产生影响。

7. 价格调整项目与相同或类似货物估价方法的关系

根据《WTO估价协定》，第一条成交价格方法与第八条价格调整项目属于合并使用的关系。

即只有当海关使用成交价格方法时才能使用第八条价格调整项目。

当海关不接受进口商的成交价格，使用相同或类似货物估价方法估价时。

选取的相同或类似货物价格是海关曾接受过的价格，其中已经涵盖了海关根据第八条价格调整项目对过去的申报作出的调整。

因此，海关在使用相同或类似货物估价方法时无须再考虑被估货物的价格调整项目。

8. 价格磋商的目的

根据《WTO估价协定》第二条和第三条，当海关在使用相同或类似货物价格方法估价时

如果有一个以上的成交价格，则应使用最低的成交价格确定进口货物的完税价格。

同时根据《WTO估价协定》一般介绍性说明第二款，"海关和进口商之间通常应进行磋商，以期根据第二条或第三条的规定得到确定价格的依据"。

因此，"双方之间的磋商过程在遵守商业机密的要求前提下，可使信息得到交流，以期确定海关估价的使用依据"。

综上所述，价格磋商的目标不是达成一个海关与进口商都可接受的价格，而是交换彼此掌握的价格信息，以根据海关曾经接受过的最低的相同或类似货物价格，确定被估货物的完税价格。

9. 价格磋商的作用

根据《WTO估价协定》一般介绍性说明第二款，"海关和进口商之间通常应进行磋商，以期根据第二条或第三条的规定得到确定价格的依据"。

因此，当海关准备采用相同货物或类似货物成交价格方法进行估价时，为了获得适用的相同货物的成交价格或类似货物的成交价格，应与进口商进行磋商。

> 开展价格磋商的作用是因为进口商可能了解有关相同或类似进口货物完税价格的资料,而进口地海关可能没有及时获得有关资料;相反,海关可能了解掌握该种资料,而进口商可能没有掌握该种资料。在无损商业秘密的条件下,双方的磋商将有助于彼此信息的交流,避免海关武断估价,更加有利于保护进口商的合法权益。

二、WTO关于相同或类似货物估价方法的规定

> WTO对于相同或类似货物的成交价格的法律规范主要体现。在《WTO估价协定》第二条中,同时,WTO估价技术委员会还陆续颁布了"解释性说明——关于第二条的注释""解释性说明——关于第三条的注释""评论1.1""评论10.1"。

（一）《WTO估价协定》中涉及的相关规定

		内　容
《WTO估价协定》	第二条	1.（a）如进口货物的完税价格不能根据第一条的规定确定,则完税价格应为与被估价货物同时或大约同时出口销售至相同进口国的相同货物的成交价格。 （b）在适用本条时,应使用与被估价货物相同的商业水平销售的、数量实质上相同的相同货物的成交价格确定完税价格。如不能认定此种销售,则应使用以不同商业水平销售的和/或数量不同的相同货物的成交价格,并应对可归因于不同商业水平和/或不同数量的差异作出调整,只要此类调整能够依据清楚地确定调整的合理性和准确性的明确证据作出,而无论调整是否导致价格的提高或降低。 2.如成交价格包括第八条第2款所指的成本和费用,则应作出调整,以考虑进口货物与所涉相同货物之间由于距离和运输方式的不同而在此类成本和费用方面产生的巨大差异。 3.在适用本条时,如可认定相同货物具有一个以上的成交价格,则应使用最低的成交价格确定进口货物的完税价格。
	第三条	1.（a）如进口货物的完税价格不能根据第一条和第二条的规定确定,则完税价格应为与被估价货物同时或大约同时出口销售至相同进口国的类似货物的成交价格。 （b）在适用本条时,应使用以与被估价货物相同的商业水平销售的、数量实质上相同的类似货物的成交价格确定完税价格。如不能认定此种销售,则应使用以不同商业水平销售的和/或数量不同的类似货物的成交价格,并应对可归因于

		内 容
《WTO估价协定》	第三条	不同商业水平和/或不同数量的差异作出调整，只要此类调整能够根据确定调整的合理性和准确性并已证实并证据作出，无论调整是否导致价格的提高或降低。 2. 如成交价格包括第八条第2款所指的成本和费用，则应作出调整，以考虑进口货物与所涉类似货物由于距离和运输方式的不同而在此类成本和费用方面产生的巨大差异。 3. 在适用本条时，如可认定类似货物具有一个以上的成交价格，则应使用最低的成交价格确定进口货物的完税价格。
	第十五条	2. 在本协定中： （a）"相同货物"指在所有方面都相同的货物，包括物理特性、质量和声誉。外观上的微小差别不妨碍在其他方面符合相同货物的定义的货物被视为相同货物。 （b）"类似货物"指虽然不是在所有方面都相同，但具有相似的特性、相似的组成材料，从而使其具有相同功能，在商业上可以互换的货物。在确定货物是否类似时，待考虑的因素包括货物的质量、声誉和商标的存在等。 （c）"相同货物"和"类似货物"两词不包括（视情况而定）包含或反映工程、开发、工艺、设计工作以及计划和规划、且未根据第八条第1款（b）项（ⅳ）目进行调整的货物，因为此类因素均在进口国中进行。 （d）除非货物与被估价货物在相同国家生产，否则不应视其为"相同货物"或"类似货物"。 （e）只有生产被估价货物的人不生产相同货物或类似货物（视情况而定）时，方可考虑由不同的人生产的货物。

(二) WTO估价技术委员会解释性说明中涉及的相关规定

		内 容
《WTO估价协定》	一般介绍性说明	2. 如根据第一条的规定不能确定完税价格，则在海关和进口商之间通常应进行磋商，以期根据第二条相同货物的规定或第三条的规定得到确定价格的依据。例如，可能发生的情况是，一方面，进口商可能掌握关于相同或类似进口货物相同货物的完税价格的信息，而进口港的海关却不能立即获得此类信息。另一方面，海关可能掌握相同或类似进口货物完税价格的信息，而进口商却不能获得此类信息。双方之间的磋商过程在遵守商业机密的要求前提下

		内　容
《WTO估价协定》	一般介绍性说明	可使信息得到交流，以期确定海关估价的适当依据。
	关于第二条的注释	1. 在适用第二条时，海关应使用与被估价货物相同的商业水平销售的、数量实质上相同的相同货物的成交价格确定完税价格。如不能认定此种销售，则可使用下列三个条件中任一条件下发生的相同货物的销售： （a）相同商业水平但数量不同的销售； （b）不同商业水平但数量实质上相同的销售；或 （c）不同商业水平和数量不同的销售。 2. 在认定根据上述三个条件中任一条件下的销售后，应视情况对下列因素作出调整： （a）仅对数量因素； （b）仅对商业水平因素；或 （c）商业水平和数量因素。 3. "和/或"的措辞允许在上述三个条件中任一条件下在认定销售和作出必要调整方面可以有灵活性。 4. 就第二条而言，相同进口货物的成交价格指按第1款（b）项和第2款的规定作出调整的，已根据第一条接受的完税价格。 5. 由于不同商业水平或不同数量而作出调整的一个条件是：无论此种调整导致价格提高还是降低，只能依据能清楚地证明其合理性和正确性的证据作出调整，例如包含涉及不同商业水平或不同数量价格的有效价格清单。
	关于第三条的注释	1. 在适用第三条时，海关只要可能即应使用与被估价货物相同的商业水平销售的、数量实质上相同的类似货物的成交价格确定完税价格。如不能认定此种销售，则可使用下列三个条件中任一条件下发生的类似货物的销售： （a）相同商业水平但数量不同的销售； （b）不同商业水平但数量实质上相同的销售；或 （c）不同商业水平和数量不同的销售。 2. 在认定上述三个条件中任一条件下的销售后，应视情况对下列因素作出调整： （a）仅对数量因素； （b）仅对商业水平因素；或 （c）商业水平和数量因素。 3. "和/或"的措辞允许在上述三个条件中任一条件下在认定销售和作出必要调整方面可以有灵活性。 4. 就第三条而言，类似进口货物的成交价格指按第1款（b）项和第2款的规定作出调整的，已根据第一条接受的完税价格。

		内　容
《WTO估价协定》	关于第三条的注释	5. 由于不同商业水平或不同数量而作出调整的一个条件是：无论此种调整导致价格提高还是降低，只能依据能清楚地证明其合理性和正确性的证据作出调整，例如包含涉及不同商业水平或不同数量价格的有效价格清单。

（三）WTO估价技术委员会评论中涉及的规定

		内　容
《WTO估价协定》	评论1.1本《协定》中的相同或类似货物	1. 本评论审议了应用第二条和第三条中有关相同货物和类似货物的背景问题。 2. 第十五条确定了有关原则，规定了"相同货物"是在各方面都相同的货物，包括： （a）物理特征； （b）质量；和 （c）信誉。 外观上的微小差别不妨碍在其他方面符合定义的货物被视为相同货物。 3. "类似货物"虽为不在所有方面都相同的货物，但具有 （a）类似特征；和 （b）类似组成材料； 从而能够 （c）具有相同功能；和 （d）在商业上互换。 在确定货物是否类似时，待考虑的因素包括货物的质量、声誉和商标的存在等。 4. 第十五条还规定，只有与被估货物在同一国家生产的货物才能被考虑与被估货物相同或类似。所以该条款规定，只有生产被估货物的人不生产相同货物或类似货物时，方可考虑由不同的人生产的货物。该条款进一步规定，"相同货物"或"类似货物"不包括那种合并了或反映了在进口国所从事的工程、开发工艺、设计、规划和图表等项目的货物。

		内 容
《WTO估价协定》	评论1.1 本《协定》中的相同或类似货物	5. 在考虑运用上述原则之前，对相同货物和类似货物的确定在应用第二条和第三条中的有关背景问题进行审议是有益的。相对于第一条适用于绝大部分进口货物，第二条、第三条则运用较少。当运用第二条或第三条时，可能需要在海关和进口商之间进行磋商，以便按其中一条规定取得某一价格。这些磋商连同从其他方面获取的资料应能使海关确定什么样的货物可以考虑作为本《协定》所指的相同货物或类似货物。显而易见，在很多情况下答案是不言自明的，不需要进行市场调查或与进口商进行磋商。 6. 第十五条中的原则必须以有关市场上被比较货物的具体事实为基础加以运用。在确定过程中，可能出现的问题将因被比较货物的性质以及不同的市场条件而各异。需要根据第十五条规定的原则，对每种情况中的事实进行仔细的分析，才能作出适当的决定。
	评论10.1 本《协定》第一条第2款（b）项、第二条和第三条中因商业水平和数量水平的差异的调整　　总述	1. 在适用本《协定》时，第一条第2款（b）项（测试价格）、第二条第1款（b）项（相同货物）和第三条第1款（b）项（类似货物）中如证明商业水平和数量上存在差异时，就须进行相应调整。尽管第一条第2款（b）项与第二条第1款（b）项和第三条第1款（b）项在文字表述上有所不同，但很明显其所包涵的原则是一致的：必须考虑因商业水平不同及数量的多少导致的差别，而且应以能清楚地证明其合理性和正确性的证据为基础对差异进行必要的调整。 2. 当海关知道一项交易有可能作为第一条第2款（b）项的"测试价格"或依第二条和第三条的相同或相似货物的成交价格时，海关必须确定交易是否与在被估货物相同的商业水平且大致相同数量的条件下达成的。如商业水平和数量与该项交易的条件相近，则无须对这些因素作调整。 3. 然而，如果商业水平与数量上存在差异，则有必要确定价格与价值是否受到这些差异的影响。记住这一点非常重要，即仅仅是商业水平或数量上存在差异本身并不需要进行调整。只有当价格或价值的差异由商业水平或数量上的差异引起时，才需以能清楚地证明其合理性和正确性的证据为基础进行调整。如果不符合这一条件的，则不能进行调整。 4. 以下范例说明仅涉及因为不同水平与数量需进行调整的情形，不包括因其他诸如运输距离与运输方式的差别需调整的情形。为第二条和第三条所举的范例，假定进口货物的完税价格不能依第一条确定，而是以先前被接受的相同或类似货物的成交价格为基础确定。 5. 以下处理相同货物的范例同样适用类似货物。

			内 容
《WTO估价协定》	评论10.1 本《协定》第一条第2款（b）项、第二条和第三条中因商业水平和数量水平的差异的调整	第一条第2款（b）项的适用	16. 在买卖双方有关系的交易中，第一条第2款（b）项规定给予进口商机会证明其价格非常接近该条款的下属条款列出的测试价格中的一个。而且，应对该测试价格在商业水平和数量等方面的适当性进行证明。第一条第2款（b）项目中对有关因素进行调整的原则与第二条和第三条中的相应原则是一致的，但是，在第二条和第三条中对相同或类似货物成交价格的调整是为了确定完税价格，而按第一条第2款（b）项对测试价格进行调整，目的是进行比较。 19. 当存在特殊关系问题时，按第一条对货物进行估价，或者依第二条、第三条进行估价，进口商与海关之间，应当进行磋商。经磋商及来自其他渠道的信息必须使海关能够确定是否需进行调整，以及该调整是否能以清楚地证明其合理性和正确性的证据为基础。

三、中国海关关于相同或类似货物成交价格的法律规范

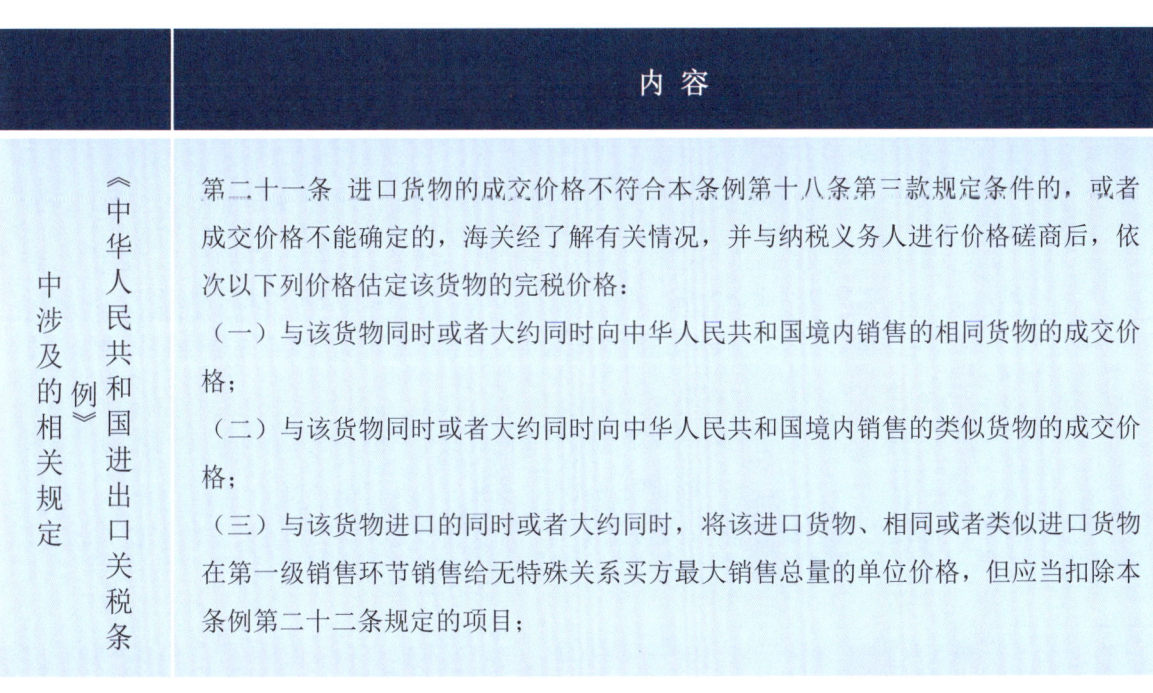

		内 容
中涉及的相关规定	《中华人民共和国进出口关税条例》	第二十一条 进口货物的成交价格不符合本条例第十八条第三款规定条件的，或者成交价格不能确定的，海关经了解有关情况，并与纳税义务人进行价格磋商后，依次以下列价格估定该货物的完税价格： （一）与该货物同时或者大约同时向中华人民共和国境内销售的相同货物的成交价格； （二）与该货物同时或者大约同时向中华人民共和国境内销售的类似货物的成交价格； （三）与该货物进口的同时或者大约同时，将该进口货物、相同或者类似进口货物在第一级销售环节销售给无特殊关系买方最大销售总量的单位价格，但应当扣除本条例第二十二条规定的项目；

	内 容
《中华人民共和国进出口关税条例》中涉及的相关规定	（四）按照下列各项总和计算的价格：生产该货物所使用的料件成本和加工费用，向中华人民共和国境内销售同等级或者同种类货物通常的利润和一般费用，该货物运抵境内输入地点起卸前的运输及其相关费用、保险费； （五）以合理方法估定的价格。 纳税义务人向海关提供有关资料后，可以提出申请，颠倒前款第（三）项和第（四）项的适用次序。
《中华人民共和国海关审定进出口货物完税价格办法》中涉及的相关规定	第六条 进口货物的成交价格不符合本章第二节规定的，或者成交价格不能确定的，海关经了解有关情况，并与纳税义务人进行价格磋商后，依次以下列方法审查确定该货物的完税价格： （一）相同货物成交价格估价方法； （二）类似货物成交价格估价方法； （三）倒扣价格估价方法； （四）计算价格估价方法； （五）合理方法。 纳税义务人向海关提供有关资料后，可以提出申请，颠倒前款第（三）项和第（四）项的适用次序。 第十九条 相同货物成交价格估价方法，是指海关以与进口货物同时或者大约同时向中华人民共和国境内销售的相同货物的成交价格为基础，审查确定进口货物的完税价格的估价方法。 第二十条 类似货物成交价格估价方法，是指海关以与进口货物同时或者大约同时向中华人民共和国境内销售的类似货物的成交价格为基础，审查确定进口货物的完税价格的估价方法。 第二十一条 按照相同或者类似货物成交价格估价方法的规定审查确定进口货物的完税价格时，应当使用该货物具有相同商业水平且进口数量基本一致的相同或者类似货物的成交价格。使用上述价格时，应当以客观量化的数据资料，对该货物与相同或者类似货物之间由于运输距离和运输方式不同而在成本和其他费用方面产生的差异进行调整。 在没有前款所述的相同或者类似货物的成交价格的情况下，可以使用不同商业水平或者不同进口数量的相同或者类似货物的成交价格。使用上述价格时，应当以客观量化的数据资料，对因商业水平、进口数量、运输距离和运输方式不同而在价格、成本和其他费用方面产生的差异做出调整。

	内 容
《中华人民共和国海关审定进出口货物完税价格办法》中涉及的相关规定	第二十二条 按照相同或者类似货物成交价格估价方法审查确定进口货物的完税价格时,应当首先使用同一生产商生产的相同或者类似货物的成交价格。没有同一生产商生产的相同或者类似货物的成交价格的,可以使用同一生产国或者地区其他生产商生产的相同或者类似货物的成交价格。如果有多个相同或者类似货物的成交价格,应当以最低的成交价格为基础审查确定进口货物的完税价格。 第五十一条 本办法中下列用语的含义: …… 相同货物,是指与进口货物在同一国家或者地区生产的,在物理性质、质量和信誉等所有方面都相同的货物,但是表面的微小差异允许存在。 类似货物,是指与进口货物在同一国家或者地区生产的,虽然不是在所有方面都相同,但是却具有相似的特征,相似的组成材料,相同的功能,并且在商业中可以互换的货物。 大约同时,是指海关接受货物申报之日的大约同时,最长不应当超过前后45日。 ……

第三节 商业水平和数量水平的调整

一、商业水平和数量水平调整的概述

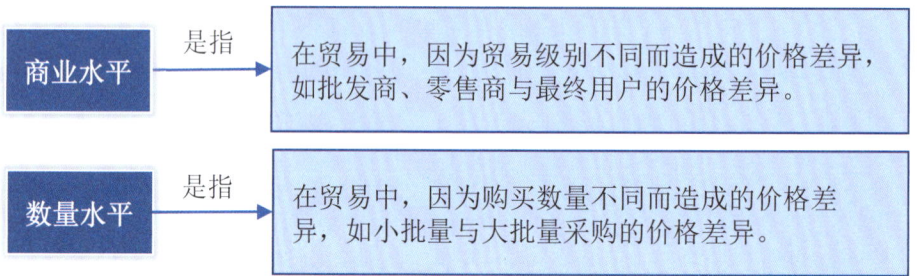

二、商业水平和数量水平调整的估价要点

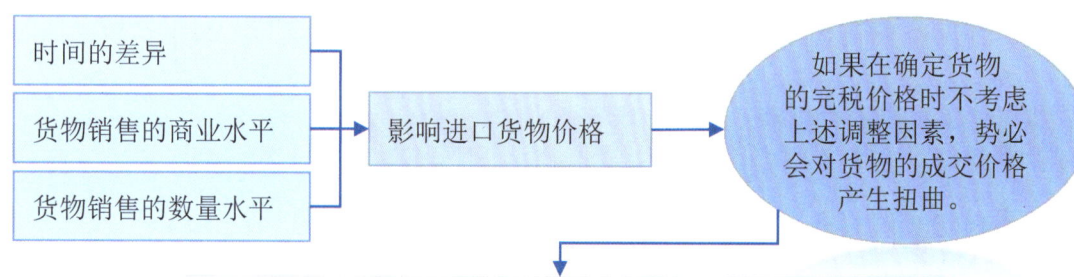

为此，我国海关在确定相同、类似货物估价方法时，都明确规定，海关在选取用于估价的申报记录时，必须充分考虑用于估价的申报记录与被估货物的商业水平和数量水平差异，并需根据客观量化的数据对差异做出调整。

三、WTO关于商业水平和数量水平调整的规定

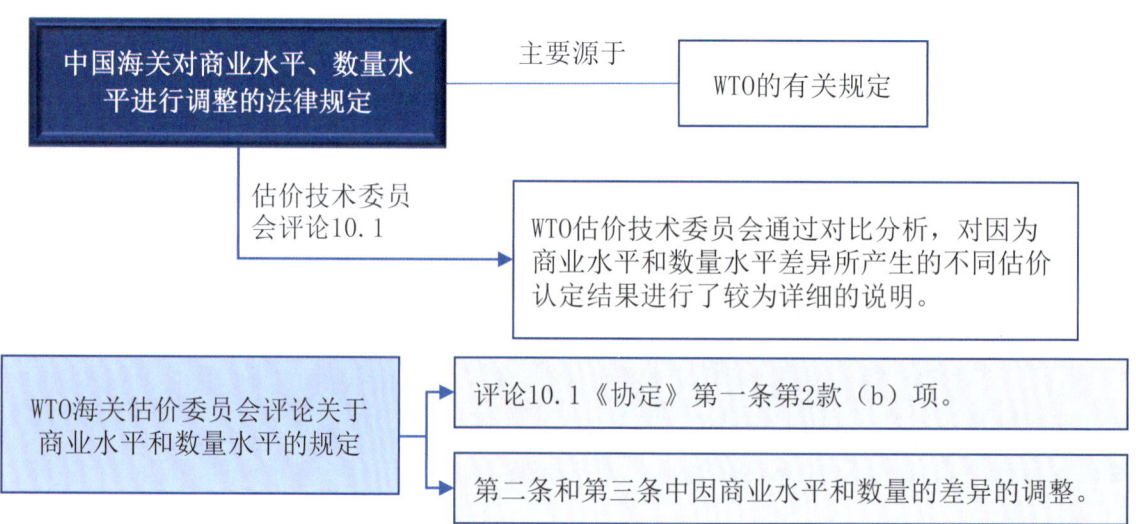

		内　容
《WTO估价协定》	总述	1.在适用《协定》时，第一条第2款（b）项（测试价格）、第二条第1款（b）项（相同货物）和第三条第1款（b）项（类似货物）中如证明商业水平和数量上存在差异时，就须进行相应调整。尽管第一条第2款（b）项与第二条第1款（b）项和第三条第1款（b）项在文字表述上有所不同，但很明显其所包含的原则是一致的：必须考虑因商业水平不同及数量的多少导致的差别，而且应以能清楚地证明其合理性和正确性的证据为基础对差异进行必要的调整。 2.当海关知道一项交易有可能作为第一条第2款（b）项的"测试价格"或依第二条和第三条的相同或类似货物的成交价格时，海关必须确定交易是否是在与被估货物相同的商业水平且大致相同数量的条件下达成的。如商业水平和数量与该项交易的条件相近，则无须对这些因素作调整。 3.然而，如果商业水平与数量上存在差异，则有必要确定价格与价值是否受到这些差异的影响。记住这一点非常重要，即仅仅是商业水平或数量上存在差异本身并不自然导致需要进行调整。只有当价格或价值的差异由商业水平或数量上的差异引起时，才需以能清楚地证明其合理性和正确性的证据为基础进行调整。如果不符合这条件，则不能进行调整。 4.以下范例说明仅涉及因为不同水平与数量需进行调整的情形，不包括因其他诸如运输距离与运输方式的差别需调整的情形。为第二条和第三条所举的范例，假定进口货物的完税价格不能依第一条确定，而是以先前被接受的相同或类似货物的成交价格为基础确定。 5.以下处理相同货物的范例同样适用类似货物。
	第一条第2款（b）项的适用	16.在买卖双方有关系的交易中，第一条第2款（b）项规定给予进口商机会证明其价格非常接近该条款下属条款列出的测试价格中的一个。而且，应对该测试价格在包括商业水平和数量等方面的适当性进行证明。第一条第2款（b）项目中对有关因素进行调整的原则与第二条和第三条中的相应原则是一致的，但是，在第二条和第三条中对相同或类似货物成交价格的调整是为了确定完税价格，而按第一条第2款（b）项对测试价格进行调整，目的只是进行比较。 19.当存在关联关系问题时，按第一条对货物进行估价，或者依据第二条、第三条进行估价，进口商与海关之间，应当进行磋商。经磋商及来自其他渠道的信息必须使海关能够确定是否需进行调整，以及该调整是否能以有证明力的证据为基础。

四、中国海关关于商业水平和数量水平调整的法律规范

商业水平和数量水平调整
- 是当前国际贸易中比较普遍的一种贸易方法
- 也是成交价格定义中的一个基本概念
- 世界各国或通过单行条款的解释对其作出说明，或直接纳入成交价格的定义之中。

中国海关关于商业水平和数量水平调整中成交价格的规定如下：

	内 容
《中华人民共和国海关审定进出口货物完税价格办法》	第十七条 买卖双方之间存在特殊关系，但是纳税义务人能证明其成交价格与同时或者大约同时发生的下列任何一款价格相近的，应当视为特殊关系未对进口货物的成交价格产生影响： （一）向境内无特殊关系的买方出售的相同或者类似进口货物的成交价格； （二）按照本办法第二十三条的规定所确定的相同或者类似进口货物的完税价格； （三）按照本办法第二十五条的规定所确定的相同或者类似进口货物的完税价格。 海关在使用上述价格进行比较时，应当考虑商业水平和进口数量的不同，以及买卖双方有无特殊关系造成的费用差异。
	第二十一条 按照相同或者类似货物成交价格估价方法的规定审查确定进口货物的完税价格时，应当使用与该货物具有相同商业水平且进口数量基本一致的相同或者类似货物的成交价格。使用上述价格时，应当以客观量化的数据资料，对该货物与相同或者类似货物之间由于运输距离和运输方式不同而在成本和其他费用方面产生的差异进行调整。 在没有前款所述的相同或者类似货物的成交价格的情况下，可以使用不同商业水平或者不同进口数量的相同或者类似货物的成交价格。使用上述价格时，应当以客观量化的数据资料，对因商业水平、进口数量申运输距离和运输方式不同而在价格、成本和其他费用方面产生的差异做出调整。

第四节 倒扣价格估价方法

一、倒扣价格估价方法的概述

海关估价意义的倒扣价格又称倒扣价格方法

是《WTO估价协定》规定海关在确定进口货物完税价格时可以依次使用的第四种估价方法。

如果成交价格方法和相同或类似货物估价方法均不能使用，海关将使用倒扣价格方法。

海关在使用倒扣价格方法时，应当以被估的进口货物、相同或类似进口货物在境内销售的价格为基础估定完税价格，并扣除在国内发生的相关费用。

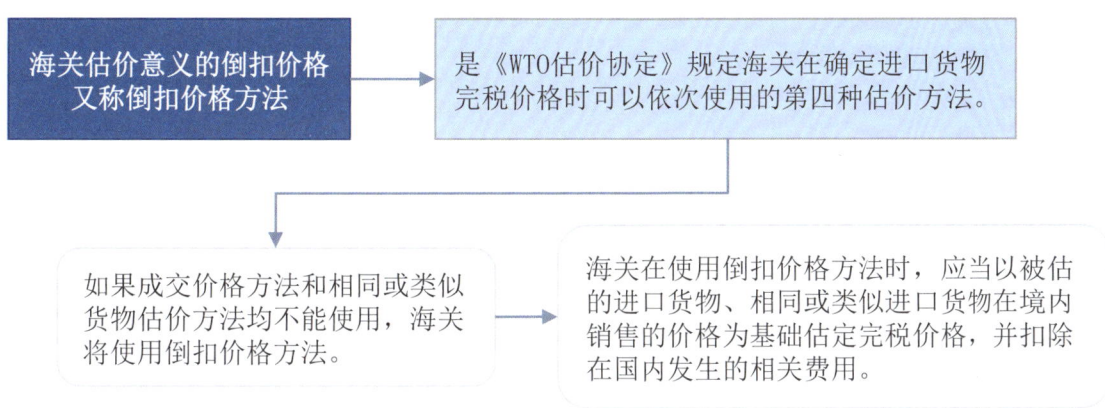

二、倒扣价格估价方法的估价要点

（一）总体说明

成交价格方法

是海关估价最基本的方法，也是最普遍的方法。

但在贸易实践中，仍存在大量无法使用成交价格方法进行估价的情况。

如：货物的所有权未发生转让、交易受到限制、存在特殊关系影响成交价格等。

此时，海关将使用其他方法进行估价。

倒扣价格方法

实质

以国内再销售价格为基础，在扣除国内发生的各项税费及利润后定完税价格，并以此为基础进行估价。

倒扣价格方法是海关不接受进口商申报的发票价格，采用的一种估价方法。

```
┌─────────────┐           ┌──────────────────────────────────────┐
│             │   主要    │ 资料的获取难度较低。倒扣价格估价方法是 │
│ 倒扣价格方法是│   原因   │ 按照进口以后再销售的价格为基础，扣除 │
│ 实践中使用频率├──────→  │ 境内发生的相关费用以后确定完税价格， │
│ 较高的估价方法│          │ 境内再售价格可以通过进口商的销售发 │
│             │          │ 票予以确定，相关费用也可以通过审查该公│
└─────────────┘          │ 司的财务记录进行获取。              │
                          └──────────────────────────────────────┘
                          ┌──────────────────────────────────────┐
                          │ 价格资料接受审查的难度较低。在其他估价│
                          │ 方法下，部分关键资料需要境外卖方公司提│
                          │ 供。在实践中，各国海关基本上难以去境外│
                          │ 核实资料的真实性和准确性，对于卖方通过│
                          │ 进口商转交资料的有效性很难得到审查，这│
                          │ 给各国海关估价工作都带来了较大的难度。│
                          │ 但在倒扣价格估计方法下，这一问题得到了│
                          │ 很好的解决。                        │
                          └──────────────────────────────────────┘
```

```
        ◆ 倒扣价格        是以进口货物或与其相同或类似进口货物国内
          估价方法  ────  转售价格为基础，并且扣除进口后发生的项目
                          而确定该货物完税价格的方法。
                ↓
```

```
┌─────────────────────────────┐      ┌─────────────────────────────┐
│ 因此，海关以符合倒扣条件的货物│      │ 同时，海关与进口商就利润     │
│ 在境内第一销售环节的销售价格为│      │ 和一般费用的数据开展磋商。   │
│ 基础，扣除其中所包含的利润和一│      │                             │
│ 般费用。                    │      │                             │
└─────────────────────────────┘      └─────────────────────────────┘
            ↓                                      ↓
┌─────────────────────────────┐      ┌─────────────────────────────┐
│ 进口商委托境内咨询公司就其经  │      │ 海关与进口商就该数据的调查方法│
│ 营产品的行情进行调查，并获取  │      │ 和公信力审查以后，确定该数据的│
│ 该行业的平均毛利水平。       │      │ 获取方法及样本采集符合公平、公│
│                             │      │ 正原则，最终以该数据作为估价的│
│                             │      │ 依据。                      │
└─────────────────────────────┘      └─────────────────────────────┘
```

（二）估价方法适用顺序

```
  《WTO估价协定》 ──规定的──→ 估价方法 ──→ 应依次适用
```

第二章 海关估价方法

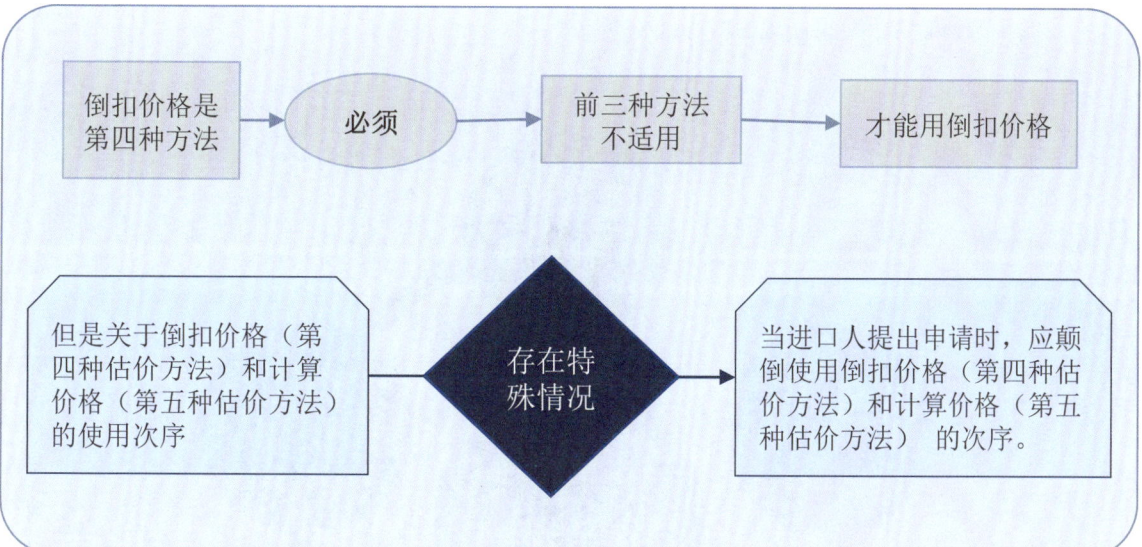

根据《WTO估价协定》关于发展中国家的特殊条款，某些发展中国家认为如果根据进口商的要求颠倒倒扣价格（第四种估价方法）和计算价格（第五种估价方法）的使用次序，可能会给这些发展中国家实施《WTO估价协定》造成困难。

因此，部分发展中国家可以保留暂时不实行《WTO估价协定》第四条关于应进口商请求颠倒顺序的规定，即在这些国家，进口商没有选择倒扣价格（第四种估价方法）和计算价格（第五种估价方法）使用次序的权利。

我国政府在"加入世界贸易组织议定书"中，对于上述内容承诺将无保留地全面实施。

根据《中华人民共和国进出口关税条例》第二十一条的规定"纳税义务人向海关提供有关资料后，可以提出申请，颠倒前款第（三）项和第（四）项的适用次序。"

即在我国，当进口人提出申请时，海关应颠倒使用倒扣价格（第四种估价方法）和计算价格（第五种估价方法）的次序。

（三）倒扣价格估价方法的适用条件

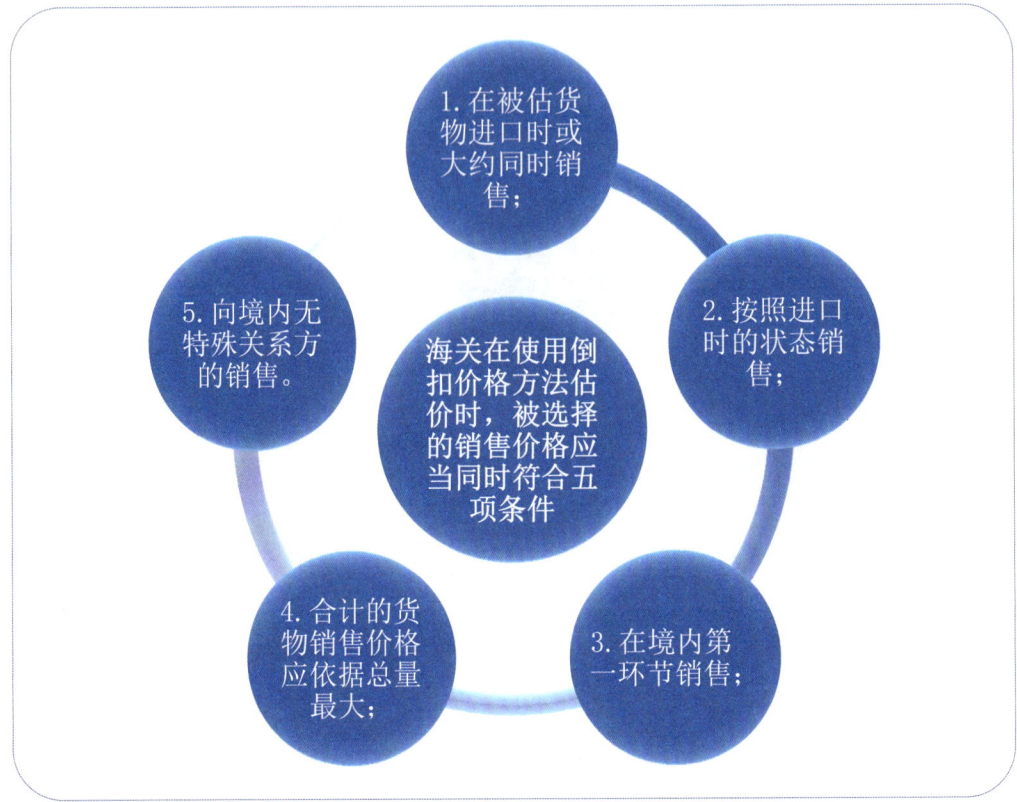

（四）估价时的扣除项目

海关在使用倒扣价格方法估价时，应在境内销售价格的基础上扣除以下三项费用：

1. 同等级或者同种类货物在境内第一销售环节销售时，通常的利润和一般费用（包括直接费用和间接费用）以及通常支付的加额佣金；

2. 货物运抵境内输入地点起卸后的运输及其相关费用、保险费；

3. 进口关税、进口环节海关间运输和代征税及其他国内税。

上述三项费用均属于进口后发生的费用，不构成进口货物完税价格的组成部分，因此，应从进口货物的完税价格中予以扣除。

（五）估价时的货物状态

海关在使用倒扣价格方法时，并不要求倒扣的基础必须为进口货物。

↓

倒扣价格估价方法 ——《审价办法》第二十三条→ 是指海关以进口货物、相同或者类似进口货物在境内的销售价格为基础，扣除境内发生的有关费用后，审查确定进口货物完税价格的估价方法。

因此，无论是被估的进口货物、相同或类似进口货物，只要其以原样在国内转售，都可以作为倒扣价格方法的基础。

| 如果被估的进口货物、相同或类似进口货物没有按照进口时的状态在境内销售 | 应进口货物收货人的要求 | 海关可以在符合倒扣价格方法规定的其他条件下，使用经进一步加工后的货物的销售价格估定完税价格 | 但应扣除加工增值额 |

由于使用经进一步加工后的货物的销售价格来估定完税价格的难度较大 → 因此，海关只有在应进口商要求的情况下，才会使用该方法估价 →

- 其中，对于"经进一步加工"没有特别的规定，只要加工增值额或加工成本费可以客观量化
- 且"经进一步加工"后，该加工后的商品仍独立销售，海关就可以使用倒扣价格方法进行估价

（六）销售交易的选择

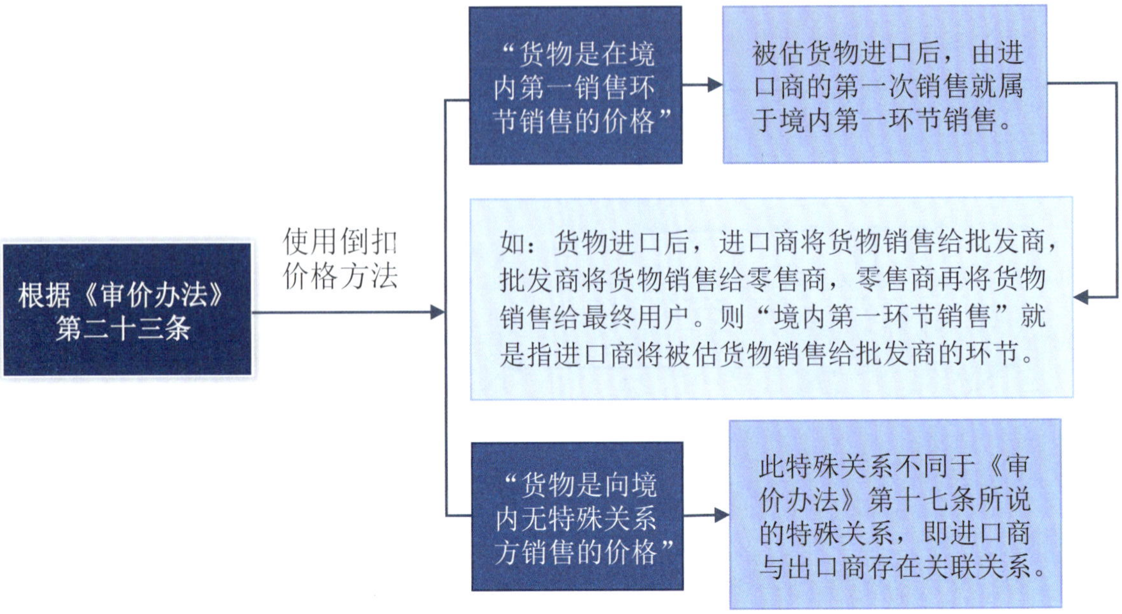

根据《审价办法》第二十三条，使用倒扣价格方法：

- **"货物是在境内第一销售环节销售的价格"** → 被估货物进口后，由进口商的第一次销售就属于境内第一环节销售。
  - 如：货物进口后，进口商将货物销售给批发商，批发商将货物销售给零售商，零售商再将货物销售给最终用户。则"境内第一环节销售"就是指进口商将被估货物销售给批发商的环节。

- **"货物是向境内无特殊关系方销售的价格"** → 此特殊关系不同于《审价办法》第十七条所说的特殊关系，即进口商与出口商存在关联关系。

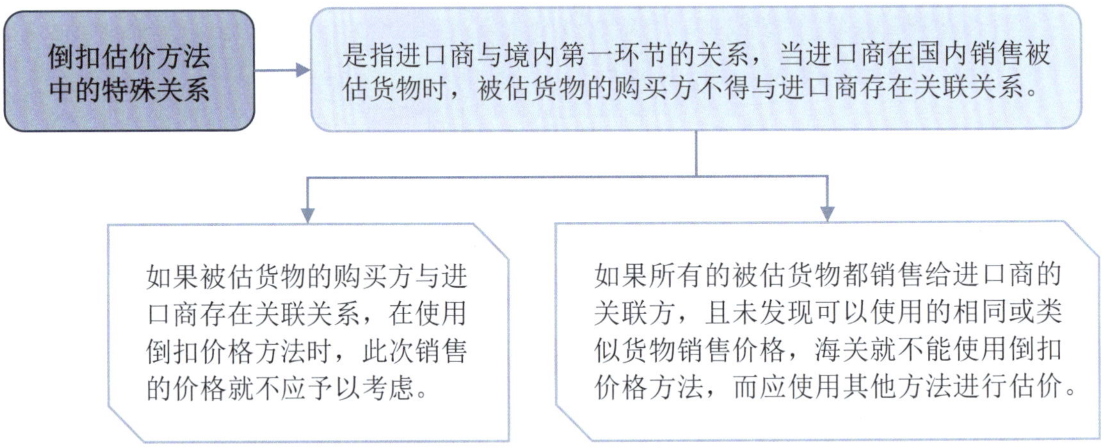

倒扣估价方法中的特殊关系：是指进口商与境内第一环节的关系，当进口商在国内销售被估货物时，被估货物的购买方不得与进口商存在关联关系。

- 如果被估货物的购买方与进口商存在关联关系，在使用倒扣价格方法时，此次销售的价格就不应予以考虑。
- 如果所有的被估货物都销售给进口商的关联方，且未发现可以使用的相同或类似货物销售价格，海关就不能使用倒扣价格方法，而应使用其他方法进行估价。

三、WTO关于倒扣价格估价方法的规定

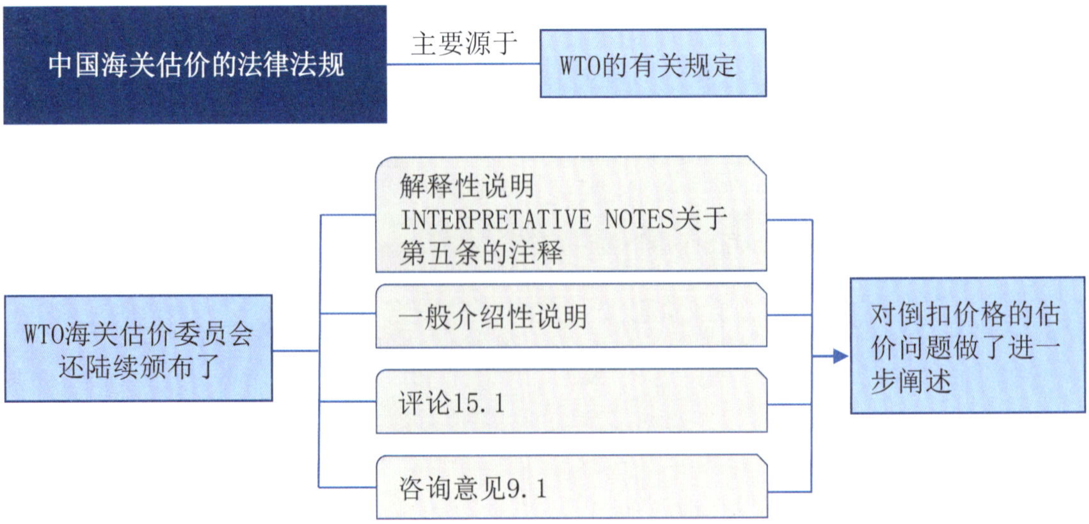

中国海关估价的法律法规主要源于WTO的有关规定。

WTO海关估价委员会还陆续颁布了：
- 解释性说明 INTERPRETATIVE NOTES 关于第五条的注释
- 一般介绍性说明
- 评论15.1
- 咨询意见9.1

→ 对倒扣价格的估价问题做了进一步阐述

(一)《WTO估价协定》对于倒扣价格的规定

	内　容
《WTO估价协定》第五条	1.(a)如进口货物或相同、类似进口货物在进口国按进口时的状态销售，则根据本条的规定，进口货物的完税价格应依据与被估价货物的进口同时或大约同时售予与销售此类货物无特殊关系买方的最大总量的进口货物或相同或类似进口货物的单位价格确定，但需扣除下列内容： (i)与在进口国销售同级别或同种类货物有关的通常支付或同意支付的佣金，或通常作为利润和一般费用的附加额； (ii)运输和保险的通常费用及在进口国内发生的相关费用； (iii)在适当时，第八条第2款所指的成本和费用；以及 (iv)在因进口或销售货物而应付的关税和其他国内税。 (b)如进口货物或相同或类似进口货物均未在与被估价货物进口的同时或大约同时销售，则完税价格除需遵守第1款（a）项的规定外，应依据进口货物或相同、类似进口货物在被估价货物进口后的最早日期、但在进口起90天期满前，在进口国以进口时的状态销售的单位价格确定。 2.如进口货物或相同、类似进口货物均非以进口时的状态在进口国销售。则在进口商请求下，完税价格应依据进口货物经进一步加工后售予与销售此类货物无特殊关系的进口国中买方的最大总量的单位价格确定，同时应考虑加工后的增值部分和第1款（a）项规定的扣除内容。

(二)WTO海关估价委员会解释性说明对于倒扣价格的规定

	内　容
解释性说明的注释 关于第五条	1."售予……最大总量货物的单位价格"的措辞指在发生此类销售的进口后的第一级商业水平，售予与销售此类货物无特殊关系的人的最大总量单位的价格。 2.按以上第1款所述，对于在进口国中直接或间接免费或以降低使用成本供应用于进口货物的生产和销售供出口的、第八条第1款（b）项所列任何要素的人的销售，在确定就第五条而言的单位价格时不应予以考虑。

	内　容
解释性说明　关于第五条的注释	3. 应注意的是，第五条第1款中所指的"利润和一般费用"应作为一个整体对待。用于此种扣除的数字应依据进口商或代表进口商提供的信息确定，除非进口商提供的数字与在进口国销售同级别或同种类进口货物所获得的数字不一致。如进口商的数字与此类数字不一致，则利润和一般费用的金额可依据除进口商或代表进口商提供的有关信息以外的相关信息确定。 4. "一般费用"包括销售所涉货物的直接或间接费用。 5. 因销售货物而应付的地方税，如未根据第五条第1款(a)项(iv)目的规定予以扣除，则应根据第五条第1款(a)项(i)目的规定予以扣除。 6. 在根据第五条第1款的规定确定佣金或通常的利润和一般费用时，某些货物是否与其他货物属"同级别或同种类"的问题必须参考所涉及的情况逐案予以确定。应审查包括被估价货物的、能够提供必要信息的进口国中范围最窄的一组或一系列同级别或同种类进口货物的销售情况。就第五条而言，"同级别或同种类货物"既包括从与被估货物相同国家进口的货物也包括自其他国家进口的货物。 7. 就第五条第1款(b)项而言，"最早日期"应为进口货物或相同、类似进口货物的销售数量达到足以确定单位价格的水平的日期。 8. 如使用第五条第2款规定的方法，则对进一步加工增值所作的扣除应根据与此项工作费用有关的客观和可量化的数据。公认的行业准则、制法、施工方法及其他行业惯例可形成计算的依据。 9. 各方理解，如作为进一步加工的结果，进口货物失去其特性，则第五条第2款中规定的估价方法通常不再适用。但是，一方面，可能出现的情况是，虽然进口货物失去特性，但是通过加工而增加的价格可以在没有不合理困难的情况下准确确定。另一方面，还有可能出现的情况是，虽然进口货物在加工后保持其特性，但在进口国所销售的货物中形成很小的要素，而使这种估价方法的运用不合理。鉴于以上情况，此类情况中的每种均应逐案考虑。

(三)WTO海关估价委员会一般介绍性说明对于倒扣价格的规定

	内　容
一般介绍性说明	1.第五条和第六条规定了在不能依据进口货物或相同、类似进口货物的成交价格确定完税价格时用以确定完税价格的两个依据。根据第五条第1款，完税价格根据货物以进口时的状态向进口国中无特殊关系的买方销售的价格确定。如进口商提出请求，进口商还有权要求对进口后经进一步加工的货物根据第五条的规定进行估价。根据第六条，完税价格根据计算价格确定。这两种方法都会带来某些困难，因此，应根据第四条的规定给予进口商选择这两种方法适用顺序的权利。
附件3	2.发展中国家可能希望按下列条件对本《协定》第五条第2款提出政府保留作出如下规定的权利:即无论进口商是否提出请求，本《协定》第五条第2款的规定应依照该款有关注释的规定适用。如发展中国家提出此种保留，各成员应根据本《协定》第二十一条的规定予以同意。

(四)WTO海关估价委员会评论对于倒扣价格的规定

	内　容
评论15.1 倒扣价格方法的应用	1.此评论研究的是在执行第五条第1款时可能遇到的一般性问题。在此方面，对该条款的解释性说明(Interpretative Notes)已给予了一些指导性意见。
	2.一般来讲，按照《协定》第五条应用倒扣价格方法时，所遇到的情况可能会各有不同。因此，应用第五条时应针对每一具体案例的情况，采取灵活的处理方法。
	3.在确定销售的最大总量时，首先就会遇到的问题是第五条第1款的应用是否仅局限于进口货物的进口人的进口货物、相同或类似货物的销售，或者该条还允许考虑其他进口商进口的相同或类似货物的销售。
	4.尽管第五条第1款(a)项及其解释性说明并未禁止考虑其他进口商进口的相同或类似货物的销售，作为一项实际的标准，如果同一进口商销售进口货物、相同或类似货物，就没必要寻找其他进口商的相同或类似货物的销售了。
	5.海关必须决定，按照每一案件中的具体情况，当存在被估进口货物的进口商销售进口的进口货物、或销售相同或类似货物时，是否还有必要考虑其他进口商的进口相同或类似货物的销售。

	内 容
评论15.1 倒扣价格方法的应用	6. 另一个问题，与第一个问题密切联系，是否在应用第五条第1款确定货物单价时，在采用进口货物相同或类似货物的销售上有先后的顺序之分。

7. 在实际应用第五条第1款(a)款时，在确定最大总量所对应的单价时，如果已获得进口货物的销售，就没必要再考虑相同或类似货物的销售。当没有进口货物的销售，就要按顺序采用相同或类似货物的销售。

8. 在按照第五条第1款确定单价时，有必要扣除该条款中列明的各个扣减项目。

9. 在运用该条规定时，一些因素有必要进行考虑。其中一个就是确定佣金、利润或一般性费用的金额作为"通常支付或同意支付"。

10. 第五条及其解释性说明已经清楚地表明扣减的佣金、利润或一般性费用的金额是在进口国销售与进口货物同级别或同种类货物时应该获得的。进行此类扣减应依据进口商或代表进口商提供的信息确定，除非这些数字与常规不符。

11. 佣金、利润或一般性费用的金额可能会由于被估货物的商品等级或种类不同而在一个数量范围内变化。这个范围不应过宽或过窄，以便具有可接受性。另外，鉴于这个数量范围内是一个"通常情况下"的数量，因此其应是明显且易于区分的。其他方法也是可能的，比如，采用一个多数的金额（如果存在这个值的话）或者是采用一个简单或加权平均的金额。

12. 另外一个问题就是第五条只规定了扣减佣金、扣减利润或一般性费用，但始终没有明确扣减的标准。处理这一问题，在《协定》的一般介绍性说明中曾指出海关估价应根据商业惯例的简单和公正的标准来确定，扣减佣金正常情况下发生在被估货物进口国的销售中已经或正在依靠代理、委托关系。而利润及一般性费用的扣减正常情况会发生在不含佣金的交易中。

13. 另一个问题是，必须收集和维护即时的数据以反映佣金、利润和一般性费用的金额。

14. 在实际操作中，对不断获取和维护的通常情况下的佣金、利润和一般性费用的金 |

	内 容
评论15.1 倒扣价格方法的应用	额进行确认似乎并无必要。只要有需求，满足要求的数据便会找到。在许多情况下，实际的应用要求海关考虑各种不同情况，包括生产多种产品的公司、有限数量进口商的小型企业以及存在大量关联关系交易的大型企业等，应依据每一案件的具体情况而定。在这种情况下，海关可能会参考自己的数据记录，这些数据来自贸易组织中的其他进口商、会计公司，政府中主管贸易和财政事务的机构，以及其他可靠的来源。
	15. 获取数据的方法可能会由于各国考虑不同而有所差别，但大体可包括调查一些进口过相同等级或同种类货物的进口商。这些进口商可能根据要求提供一些可靠的数据和估价复核的资料。考虑到公司可能不会提供反映某些具体产品的利润和一般性费用的资料，海关可能不得不通过检查能获取充足资料的某一类或某一小范围内的货物的利润或一般性费用的方法来解决。

(五) WTO海关估价委员会咨询意见对于倒扣价格的规定

	内 容
咨询意见9.1 适用倒扣方法时对反倾销关税和抵消关税的处理	1. 对应缴纳反倾销关税或抵消关税的进口货物如需按《协定》第五条倒扣方法进行估价时，这些关税是否应从在进口国的销售价格中予以扣除。
	2. WTO海关估价委员会提出下述意见，在根据倒扣方法确定完税价格时，按第五条第1款(a)(i)规定，反倾销关税和抵消关税应作为海关关税和其他国内税予以扣除。

四、中国海关关于倒扣价格估价方法的法律规范

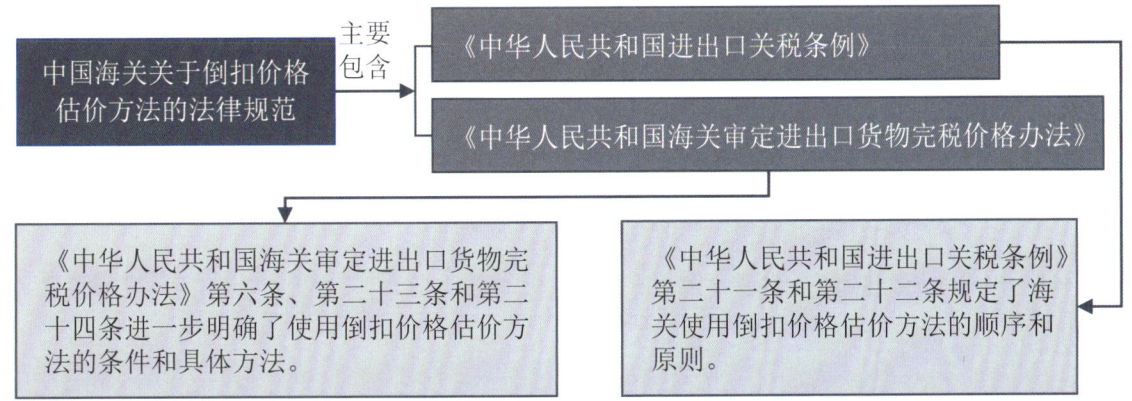

(一) 《中华人民共和国进出口关税条例》关于倒扣价格估价方法的规定

	内　容
《中华人民共和国进出口关税条例》	第二十一条 进口货物的成交价格不符合本条例第十八条第三款规定条件的，或者成交价格不能确定的，海关经了解有关情况，并与纳税义务人进行价格磋商后，依次以下列价格估定该货物的完税价格： (一)与该货物同时或者大约同时向中华人民共和国境内销售的相同货物的成交价格； (二)与该货物同时或者大约同时向中华人民共和国境内销售的类似货物的成交价格； (三)与该货物进口的同时或者大约同时，将该进口货物、相同或者类似进口货物在第一级销售环节销售给无特殊关系买方最大销售总量的单位价格，但应当扣除本条例第二十二条规定的项目； (四)按照下列各项总和计算的价格：生产该货物所使用的料件成本和加工费用，向中华人民共和国境内销售同等级或者同种类货物通常的利润和一般费用，该货物运抵境内输入地点起卸前的运输及其相关费用保险费； (五)以合理方法估定的价格。 纳税义务人向海关提供有关资料后，可以提出申请，颠倒前款第(三)项和第(四)项的适用次序。 第二十二条 按照本条例第二十一条第一款第(三)项规定估定完税价格，应当扣除的项目是指： (一)同等级或者同种类货物在中华人民共和国境内第一级销售环节销售时通常的利润和一般费用以及通常支付的佣金； (二)进口货物运抵境内输入地点起卸后的运输及其相关费用、保险费； (三)进口关税及国内税收。

(二) 《中华人民共和国海关审定进出口货物完税价格办法》关于倒扣价格估价方法中成交价格的规定

	内　容
《中华人民共和国海关审定进出口货物完税价格办法》	第六条 进口货物的成交价格不符合本章第二节规定的，或者成交价格不能确定的，海关经了解有关情况，并与纳税义务人进行价格磋商后，依次以下列方法审查确定该货物的完税价格： (一)相同货物成交价格估价方法； (二)类似货物成交价格估价方法；

	内 容
	(三)倒扣价格估价方法； (四)计算价格估价方法； (五)合理方法。 纳税义务人向海关提供有关资料后，可以提出申请，颠倒前款第(三)项和第(四)项的适用次序。
《中华人民共和国海关审定进出口货物完税价格办法》	第二十三条 倒扣价格估价方法，是指海关以进口货物、相同或者类似进口货物在境内的销售价格为基础，扣除境内发生的有关费用后，审查确定进口货物完税价格的估价方法。该销售价格应当同时符合下列条件： (一)是在该货物进口的同时或者大约同时，将该货物、相同或者类似进口货物在境内销售的价格； (二)是按照货物进口时的状态销售的价格； (三)是在境内第一销售环节销售的价格； (四)是向境内无特殊关系方销售的价格； (五)按照该价格销售的货物合计销售总量最大。 第二十四条 按照倒扣价格估价方法审查确定进口货物完税价格的，下列各项应当扣除： (一)同等级或者同种类货物在境内第一销售环节销售时，通常的利润和一般费用(包括直接费用和间接费用)以及通常支付的佣金； (二)货物运抵境内输入地点起卸后的运输及其相关费用、保险费； (三)进口关税、进口环节海关代征税及其他国内税。 如果该货物、相同或者类似货物没有按照进口时的状态在境内销售，应纳税义务人要求，可以在符合本办法第二十三条规定的其他条件的情形下，使用经进一步加工后的货物的销售价格审查确定完税价格，但是应当同时扣除加工增值额。 前款所述的加工增值额应当依据与加工成本有关的客观量化数据资料、该行业公认的标准、计算方法及其他的行业惯例计算。 按照本条的规定确定扣除的项目时，应当使用与国内公认的会计原则一致的原则和方法。

第五节 计算价格估价方法

一、计算价格估价方法概述

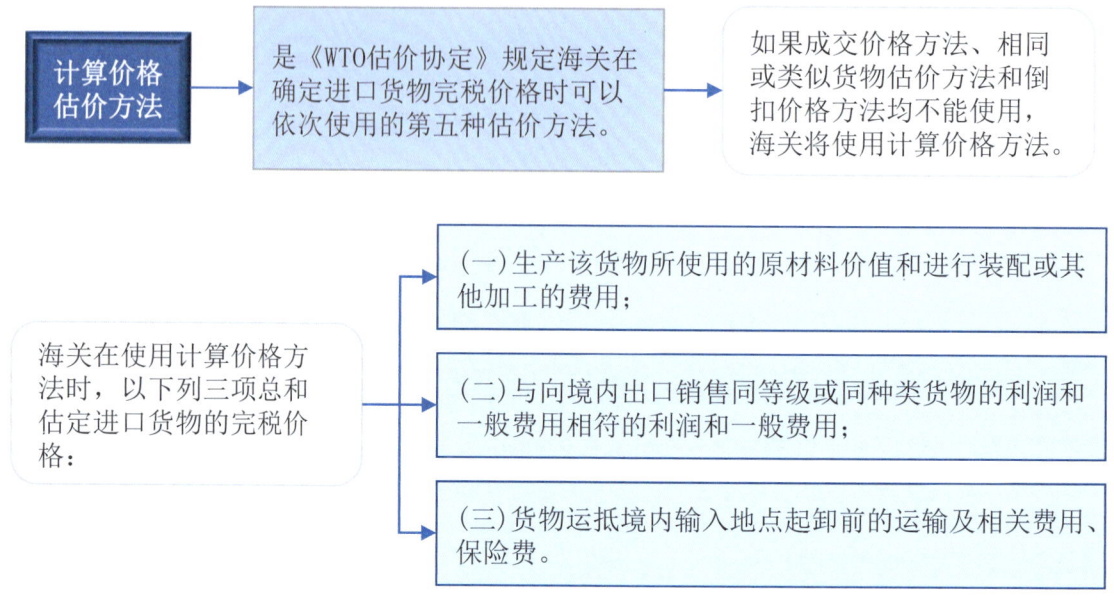

二、计算价格估价方法的估价要点

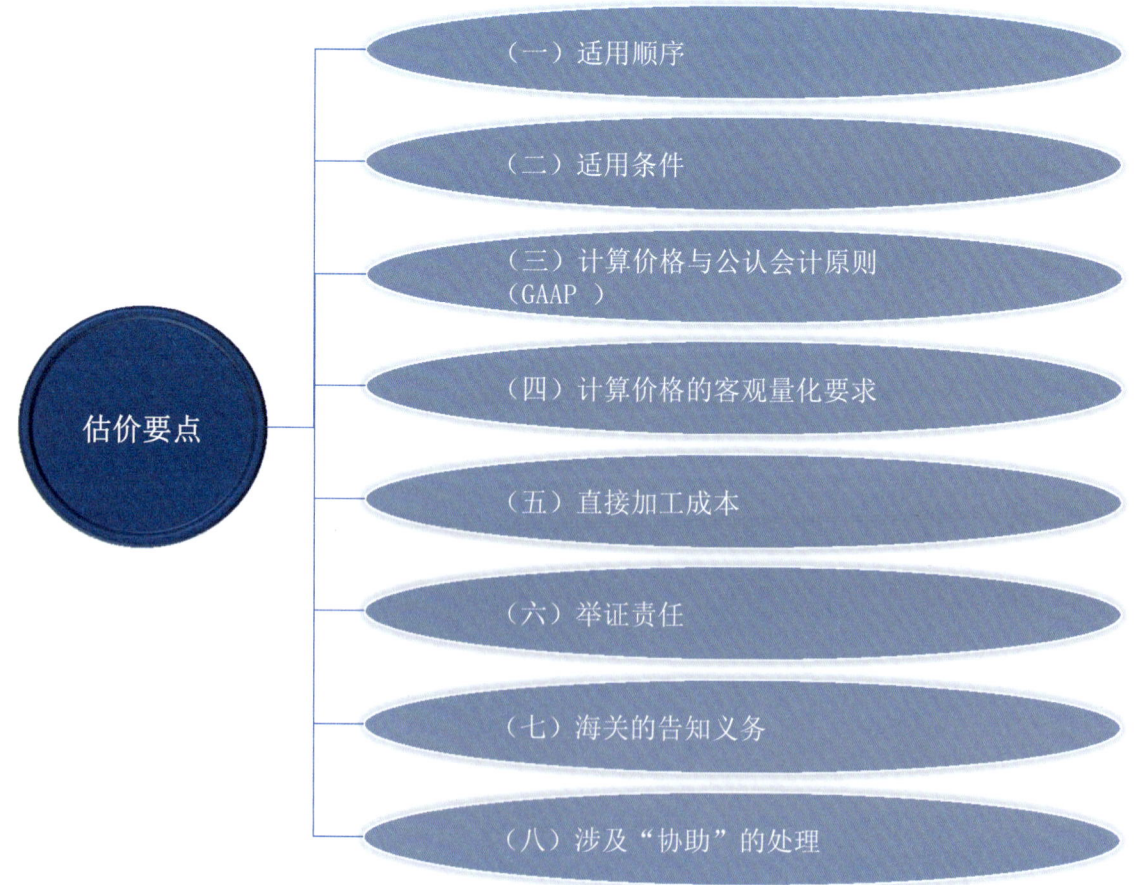

（一）适用顺序

协定规定的估价方法应 → 依次适用 → 计算价格估价方法是第五种方法，必须是前四种方法不适用才能使用计算价格估价方法。

但是关于倒扣价格（第四种估价方法）和计算价格（第五种估价方法）的使用次序存在一个特殊情况，当进口人提出申请时，应颠倒使用倒扣价格（第四种估价方法）和计算价格（第五种估价方法）的次序。

根据《WTO估价协定》关于发展中国家的特殊条款，某些发展中国家认为如果根据进口商的要求颠倒倒扣价格（第四种估价方法）和计算价格（第五种估价方法）的使用次序，可能会给这些发展中国家实施《WTO估价协定》造成困难。

因此，部分发展中国家可以保留暂时不实行《WTO估价协定》第四条关于应进口商请求颠倒顺序的规定，即在这些国家，进口商没有选择倒扣价格（第四种估价方法）和计算价格（第五种估价方法）使用次序的权利。

我国政府在"加入世界贸易组织议定书"中，对于上述内容承诺将无保留地全面实施。

根据《中华人民共和国进出口关税条例》第二十一条的规定"纳税义务人向海关提供有关资料后，可以提出申请，颠倒前款第（三）项和第（四）项的适用次序。"

即在我国，当进口人提出申请时，海关应颠倒使用倒扣价格（第四种估价方法）和计算价格（第五种估价方法）的次序。

（二）适用条件

根据《WTO估价协定》关于对计算价格方法的解释性说明，海关在使用计算价格方法时，可以需要审查被估货物的生产成本和需要自进口国外获得其他信息。

由于被估货物的生产商不属进口国主管机关管辖，因此《WTO估价协定》建议，"计算价格方法的使用一般限于买卖双方存在特殊关系、且生产商准备向进口国的主管机关提供必要的成本核算，以及为日后的核查提供条件"。

如果被估货物的买卖双方仅为普通的贸易关系，在通常情况下，卖方不会同意提供其生产货物的详细成本及利润清单。因此，如果卖方不同意，海关不应强求使用计算价格方法，而应采取其他方法进行估价。（""《协定》解释性说明关于第六条的说明"第1段）

（三）计算价格与公认会计原则（GAAP）

```
确定《协定》第六条第一款(a)和(b)规定的          应使用与生产国GAAP
在生产国发生的成本或价值、费用和利润    →     相一致的原则和方法
```

对《协定》第六条第一款(a)和(b)在生产国发生的成本或价值、费用和利润理解应从生产国GAAP的角度(特别是成本会计角度)出发。

→ 如，第六条第一款(a)"生产进口货物所使用的原料和制作或其他加工的成本或价值"应指生产进口货物的料、工、费。第六条第一款(b)"利润额和一般费用，通常反映在由出口国生产者制造向进口国出口的、与被估价货物同级别或同种类的货物的销售中的利润额和一般费用"，应指可以分摊到进口货物的期间费用，包括销售费用、财务费用和管理费用。

同时

"利润和一般费用"应符合以下两个条件：

1. 向境内出口销售
- 是指该"利润和一般费用"的计算不能根据出口商向本国或其他国家销售的利润和一般费用。
- 由于国际贸易的发展及对全球市场的进一步细分，企业在制定定价策略时会根据不同的国家确定对应的利润和一般费用。因此，使用计算价格时，必须使用出口商向我国境内出口销售的利润和一般费用。

2. 同等级或同种类货物
- 根据《WTO估价协定》关于对计算价格方法的解释性说明，同等级或同种类货物必须来自与被估货物相同的生产国家。
- 同时，同等级或同种类货物应与被估货物在商业上可替换，属于完全竞争产品，对消费者的选择、购买没有实质性差异。

（四）计算价格的客观量化要求

```
使用计算价格时  →  对《协定》第六条第一款各项目  →  应依据生产商或代表生产商提供的有关被估价货物生产方面的信息  →  予以确定
```

```
其中对第六条第一款(a)所指的"成本或价值"的数据  ──应源于──▶  生产商的商业往来账目,只要此类账目与生产该货物的国家中适用的公认会计原则相一致。
```

```
对第六条第一款(b)所指的"利润和一般费用的金额"  ──应依据──▶  生产商或代表生产商提供的信息确定,除非生产商的数字与出口国中生产商制造向进口国出口的、与被估价货物同级别或同种类的货物中通常反映的数字不一致。("《协定》解释性说明关于第六条的说明")
```

（五）直接加工成本

海关估价意义的直接加工成本 ──▶ 是指"生产该货物所使用的原材料价值和进行装配或其他加工的费用",一般指培养、生产、制造或组装相关货物直接发生的或可以合理分摊的成本。

主要包括：

1. 培养、生产、制造或组装相关货物的实际劳动力成本,包括:边际收益、在职培训以及工程、监理、质量控制类似的人员成本;

2. 可以分摊到特定货物的冲模、模子、工具、机器和设备折旧成本;

3. 可以分摊到特定货物的工程设计、技术研发、工艺及制图等成本;

4. 对特定货物检查、测试成本。

而利润和一般性经营费用 ──▶ 如管理人员工资、意外事故和责任保险、广告、销售人员工资、佣金或销售费用 ──▶ 是与培养、生产、制造或组装相关货物不直接相关或不能合理分摊的成本 ──▶ 不属于直接加工成本

直接加工成本 → 只与海关使用计算价格方法估定进口货物完税价格时有关。

《中华人民共和国进出口关税条例》第二十一条第四款 → "按照下列各项总和计算的价格：生产该货物所使用的料件成本和加工费用，向中华人民共和国境内销售同等级或者同种类货物通常的利润和一般费用，该货物运抵境内输入地点起卸前的运输及其相关费用、保险费。"其中"生产该货物所使用的料件成本和加工费用"就是"直接加工成本"。

须注意的是，在确定有关价值或费用时，应当使用与生产国公认的会计原则相一致的原则和方法。 ← 上述费用应当根据境外生产商提供的有关生产进口货物的账册为基础，海关在征得境外生产商同意并提前通知有关国家或地区政府后，可以在境外核实该企业提供的有关资料。

（六）举证责任

在使用计算价格时，完税价格根据《协定》的规定并依据在进口国中容易获得的信息予以确定。

进口国无权要求进口货物的生产商提供使用计算价格方法所需的资料和证明资料来源的财务会计记录。

但是，为确定计算价格，可能需要审查被估价货物的生产成本和需要自进口国外获得的其他信息。如果"经生产者同意，并在充分提前通知所涉国家政府且后者不反对调查的条件下，货物的生产者为根据本条的规定确定完税价格的目的所提供的信息可由进口国主管机关在另一国进行核实"。

此外，在大多数情况下，货物的生产商不属进口国主管机关的管辖范围。计算价格方法的使用一般限于买卖双方有特殊关系、且生产商准备向进口国的主管机关提供必要的概算以及为随后可能需要进行的核实创造条件。

《协定》第六条第一款(b)项所指的"利润和一般费用的金额" 应依据 生产商或代表生产商提供的信息确定,除非生产商的数字与出口国中生产商制造向进口国出口的、与被估价货物同级别或同种类的货物中通常反映的数字不一致。

注意:"利润和一般费用的金额"必须作为一个整体对待。即生产商的利润数字和一般费用数字应加在一起与同级别或同种类货物销售中通常反映的数字相比。

(七)海关的告知义务

在使用除生产商或代表生产商提供的信息以外的信息确定计算价格的情况下 → 如进口商提出请求 → 则海关在遵守有关保密的规定的前提下,应将该信息的来源、使用的数据以及依据该数据所进行的计算通知进口商

(八)涉及"协助"的处理

《协定》第六条第一款(a)"生产进口货物所使用的原料和制作或其他加工的成本或价值"如含有由买方减价或免费提供的"协助"

则应按实际用于生产被估货物数量分摊计入。

但对第八条第一款(b)项(v)目所列要素的价值"生产进口货物所必需的、在进口国以外的其他地方所从事的工程、开发、工艺设计工作以及计划和规划"则以生产商入账价值计入。("《协定》解释性说明关于第六条的说明"第3段)

三、WTO关于计算价格估价方法的规定

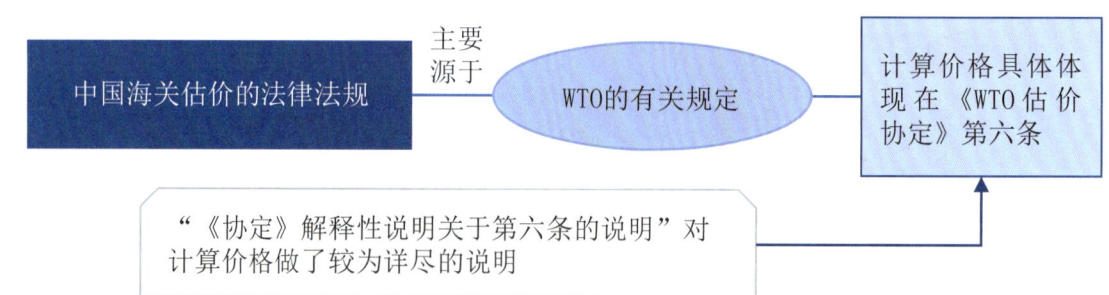

(一)《WTO估价协定》对于计算价格的规定

		内　容
一般介绍性说明		第五条和第六条规定了在不能依据进口货物、相同或类似进口货物的成交价格确定完税价格时用以确定完税价格的两个依据。根据第五条第一款，完税价格根据货物以进口时的状态向进口国中无特殊关系的买方销售的价格确定。如进口商提出请求，进口商还有权要求对进口后经进一步加工的货物根据第五条的规定进行估价。根据第六条的规定，完税价格根据计算价格确定。这两种方法都会带来某些困难，因此，应根据第四条的规定给予进口商选择这两种方法适用顺序的权利。
		第四条 如进口货物的完税价格不能根据第一条、第二条和第三条的规定确定，则完税价格应根据第五条的规定确定，或如果完税价格不能根据该条的规定确定，则应根据第六条的规定确定，除非在进口商请求下，应将第五条和第六条适用顺序进行颠倒。
	第六条	1. 根据本条的规定，进口货物的完税价格应依据计算价格确定。计算价格应由下列金额组成：	(a) 生产进口货物所使用的原料和制作或其他加工的成本、价值；
			(b) 利润额和一般费用，等于通常反映在由出口国生产者制造向进口国出口的、与被估价货物同级别或同种类的货物的销售中的利润额和一般费用；
			(c) 反映该成员根据第八条第二款所作估价选择所必需的所有其他费用的成本或价值。

		内 容
一般介绍性说明	第六条	2.就确定计算价格而言，任何成员不得要求或强迫不居住在其领土内的任何人呈验或允许其查阅任何账目或其他记录。但是，经生产者同意，并在充分提前通知所涉国家政府且后者不反对调查的条件下，货物的生产者为根据本条的规定确定完税价格的目的所提供的信息可由进口国主管机关在另一国进行核实。

(二)WTO海关估价委员会解释性说明对于计算价格的规定

	内 容
关于第六条的说明	1.通常，完税价格根据本《协定》的规定并依据在进口国中可容易获得的信息予以确定。但为确定计算价格，可能需要审查被估价货物的生产成本和需要自进口国外获得的其他信息。此外，在大多数情况下货物的生产商不属进口国主管机关的管辖范围。计算价格方法的使用一般限于买卖双方有特殊关系、且生产商准备向进口国的主管机关提供必要的概算以及为随后可能需要进行的核实创造条件。 2.第六条第一款(a)项所指的"成本或价值"应依据生产商或代表生产商提供的有关被估价货物生产方面的信息予以确定。应以生产商的商业往来账目为依据，只要此类账目与生产该货物的国家中适用的公认会计原则相一致。 3."成本或价值"应包括第八条第一款（a）项（i）目和（i）目中所列要素的费用。还应包括根据第八条有关注释的规定酌情按比例分摊的、由买方直接或间接供应用于生产进口货物的、第八条第一款（a）项所列任何要素。在进口国中进行的第八条第一款（b）项（iv）目所列要素的价值，只有在记入生产商账目时方可包括在内。各方理解，本款中所指要素的费用或价值在确定计算价格时不得重复计算。 4.第六条第一款（b）项所指的"利润和一般费用的金额"应依据生产商或代表生产商提供的信息确定，除非生产商的数字与出口国中生产商制造供向进口国出口的、与被估价货物同级别或同种类的货物中通常反映的数字不一致。 5.在这方面应当注意的是，"利润和一般费用的金额"必须作为一个整体对待。因此，在任何特定情况下，虽然生产商的利润数字低而生产商的一般费用高，

	内 容
关于第六条的说明	但是生产商的利润和一般费用加在一起仍然与同级别或同种类货物销售中通常反映的数字相一致。例如，如一产品在进口国中投放市场，生产商接受零利润或低利润，以抵消与投放市场有关的高额一般费用，则可能发生此种情况。如生产商能够证明由于特殊商业情况而使销售进口货物利润低，则应考虑生产商的实际利润数字，只要生产商有可证明低利润是合理的正当商业理由，且生产商的定价政策可反映有关产业部门通常的定价政策。例如，由于不可预见的需求减少而使生产商被迫临时降低价格，或如果他们销售货物是为补充在进口国生产的一系列货物，接受低利润以保持竞争力，则可能发生此种情况。如生产商自己的利润和一般费用的数字与出口国中生产商制造供向进口国出口的、与被估价货物同级别或同种类货物的销售中通常反映的数字不一致，则利润和一般费用金额可依据除生产商或代表生产商提供的信息以外的有关信息。 6. 在使用除生产商或代表生产商提供的信息以外的信息确定计算价格的情况下，如进口商提出请求，则进口国主管机关应在遵守第十条规定的前提下，将该信息的来源、使用的数据以及依据该数据所进行的计算通知进口商。 7. 第六条第一款（b）项所指的"一般费用"涵盖根据第六条第一款(a)项未包括的生产和销售供出口货物的直接或间接费用。 8. 某些货物是否与其他货物属"同级别或同种类"必须参考所涉及的情况逐案予以确定。在确定第六条规定的通常利润和一般费用时，应审查包括被估价货物的、能够提供必要信息的进口国中范围最窄的一组或一系列同级或同类进口货物的销售情况。就第六条而言，"同级别或同种类货物"必须来自与被估价货物相同的国家。

(三)WTO海关估价委员会附件3对于计算价格的规定

	内 容
附件3	3. 认为本《协定》第四条关于应进口商请求颠倒顺序的规定可能带来真正困难的发展中国家，可能希望按下列条件对第四条提出保留："……政府保留作出如下规定的权利，即只有在海关同意关于颠倒第五条和第六条顺序的请求时，本《协定》第四条的有关规定方可适用。"如发展中国家提出此种保留，各成员应根据本《协定》第二十一条的规定予以同意。

四、中国海关关于计算价格估价方法的法律规范

（一）《中华人民共和国进出口关税条例》关于计算价格估价方法的规定

	内 容
《中华人民共和国进出口关税条例》	第二十一条 进口货物的成交价格不符合本条例第十八条第三款规定条件的，或者成交价格不能确定的，海关经了解有关情况，并与纳税义务人进行价格磋商后，依次以下列价格估定该货物的完税价格： (一)与该货物同时或者大约同时向中华人民共和国境内销售的相同货物的成交价格； (二)与该货物同时或者大约同时向中华人民共和国境内销售的类似货物的成交价格； (三)与该货物进口的同时或者大约同时，将该进口货物、相同或者类似进口货物在第一级销售环节销售给无特殊关系买方最大销售总量的单位价格，但应当扣除本条例第二十二条规定的项目； (四)按照下列各项总和计算的价格：生产该货物所使用的料件成本和加工费用，向中华人民共和国境内销售同等级或者同种类货物通常的利润和一般费用，该货物运抵境内输入地点起卸前的运输及其相关费用保险费； (五)以合理方法估定的价格。 纳税义务人向海关提供有关资料后，可以提出申请，颠倒前款第（三）项和第（四）项的适用次序。 第二十八条 按照本条例规定计入或者不计入完税价格的成本、费用、税收，应当以客观、可量化的数据为依据。

（二）《中华人民共和国海关审定进出口货物完税价格办法》关于计算价格估价方法中成交价格的规定

	内 容
《中华人民共和国海关审定进出口货物完税价格办法》	第六条 进口货物的成交价格不符合本章第二节规定的，或者成交价格不能确定的，海关经了解有关情况，并与纳税义务人进行价格磋商后，依次以下列方法审查确定该货物的完税价格： (一) 相同货物成交价格估价方法； (二) 类似货物成交价格估价方法； (三) 倒扣价格估价方法；

	内 容
《中华人民共和国海关审定进出口货物完税价格办法》	(四)计算价格估价方法; (五)合理方法。 纳税义务人向海关提供有关资料后,可以提出申请,颠倒前款第（三）项和第（四）项的适用次序。 第二十五条 计算价格估价方法,是指海关以下列各项的总和为基础,审查确定进口货物完税价格的估价方法: (一)生产该货物所使用的料件成本和加工费用; (二)向境内销售同等级或者同种类货物通常的利润和一般费用(包括直接费用和间接费用); (三)该货物运抵境内输入地点起卸前的运输及相关费用、保险费。 按照前款的规定审查确定进口货物的完税价格时,海关在征得境外生产商同意并提前通知有关国家或者地区政府后,可以在境外核实该企业提供的有关资料。 按照本条第一款的规定确定有关价值或者费用时,应当使用与生产国或者地区公认的会计原则相一致的原则和方法。

第六节 计算价格法和倒扣价格法的颠倒

一、计算价格法和倒扣价格法颠倒的概述

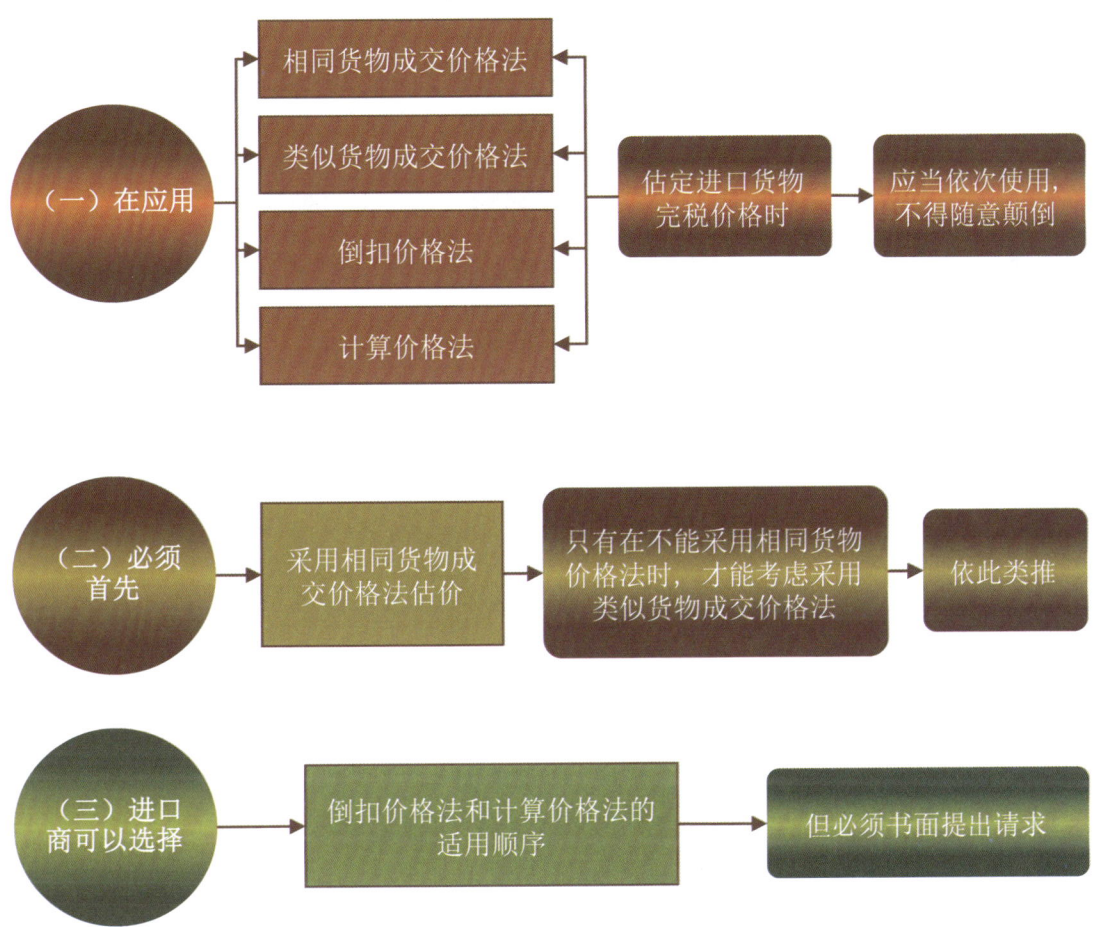

二、计算价格法和倒扣价格法颠倒的估价要点

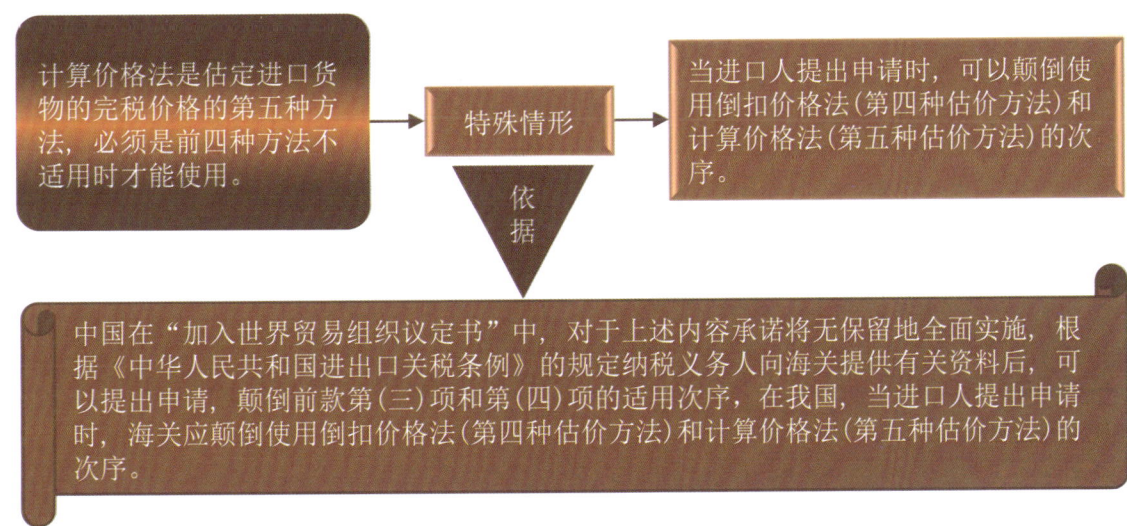

三、WTO关于计算价格法和倒扣价格法颠倒的规定

中国海关关于估价顺序的法律规定 —— 主要源于 —— WTO的相关规定 —— 《WTO估价协定》在"一般介绍性说明""解释性说明""附件3"中，分别从不同的角度对估价顺序做了进一步的阐述。

		内　容
《WTO估价协定》一般介绍性说明对于估价顺序的规定	1. 本《协定》项下完税价格的首要依据是第一条所定义的"成交价格"。	第一条应与第八条一起理解，第八条特别规定，如被视为构成完税价格组成部分的某些特定要素由买方负担，但未包括在进口货物的实付或应付价格中，则应对实付或应付价格做出调整。第八条还规定，在成交价格中应包括以特定货物或服务的形式而非以货币的形式由买方转给卖方的某些因素。第二条至第七条规定了在根据第一条的规定不能确定完税价格时，确定完税价格的方法。
	2. 如根据第一条的规定不能确定完税价格，则在海关和进口商之间通常应进行磋商，以期根据第二条或第三条的规定确定完税价格的依据。	
	3. 第五条和第六条规定了在不能依据进口货物、相同或类似进口货物的成交价格确定价格时用以确定完税价格的两个依据。	根据第五条第一款，完税价格根据货物以进口时的状态向进口国中无特殊关系的买方销售的价格确定。如进口商提出请求，进口商还有权要求对进口后经进一步加工的货物根据第五条的规定进行估价。根据第六条的规定，完税价格根据计算价格确定。这两种方法都会带来某些困难，因此，应根据第四条的规定给予进口商选择这两种方法适用顺序的权利。
	4. 第七条列出了在不能根据前述各条的规定确定完税价格时，如何确定完税价格的方法。	

		内 容
《WTO估价协定》解释性说明对于估价顺序的规定	总体说明估价方法的适用顺序	1. 第一条至第七条规定了如何根据本协定的规定确定进口货物的完税价格。估价方法按适用的顺序列出。第一条规定了海关估价的首要方法，只要满足该条规定的条件，进口货物即依照该条的规定进行估价。
		2. 如不能根据第一条的规定确定完税价格，则应按顺序使用随后各条中最先能够确定完税价格的条款确定完税价格。除第四条规定外，只有在完税价格无法根据某一条款确定时，方可按顺序使用下一条款的规定。
		3. 如进口商未请求颠倒第五条和第六条的顺序，则应遵循正常顺序。如进口商虽提出此种请求，但随后证明不能根据第六条的规定确定完税价格，而根据第五条能够确定完税价格，则应根据该条的规定予以确定。
		4. 如完税价格无法根据第一条至第六条的规定确定，则应根据第七条的规定确定。
	附件3	3. 认为本《协定》第四条关于应进口商请求颠倒顺序的规定可能带来真正困难的发展中国家，希望按下列条件对第四条提出保留： "……政府保留作出如下规定的权利：即只有在海关同意关于颠倒第五条和第六条顺序的请求时，本协定第四条的有关规定方可适用。" 如发展中国家提出此种保留，各成员应根据本《协定》第二十一条的规定予以同意。

四、中国关于计算价格法和倒扣价格法颠倒的法律规范

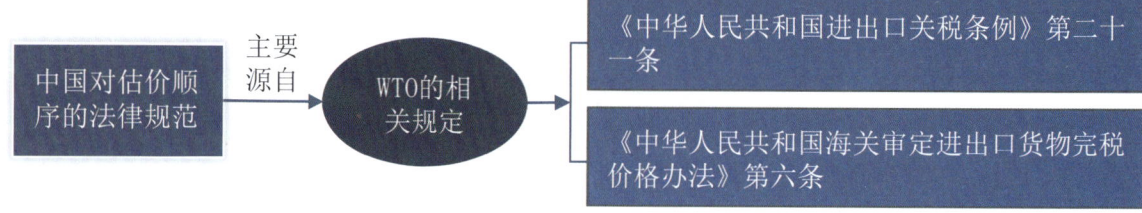

		内　容
《中华人民共和国进出口关税条例》对于估价顺序的规定	第二十一条 进口货物的成交价格不符合本条例第十八条第三款规定条件的，或者成交价格不能确定的海关经了解有关情况，并与纳税义务人进行价格磋商后，依次以下列价格估定该货物的完税价格：	（一）与该货物同时或者大约同时向中华人民共和国境内销售的相同货物的成交价格；
		（二）与该货物同时或者大约同时向中华人民共和国境内销售的类似货物的成交价格；
		（三）与该货物进口的同时或者大约同时，将该进口货物、相同或者类似进口货物在第一级销售环节销售给无特殊关系买方最大销售总量的单位价格，但应当扣除本条例第二十二条规定的项目；
		（四）按照下列各项总和计算的价格：生产该货物所使用的料件成本和加工费用，向中华人民共和国境内销售同等级或者同种类货物通常的利润和一般费用，该货物运抵境内输入地点起卸前的运输及其相关费用保险费；
		（五）以合理方法估定的价格。纳税义务人向海关提供有关资料后，可以提出申请，颠倒前款第（三）项和第（四）项的适用次序。
《中华人民共和国海关审定进出口货物完税价格办法》对于估价顺序的规定	第六条　进口货物的成交价格不符合本章第二节规定的，或者成交价格不能确定的，海关经了解有关情况，并与纳税义务人进行价格磋商后，依次以下列方法审查确定该货物的完税价格： (一)相同货物成交价格估价方法； (二)类似货物成交价格估价方法； (三)倒扣价格估价方法； (四)计算价格估价方法； (五)合理方法。 纳税义务人向海关提供有关资料后，可以提出申请，颠倒前款第(三)项和第(四)项的适用次序。	

第七节 合理方法

一、合理方法概述

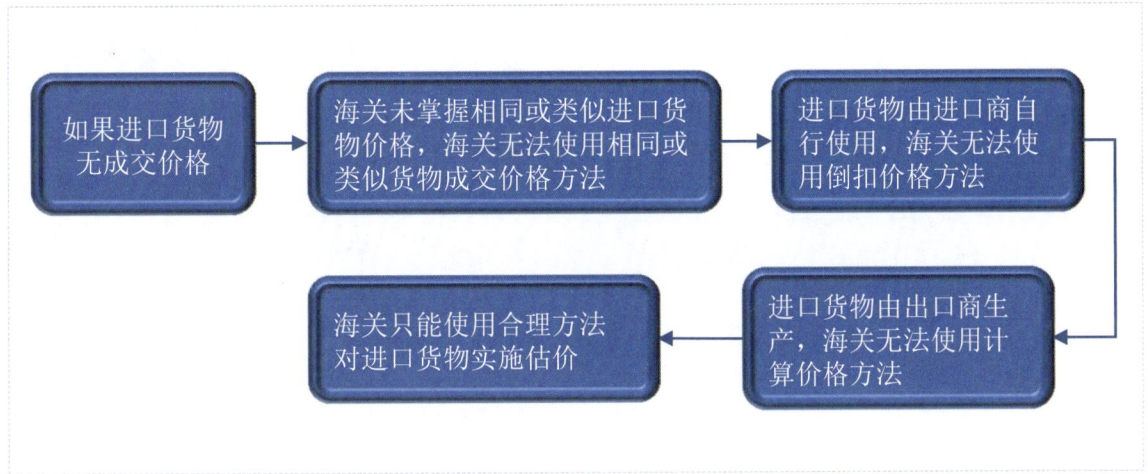

（一）定义

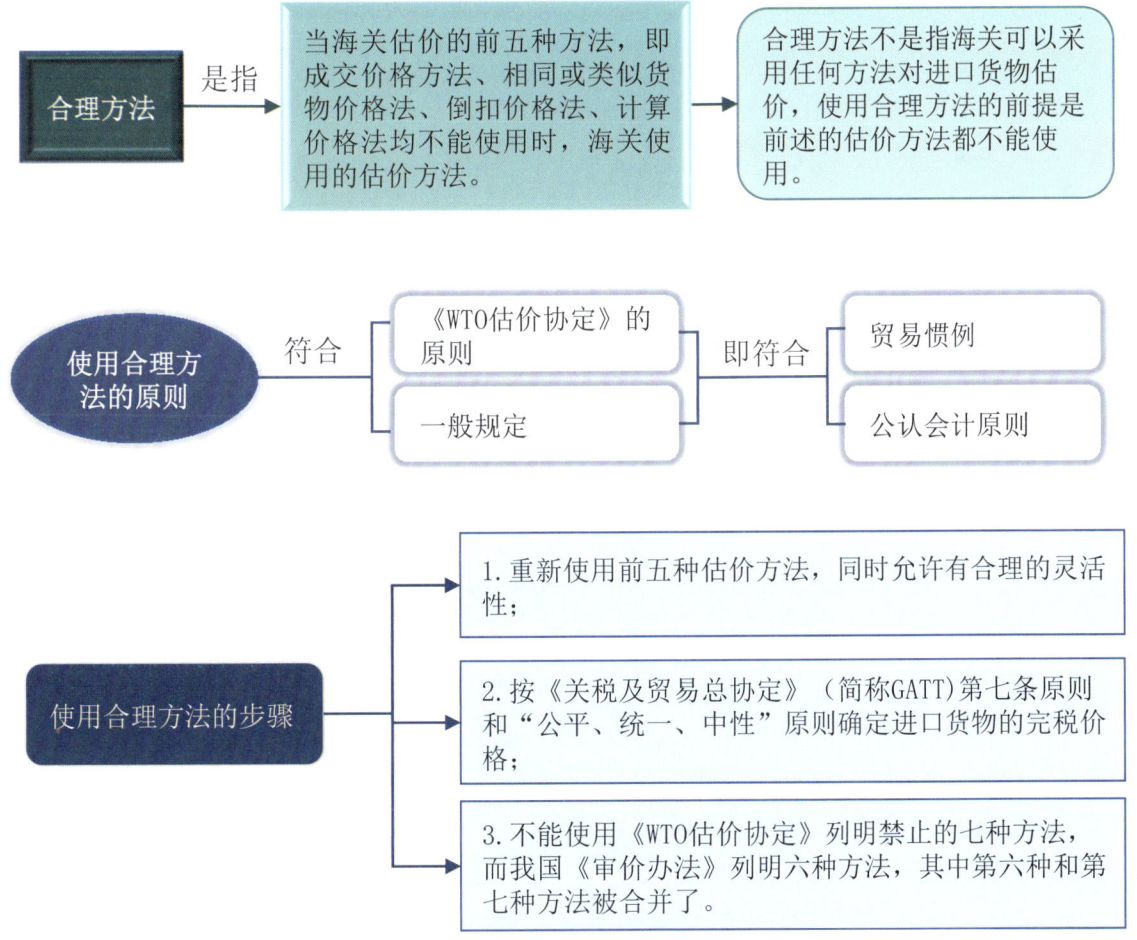

（二）估价的限制性条款

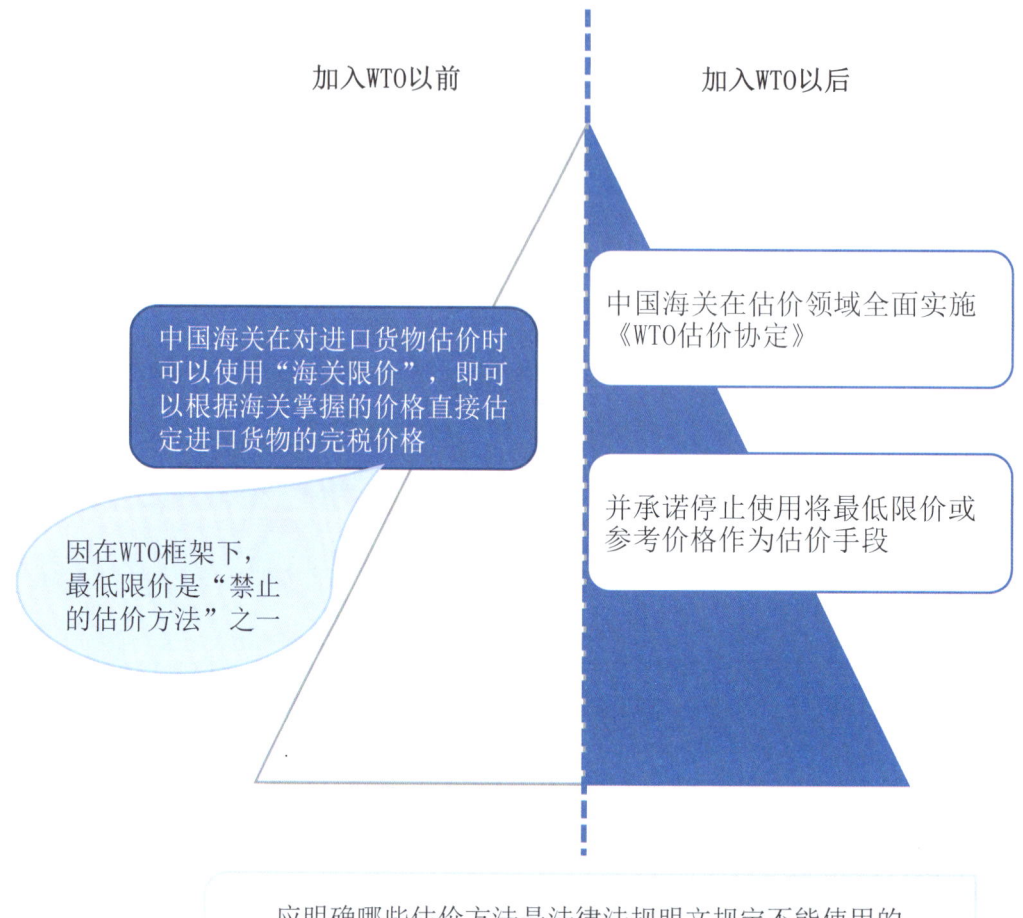

（三）禁止使用方法分析

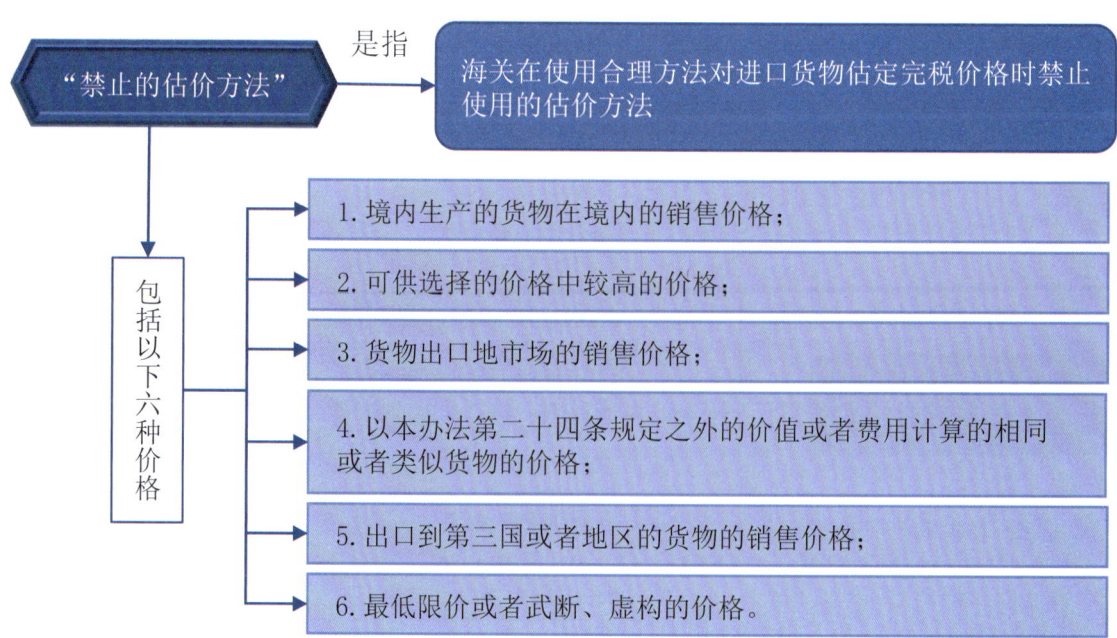

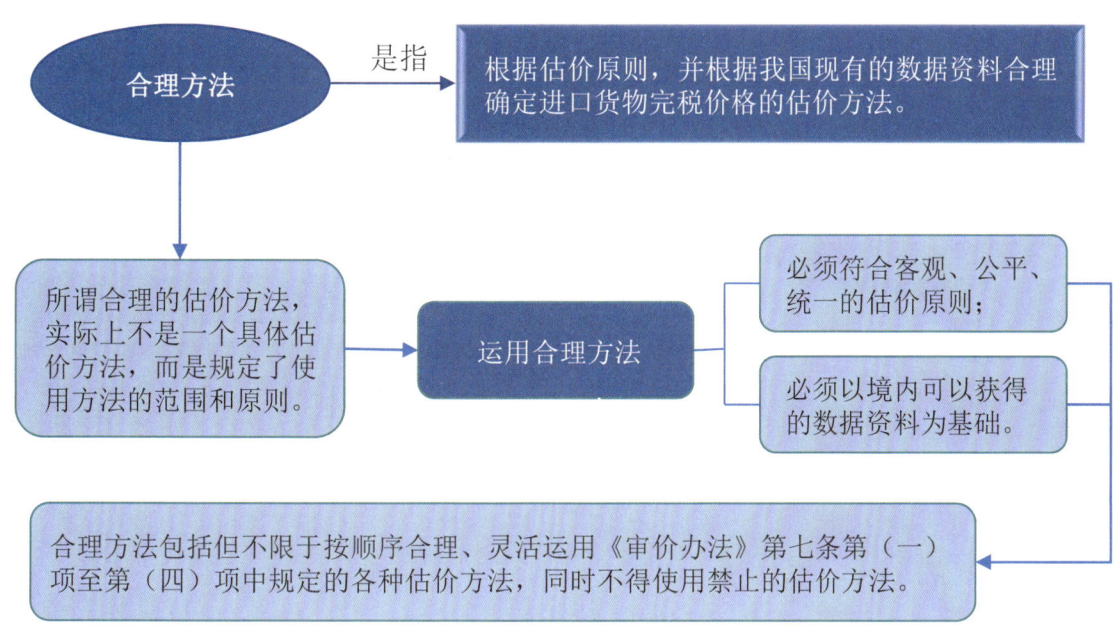

二、合理方法的估价要点

（一）合理方法的本意

由于国际贸易发展形势日新月异，必然会出现不能根据成交价格、相同或类似货物价格、倒扣价格和计算价格等方法估价的情况。

因此，WTO并未无限地列明各种估价方法，但同时也坚决防止WTO各成员利用估价规则作为非关税壁垒。

为此，针对合理方法，WTO提出了两点原则：1.合理估价方法是对前五种估价方法的循环使用，同时对限制条件允许有合理的放宽，且估价应符合《WTO估价协定》的原则和宗旨。2.明确列明禁止使用的七种估价方法，防止各成员利用武断的或虚构的估价方法。

（二）合理方法的界限

合理方法并不意味着海关可以使用任意的方法进行估价。

海关首先应尽可能地使用前五种估价方法，当前五种估价方法都不能使用时，海关才可以使用合理方法。

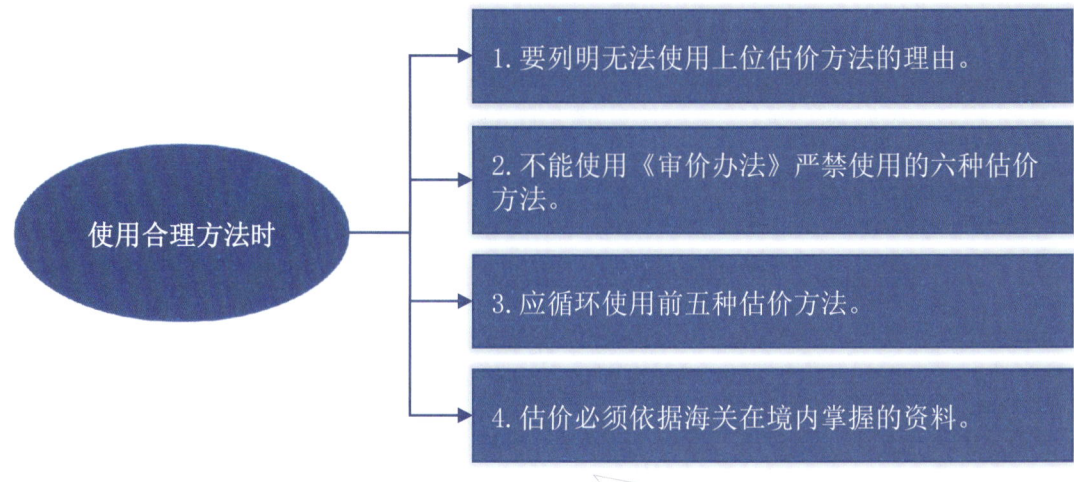

海关在使用合理方法时必须符合上述四点,防止使用武断的或虚构的价格估价。

（三）合理方法的具体运用

合理方法是指按照海关估价的原则,并根据境内现有的数据资料,合理确定进口货物完税价格的估价方法。

合理方法包括但不限于按顺序合理、灵活运用前五种估价方法,同时不得使用禁止的价格。

例如

在使用倒扣价格法时,时间要素规定为必须是在与被估货物进口时或大约同时转售给国内无特殊关系方的价格,如果找不到同时或大约同时的价格,可以采用被估价货物进口后90天内的价格作为倒扣价格的基础。

那么按照合理方法,被估价货物进口后90天内的限制就可以突破。

如果灵活运用相同或类似货物价格法、倒扣价格法、计算价格法仍不能确定完税价格,则可使用上述估价方法以外的其他合理的估价方法,只要不违背客观、公平、统一的海关估价原则。

（四）合理方法的数据来源

《WTO估价协定》第七条 → 在使用合理方法估价时，海关应依据在进口国国内获得的资料。 → 通常情况下，当海关使用合理方法估价时，应使用在我国获得的数据进行估价。

但其中一个例外情况是

当进口商提供了由其本人从国外获取的数据，由于该数据是进口商在国内向海关提供的，因此，只要海关能够认可资料的真实性和准确性，就可以运用该数据作为海关估价的依据。数据的来源并不影响海关对该数据的使用。

（五）禁止使用的估价方法的类型

如果灵活运用相同或类似货物价格法、倒扣价格法、计算价格法仍不能确定完税价格，则可使用上述估价方法以外的其他合理的估价方法，只要不违背客观、公平、统一的海关估价原则。

但必须注意，在运用合理方法估价时，禁止使用以下6种价格：

第一种是境内生产价格，即我国国内生产的商品在国内的销售价格。

第二种是在可选择的价格中较高的价格，也就是从高估价的方法。

第三种是依据货物在出口国国内的市场价格，即出口国国内的市场价格，因出口商有权根据不同的市场进行不同的定价，即使该进口货物对我国存在倾销行为，亦不能用该国国内的市场价格来确定进口货物的完税价格，因《WTO估价协定》已明确估价手段不能用于反倾销。

第四种是以本办法第二十五条规定之外的价值或者类似货物的价格，即在使用计算价格法估价时，只能按照列明的三个项目的费用或成本来计算，而不能按照其他的费用或成本来计算。

第五种是依据出口到第三国或地区货物的销售价格，即向第三国销售的价格，因为出口商有权根据不同的市场进行不同的定价。

第六种是依据最低限价或武断、虚构的价格。最低限价是指一国海关在对进口货物估价征税过程中规定的最低完税价格。

— 85 —

三、WTO关于合理方法的规定

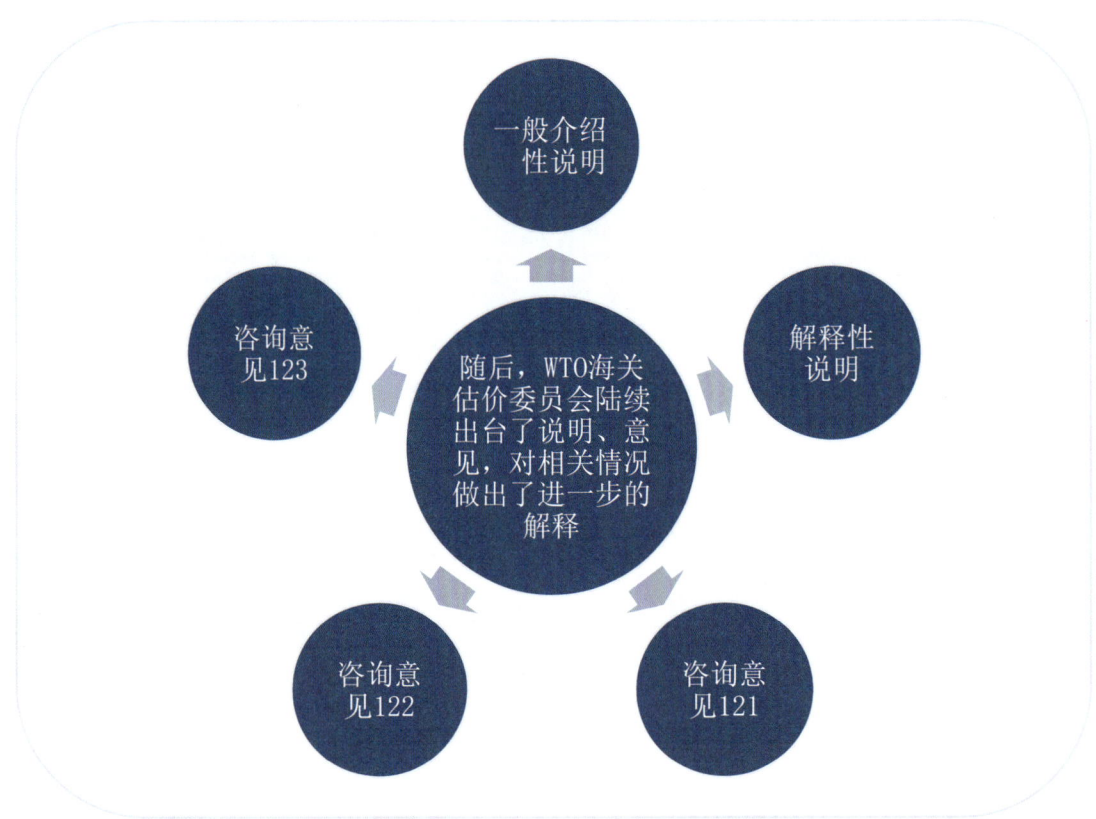

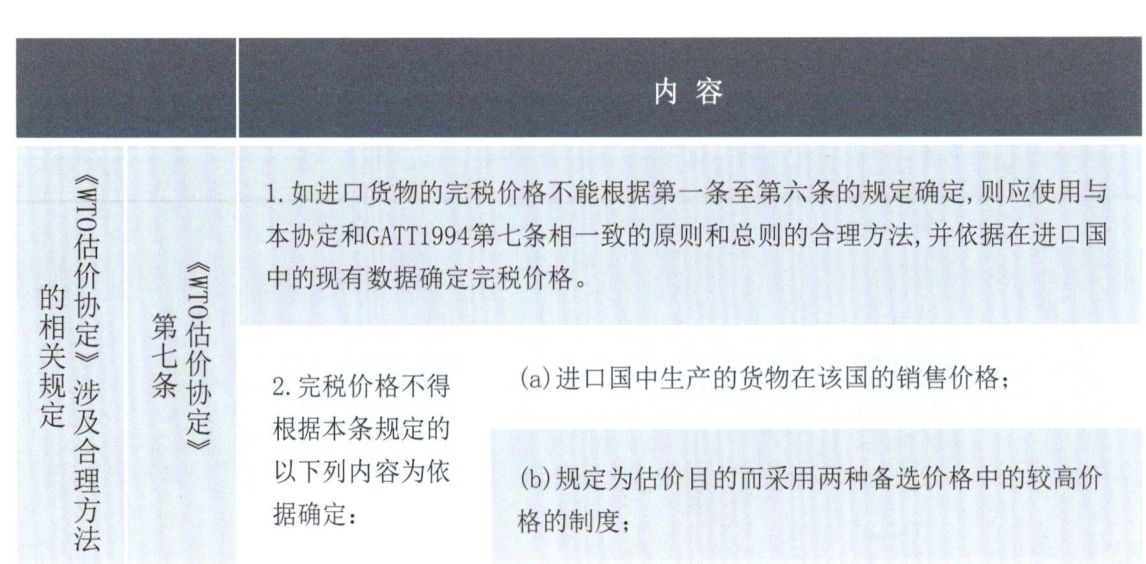

		内　容
《WTO估价协定》涉及合理方法的相关规定	《WTO估价协定》第七条	(c)出口国国内市场上的货物价格；
		(d)依照第六条的规定为相同或类似货物确定的计算价格以外的生产成本；
		(e)出口至进口国以外国家的货物的价格；
		(f)海关最低限价；或
		(g)武断或虚构的价格。
		3.如进口商提出请求，应将根据本条规定确定的完税价格和确定该价格所使用的方法以书面形式通知进口商。
《WTO估价协定》一般介绍性说明中涉及的相关规定		4.第七条列出了在不能根据前述各条的规定确定完税价格时，如何确定完税价格。
《WTO估价协定》解释性说明中涉及的相关规定	总体说明	4.如完税价格无法根据第一条至第六条的规定确定，则应根据第七条的规定确定。
	关于第七条的注释	1.根据第七条的规定确定的完税价格应在最大限度内依据以往确定的完税价格。
		2.根据第七条使用的估价方法应为第一条至第六条规定的方法，但是在适用此类方法时采取合理的灵活性符合第七条的目的和规定。
		3.合理灵活性的部分例子　相同货物：关于相同货物应与被估价货物同时或大致同时出口的要求可以灵活解释；在与被估价货物出口国以外的国家生产的相同进口货物可以作为海关估价的依据；可以使用已根据第五条和第六条的规定确定的相同进口货物的完税价格。

		内 容
《WTO估价协定》解释性说明中涉及的相关规定	关于第七条的注释	类似货物：关于类似货物应与被估价货物同时或大致同时出口的要求可以灵活解释；在与被估价货物出口国以外的国家生产的类似进口货物可以作为海关估价的依据；可以使用已根据第五条和第六条的规定确定的类似进口货物的完税价格。 倒扣价格法：第五条第一款（a）项中关于货物应按"进口时的状态"销售的要求可以灵活解释；"90天"的要求可以灵活管理。
WTO海关估价委员会咨询意见中涉及的相关规定	咨询意见121对《WTO估价协定》第七条的灵活应用	1. 在应用第七条时，第一条至第六条规定以外的方法，如果不是第七条第二款(a)至(f)项所禁止的，且与本协定和GATT1994第七条的原则和总则相一致，这样的方法是否可以使用？ 2. 海关估价委员会提出下述意见对第七条解释性说明的第二段规定，根据第七条使用的方法应该是第一条至第六条规定的方法，但运用时应具有合理的灵活性。 然而，如果即使上述方法采用灵活的方式仍不能确定完税价格的，作为最后手段，可以使用其他合理方法确定完税价格，但其他合理方法不应是被第七条第二款排除的。 在按第七条确定完税价格时，所用的方法必须与本协定和GAT1994第七条的原则和总则相一致。
	咨询意见122适用第七条时的先后顺序	1. 当适用第七条时，是否需要遵循第一条至第六条估价方法的先后顺序？ 2. WTO海关估价委员会提出下述意见，本《协定》没有条款具体规定，当适用第七条时应遵循第一条至第六条的先后顺序。但是，第七条要求使用与本《协定》的原则和总则相一致的合理方法。这表明如有合理的可能性，应该遵循先后顺序。因此，如果按第七条可以使用几种可以接受的方法来确定完税价格，应该遵循其先后顺序。
	咨询意见123适用第七条时来源于国外的资料的使用	1. 当适用第七条时，海关是否能使用由进口商提供的且是其本人获得的、但源自国外的资料？ 2. WTO海关估价委员会提出下述意见在处理源自进口国国外的交易时，可能资料的某一数据来自国外方面。但是，第七条没有提及在适用本条时所使用的信息的来源，仅要求这类资料在进口国是可以得到的。所以，信息的来源本身并不妨碍其被运用于第七，只要该信息在进口国是可以得到的，而且海关能够认可其真实性和准确性。

		内 容
WTO海关估价委员会决定对于禁止的估价方法的规定	决定7.1最低限价和独家代理人、独家经销人和独家受让人的进口	当一个发展中国家在附件3的第二段的条款范围内,对其官方制定的最低限价提出保留,并说明了充分的理由时,委员会对此保留的请求应予以有同情心的考虑。 参照附件3的第二段所列的条款和条件,许可一项保留时应从有关的发展中国家的发展、财政和贸易的需要出发全面考虑。 1.许多发展中国家担心独家代理人、独家经销人和独家受让人的进口可能存在的估价问题。根据第二十条第一款,发展中国家在采用协定之前,有一个最长不超过五年的延缓期。这一规定的背景是,受益于这条款的发展中国家,可利用该延缓期进行相应的研究及采取必要的措施以正确应用《协定》。 2.考虑到这一点,委员会建议由海关合作理事会按照附件2的规定,协助发展中国家成员对其关心的有关领域明确定义并进行研究,那些领域包括与独家代理人、独家经销人和独家受让人有关的领域。

WTO海关估价委员会案例研究关于使用过的货物的规定	研究项目1.1对已使用过的车辆的处理	1.从《协定》本身来说,对已使用过的车辆的估价处理并不存在需要规定专门原则的问题,但在估价实践上会遇到一些难题。因此,将这些难题列为当前研究的课题,并且在研究过程中,提出各种可能的解决方案,这应该对各国海关当局是颇有裨益的。
		
		2.本研究项目针对的是进口时视为已使用过的车辆,对进口时已使用过的车辆可从广义上理解,不论购买的是新车还是二手车,但不包括范围有限的专用车辆、古董车或老爷车。
		
		3.一辆车是否属"已使用过的车辆"的判定标准是一个单独的问题。由于在这一领域可能存在各种不同的情况,不可能使各国海关当局采用协调一致的做法,因此,该问题必须留待各国海关当局酌情处理。下述是在估价时有潜在困难的情形: (a)在一贸易商的进口过程中,进口车辆的里程表显示250千米,即车辆在出口国从工厂至起运港的距离。
		  (b)在一私人进口过程中,进口的车辆是其于几周前在国外购买、上牌的新车,已经行驶了1560千米,即从国外购买地至进口国输入地的距离。
		
		4.问题是:上述第三段所描述进口的已使用的车辆的情形是否应被视为自最近一次销售以来又继续使用过,依据这方面所选用的方法,有关的车辆应归入下面定义的I类或是II类的情况。
		
		5.在对进口的已使用过的车辆进行估价时,存在两种基本情形,现列举如下,并将按同样的顺序加以讨论。 i.车辆自购买后未经使用就进口。
		  ii.车辆自购买后经继续使用后再进口。

四、中国海关关于合理方法的法律规范

	内　容
《中华人民共和国进出口关税条例》关于合理方法的规定	第二十一条　进口货物的成交价格不符合本条例第十八条第三款规定条件的，或者成交价格不能确定的，经了解有关情况，并与纳税义务人进行价格磋商后，依次以下列价格估定该货物的完税价格： …… （五）以合理方法估定的价格。 ……
《中华人民共和国海关审定进出口货物完税价格办法》关于合理方法的规定	第六条　进口货物的成交价格不符合本章第二节规定的，或者成交价格不能确定的，海关经了解有关情况，并与纳税义务人进行价格磋商后，依次以下列方法审查确定该货物的完税价格： （一）相同货物成交价格估价方法； （二）类似货物成交价格估价方法； （三）倒扣价格估价方法； （四）计算价格估价方法； （五）合理方法。 纳税义务人向海关提供有关资料后，可以提出申请，颠倒前款第（三）项和第（四）项的适用次序。
	第二十六条　合理方法，是指当海关不能根据成交价格估价方法、相同货物成交价格估价方法、类似货成交价格估价方法、倒扣价格估价方法和计算价格估价方法确定完税价格时，海关根据本办法第二条规定的原则，以客观量化的数据资料为基础审查确定进口货物完税价格的估价方法。
	第二十七条　海关在采用合理方法确定进口货物的完税价格时，不得使用以下价格： （一）境内生产的货物在境内的销售价格； （二）可供选择的价格中较高的价格； （三）货物在出口地市场的销售价格； （四）以本办法第二十五条规定之外的价值或者费用计算的相同或者类似货物的价格； （五）出口到第三国或者地区的货物的销售价格； （六）最低限价或者武断、虚构的价格。

第八节 转让定价与海关估价的区别

		转让定价	海关估价
法律地位	依据	OECD《指南》及以此设定的框架来确定的企业行为和行政机关的征管行为。	《WTO估价协定》及各国依此制定的本国法律法规。
	约束力	OECD《指南》确立的框架体制基于自愿遵守的社会责任准则,仅以通行准则或行业规范的形式存在,对企业和政府机构没有强制约束力。	在全球范围存在公约性、强制性,是WTO法律体系中规范各成员估价工作的国际公约,成员均须依照该协定的具体条款,制定相应的本国法律法规。
审查原则		当转让定价无法反映市场和公平交易原则时,关联企业的税赋和所在国的税收可能被歪曲。因此,OECD成员国同意,出于税收的目的,关联企业的利润可能会因纠正上述差异而被调整,确保满足《指南》中的公平交易原则。	规定海关接受关联企业间进出口商品的成交价格,应与非关联企业间的价格相同,或是与非关联企业间交易的定价原则相符。其目的是将受关联关系影响的关联交易价格还原成符合市场规律的正常价格。
		均选择公平标准作为处理关联方之间关系所必须遵循的原则;在衡量跨国公司定价是否合理时,均将非关联方之间的交易定价作为参考;管理的根本目的存在一致性。	
		均是在本国从事对外贸易的跨国公司	
管理相对人		转让定价审查机关不仅针对从事有形货物交易的进出口企业,同时还对从事对外服务贸易的企业进行转让定价审核;通常要牵涉跨国公司所属集团的多个公司或整个集团。	海关估价主要对从事有形货物进出口的企业进行价格管理;针对的是单个进出口企业。
关联企业	定义	《指南》中对关联企业的定义是由《OECD税收协定范本》(OECD Model Tax Convention)提出的:"缔约国企业直接或间接参与另一缔约国企业的管理、控制和资本运作,或同一人参与一个缔约国企业和另一个缔约国企业的管理、控制和资本运作,则可认为上述两企业为关联企业"。从本质上规定了判别关联企业的两种标准,一是股权控制标准,二是企业经营管理或决策人员的	《WTO估价协定》第十五条第四款对关联企业定义为"就本协定而言,只有在下列情况下,方可被视为存在特殊关系的人: (a)他们互为商业上的高级职员或同事; (b)他们是法律承认的商业上的合伙人; (c)他们是雇主和雇员; (d)直接或间接拥有、控制或持有双方5%或5%以上有表决权的发行在外的票的任何人; (e)其中一人直接或间接控制另一人;

		转让定价	海关估价
关联企业	定义	人身关系标准。但在执行细节方面，如参与管理、控制和资本运作究竟达到何种程度才能构成关联企业，OECD并未予以明确规定。各国在实施此判定标准时，量化指标也各不相同。其中，量化指标的差异主要集中于对股权比例的设定。	（f）双方直接或间接被第三人控制； （g）双方共同直接或间接控制第三人； （h）双方属同一家族成员。
	股权控制要求	OECD对关联企业的定义标准，相对严格，尤其对股权控制的要求，多数国家的税务机关认定标准一般都达到23%及以上。但各国税务机关在认定关联关系时，还普遍采用"实质重于形式"的原则，而不仅依据法律形式，其主动性较高。	《WTO估价协定》中对股权控制只要求直接或间接拥有、控制或持有双方5%或5%以上有表决权的发行在外的股票，符合上述条件即构成海关估价意义上的关联关系。但在海关转让定价领域，由于各国海关受到WTO估价公约的制约，其判断标准受到严格限制，各国海关也不能随意扩大认定范围和标准。
贸易范围		转让定价不仅针对跨国公司间的有形资产转让，还包括无形资产和服务贸易。转让定价在制定过程中，有形资产、无形资产和服务均是其必须考虑的因素，因此，转让定价审查中涉及的贸易范围更为广泛，包含一个公司运营时涉及的所有贸易种类和形式。	海关作为进出境货物的监管机构，主要对进出关境的有形货物实施监管，海关估价也主要针对有形货物。同时，《WTO估价协定》规定，对与进口货物相关，符合应税条件的无形货物，如特许权使用费、转售收益、协助费等，也属海关估价的范畴。因海关估价受到自身管理范围的制约，其管辖范畴仅限制在和有形资产相关的关联交易中。
管理对象		转让定价的管理对象是一个公司在一个时期内的净利润实施调整。 OECD推行转让定价制度的根本目的是为了调和跨国公司和所在国税务机构之间的矛盾，其重点主要集中于跨国公司间的利润分配，即企业净利润水平在不同国家税务管理的分配问题。通过转让定价审查及规范，将其各子企业间的净利润调整到合适的比例，以确保各国利益和本企业的盈利达到一个相对平衡，既顾及各国税务机关的财政需求，也不影响企战略设定。	海关估价对象是每票进出关境的有形货物。在实施估价管理过程中，无论海关采取何种估价方法，估价决定最终指向仍是单票货物，通常不会对企业的其他进口货物产生影响。在个案审查过程中，如企业的交易方式相同、交易对象相同、交易货物相同，且估价认定的依据具有同样的推导性，则可以将估价的方法运用在企业随后或之前的进口货物。此种情况，仅是将该估价结论进行了延续适用，估价管理针对的仍是单票货物。

第二章 海关估价方法

		转让定价	海关估价
方法对应关系		无 →	成交价格法
		可比非受控价格法 →	相同货物价格法 类似货物价格法
		再销售价格法 →	倒扣价格法
		成本加成法 →	计算价格法
		可比利润法/交易净利润率法 →	无
		利润分割法 →	无
		其他方法 →	其他方法
调整方法	可比非受控价格法与相同或类似货物估价方法	对商品本身、合同条款、市场和企业的属性有较高的可比性要求，上述各类因素均不能存在较大差异；其中存在的细微差异必须可量化调整。 结果准确度相对较高，但因要求较为苛刻，在实际贸易过程中难以找到完全可比的交易，因此该方法在转让定价中的使用率非常低。	对货物的相同或类似性要求很高；对企业的可比性要求较低；仅对可量化的商业水平、数量和运保费等差异进行调整。 当成交价格不能确定时，相同或类似货物估价方法是法定首选方法，是除成交价格外，使用率最高的估价方法。
	再销售价格法和倒扣价格估价方法	再销售价格法 扣除利润率获取途径： 合理的毛利，以弥补相关费用，并为其带来一定的盈利。 同企业，从可比非受控采购和销售数据中获得，此利润率水平准确度高。 通过其他转售者可比非受控交易数据中获得，需对不同转售者进行可比性分析，确定商品的采购价格。 需注意，再销售价格法得出的结果可能是一个区间，而并不是一个具体数值。	倒扣价格法 扣除利润率获取途径： 与在进口国销售同级别或同种类货物有关的已付或未付的佣金，或通常作为利润和一般费用的金额，以及国内的税费和运输保险费等。 利润率由进口商向海关提供，海关将其与已掌握的境内销售同等级或同种类货物通常的利润率进行比较，并对存在差异的部分实施调整。 海关获取利润率的途径主要通过国家权威机构发布的某类产品行业标准数据为基础，结合相关行业调研及核查等多种方式获取。

		转让定价	海关估价
调整方法	成本加成法和计算价格估价方法	成本加成法的加成比例为企业可比非受控交易的毛利率。 需注意，成本加成法取得结果也可能是一个区间而不是一个具体数值。	计算价格法中要求计入销售同等级或同种货物通常的利润和一般费用。
		当前，我国税务机关实施转让定价调整时，大多采用利润法作为可行的调整方法。	海关因受管理对象自身要求的客观条件制约，关注的重点必须针对具体的单票货物交易。
		可比非受控价格法，再销售价格法和成本加成法均以确定商品价格为根本目的，而利润法则是以确定企业利润为目的，与商品之间的联系不是非常紧密，海关估价难以接受按企业全年利润指标作为衡量商品价格合理性的定价策略。这是利润法难以得到海关估价部门接受的主要原因。随着转让定价方法中利润比率的逐步提升，海关估价与转让定价在方法上渐行渐远，愈加难以调和与兼容。这种现状已经引起了包括我国在内的全球主要海关与税务部门的重点关注，并成为WCO（世界海关组织）与OECD开展合作的主要原因。	
估价方法使用顺序		转让定价对方法的选择顺序无强制规定。 《指南》第二章第四十九条"传统交易法是最直接证明关联公司间商业和金融关系是否符合公平交易原则的方法。因此，传统交易法优于其他转让定价方法。"因传统交易法对可比性要求较高，在实际操作中使用难度较大。跨国公司在选择转让定价方法时，一般都倾向于使用更简单，更易于找到可比性的方法（如交易净利润率法等），来说明其转让定价政策的合理性。	海关估价方法的选择必须按照规定顺序。《WTO估价协定》从成交价格法、相同或类似货物估价法，倒扣价格估价法，计算价格估价法到合理方法，每个估价方法都是在前一个方法不适用的情况下才能使用。除在特定条件下，倒扣价格法和计算价格法可根据进口商要求互换使用顺序外，均不能跳跃或随意选择使用第二种至第六种估价方法。

第三章 会计制度

第一节 公认会计原则

一、公认会计原则的定义及原则

（一）公认会计原则的定义

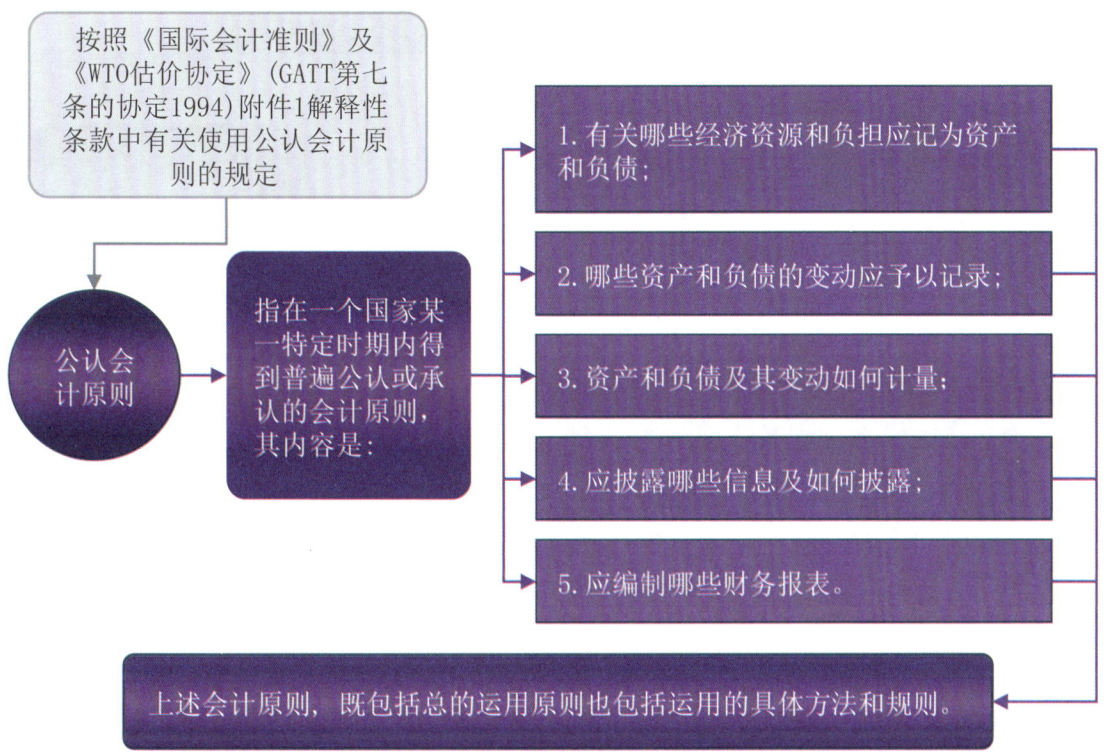

（二）中国的公认会计原则

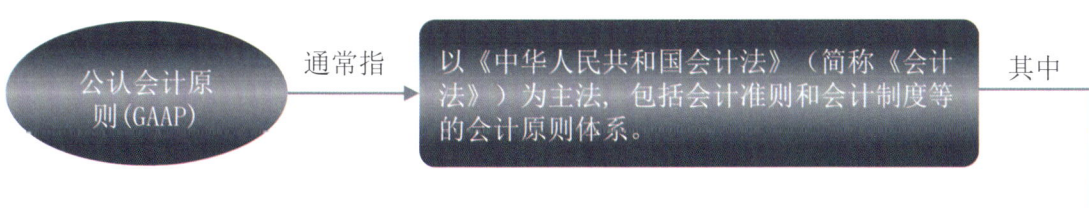

《会计法》是我国会计工作的根本大法，也是我国进行会计工作的基本依据；

会计准则是我国会计核算工作的基本规范，它规定了会计核算的原则和会计核算业务的处理方法；

会计制度是进行会计工作所遵循的规则、方法和程序的总称，由国家财政部通过行政程序制定，具有一定的强制性。包括企业会计制度(工业企业会计制度、商品流通企业会计制度等)和预算会计制度(行政事业单位会计制度等)。

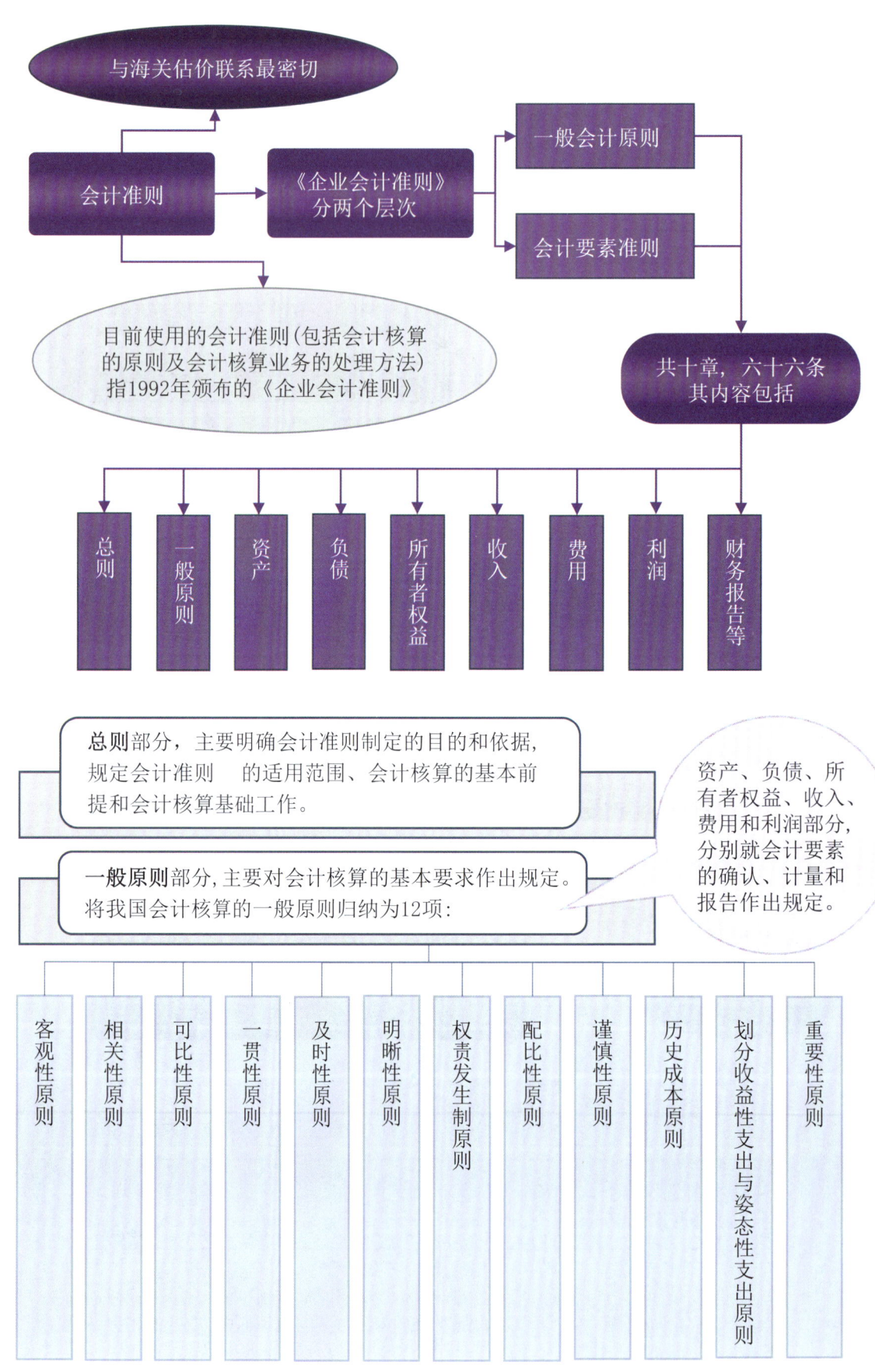

费用部分，明确了费用的定义、并对费用的分类及核算作出了规定。在利润部分，就利润的构成和计算作出了规定。

财务报告部分，主要规定了财务报告的内容、会计报表的种类等内容。

（三）海关估价中运用的公认会计原则

上述会计原则并不等同于海关估价所涉及的公认会计原则。

《WTO估价协定》所运用的公认会计原则是指仅与估价认定有关的GAAP，包括对于资产、货物采购价格、折旧等方面金额的计提。

根据公认会计原则的基本精神，与经济活动有关的，涉及资产、负债、收益等各方面的信息记录都必须遵循公认会计原则的标准。

根据《WTO估价协定》的条款分析，其使用的关于估价领域的很多方法，其实质性内容均来源于公认会计原则的标准，例如实付或应付价格的规定、间接支付的规定、利润和一般费用的计算标准等。

因此，在实践中，尤其在适用倒扣价格、计算价格和合理方法，对进口货物开展估价的过程中，应充分依托公认会计原则的标准，以保证海关估价的合理性。

二、公认会计原则的估价要点

（一）WTO估价协定中运用公认会计原则的领域 包括：
- 按第一条和第八条费用调整项确定进口货物的完税价格；
- 第五条倒扣价格法确定进口货物完税价格；
- 第六条计算价格法确定进口货物的完税价格。

（二）实施WTO估价协定中运用GAAP应遵循的原则

1. 尊重贸易惯例

《WTO估价协定》的注释（一般解释，有关GAAP的运用）第一款中规定，WTO成员的海关当局在协议规定适用GAAP时，对符合有关国家一般会计准则准备的资料应予以采纳。

因此对于有充分翔实的(可客观量化)资料，又符合GAAP要求的，海关应予以接受。特别是涉及一些在估价协定中没有明确界定的技术问题，海关估价应尽可能地参照GAAP的原则规定，以更好地体现估价协定的"公平、统一、中性"。

2. 将GAAP的具体会计原则与《WTO估价协定》原则结合运用，并坚持WTO估价原则为主，GAAP原则为辅

对所提供的会计资料，如会计处理时具体运用的会计原则与《WTO估价协定》的原则有冲突的，应坚持估价协定原则。

3. 应注意区分GAAP与GAAS的差别

GAAS是公认审计原则，是对会计资料进行审计时所遵循的原则。实施估价协定运用GAAP，主要是对所提供的资料的会计合理性和准确性进行审查。所提供资料的真实性和可信度则涉及海关稽查工作，需运用GAAS进行审计。正因为GAAS与GAAP的运用领域是不同的所以两者不应混为一谈。

三、WTO关于公认会计原则的规定

中国海关关于公认会计原则的法律规定 —主要源于→ WTO的相关规定

我国海关估价的法律法规源于WTO关于公认会计原则的规定，WTO海关估价委员会就"公认会计原则"颁布了"解释性说明 Interpretative Notes"，对在公认会计原则的定义及其在海关估价中的适用方法做了进一步阐述。

		内容
WTO海关估价委员会解释性说明对于公认会计原则的规定	公认会计原则的使用	1. 公认会计原则指在一特定时间内一国关于下列内容的公认的一致意见或实质性权威支持：何种经济资源和债务应记为资产和债务、资产和债务的何种变化应予记录、如何衡量资产和债务及其变化、何种信息应予披露及如何披露，以及应编制何种财务报表等。这些标准可以是普遍适用的概括性的准则，也可以是详细的做法和程序。 2. 就本《协定》而言，每一成员的海关应使用与适合所涉条款的该国（地区）公认会计原则相一致的方式准备的信息。例如，一方面，根据第五条的规定对通常的利润和一般费用的确定应使用与进口国公认会计原则相一致的方式准备的信息。另一方面，根据第六条的规定对通常的利润和一般费用的确定应使用与生产国公认会计原则相一致的方式准备的信息。在进口国中对第八条第一款(b)项(i)目所规定的某一要素的确定应使用与该国公认会计原则相一致的方式准备的信息。
	关于第六条的说明	2. 第六条第一款(a)项所指的"成本或价值"应依据生产商或代表生产商提供的有关被估价货物生产方面的信息予以确定。应以生产商的商业往来账目为依据，只要此类账目与生产该货物的国家中适用的公认会计原则相一致
	第一款(b)项(iii)目	1. 第八条第一款(b)项(i)目所列要素分摊到进口货物的问题涉及两个因素，即要素本身的价值和价值分摊到进口货物的方式。这些要素的分摊应以适合有关情况的合理方式并依照公认的会计原则进行。

四、中国海关关于公认会计原则的法律规范

中国海关关于公认会计原则的法律规定 —— 主要包含在 —— 《中华人民共和国海关审定进出口货物完税价格办法》中，其中第十二条、第二十四条和第二十五条规定了海关在使用倒扣价格、计算价格方法时应当使用与国内公认的会计原则相一致的原则和方法，且在第五十一条中对"公认的会计原则"的含义做了解释。

《中华人民共和国海关审定进出口货物完税价格办法》关于公认会计原则的规定

第十二条 在根据本办法第十一条第一款第二项确定应当计入进口货物完税价格的货物价值时，应当按照下列方法计算有关费用：

……

如果货物在被提供给卖方前已经被买方使用过，应当计入的价值为根据国内公认的会计原则对其进行折旧后的价值。

第二十四条 按照倒扣价格估价方法审查确定进口货物完税价格的，下列各项应当扣除：

……

按照本条的规定确定扣除的项目时，应当使用与国内公认的会计原则相一致的原则和方法。

第二十五条 计算价格估价方法，是指海关以下列各项的总和为基础，审查确定进口货物完税价格的估价方法：

……

按照本条第一款的规定确定有关价值或者费用时，应当使用与生产国或者地区公认的会计原则相一致的原则和方法。

第五十一条 本办法下列用语的含义：

……

公认的会计原则，指有关国家或者地区会计核算工作中普遍遵循的原则性规范和会计核算业务的处理方法。包括对货物价值认定有关的权责发生制原则、配比原则、历史成本原则、划分收益性与资本性支出原则等。

第二节 利润和一般费用

一、利润和一般费用概述

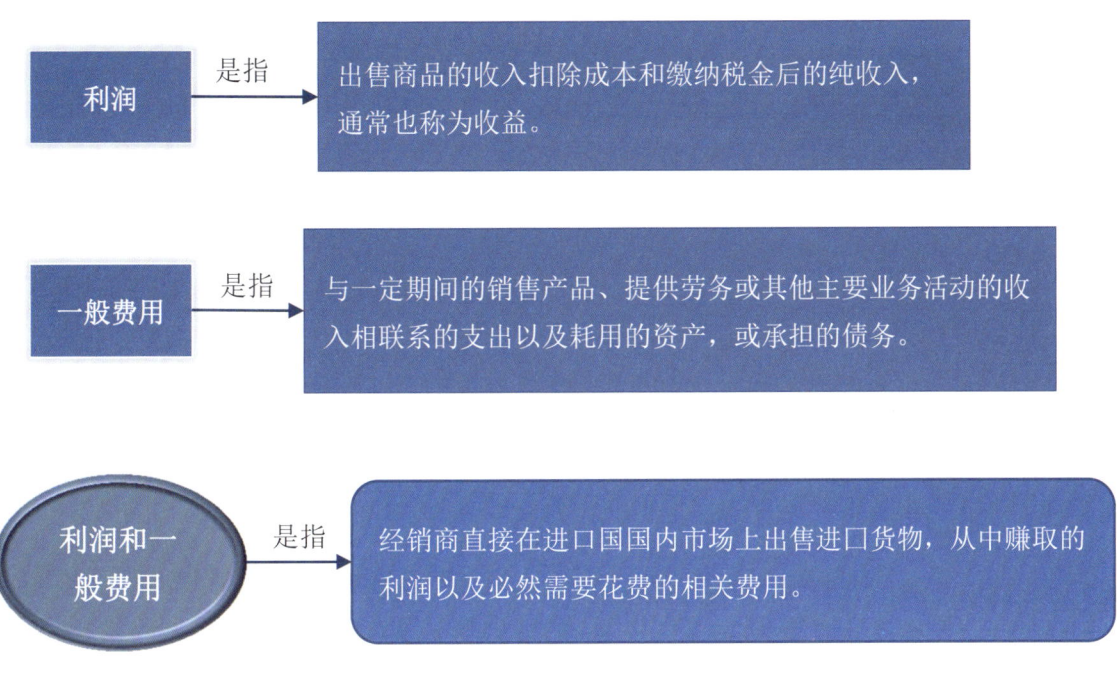

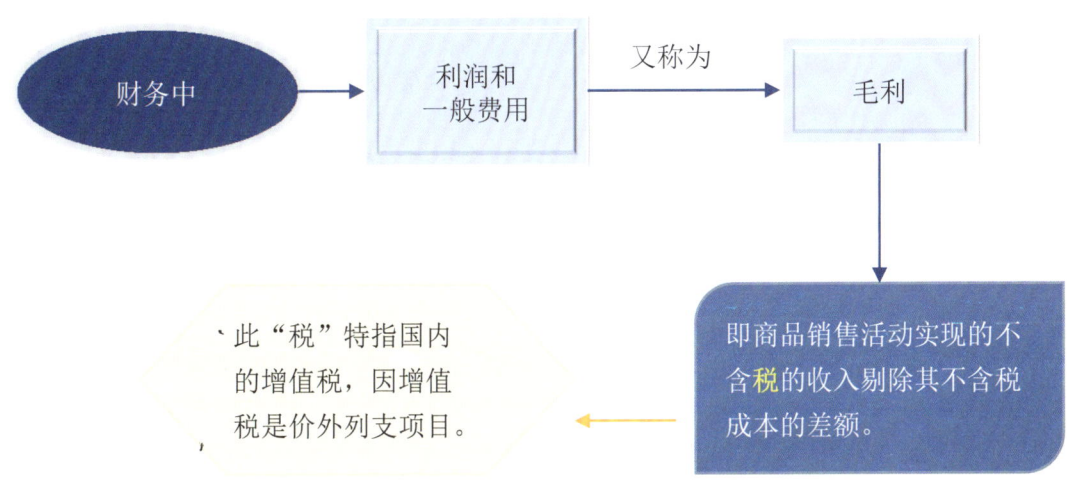

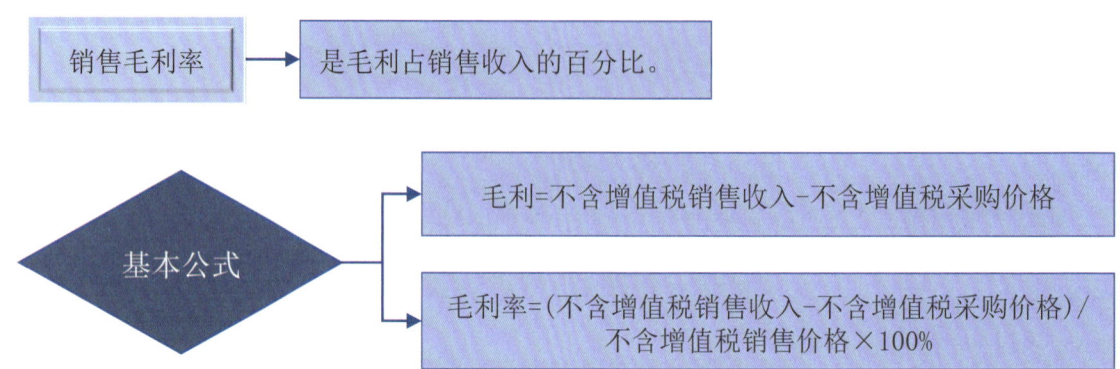

二、利润和一般费用的估价要点

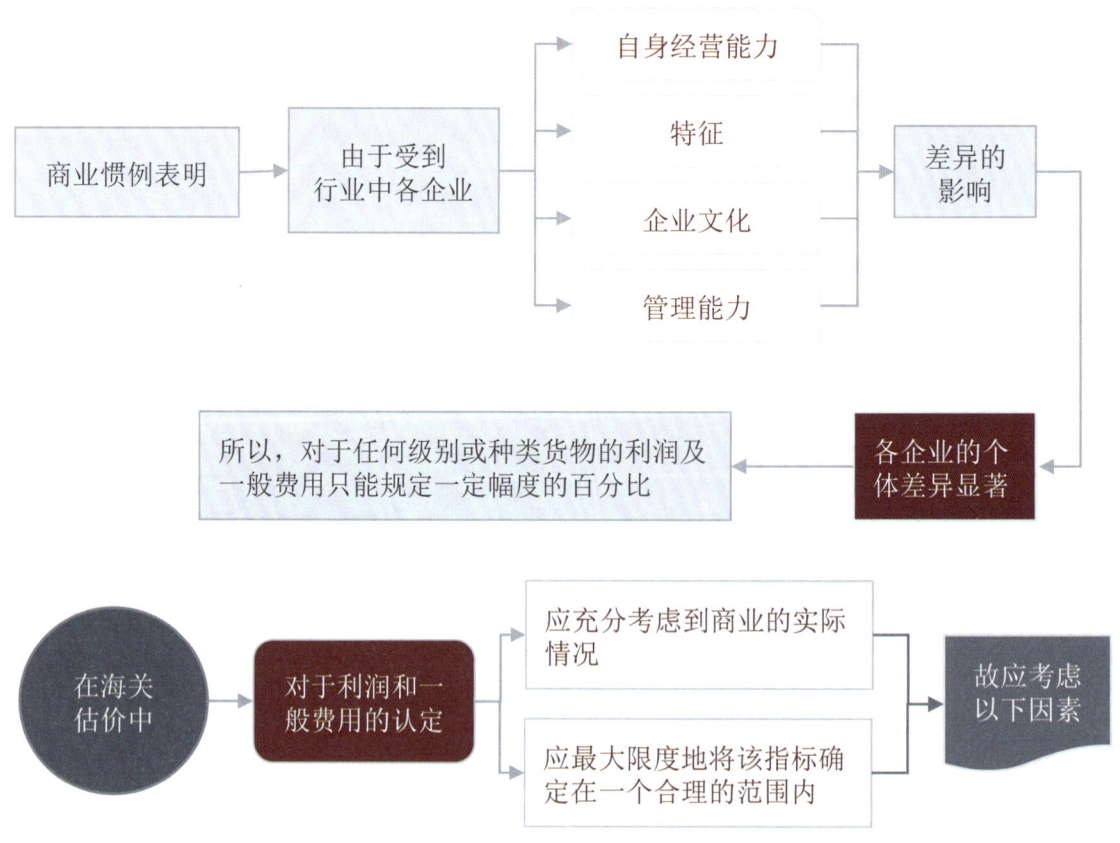

对利润和一般费用实施认定时，应当考虑三方面的因素

（一）应当把利润和一般费用视为一个整体

避免货物在销售过程中利润和一般费用比例不均等情况，从而使得相关的扣除更为合理。开展分析时，不能仅仅因企业的利润水平偏低，就推断数据不合理、或者不予采用，而应把利润和费用作为一个整体进行考虑。这也是通常将毛利作为一个替代指标进行考量的原因。

（二）应以有关进口商的利润和一般费用为基准

通常情况下，应首先考量该进口商在运营进口产品中的利润和一般费用水平。因在考虑行业因素时，多数可以采集的数据来源于经营国内产品的企业，但海关估价主要考量进口产品与国产产品在商业中必然存在一定的差异性，除非进口商自身的商业行为决定无法以其利润和费用数据作为分析。

（三）应当包含与销售有关货物的直接或间接支出

由于企业在实践中经营的产品种类较多，单一经营进口某类产品的情况较少，在此情况下，在考量企业的费用和利润时应注重区分不同产品种类各自的利润和费用，一般情况下，不能使用其他产品的利润和费用来评估被估进口货物的相应数据。

三、WTO关于利润和一般费用的规定

中国海关关于利润和一般费用的法律规定 —— 主要源自 —— WTO的相关规定 —— 具体体现在《WTO估价协定》第五条

	内 容	
《WTO估价协定》第五条	1.(a) 如进口货物、相同或类似进口货物在进口国按进口时的状态销售，则根据本条的规定，进口货物的完税价格应依据与被估价货物的进口同时或大约同时售予与销售此类货物无特殊关系买方的最大总量的进口货物、相同或类似进口货物的单位价格确定，但需扣除下列内容：	(i) 与在进口国销售同级别或同种类货物有关的通常支付或同意支付的佣金，或通常作为利润和一般费用的附加额；
		(ii) 运输和保险的通常费用及在进口国内发生的相关费用；
		(iii) 在适当时，第八条第二款所指的成本和费用；以及
		(iv) 在进口国因进口或销售货物而应付的关税和其他国内税。

	内 容
《WTO估价协定》第五条	(b) 如进口货物或相同或类似进口货物均未在与被估价货物进口的同时或大约同时销售，则完税价格除需遵守第一款(a)项的规定外，应依据进口货物、相同或类似进口货物在被估价货物进口后的最早日期、但在该项进口起90天期满前，在进口国以进口时的状态销售的单位价格确定。
	2. 如进口货物或相同或类似进口货物均非以进口时的状态在进口国销售，则在进口商请求下，完税价格应依据进口货物经进一步加工后售予与销售此类货物无特殊关系的进口国中买方的最大总量的单位价格确定，同时应考虑加工后的增值部分和第一款(a)项规定的扣除内容。

四、中国关于利润和一般费用的法律规范

中国对"利润和费用"涉及的法律规范 → 主要包括两部分 →
- 《中华人民共和国进出口关税条例》第二十二条
- 《中华人民共和国海关审定进出口货物完税价格办法》第二十四条

		内 容
《中华人民共和国进出口关税条例》	第二十二条 按照本条例第二十一条第一款第(三)项规定估定完税价格，应当扣除的项目是指：	（一）同等级或者同种类货物在中华人民共和国境内第一级销售环节销售时通常的利润和一般费用以及通常支付的佣金；
		（二）进口货物运抵境内输入地点起卸后的运输及其相关费用、保险费；
		（三）进口关税及国内税收。
《中华人民共和国海关审定进出口货物完税价格办法》	第二十四条 按照倒扣价格估价方法审查确定进口货物完税价格的，下列各项应当扣除：	（一）同等级或者同种类货物在境内第一销售环节销售时，通常的利润和一般费用（包括直接费用和间接费用）以及通常支付的佣金；
		（二）货物运抵境内输入地点起卸后的运输及其相关费用、保险费；
		（三）进口关税、进口环节海关代征税及其他国内税。

第三章 会计制度

```
┌─────────────┐     ┌──────────────────┐     ╱╲
│ 如该货物、相同 │     │ 应纳税义务人要求，可以在│    ╱  ╲
│ 或者类似货物没 │ ──→ │ 符合本办法第二十三条规定│──→│但应同时扣除│
│ 有按照进口时的 │     │ 的其他条件的情形下，使用│    │加工增值额│
│ 状态在境内销售 │     │ 经进一步加工后的货物的销│    ╲  ╱
└─────────────┘     │ 售价格审查确定完税价格 │     ╲╱
                    └──────────────────┘      │
                          │                   ↓
            ┌─────────────────────────┐   ┌──────────────────┐
            │ 按照本条的规定确定扣除的项目时，应当使用│   │ **加工增值额**应当依据与加工成│
            │ 与国内公认的会计原则相一致的原则和方法。│   │ 本有关的客观量化数据资料、│
            └─────────────────────────┘   │ 该行业公认的标准、计算方法│
                                          │ 及其他的行业惯例计算。│
                                          └──────────────────┘
```

第四章 集成电路行业估价解析

第一节 集成电路行业概况

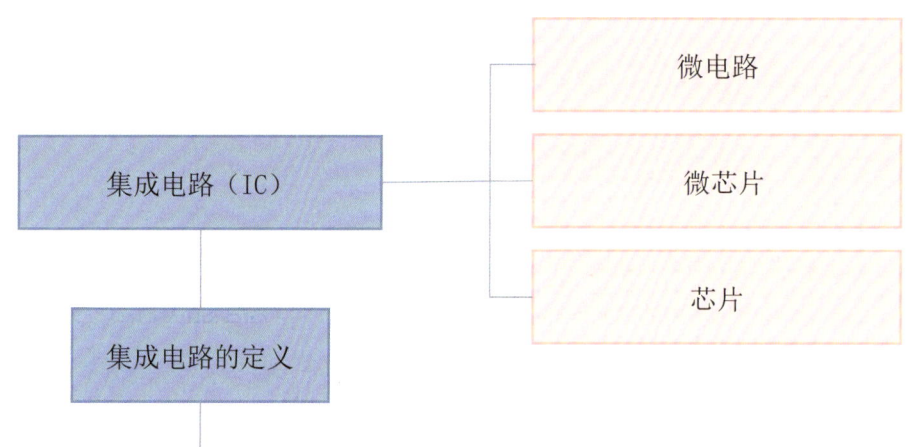

集成电路：是经过氧化、光刻、扩散、外延、蒸铝等半导体制造工艺，把构成具有一定功能的电路所需的半导体、电阻、电容等元件及它们之间的连接导线全部集成在一小块硅片上，然后焊接封装在一个管壳内的电子器件。

一、集成电路产业链

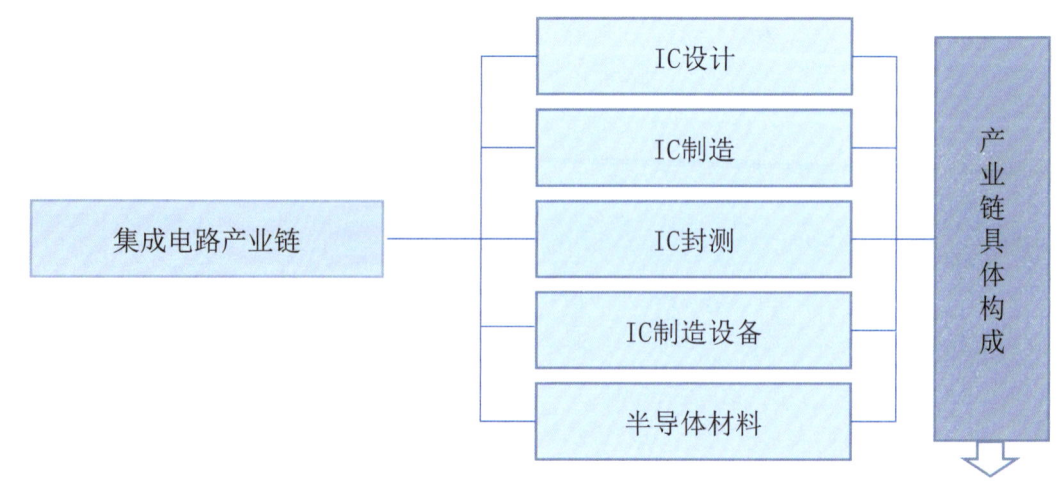

第四章 集成电路行业估价解析

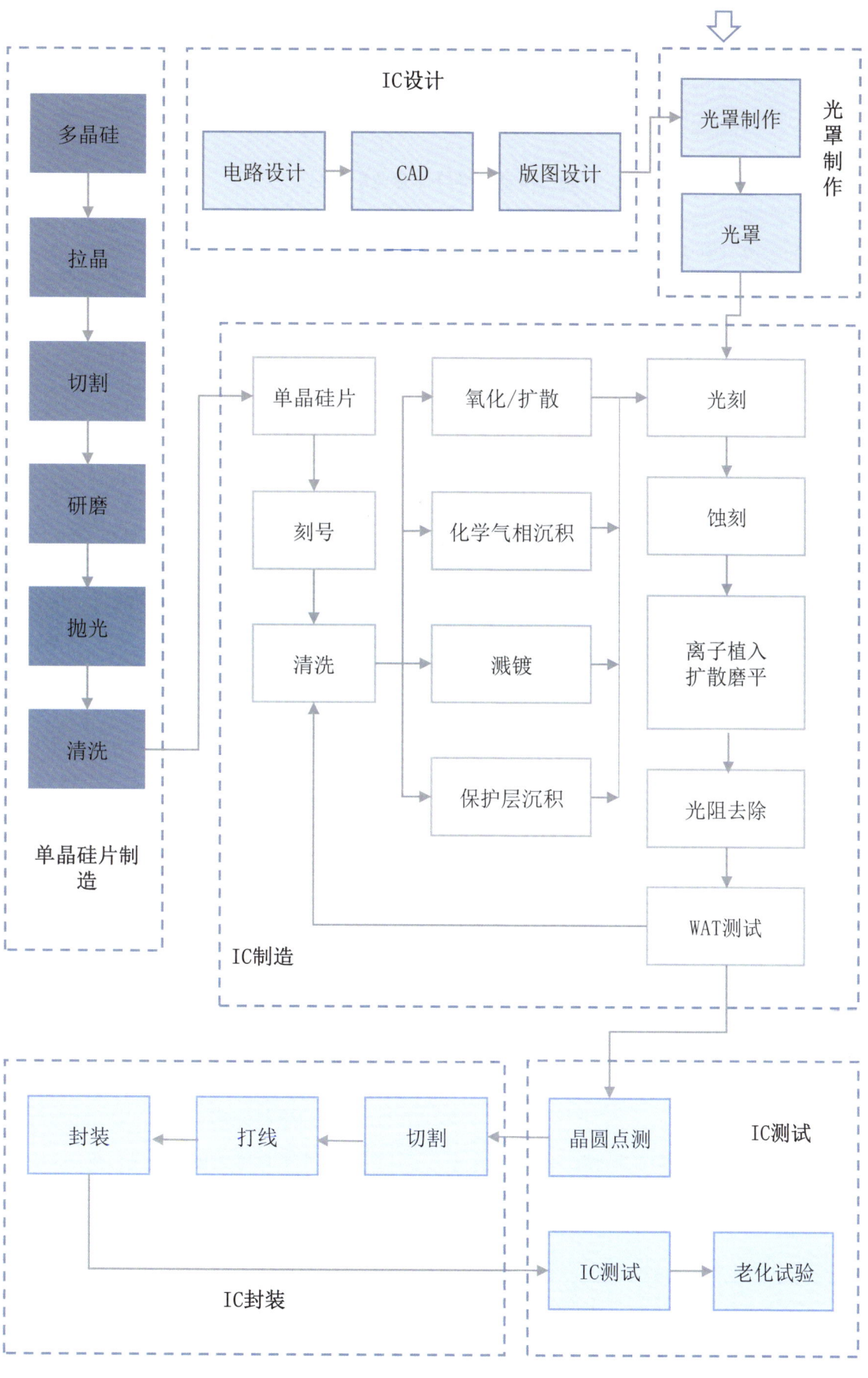

二、集成电路行业现状

（一）全球集成电路行业现状

2018年全球半导体企业前十名

排名	厂商	2017年营收（亿美元）	2018年营收（亿美元）	增长率
1	Samsung	659	785	19.2%
2	Intel	617	699	13.2%
3	TSMC	322	368	37.6%
4	SK Hynix	267	342	6.4%
5	Micron	239	310	28.6%
6	Broadcom	178	185	3.7%
7	Qualcomm	170	164	-3.8%
8	TI	139	149	12.1%
9	Toshiba	133	149	6.8%
10	Nvidia	94	120	27.1%

世界半导体贸易统计协会（WSTS）数据显示，2018年全球半导体市场规模达到4688亿美元，同比增长13.7%。模拟芯片、微处理器、逻辑芯片和存储器市场规模分别为588亿美元、672亿美元、1093亿美元和1580亿美元。2018年，全球存储器市场增速依旧领跑，达到27.4%；模拟芯片市场增速为10.7%，处理器电路市场增速为5.2%，逻辑芯片市场增速为6.9%。

第四章 集成电路行业估价解析

2018年全球集成电路、光电子、分立器件和传感器的市场规模占比

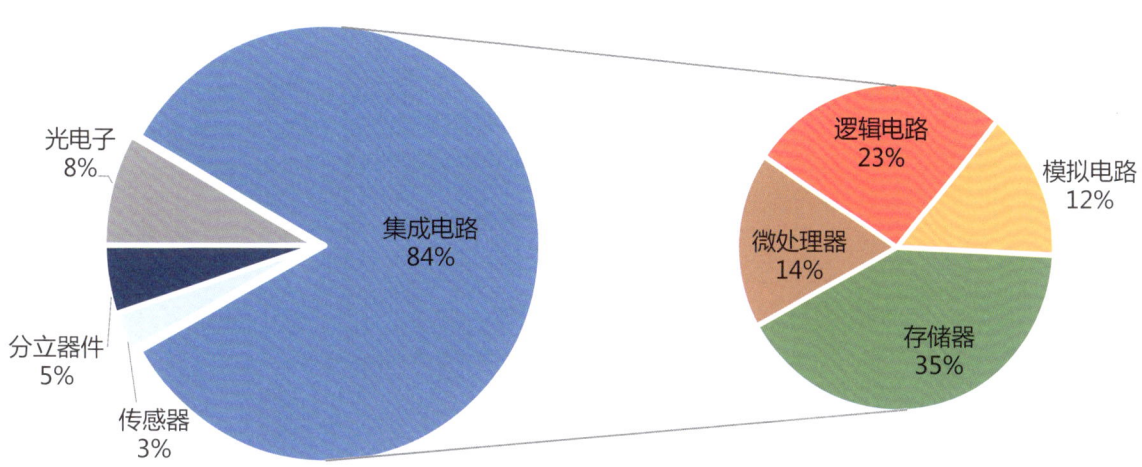

2009~2018年集成电路行业细分子类数据

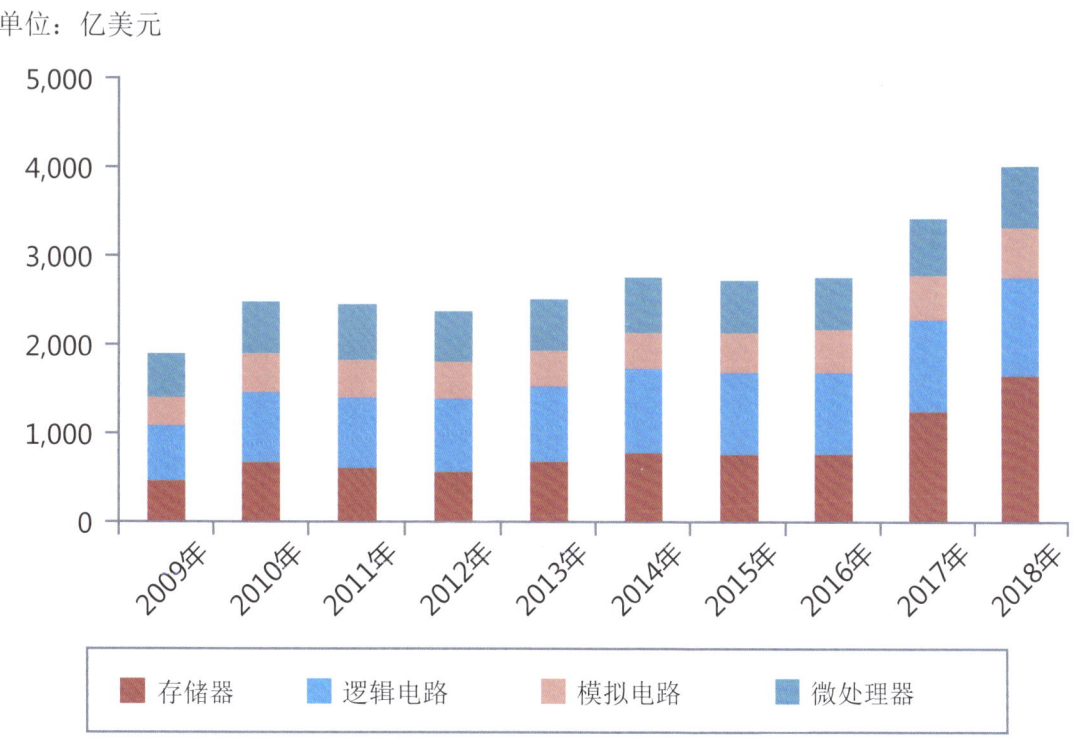

注：以上数据均来自亿欧网——深度 | 全球半导体产业链分析及资产配置建议（上）。

集成电路主要生产区域行业情况对比

美国半导体产业全球领先，在半导体设计、代工、ID（集成器件制造）领域均拥有全球领先的企业，包括高通、格罗方德、英特尔。全球前十大半导体公司中有五家美国企业。在产业链环节方面，美国IDM企业占全球IDM企业产值的约一半，设计业占全球集成电路设计业总产值的约65%，芯片制造业也一直引领着全球工艺技术的发展。

日本是全球主要的半导体产品生产大国，近20年来，随着日本在存储器领域的失势及全球代工业的快速发展，其全球市场占有率已经大幅降低。然而，在闪存、图像传感器、工业用芯片等部分细分领域仍具有较强的竞争力，在半导体材料和设备等配套产业领域优势显著。

韩国是仅次于美国的第二大半导体产品生产国，韩国半导体企业在全球市场占有率近30%，尤其在存储器领域优势显著。三星电子和SK海力士是全球第一和第三大半导体公司，两家公司合计占全球DRAM存储器市场的72%，占全球NAND Flash市场的50%。得益于近年来存储芯片涨价，韩国半导体产值大幅增长。

中国台湾主要以逻辑芯片产品代工为主，出口的主要为半导体晶圆，处理器和存储器等通用集成电路产品相对较少。台积电是全球最大的集成电路制造企业，联发科是台湾第一大集成电路设计企业。

（二）中国集成电路行业现状

1. 中国集成电路市场规模稳步增长，对外依存度仍旧偏高

2. 中国集成电路产业规模快速增长，产业结构更趋合理

> 随着国内IC设计企业的快速发展以及芯片制造线的快速布局，中国集成电路产业结构将继续由"小设计—小制造—大封测"向"大设计—中制造—中封测"转型，产业链逐渐从低端向高端延伸，产业结构更趋于合理。

3. 集成电路设计业销售额及企业数量快速增长

4. 集成电路制造业持续突破，新增制造产能即将释放

5. 具备全球化竞争能力，盈利能力有待加强

6. 半导体制造材料市场规模稳步提升，长三角地区企业数量持续领跑

7. 中低端设备有望实现国产替代，关键核心设备差距较大

2008～2018年中国集成电路需求走势图

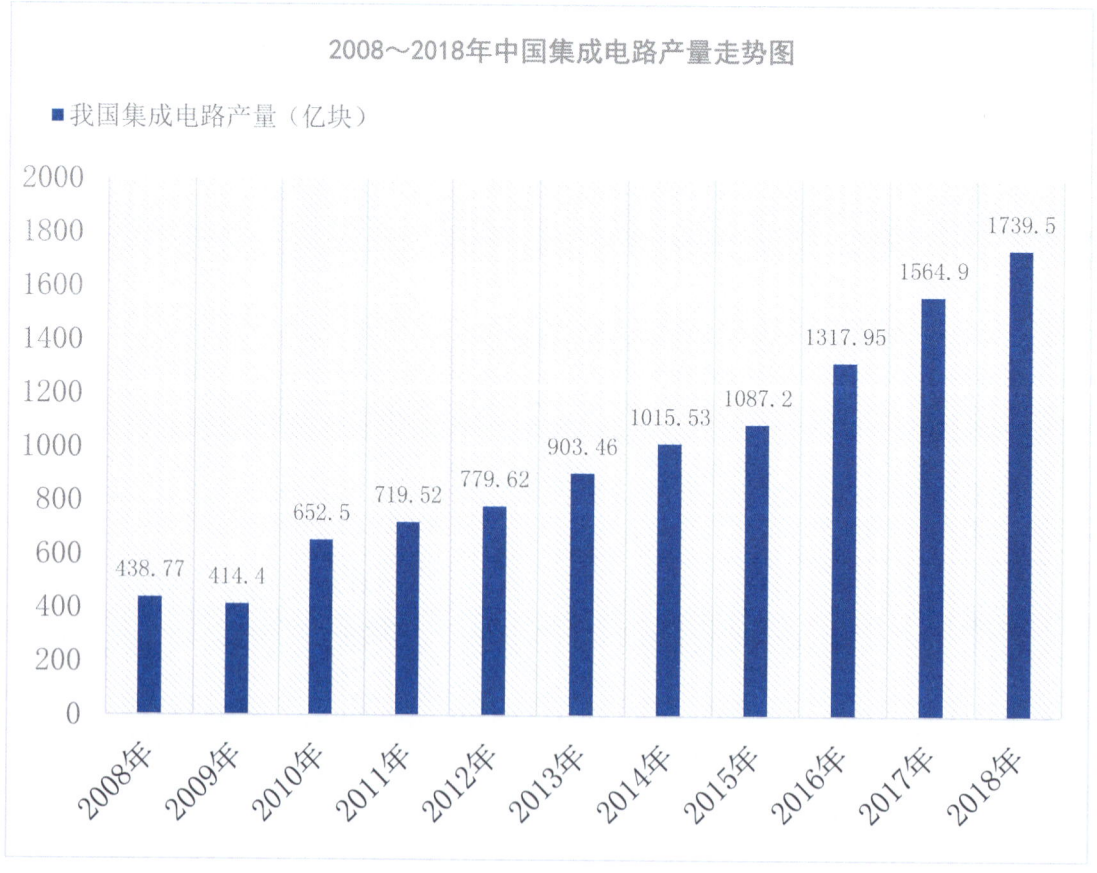

2008～2018年中国集成电路产量走势图

注：以上数据来均来自中国产业信息网——2018年我国集成电路产业经营数据出炉。

2011～2018年中国集成电路设计、制造、封装测试环节销售收入统计图

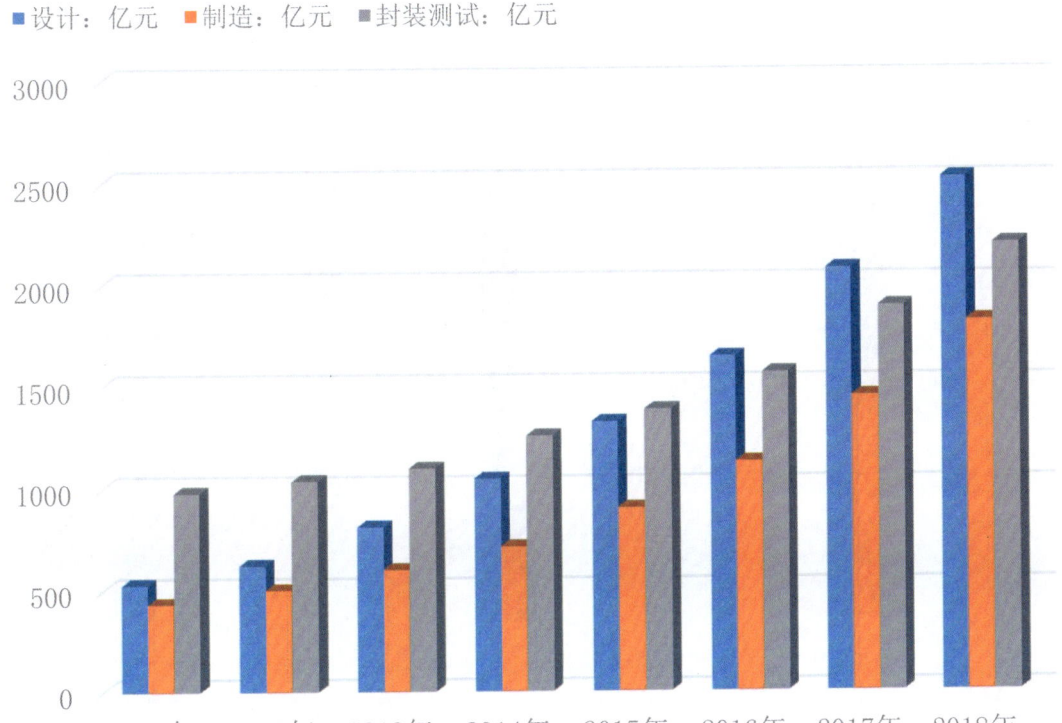

	2011年	2012年	2013年	2014年	2015年	2016年	2017年	2018年
设计（亿元）	526.40	621.68	808.80	1047.40	1325.00	1644.30	2073.50	2519.30
制造（亿元）	431.60	501.10	600.86	712.10	900.80	1126.90	1448.10	1818.20
封装测试（亿元）	975.70	1035.67	1098.85	1255.90	1384.00	1564.30	1889.70	2193.90

2018年，全球半导体市场规模达到4687.8亿美元，同比增长13.7%。中国作为全球最大的电子装备制造国，仍然是全球最大集成电路单一市场，但增长速度相较2017年明显放缓。2018年，中国全年进口集成电路3120.78亿美元，首次突破3000亿美元大关，中国集成电路市场的进口依赖问题仍旧突出，国内自给率仍不足20%。

注：以上数据来均来自中国产业信息网——2018年我国集成电路产业经营数据出炉。

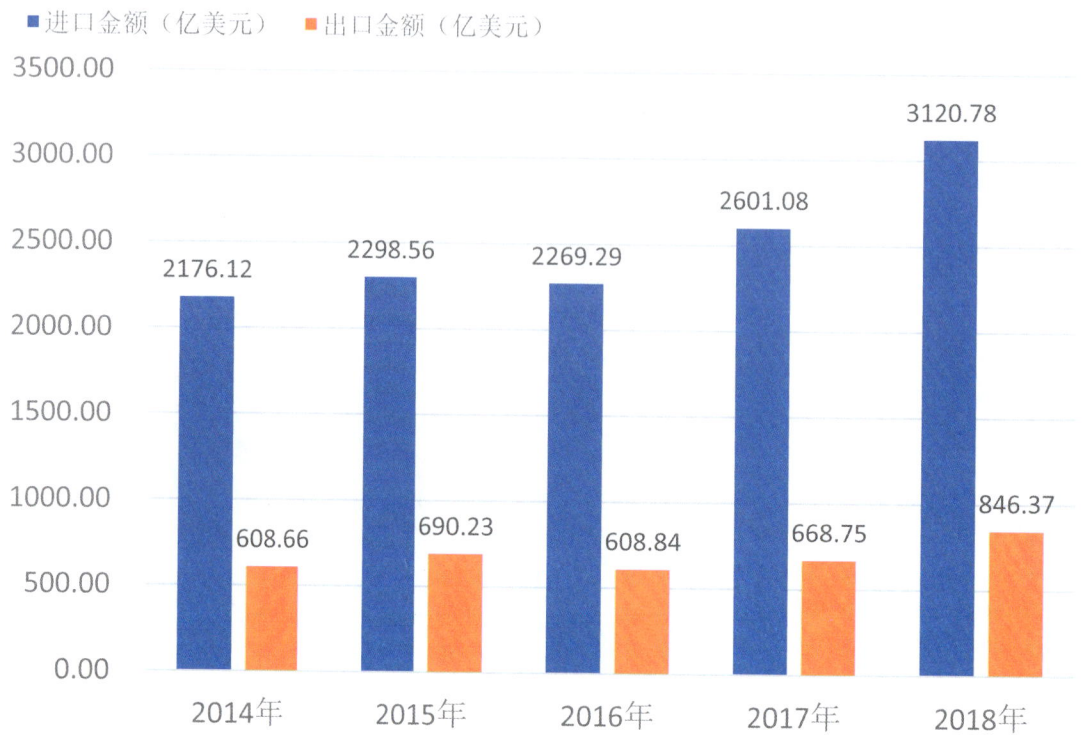

2014～2018年中国集成电路进出口金额

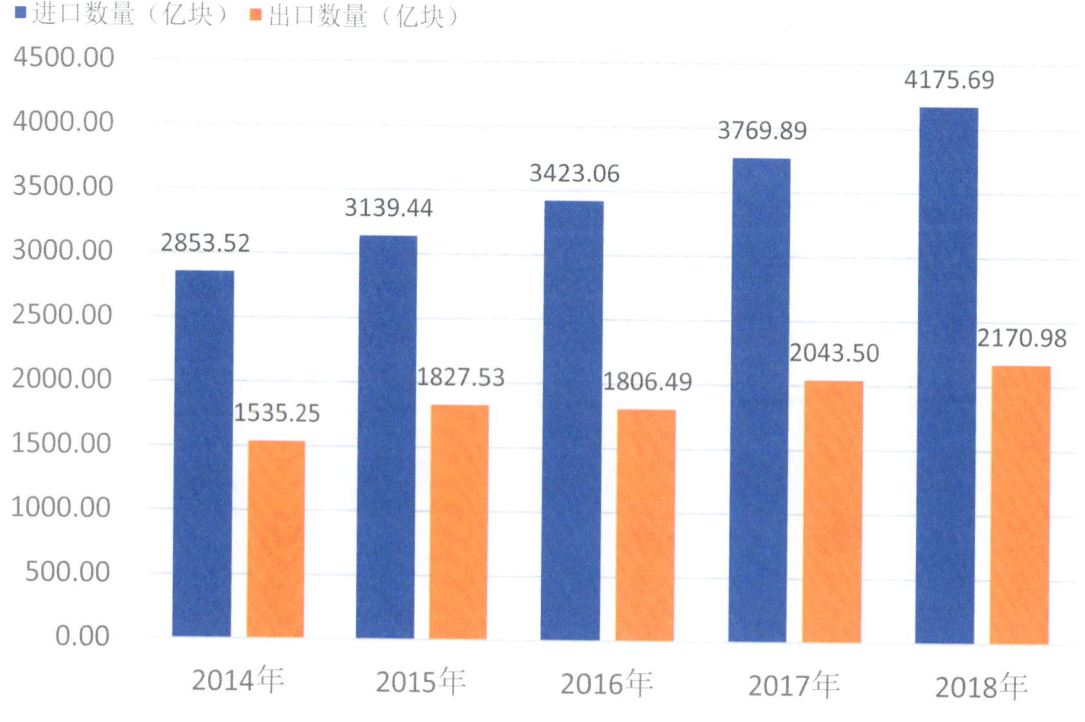

2014～2018年中国集成电路进出口数量

注：以上数据来均来自中国产业信息网——2018年我国集成电路产业经营数据出炉。

第二节 行业商品交易模式

一、集成电路行业的运作模式

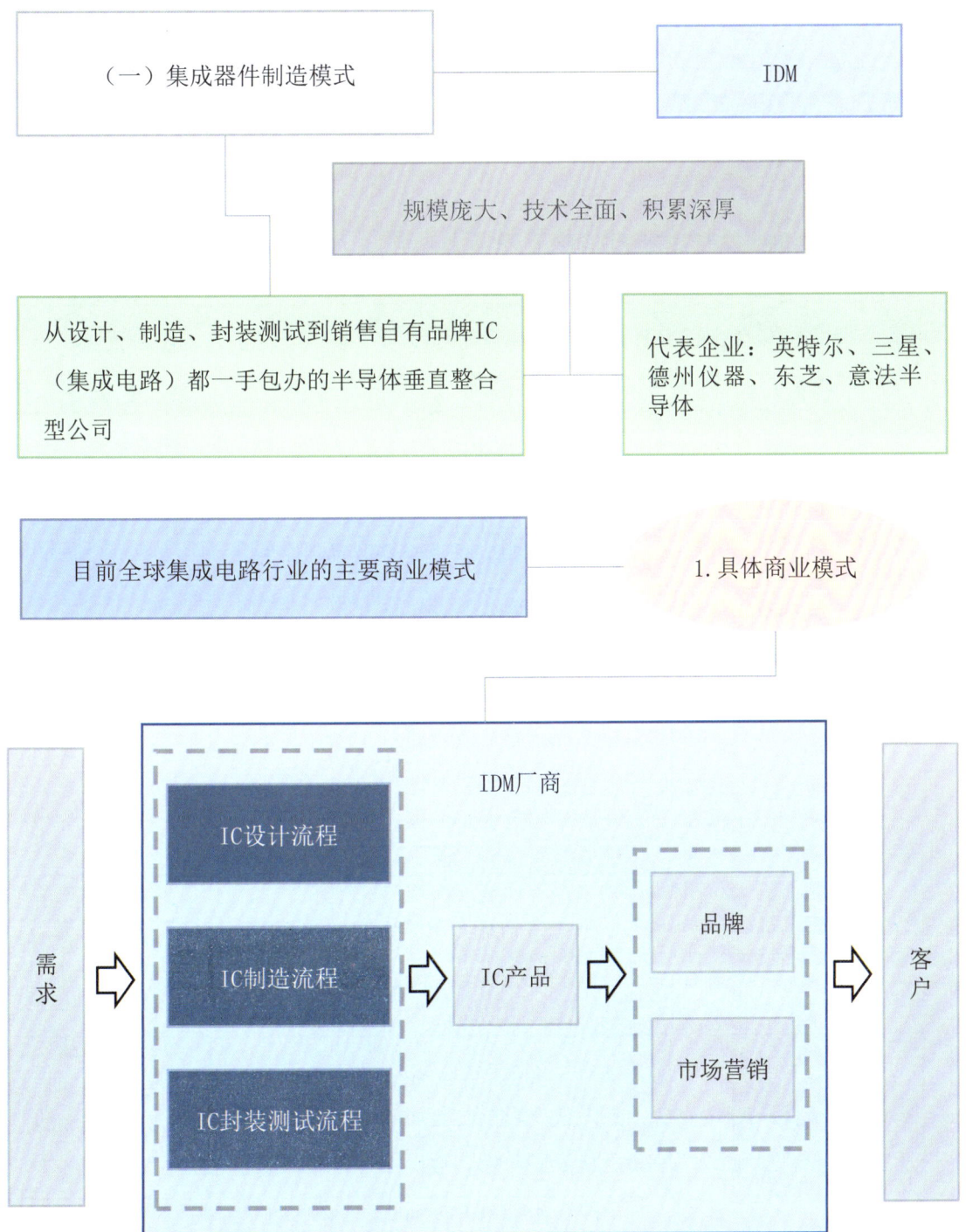

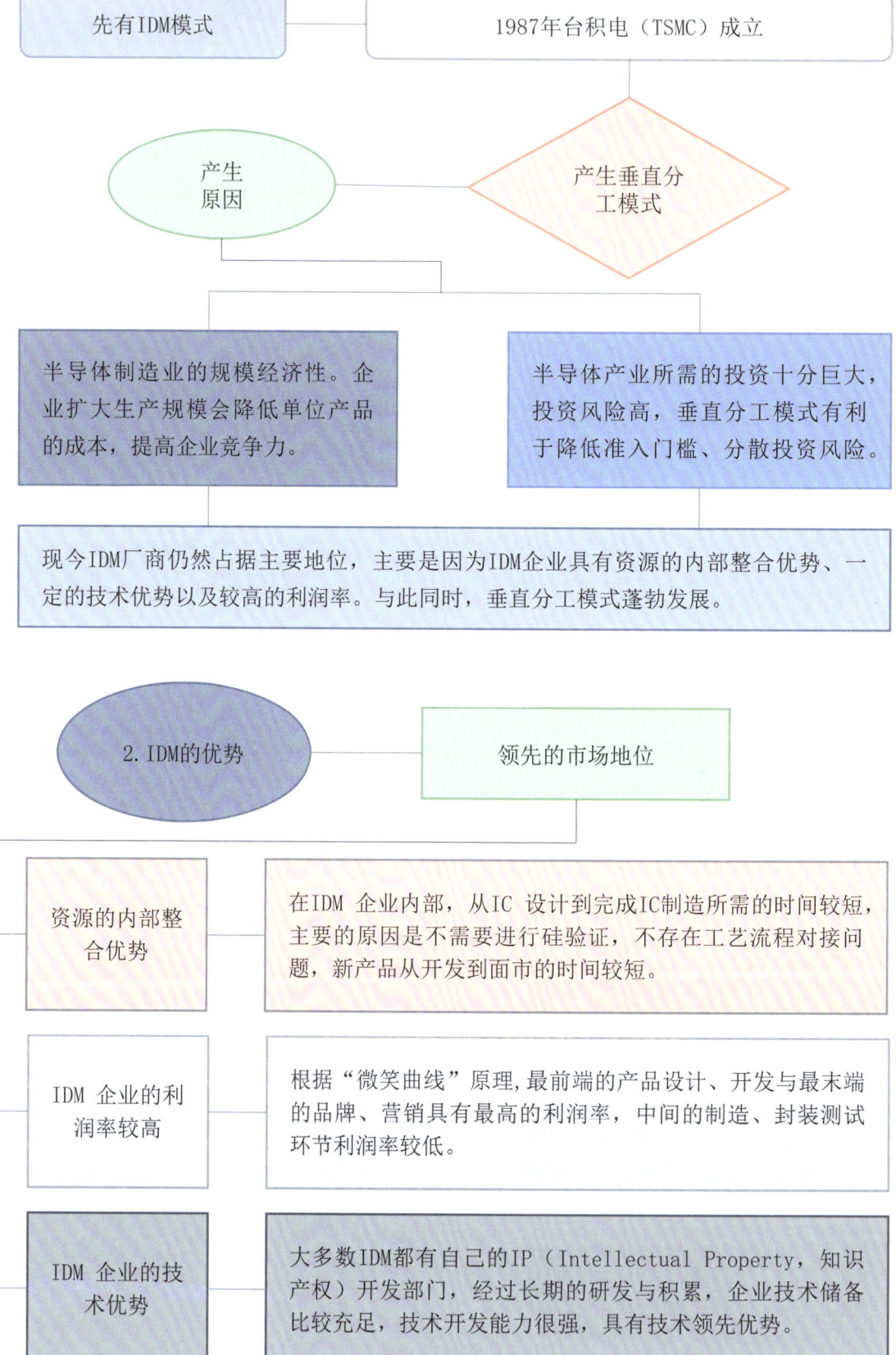

第四章 集成电路行业估价解析

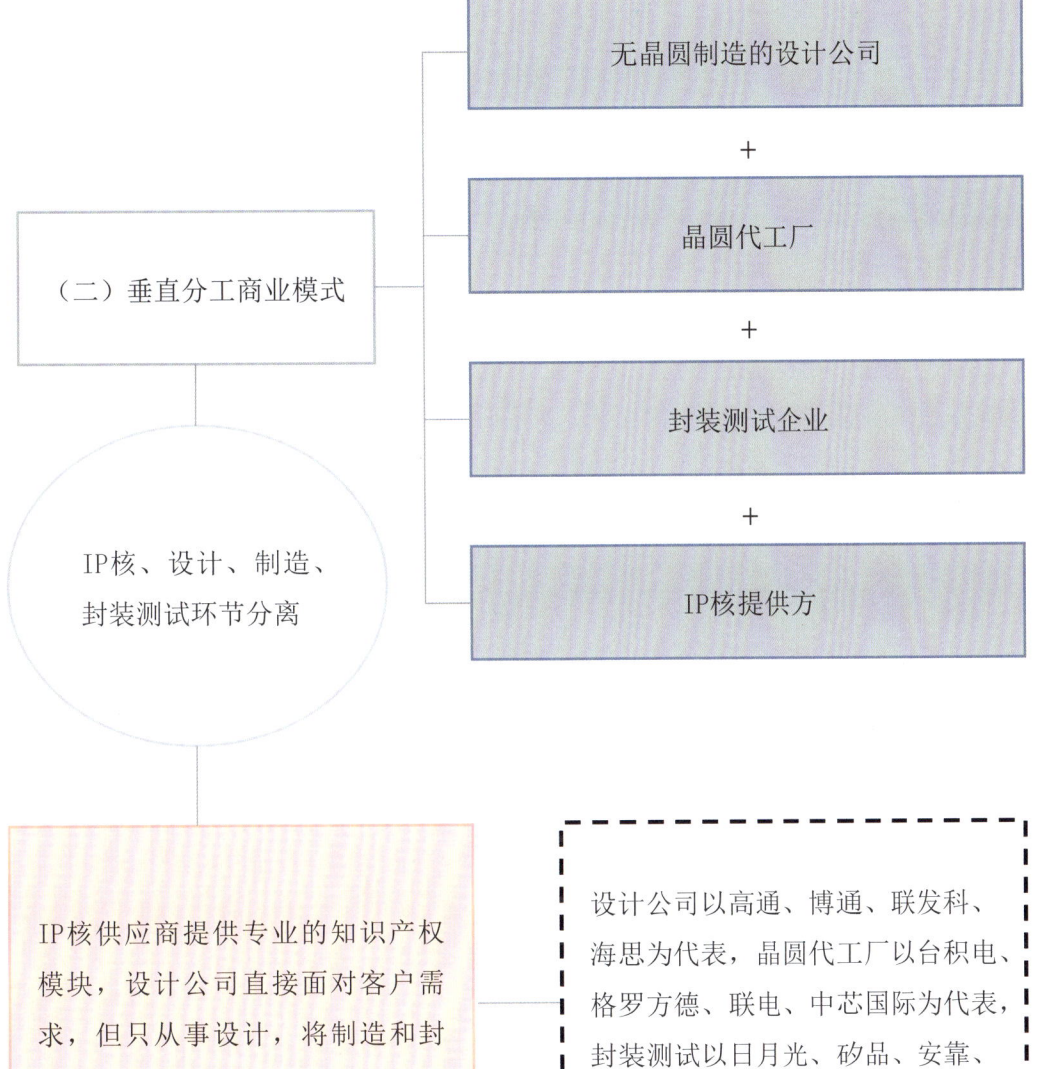

垂直分工模式中,直接面对客户需求的只有设计公司。设计公司为市场需求服务,IP核提供方、晶圆代工厂以及封装测试企业为设计公司服务。

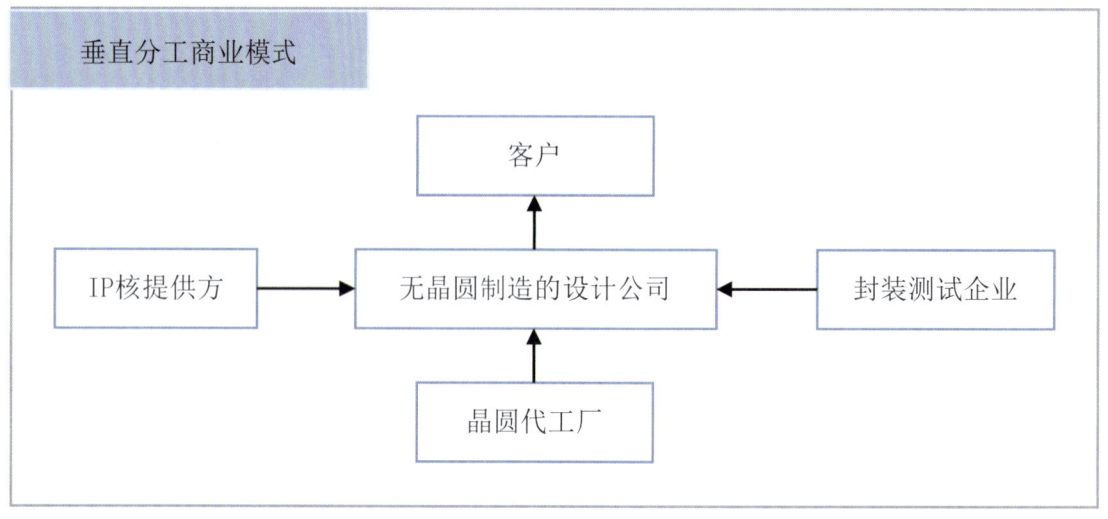

1. IP核提供方 — 处于最上游，是一个快速发展的子行业

目前IC设计已经步入系统级芯片时代，一款系统级芯片设计的芯片内可能包含CPU、DSP、Memory、各类I/O接口等多个内部单元，这些内部单元在设计时都是以IP的形式集成在一起。由于大多数设计公司没有足够的精力和时间单独开发IP，必须借助IP核提供方的IP来加快产品设计和缩短面市时间，所以最近几年IP核提供方成长很快。

设计成本变得日益高昂，中小型设计公司面临的风险越来越大。

IP厂商进行了商业模式的变革

将设计用仿真模型组成的设计套件部分授权给设计公司，将硬核部分授权给晶圆代工厂，以减轻设计公司的授权成本。

有些IP厂商免费提供部分设计套件，设计公司前期不用花一分钱就可以完成前端设计仿真甚至后端布局布线工作，直到设计接近完成时再考虑是否需要取得商业授权来完成设计并量产，以降低设计公司的风险。

大部分专业IP厂商只能掌握中低端的IP，多数IP因为数量巨大而很难卖出高价。IC设计公司除了进行设计还要负责IC产品的销售。设计公司没有自己的加工厂和封装测试厂，IC产品的生产只能依靠专门的代工厂和封装测试厂商。另外，某些设计公司具有强大的研发实力，拥有顶尖的IP核产品，IP授权费和版税成为其重要的收入来源。晶圆代工厂只专注于IC制造环节，不涉足设计和封装测试，不推出自己的产品，只为设计公司和IDM（委外订单）提供代工服务，并收取一定比例的代工费。封装测试企业专注于封装测试环节，为设计公司或者IDM提供封装测试服务，并收取一定比例的加工费。

| IP产业的根本驱动因素 | 技术创新能力 |

全球三大IP核供应商ARM、MIPS和Synopsys占据一半以上的市场份额（仅指第三方IP市场，不包括IDM、Fabless及Foundry自有的IP）。

IP核代表半导体产业最尖端的技术，这些技术往往被少数企业掌握，形成技术垄断。

2. 无晶圆制造的设计公司的核心驱动因素 —— 市场把握能力

与IDM相比，设计公司的技术储备与品牌影响力较弱，企业规模与资金更是远远不及（除了极少数最大的设计公司），但是设计公司的优势是"快"，能够迅速对市场做出反应。所以，对设计公司而言，其核心驱动因素就在于对市场的把握能力。

3. 晶圆代工厂的核心驱动因素 —— 低成本

晶圆代工厂根据IC设计厂商或者IDM的订单生产硅晶圆，只专注IC制造环节，不管设计、封测及产品销售，所以单位成本是IC制造业的核心驱动因素。

- IC制造业具有规模经济性，容易出现规模垄断
- 全球第一大代工厂台湾积体电路制造股份有限公司优势明显

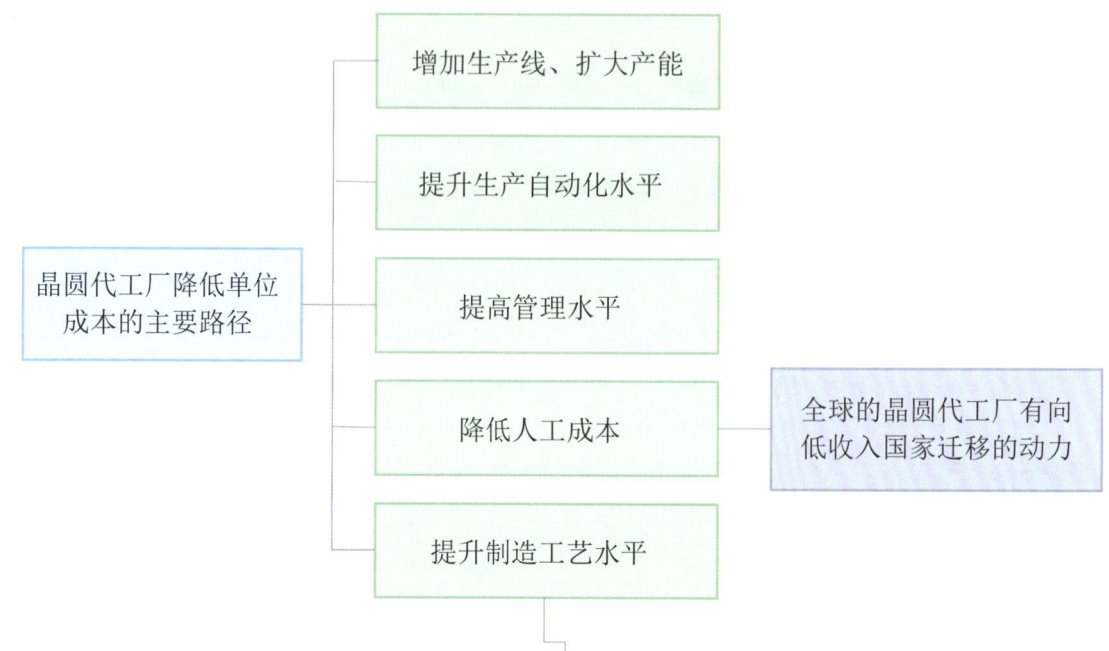

半导体产业的工艺水平在不断升级换代，晶圆尺寸方面，直径从150毫米（6寸）到200毫米（8寸），再到如今的300毫米（12寸），制造线宽方面，从0.13微米到90纳米、65纳米，再到如今的45纳米。工艺水平的提高能够降低晶圆的单位成本，晶圆代工厂必须跟上主流的工艺水平，否则市场份额就可能被竞争对手抢占。晶圆代工厂每年都要投入大量资金来提升工艺水平、扩大产能，动辄数十亿美元，所以IC制造是一个资本密集型行业。

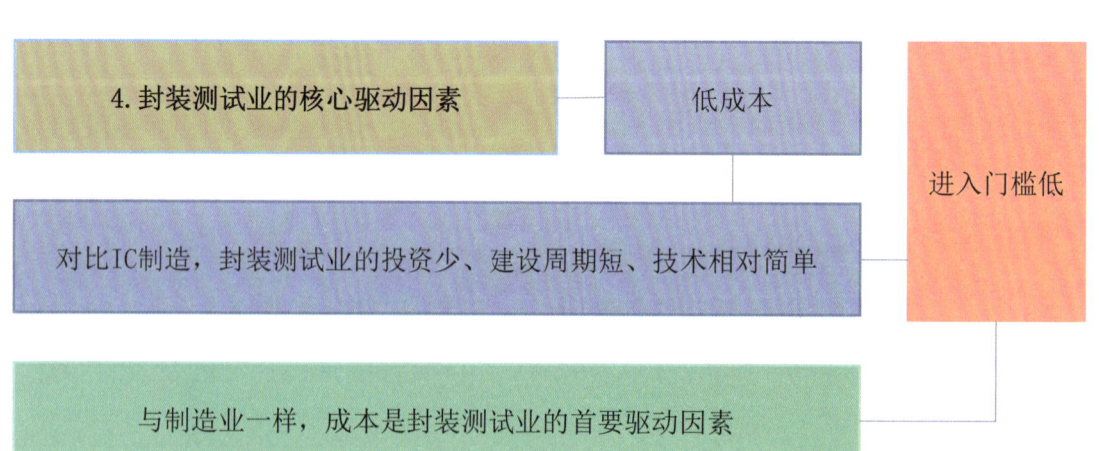

第四章 集成电路行业估价解析

封装测试企业降低单位成本的主要路径

与IC制造业有所区别的是，封装测试业的资金要求不高，扩产相对容易，所以人工成本的重要性上升，通过降低人工成本来降低单位产品成本成为封装测试厂商的首选。

全球的封装测试企业都向劳动力成本低的国家迁移。

另一个降低成本的途径是区域集中，即封装测试企业向IC制造产能相对密集的地区迁移。

IC制造是封装测试的上游，封装测试业的发展依赖于制造业，与制造厂商相邻，能降低运输成本。

台湾是全球晶圆代工产能最为集中的地区，所以台湾的封装测试业也十分发达。

提升封装技术、改进封装形式也能降低成本。

技术实力较强、率先采用先进封装技术与封装形式的企业能够获得低成本优势。

目前主流的IC封装技术包括芯片级封装、倒装芯片封装、系统级封装和3D组装技术，主流的封装形式包括球栅阵列结构、芯片规模封装、多芯片组件、微机电系统等。

IDM

优势
- 整合多个环节，提高平均毛利率
- 直接面对客户，了解市场
- 技术长期积累，基础扎实
- 上下一体，节省产品上市时间，内部沟通协调优势、资源整合优势

劣势
- 投资规模大，投资风险大
- 若自身订单不足，产能利用率可能较低
- 经营体量较大，对市场的反应速度较慢
- 有产品的库存，经营风险更大

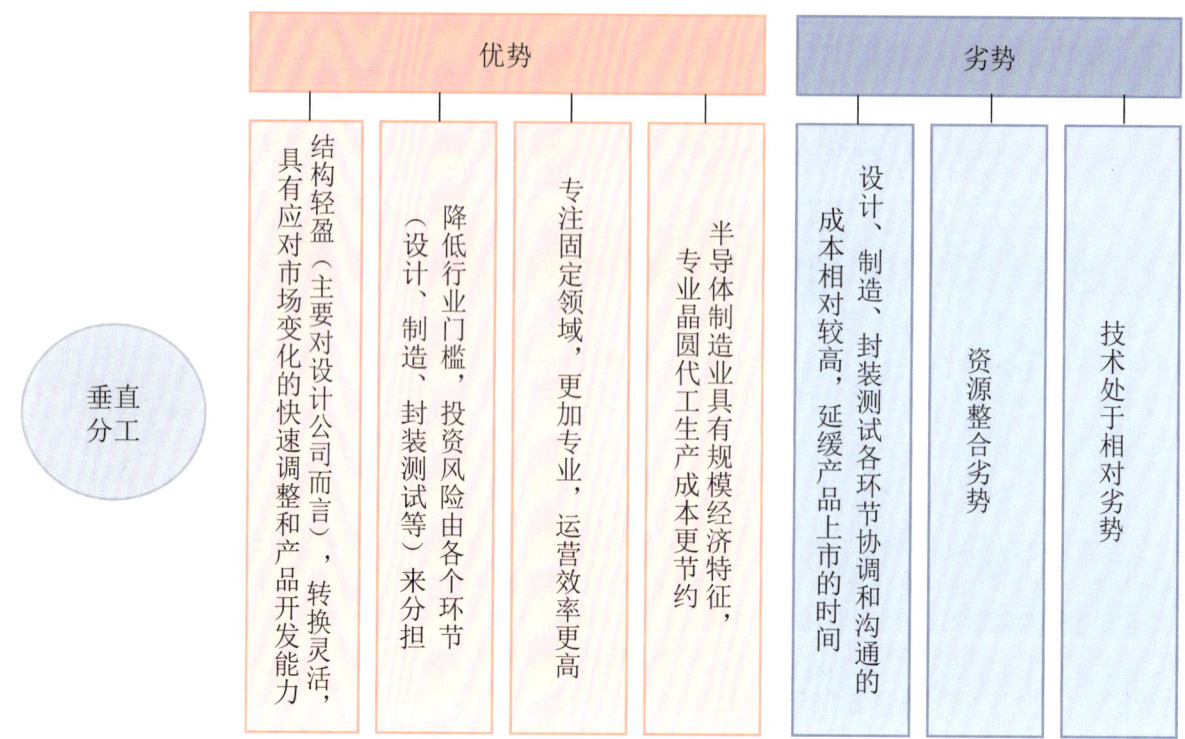

二、产业链企业的功能定位

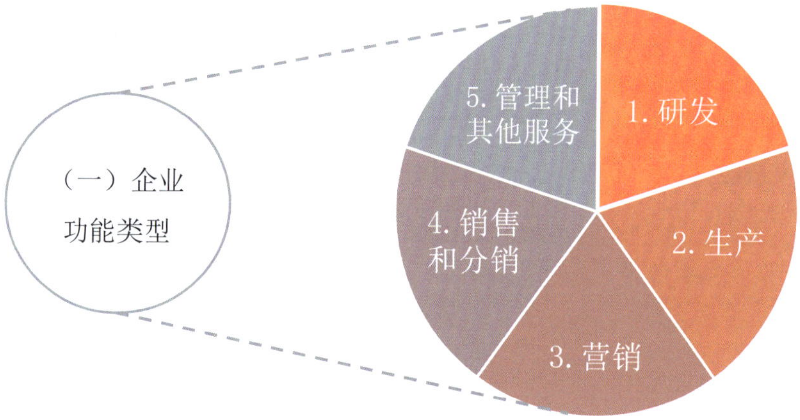

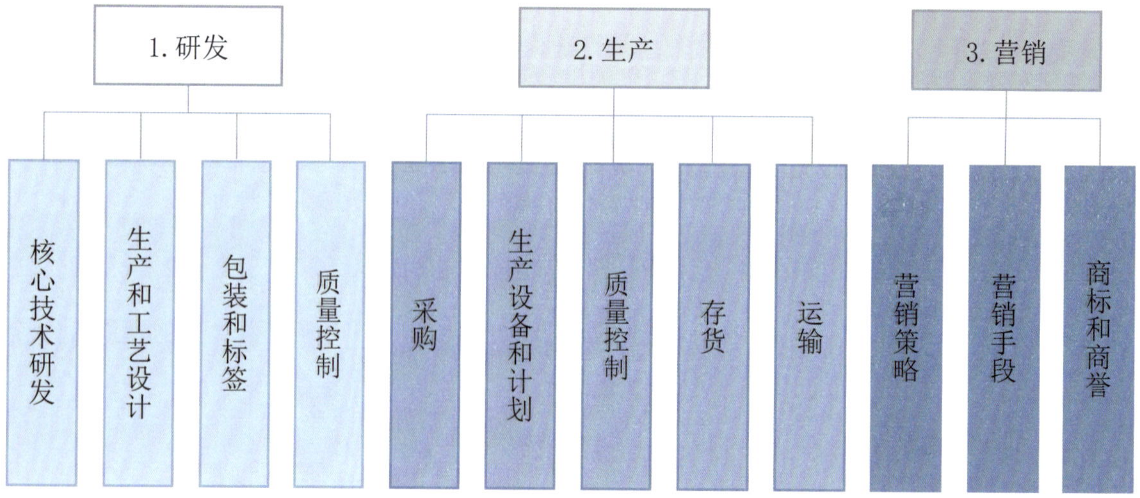

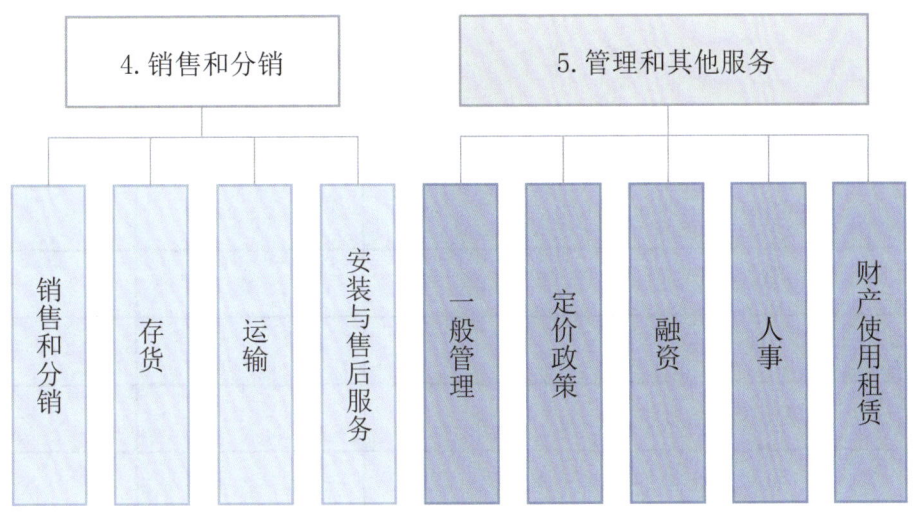

(二）集成电路公司功能分析表

功能分析表

分类	职能项目	国内子公司承担	境外母公司承担
研发	核心技术研发		
	1. 是否有关联企业代研发	√	×
	2. 是否委托第三方代研发	△	×
	3. 谁拥有研发所有权	√	√
	4. 谁拥有研发共享权	√	√
	5. 研发费用由谁来负担	√	×
	6. 研发有无实质性成果	√	√
	7. 预期收益分配给谁	△	△
	8. 与关联方有无许可协议	×	×
	9. 与第三方有无许可协议	×	×
	10. 有无成本分摊协议	×	×
	11. 有无申请专利	√	×
	12. 谁承担研发风险	√	×
	13. 谁在研发中处于较高地位	√	×
	14. 是否为独一无二的无形资产	√	×
	15. 研发活动是否能获得竞争优势	√	√

分类	职能项目	国内子公司承担	境外母公司承担
研发	生产和工艺设计		
	1. 在设计中有无自主能力	√	×
	2. 谁设计产品	√	×
	3. 技术归谁所有	√	×
	4. 谁开发了原有工艺	√	×
	5. 设计费用由谁来负担	√	×
	6. 设计有无实质性成果	√	×
	7. 预期收益分配给谁	△	×
	8. 与关联方有无许可协议	×	×
	9. 与第三方有无许可协议	×	×
	10. 有无成本分摊协议	×	×
	11. 有无申请专利	√	×
	12. 谁承担设计风险	√	×
	13. 对产品的设计及修订有无投入	√	×
	14. 是否为独一无二的无形资产	√	×
	包装和标签		
	1. 是否有关联企业代包装	×	×
	2. 是否委托第三方代包装	×	×
	3. 包装费用谁来负担	△	△
	4. 有无成本分摊协议	×	×
	5. 有无申请专利	√	×
	6. 有无完全自主权	√	×
	7. 谁承担包装风险	△	△
	8. 与关联方有无许可协议	×	×
	9. 与第三方有无许可协议	×	×

分类	职能项目	国内子公司承担	境外母公司承担
研发	质量控制		
	1. 谁决定质量控制形式	√	△
	2. 谁决定最终产品的质量标准和程序	√	△
	3. 谁负责质量控制	√	△
	4. 谁提供质量控制技术和设备	√	△
	5. 费用谁来负担	√	△
	6. 有无成本分摊协议	×	×
	7. 有无申请专利	√	√
	8. 与关联方有无许可协议	×	△
	9. 与第三方有无许可协议	×	△
	10. 谁承担质量控制风险	△	△

分类	职能项目	国内子公司承担	境外母公司承担
生产	采购		
	1. 谁安排采购计划	△	√
	2. 谁行使采购功能	√	△
	3. 采购费用谁负担	√	△
	4. 采购决定是否需要关联企业批准	√	△
	5. 是否向关联企业采购	√	△
	6. 是否向第三方采购	√	△
	7. 谁承担市场风险（原材料价格波动）	√	△

分类	职能项目	国内子公司承担	境外母公司承担
生产	**生产设备和计划**		
	1. 谁采购生产设备	△	×
	2. 谁维修生产设备	△	×
	3. 采购费用谁负担	△	×
	4. 谁制定生产计划	△	√
	5. 是否向关联企业采购设备	△	×
	6. 是否向第三方采购设备	×	×
	7. 是否仅为加工组装功能	△	×
	8. 谁承担生产风险	√	×
	9. 谁承担投资、设备等损失的风险	√	×
	质量控制		
	1. 谁决定质量控制形式	√	△
	2. 谁决定最终产品的质量标准和程序	√	△
	3. 谁负责质量控制	√	△
	4. 谁提供质量控制技术和设备	√	△
	5. 费用谁来负担	√	△
	6. 有无成本分摊协议	×	×
	7. 有无申请专利	√	√
	8. 谁承担质量控制风险	△	△
	存货		
	1. 存货存放在哪个企业	√	△
	2. 谁控制存货水平	△	√
	3. 谁决定如何控制存货水平	△	√
	4. 谁承担存货费用	√	△
	5. 谁承担存货风险	√	△
	运输		
	1. 谁安排产品的运输	√	△
	2. 谁支付运输费用	√	△
	3. 谁承担运输风险	√	△

分类	职能项目	国内子公司承担	境外母公司承担
营销	**营销策略**	✓	△
	1. 谁进行市场调查	✓	△
	2. 谁制定营销策略	✓	△
	3. 谁具体负责营销	✓	△
	4. 谁承担营销风险	✓	△
	营销手段		
	1. 谁决定采用何种营销手段	✓	△
	2. 谁支付营销费用	✓	△
	商标和商誉		
	1. 商标和商誉的专利权归谁	×	×
	2. 商标和商誉的使用权归谁	×	×
	3. 有无商标、商誉使用协议	×	×
	4. 是否收取或支付特许权使用费	×	×
	5. 谁决定特许权使用费的内容、比例	×	×
	6. 谁承担相应风险	×	×

分类	职能项目	国内子公司承担	境外母公司承担
销售和分销	**销售和分销**		
	1．谁制定销售计划	√	√
	2．销售费用谁承担	√	△
	3．产品关联销售给谁	√	√
	4．谁收到订单	√	√
	5．谁开具发票	√	√
	6．谁承担市场风险（产成品价格波动）	×	√
	存货		
	1．存货存放在哪个企业	√	△
	2．谁控制存货水平	△	√
	3．谁承担存货费用	√	△
	4．谁承担存货风险	√	△
	运输		
	1．谁安排产品的运输	√	△
	2．谁支付运输费用	√	△
	3．谁承担运输风险	√	△
	安装与售后服务		
	1．谁提供售后服务	△	√
	2．谁承担服务费用	△	√
	3．谁承担风险	△	√

分类	职能项目	国内子公司承担	境外母公司承担
管理和其他服务	一般管理		
	1. 是否存在完整的管理功能	√	√
	2. 是否承担管理费用	√	√
	3. 是否承担管理风险	√	√
	定价政策		
	1. 谁决定产品定价	√	△
	2. 谁决定定价政策	√	×
	3. 谁承担风险	√	△
	融资		
	1. 向谁借款	√	×
	2. 是否支付利息	√	×
	3. 向谁贷款	√	×
	4. 是否收取利息	√	×
	5. 融资费用谁承担	√	×
	6. 有无借贷协议	√	×
	7. 谁承担财务风险（汇率和利率波动的风险）	√	×
	8. 谁承担信用风险	√	×
	人事		
	1. 是否向关联企业借调人员	×	√
	2. 借调人员工资由谁支付	×	√
	3. 是否提供或者接受培训	×	√
	4. 培训费用谁承担	×	√
	财产使用租赁		
	1. 有无财产租赁	×	×
	2. 谁承担租赁费用	×	×
	3. 谁承担风险	×	×

三、集成电路行业的贸易流程

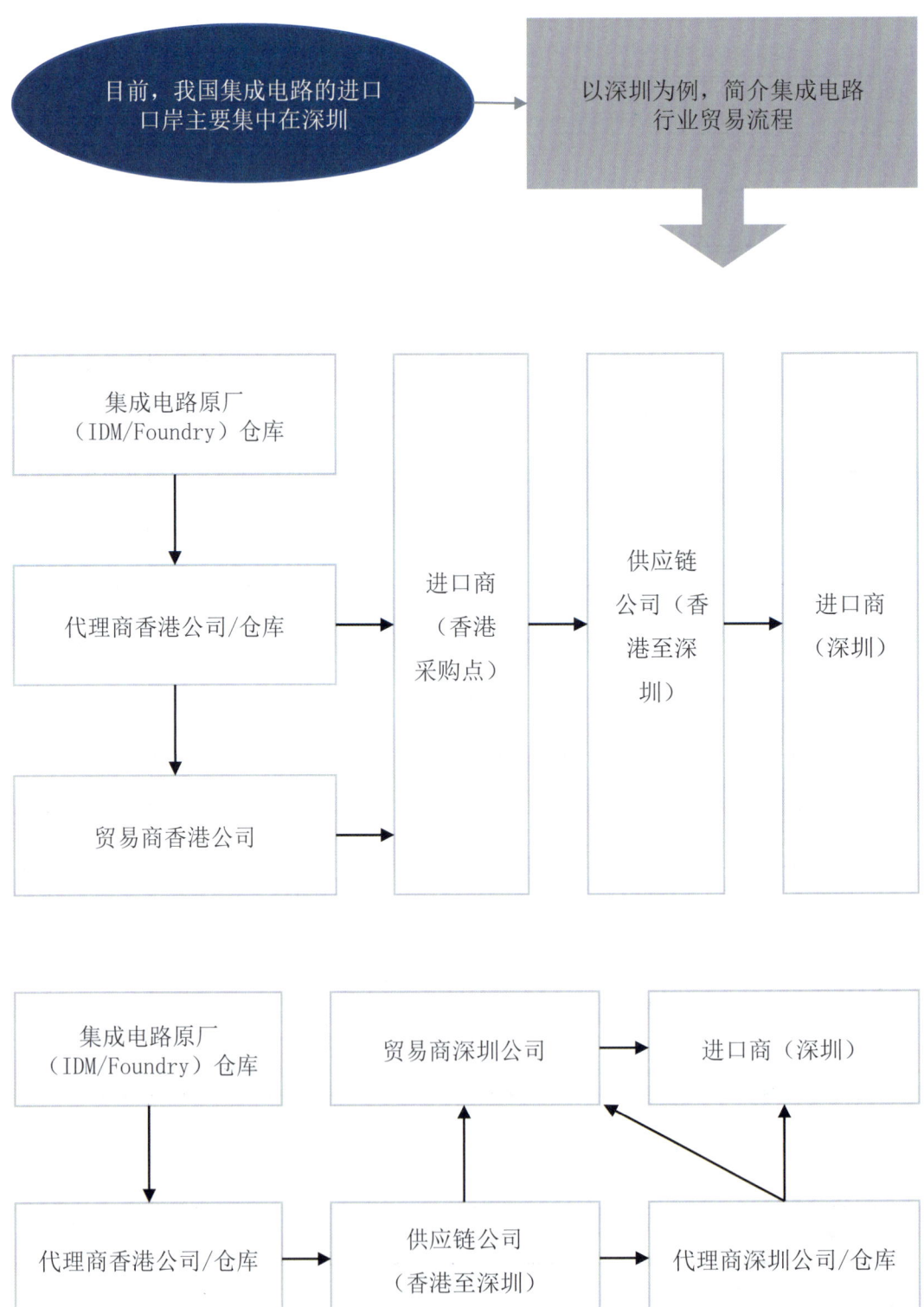

(一)独家销售代理协议书

条款	内容
约因条款	制造商同意将下列产品××（简称产品）的独家销售代理权授予销售代理人。销售代理人享有在中华人民共和国境内（不包括香港、澳门、台湾地区）独家销售代理产品的权利。
销售代理人权利和义务条款	作为产品在该地区的独家代理经销商从事代理产品的销售活动。可以通过书面形式向制造商订货，销售代理人每次订货时应向制造商发出书面"订货单"，经双方签字盖章后生效；以传真件、电子邮件等方式发出并经双方确认的订单，应及时补签书面"订货单"。对制造商提供的价格及其他资料应严格保密，未经制造商书面同意，不得向第三人转让或透露代理委托书及相关资料的内容，否则将承担由此引起的一切后果。每月底应将本月销售情况、库存数量、下月销售计划及时以书面形式报给制造商。
制造商权利和义务条款	在货源方面给予销售代理人优先保证，提供符合出厂检验标准的产品，提供的产品需有合格证和说明书。应保证产品享有完整、无瑕疵的商标权、专利权等知识产权。如因产品知识产权发生纠纷而导致销售代理人涉入争议或被裁判赔偿等，其一切费用及赔偿金（含由此给销售代理人造成的经济损失）均由制造商负责。所供销售代理人商品价格调整时应及时通知销售代理人。有义务在市场开拓、技术及服务方面给予支持，保护销售代理人利益，促进销售代理人的发展。制造商对销售代理人所代理的业务运营情况有监督权力。
产品价格条款	双方约定的产品价格均系CIP指定地点，并以每次"订货单"上的价格为准。如遇降价时，销售代理人可享受价格保护政策。具体为：对制造商宣布降价之日前30天内的订货，制造商按降价日销售代理人的剩余库存实存，以降价后的价格计算货款，并将原价与降价后的差价部分，在10日内退还给销售代理人或在销售代理人支付下一笔货款时予以扣除。销售代理人如不能及时提供库存实况，遇降价时制造商不予以保护。价格政策的解释权在制造商。

条款	内容
付款结算条款	1.销售代理人以下列方式向制造商支付货款：（1）汇付方式。销售代理人应于"订货单"签订后的×日内电汇（信汇、票汇）货款的10%至制造商或制造商指定银行账户，剩余货款待销售代理人收到制造商产品×日内电汇（信汇、票汇）至制造商或制造商指定银行账户。（2）跟单托收方式。销售代理人对制造商开具见票后×天付款的跟单汇票，于第一次提示时应即予以承兑，承兑后交单。（3）信用证方式。销售代理人应通过制造商所接受的银行，于第一批产品装运月份前×天，开立不可撤销即期循环信用证并送达制造商。该信用证在×年期间，每月自动可供×（金额），并保持有效期至×年×月×日在议付。 2.制造商向销售代理人提供产品出口手续和相关税务证明文件，并保证这些文件是真实、合法、有效的。
质量验收条款	制造商应提供产品出口地检验部门的检验合格证明文件和其他所需证明文件，并保证出口的产品符合出口地、销售地有关产品安全、质量、环保、检验、产业技术限制相关法律法规的规定和要求。销售代理人在收到制造商货物后，应对产品外观、数量、包装及随附资料进行验收，3个工作日之内无异议，则视为验收合格。若有异议，销售代理人应以书面形式提出，双方协商后视具体情况可采取更换、退货、减少价款等补救措施。
产品质量条款	制造商所供产品返修率应控制在×%以下（包含本数），双方各承担50%的产品返修往返运费。超过×%返修率制造商负责产品返修往返运费（非质量原因除外），由制造商指定运输方式。
售后服务条款	制造商保证产品质量符合中华人民共和国质量安全标准，符合产品说明书中所承诺的质量标准（但由于销售代理人原因，如保管不善造成的产品质量问题除外），且不会因质量问题给销售代理人客户造成损害。制造商承诺对所供应的产品提供三个月包换，一年包修的售后服务，并在销售代理人有需要时，给予销售代理人必要的技术支持。

条款	内容
运输方式条款	产品的运输采用（海运、陆运、空运、多式联运）方式，CIP至指定地点。制造商负责办理产品出口清关手续，销售代理人负责办理产品进口清关手续。合同的约定履行地为X。
保密条款	一方对因销售代理产品而获知的另一方的商业机密负有保密义务，不论在协议有效期内或协议终止后，均不得向其他第三方泄露，也不得将该机密超越协议范围使用，但中华人民共和国现行法律、法规另有规定或经另一方书面同意的除外。

（二）委托加工采购协议

条款	内容
生产前准备条款	委托方应将委托方确认的或双方确认的规格和有关产品细则交付给代工厂。在本合同生效后7个工作日内或甲乙双方另行约定的时间，委托方应向代工厂交付委托方财产。委托方财产，包括其中的所有知识产权和商业秘密，将始终是委托方的财产。如果委托方的要求是合法、合理的和公正的，则代工厂应当根据委托方不时的合理要求而签署相应的文件或指示以证明委托方对委托方财产的所有权。代工厂在甲乙双方合作期间内，应当负责保管好委托方财产，不得向委托方收取费用。如果委托方财产在代工厂持有或控制期间丢失或代工厂造成的损坏，代工厂应自费立即进行维修或替换。在委托方提出合理要求并给予代工厂合理时间的前提下，代工厂应当将所有的委托方财产完好地归还给委托方，但正常的磨损除外，而且除运费和保险费（如有的话）以外不得向委托方收取其他费用。自代工厂交付给委托方指定的承运人之后，与委托方财产有关的包括但不限于损失、损坏、盗窃的风险已全部转移至委托方，与代工厂无关。

条款	具体内容
产品的销售和采购条款	代工厂同意依照本合同的条款，应委托方之要求直接或间接采购某些部件，并进行制造、组装和提供产品部件支持，并将这些产品销售给委托方。委托方应保证由委托方依据下述规定下达的采购订单的有效性。代工厂应根据委托方的采购预测采购生产产品所需的物料。但若在代工厂采购物料后，委托方的订单所确定的购买数量低于采购预测减去浮动范围的数量，则对于与之相关的超额部分的委托方专用物料，属委托方责任的由委托方就代工厂之损失承担全部责任以及在后续订单中双方协商处理；如果按照委托方的订单滚动计划，代工厂不能满足供货量（委托方的订单所确定的购买数量低于采购预测减去浮动范围的数量）则代工厂应于委托方通知后一定合理期间内将数量补足，否则代工厂应承担因不能及时供货而给委托方带来的全部损失。其他辅助物料以实际数量，双方协商处理。
采购订单条款	代工厂应依本合同、委托方订单、送货通知单和/或其他有关文件的约定向委托方交付产品。本合同的签署，不表示委托方将发出订单，也不表示对代工厂保证发出一定数量的订单。委托方可视市场状况与需要，向代工厂提供滚动需求预估，该滚动需求预估仅供代工厂作为备料参考之用，委托方并不因此当然负有依据该等预估数据有向代工厂采购产品的义务。但委托方保证购买条款所列的最小的数量。委托方每月25日向代工厂发出下个月的订单，同时在每月25日向代工厂发出13周的订单滚动预测。代工厂应维持一个相当于3周供应量的保护性部件库存。如果库存不足，代工厂应尽快补足库存。委托方可在交货前14天通知代工厂取消或解除任何订单的一部分或全部，但需负担由此产生的相关费用(包含但不限于取消订单的总金额）；给代工厂造成损失的，代工厂将损失金额报给委托方，委托方需在接到代工厂报告7个工作日内确认给代工厂，委托方可承担赔偿责任，最终损失金额需经双方协商确定。委托方如未在依约定提前通知代工厂取消或解除全部订单者，代工厂在提供合理证据的前提下可向委托方请求偿还该取消或解除订单所产生的直接原料成本。如果代工厂不能满足委托方的滚动需求预估，代工厂应当在5个工作日内书面提出他为达到滚动需求预估要求而准备采取的措施。委托方应与代工厂尽快协商确定解决措施，应当进行合理的努力来帮助代工厂达到委托方预测的数量。如果代

条款	具体内容
采购订单条款	工厂能够证明下列情况的话，代工厂不承担延迟交货的责任：(1)滚动需求预估的变化幅度超过了规定的限度，(2)代工厂不能达到滚动需求预估的数量是由于部件或零件短缺，并且代工厂已经采取了合理必要的努力来采购这些部件和零件，并且代工厂在发现这种短缺发生前5个工作日以上有书面或以电子邮件告知委托方这种短缺的情况。双方可通过书面协商一致变更包括数量、交货期等已接受订单记载的条件。该变更协议达成时，双方当事人及时书面确认该协议，按变更后的订单进行合同产品的交易。委托方计划结案的产品至少需提前4个月通知代工厂，并协助处理相关事项。
运送及交付条款	代工厂应依委托方订单、送货通知单和/或其他相关文件向委托方交付产品。代工厂除受本合同约束外，还应受委托方订单、送货通知单和/或其他相关文件约束，但这些文件应提前得到代工厂的签署或书面确认，双方亦可通过系统、传真等方式进行签署确认。上述委托方文件之一将指定委托方收受产品之日期。委托方亦可对连续应交付的产品规定交付时间表。该订单、送货通知单和/或其他相关文件也同时约束委托方。代工厂在应交付期限前若有无法交付指定数量产品的可能时，应立即通知委托方。代工厂应依订单约定向委托方运送交付产品，但若委托方订单未约定交货日期或送货通知单另有规定交货日期者，则交货日期应依后签发的双方确认的送货通知单为准。代工厂应自行负担履行本合同相关的运输及运输费用，将订单产品运至委托方指定的基地仓库。若运输费用由委托方承担，则运费标准必须经过委托方财务部门的确认方可生效。如在运输过程中发生包装或机器的损伤的情况定义为——开箱不合格，委托方指定的收货仓库可以先行收货或拒收，委托方选择收货时代工厂必须48小时内给予答复对开箱不合格产品的处理方式换机/退货，如选择更换的方式就必须15天内进行换机，如在限期内不能通过换机的方式使损伤的产品成为正品，委托方有权在付款时扣除/延期支付该部分不合格产品的货款。代工厂应依委托方的交货办法及所要求的条件交货及备置库存。除经委托方事前书面同意者外，代工厂如于委托方指定收受日期前交付产品者，应取得委托

条款	具体内容
运送及交付条款	方的书面许可，否则，委托方可采取退货、拒绝受领或延迟付款等措施，因可归责代工厂原因致迟于委托方采购订单指定的双方商定的交货期应承担耽误交货的责任。 代工厂应按照双方确认的式样进行产品的包装，并应以代工厂费用依商业惯例、委托方规格、政府法令及其他可适用标准保存、包装、处理及捆包产品，使其免受任何损害。如因代工厂不适当的保存、包装或捆包致产品受损失或损害者，代工厂应依据相关要求负责更换。另外，代工厂于交付产品予委托方前就与产品生产有关的化学或其他危险物资的泄漏所致环境的损害，应负所有赔偿责任。代工厂负责将印有委托方标识的未使用或未使用完的包装物及包装附件回收，未经委托方同意，代工厂不得自行使用或转交任何第三方使用。代工厂每次向委托方交付产品时应依委托方要求附上经委托方确认的装箱单或出货通知单（内销无装箱单）。代工厂应按照交付给委托方的每种产品型号提供除屏外的整机备件，其中免费备件部分按照成品整机销售金额的0.5%来提供。产品的其他零部件，委托方向代工厂采购，代工厂提供产品的材料成本结构，材料总成本不超过整机售价的110%，材料部件送至委托方指定地点，运费由代工厂提供。代工厂应确保产品和包装上都妥善地标注了委托方的标识及适当的产品序号，以方便跟踪产品，并按照委托方的指示进行。代工厂应当保留对发运的产品的序号所做的精确的记录。
质量保证条款	代工厂对于其所供应或承制的所有产品的生产和检验，应确立并维持委托方认可的国际品保规范(ISO-9001，9002)和环保规范（ISO-14000），该产品尚应符合双方确认的最新版本的质量规范及双方确认的任何增补或更新的技术数据。为达成该目的，委托方可向代工厂要求提交予生产产品的质量管理体系相关的详细说明资料及/或生产工序检验系统相关的详细说明资料，并经委托方确认同意。代工厂变更该质量管理体系及/或生产工序检验系统时，应事先将该情况通知委托方并征得委托方的同意。

条款	具体内容
质量保证条款	代工厂所提供给委托方的产品应符合本合同约定的环保承诺，且代工厂应根据现有技术水平考虑可能存在的风险和后果并予以规避。依产品性质，代工厂应提供委托方充分的书面数据证明其向委托方提供的产品已从委托方指定的机构获得安全确认许可。代工厂于量产产品前应向委托方提供样品、所有有关模具试制及批量生产试制的检验资料一并送交委托方或委托方的指定地点，委托方于接到样品5个工作日内通知代工厂测试结果及是否可进行批量生产。代工厂依委托方确认后的样品进行生产。双方应对样品进行封存并放置委托方指定地点。委托方在代工厂正常营业时间内得以自己之费用于事前一天书面（电子邮件或传真）通知代工厂，至代工厂营业场所及工厂检查产品及其制造过程。委托方可于运送前检查产品，并可于双方协商确定的时间内进入代工厂场所及工厂查验及取回委托方财产（若取回委托方财产，委托方需于10天前通知代工厂，以便代工厂做好准备）。委托方可基于与本合同有关的理由，包括但不限于确保使代工厂及产品符合委托方质量规范，行使本项检查权。本项有关委托方的检查权亦可适用于委托方客户。为方便委托方及委托方客户实施检查，代工厂应提供委托方所合理要求的设备与服务。代工厂就所有供应给委托方的产品作出如下保证：（1）由代工厂所制造、加工及装配；（2）完全符合与本合同有关的设计约定、规格书（包括规格书与质量规范）、图式、样品及其他与本合同有关的技术数据及代工厂人员于报价时所作出书面并于本合同中重申的陈述；（3）完全符合双方约定的订单及文件的要求；（4）依照双方书面签认的文件及本合约或订单所述的一定期限或次数的免费售后服务及技术指导；（5）不具有设计、材质及制造上的瑕疵；（6）无留置权、抵押权、质权及其他物上权利之主张。 代工厂应完整保存合同履行过程中任何工作记录、电子文档、书面文档及其他信息与材料，包括但不限于合同、发票、证照、许可、会计表册、财务表册、纳税证明、验收材料、样品等，保存期限自合同届满之日起不少于三年，有特殊要求的产品，并经代工厂书面同意，应于双方合作终止后应保存十年，代工厂于产品EOL（一般指项目终止）后将提供数据光盘予委托方保存。本协议内对质量方面的约定的具体条款见质量协议，如有与质量协议条款冲突的条款则以质量协议条款为准，如部分条款质量协议里没有约定，则以本合同约定为准。

条款	具体内容
价格与支付条款	除本合同另有规定外，本合同产品和订单的价格，以双方确认之订单为准。产品价格列于委托方订单或产品细则上，但代工厂报价单有较低价格之记载者，则依委托方确认的报价单执行。如在本合同有效期间内双方协议变更价格或代工厂降低价格者，则该新价格适用于变更或降低日后委托方所发出并经代工厂确认的所有订单，但经双方同意者，亦及于变更或降低日前已订购而尚未运交的产品。委托方按验收的产品数量支付货款。产品价格按照双方确定的订单执行。代工厂按约定将货物送到指定的收货仓库，由委托方或其委托人收货、验收后、代工厂开据发票，委托方收到发票后在约定付款期限内付款给代工厂，具体付款方式和期限由订单确定。代工厂依委托方货款支付办法和程序请领价款。如代工厂有提前付款折扣办法者，则委托方可适用。如代工厂未按本合同和订单约定向委托方办理请款，则委托方可相应推迟付款日期并不承担任何责任。对于委托方已支付价款的产品，委托方可随时审计产品和价款支付情况，若发现代工厂存在弄虚作假或产品不符合质量标准或约定数量的，经代工厂书面确认后，委托方可从未付价款中扣除及要求返还已付价款。 在相同的条件前提下(包含产品、数量、付款条件、贸易条件等)，代工厂必须保证给予委托方的价格不高于委托方竞争对手的价格，如有明确发现"委托方的采购价高于委托方的竞争对手"的证据，经代工厂确认后委托方有权双倍扣除应付代工厂的货款。
产品设计及规格条款	本合同所述产品的设计及规格由委托方按委托加工性质定之，而且委托方依本合同所订购的产品，代工厂应专供给委托方，未经委托方事先书面同意，不得自行销售该产品或供应给任何第三方。依委托方要求，代工厂应按照委托方所要求的规格、代工厂所设计的产品专为委托方生产产品，而代工厂设计应经过委托方查核、认可后方可用于生产产品。

条款	具体内容
制程或设计变更条款	除为本合同有关的一般可适用规格书所涵盖外：（1）未经委托方事前书面同意，所有制程变更、设计变更、工厂配置变更、影响电子性能之程序步骤中断、机械结构或其接合、环境适应性或化学性质或产品寿命信赖（总称为"变更"）均不得变更或置入于产品内；及（2）代工厂应通知委托方任何变更计划或方案，并提供委托方要求的可供评估样品及其他技术数据；代工厂之通知至迟应于预定变更日前九十天或双方协议之日送达委托方。无论委托方是否同意前述变更计划或方案，任何委托方订单或送货通知单所载应交付日期均系定期给付行为，除委托方送货通知单另有规定外，均不得变更。
价格与支付条款	委托方于任何时间就代工厂依委托方提供图式（样）、设计或规格而供应的产品在代工厂运送前得为变更，但应书面通知代工厂并得到同意。如任何委托方所定之设计及工程更改，经代工厂举证及委托方证明直接影响产品之价格及交期者，则双方应协调为如下公平的调整：（1）代工厂应于委托方通知日起十五天内以书面为调整的请求；及（2）委托方以书面同意该调整。如双方就前款任何调整已尽其善意的努力而仍未达成一致协议者，委托方可终止该受影响的订单，或选择终止本合同的一部分或全部。但因委托方终止订单（在允许的浮动范围内或前面条款的约定条件范围内除外）给代工厂造成损失的，应给予赔偿。当代工厂不能按委托方的订单量交货（本合同约定的浮动范围内的订单量）时，也同样要赔偿由此给委托方造成的全部损失。如出现需要对产品作出升级、替代或其他变更，使得产品符合适合的安全标准或中华人民共和国及地方政府的法规、规则或条例等情况时，代工厂应立即通知委托方，并协商确定变更生效的时间。对于委托方已采购的所有受影响的产品，委托方可选择退还给代工厂进行升级到最新修订版。相关升级费用由代工厂承担。若为满足委托方特别需求时，相关的升级费用由委托方承担。
生产设施条款	代工厂为委托方生产产品的生产设施（包括但不限于设备、模具、技术、人力、厂房、物资、制造工艺、测试方法、质量检查等）应经委托方查核、认可后始得用于生产委托方订购的产品。

条款	具体内容
生产设施条款	委托方可于本合同期间对前款所述生产设施进行核查，委托方的采购价格在足以满足代工厂的该生产厂区所有生产成本和必要利润时，代工厂对该生产设施应避免同时于该生产产区为委托方竞争对手生产产品，代工厂应禁止任何委托方或委托方认可之外非与本案相关的人员进入该生产区域内。代工厂应随时维护该生产设施，以满足持续向委托方供应产品的需要。代工厂于委托方认可测试产品和/或生产设施期间应提供商业上合理的技术协助予委托方。为使产品通过该认可测试，代工厂应随时依通知补正产品和/或完善生产设施，并同时修正其技术数据。若代工厂为生产委托方产品需要委托方定作模具，委托方可要求该模具的所有权归于委托方该模具之费用清偿后属于委托方，同时确定模具费用的承担方式和支付/抵付办法。如委托方支付的产品价款中经双方确认包含了前款所述模具的费用，该费用为委托方向代工厂分期支付的模具购买价款。模具费用摊销或支付完毕后，委托方即可随时取回模具。如委托方选择于模具费用摊销完毕前取回模具者，则模具的价款应按照开模当时双方协商确定的金额减去已经摊销的模具费和折旧费计算。若全部订单产品数量未达到预定分摊模具费用的产品数量，则委托方在支付代工厂剩余模具费用后可随时将模具取回。
物料条款	经委托方要求，代工厂应向委托方所指定的厂商购买生产委托方订购的产品所需的部分物料（含零部件、半成品）。事前经委托方书面同意，代工厂也可向其他厂商购买该物料。对于委托方提供并拥有所有权的物料，代工厂依委托方要求妥善保管，如在代工厂保管期间可归责代工厂原因所发生质量问题或数量缺少等，代工厂应补足。但由委托方责任所致除外。对于委托方提供并拥有所有权的物料，代工厂应每天进行物料核对。至少每周一次向委托方汇报库存数量，至少每月进行一次实物盘点，并将盘点结果和差异向委托方汇报。 代工厂应在产品批量生产前向委托方提供产品物料清单并经委托方确认，其内容应包括供应厂商、联系方式、物料清单明细、采购合同内容、必要的技术数据等。代工厂应对产品配套的零部件进行全检筛选，以确保投入生产线使用的零部件全部符合委托方质量标准。

条款	具体内容
物料条款	所有由委托方提供予代工厂或委托方支付费用而取得的有体及（或）无体财产，或依委托方设计或规格而产生的产品，包括但不限于物料、技术数据、机器设备及模具（总称为"委托方财产"），代工厂应为下列措施：（1）办理借贷，并清晰标记为委托方财产；（2）保持为动产，且不得与不动产附合或与代工厂动产混合，但如果系为委托方加工之目的所为，则不在此限；（3）接受委托方依照相关要求所做的检查；（4）仅得使用于供应委托方所订购的产品；（5）免予设定质权或主张留置权；（6）与代工厂所有或持有的财产、工具、模具或物料区隔；（7）未经委托方同意，代工厂不得为任何形式的变更。委托方财产于返还委托方前，代工厂应承担所有风险，尽管理之义务（但因财产本身的正常耗损、缺陷产生的、非可归责代工厂原因除外）。于委托方请求或本合同终止时，代工厂应立即将所有委托方财产（正常状态下的财产，不包括正常的耗损）无偿地返还委托方。委托方可决定返还委托方财产的方式与程序，运费双方另行协商确定。在不限制前两款的范围下，委托方可提出自己内部文件和/或财务、生产数据确认委托方对于委托方财产及依本合同所享有的权利；该文件及数据可不经代工厂同意或签署即可提出。原物料耗损率超出委托方规定的，代工厂应依委托方采购该原物料价格的成本价格赔偿委托方所受的损害。约定耗损率由双方另行协商约定。如果该产品在协议有限期结束后不再提供，代工厂应在不得少于4个月之前告知委托方该产品的最后订单日期。在收到停产通知后，委托方有权决定其在产品寿命期内的采购数量和并有权依据本协议的规定购买该数量的产品。
标识的使用条款	代工厂在执行本合同过程中如需使用委托方标识，应依委托方最新版本的标识使用规则和/或委托方要求在本合同范围内正确、妥当使用委托方标识。委托方应提供相关规则，使代工厂受约束。除本合同所述的使用约定外，代工厂并未取得委托方标识的任何许可、转让和实施，代工厂不得自己或使第三人以任何形式在任何领域直接或间接使用委托方标识。经委托方认定，如代工厂使用委托方标识不符合或违反委托方最新版本的标识使用规则和/或委托方要求者，代工厂应依委托方裁量及决定销毁该标识，若该标识不能销毁者，代工厂应依委托方裁量及决定停止使用或销毁

条款	具体内容
标识的使用条款	附着委托方标识的产品。代工厂同意不把任何标有委托方标识的产品销售、转销或搬运至依委托方裁量不符合条件购买的其他方。代工厂应从所有不合格、被退回或未被购买的产品中去除委托方的标识，即使去除的过程需要销毁产品。本合同经代工厂完全履行后，代工厂应以自己的费用去除据以生产该产品的物料、零部件、模具、样品、半成品、废料上的委托方标识，若该标识不能去除者，代工厂应销毁上述委托方标识的附着物。代工厂履行本合同所述的去除或销毁义务者，如委托方要求，代工厂应即向委托方出具去除或销毁的证明书，证明已完全彻底去除或销毁并无任何保留。
知识产权条款	代工厂声明并保证执行本合同及依据本合同所交付的产品不侵害任何第三方的知识产权，也不以侵权的方法执行并交付本合同产品。若代工厂非因委托方提供之规格及/或设计而供给委托方的产品涉及第三方所拥有的知识产权，代工厂应以自己的费用取得该第三方的所有知识产权许可（含委托方有权于本合同产品中使用和实施该第三方的知识产权）。并且代工厂应向委托方提供知识产权来源证明、获得相关专利或专利组合的许可证明、许可费支付证明等证明材料，或应委托方要求向委托方提供相关证明材料。 代工厂应保护委托方及其人员、受让人、承包人及客户，使其免受对于任何确属直接因本合同产品有关的知识产权及（或）商业秘密的侵害所引起的所有的直接的损失、损害、诉讼费、合理律师费、合理专家费及其他任何种类或性质的损害。但甲乙双方共同设计、委托方指定设计、用料、制程、或代工厂向委托方所指定的厂商购买生产委托方订购的产品所需的部分物料（含零部件、半成品）除外。就符合前项范围，委托方若受第三人主张确属直接因本合同代工厂产品所引致侵害第三人的知识产权时，委托方须履行下列义务：（1）在委托方知悉相应主张后，立即以书面通知代工厂；（2）委

条款	具体内容
知识产权条款	托方应主动或应代工厂的要求，给予代工厂合理的帮助。如发生本条第3项及第4项情形时，代工厂应委托方书面要求立即以其费用提供信息与协助，以利于委托方防卫、抗辩或采取相应措施。如代工厂有合理要求，委托方可以授权代工厂全权处理本条主张或诉讼之防卫。除本条上述约定外，如委托方、受让人仍要求代工厂提供本合同产品时，代工厂应及时以其费用尽其最大努力取得继续为委托方提供该产品的权利。如代工厂未能采取本项措施时，则代工厂应及时以其费用依委托方之选择采取下列措施：（1）以非侵权产品替代侵权产品；（2）修改侵权产品成为非侵权产品；（3）如不能替代或修改侵权产品，将退回委托方向代工厂委托制造生产之该批问题产品之所有的销售金额，且代工厂不得进行任何扣除或抵销。代工厂承诺，代工厂在任何情况下均不会在对竞争对手提起的诉讼中，将委托方及其关联公司列入被告。 委托方利用代工厂的本合同产品进行的技术开发，除原属于代工厂及相关技术所有权人所拥有外，就开发成果归委托方所有，委托方可以任意处置，包括但不限于申请专利，取得专利权等。本条知识产权的约定适用于本协议签订前及其后所有委托方向代工厂直接采购的产品，且不因本协议因任何原因变更、解除、中止、终止、撤销而失效。
商业秘密条款	双方对于从另一方获得或履行本合同所获悉的商业秘密，无论为口头或书面，除双方员工为履行本合同有必要知道且与其签署不低于本合同标准的保密协议外，负有保密义务，双方不得泄露、交付或以其他方法提供给任何第三人。双方应以善良管理人之注意义务维持对方商业秘密的秘密性，并采取所有合理措施保证未经允许的自然人及法人不得接触该商业秘密，及使所有可接触该商业秘密的人完全避免未经许可之泄露。 双方所获得及获悉的对方商业秘密，仅限使用于履行本合同对对方的义务，且不构成一方对另一方的许可、转让或实施。前述保密义务不适用于下列信息：（1）一方披露前已为对方所合法得知的信息，已公开为众所周知之文件或数据，而此数据之公开非因收受方之过失；（2）对方从任何第三人合法取得，且不负保密义务的信息；

条款	具体内容
商业秘密条款	（3）依法院命令须提交法院的材料。双方不得直接或间接利用与对方接触或交易的机会或使用对方的商业秘密或知识产权，去从事任何与对方营业竞争的不正当行为、或妨碍或阻挠对方与其客户间之潜在或实际交易行为，包括但不限于就同类服务对对方客户报价、与对方客户交易、与对方客户接触、或使对方客户获知服务是另一方所提供。本合同内对保密方面的约定的具体条款见保密协议，如有与保密协议条款冲突的条款则以保密协议条款为准。
优先级条款	本合同优先于代工厂所附加或代工厂所提出而与本合同相冲突且为委托方所反对的条款和/或文件。本合同（包括本合同附件）构成甲乙双方之间的完整合同，取代双方于签订本合同前所为的任何讨论、记录、约定或协议。代工厂对本合同所做的任何修正、更改或增删之约定，非经委托方盖章确认，对于委托方不发生效力。除本合同另有约定外，如本合同条款与工作说明书、订单、其他文件冲突时，其优先级如下：（1）本合同；（2）工作说明书、定价与采购预测、环保承诺书、质量保证协议、售后服务协议；（3）订单；（4）其他双方签订之文件。
期间与终止条款	除本合同另有规定外，本合同自甲乙双方签订之日起生效，有效期间为一年。除非甲乙一方于期限届满前三十天以书面通知另一方不再续约，本合同则自动延长一年，依此类推。本合同因任何原因解除或终止时，代工厂应自解除或终止日起30日内返还任何委托方财产、材料及商业秘密。若本合同因任何原因终止者，代工厂仍应履行未被委托方取消的基于本合同已生效的订单。在合同终止后的维修料件采购条款详见质量协议。本合同因任何原因解除或终止时，并不影响依其性质应继续存续之本合同有关条款，包括但不限于与双方权利行使有关之条款。

第三节 集成电路产业国家政策

一、集成电路产业规划

时间	政策	内容
2000年6月	鼓励软件产业和集成电路产业发展若干政策的通知	通过政策引导，鼓励资金、人才等资源投向软件产业和集成电路产业，进一步促进我国信息产业快速发展，力争到2010年使我国软件产业研究开发和生产能力达到或接近国际先进水平，并使我国集成电路产业成为世界主要开发和生产基地之一；"十五"计划中适当安排一部分预算内基本建设资金，用于软件产业和集成电路产业的基础设施建设和产业化项目。
2008年1月	集成电路产业"十一五"专项规划	形成以设计业为龙头、制造业为核心、设备制造和配套产业为基础，较为完整的集成电路产业链。鼓励设计业与整机之间的合作，加快涉及国家安全和量大面广集成电路产品的设计开发，培育一批具有较强自主创新能力的骨干企业，开发具有自主知识产权的集成电路产品。
2011年2月	进一步鼓励软件产业和集成电路产业发展的若干政策	进一步落实和完善相关营业税优惠政策，对符合条件的软件企业和集成电路设计企业从事软件开发与测试，信息系统集成、咨询和运营维护，集成电路设计等业务，免征营业税，并简化相关程序；对符合条件的集成电路企业技术进步和技术改造项目，中央预算内投资给予适当支持；发挥国家科技重大专项的引导作用，大力支持软件和集成电路重大关键技术的研发，努力实现关键技术的整体突破，加快具有自主知识产权技术的产业化和推广应用。
2012年2月	集成电路产业"十二五"专项规划	先进设计能力达到22纳米，开发一批具有自主知识产权的核心芯片，国内重点整机应用自主开发集成电路产品的比例达到30%以上。

我国集成电路产业政策		
时间	政策	内容
2014年6月	国家集成电路产业发展推进纲要	到 2015 年，集成电路产业发展体制机制创新取得明显成效，建立与产业发展规律相适应的融资平台和政策环境，集成电路产业销售收入超过3500亿元；到2020年，集成电路产业与国际先进水平的差距逐步缩小，全行业销售收入年均增速超过20%，企业可持续发展能力大幅增强；到2030年，集成电路产业链主要环节达到国际先进水平，一批企业进入国际第一梯队，实现跨越发展。
2015年5月	中国制造2025	到2020年，40%的核心基础零部件、关键基础材料实现自主保障，受制于人的局面逐步缓解，航天装备、通信装备等产业急需的核心基础零部件（元器件）和关键基础材料的先进制造工艺得到推广应用。到2025年，70%的核心基础零部件、关键基础材料实现自主保障，80种标志性先进工艺得到推广应用，部分达到国际领先水平，建成较为完善的产业技术基础服务体系，逐步形成整机牵引和基础支撑协调互动的产业创新发展格局。
2015年7月	国务院关于积极推进"互联网+"行动的指导意见	以高端通用芯片和基础软件为抓手，构建安全可靠核心信息设备综合验证、集成测试、系统评测等公共服务平台和产业链协同创新平台。
2016年3月	国民经济和社会发展第十三个五年规划纲要	大力推进先进半导体等新兴前沿领域创新和产业化，形成一批新增长点。推广半导体照明等成熟适用技术。

我国集成电路产业政策		
时间	政策	内容
2016年5月	关于软件和集成电路产业企业所得税优惠政策有关问题的通知	享受财税〔2012〕27号文件规定的税收优惠政策的软件、集成电路企业，每年汇算清缴时应按照《国家税务总局关于发布〈企业所得税优惠政策事项办理办法〉的公告》（国家税务总局公告2015年第76号）规定向税务机关备案，同时提交"享受企业所得税优惠政策的软件和集成电路企业备案资料明细表"规定的备案资料。
2016年7月	国家信息化发展战略纲要	制定国家信息领域核心技术设备发展战略纲要，以体系化思维弥补单点弱势，打造国际先进、安全可控的核心技术体系，带动集成电路、基础软件、核心元器件等薄弱环节实现根本性突破。
2016年12月	"十三五"国家信息化规划	信息产业生态体系初步形成，重点领域核心技术取得突破。集成电路实现28纳米工艺规模量产，设计水平迈向16/14纳米。
2017年1月	战略性新兴产业重点产品和服务指导目录	将集成电路芯片设计及服务列入战略性新兴产业重点产品目录。

二、相关税收和进出口政策

1. 税收政策

（一）国务院关于印发鼓励软件产业和集成电路产业发展若干政策的通知（国发〔2000〕18号）

（1）国家鼓励在我国境内开发生产软件产品。对增值税一般纳税人销售其自行开发生产的软件产品，2010年前按17%的法定税率征收增值税，对实际税负超过3%的部分即征即退，由企业用于研究开发软件产品和扩大再生产。

（2）在我国境内设立的软件企业可享受企业所得税优惠政策。新创办软件企业经认定后，自获利年度起，享受企业所得税"两免三减半"的优惠政策。

（3）对国家规划布局内的重点软件企业，当年未享受免税优惠的减按10%的税率征收企业所得税。国家规划布局内的重点软件企业名单由国家计委、信息产业部、外经贸部和国家税务总局共同确定。

（4）对软件企业进口所需的自用设备，以及按照合同随设备进口的技术(含软件)及配套件、备件，除列入《外商投资项目不予免税的进口商品目录》和《国内投资项目不予免税的进口商品目录》的商品外，均可免征关税和进口环节增值税。

（5）软件企业人员薪酬和培训费用可按实际发生额在企业所得税税前列支。

2. 出口政策

（1）软件出口纳入中国进出口银行业务范围，并享受优惠利率的信贷支持；同时，国家出口信用保险机构应提供出口信用保险。

（2）软件产品年出口额超过100万美元的软件企业，可享软件自营出口权。

（3）海关要为软件的生产开发业务提供便捷的服务。在国家扶持的软件园区内为承接国外客户软件设计与服务而建立研究开发中心时，对用于仿真用户环境的设备采取保税措施。

（4）根据重点软件企业参与国际交往的实际需要，对企业高中级管理人员和高中级技术人员简化出入境审批手续，适当延长有效期。具体办法由外交部会同有关部门另行制定。

（5）采取适应软件贸易特点的外汇管理办法。根据软件产品交易（含软件外包加工）的特点，对软件产品出口实行不同于其他产品的外贸、海关和外汇管理办法，以适应软件企业从事国际商务活动的需要。

（6）鼓励软件出口型企业通过GB/T 19000-ISO9000系列质量保证体系认证和CMM（能力成熟度模型）认证。其认证费用通过中央外贸发展基金适当予以支持。

（二）国务院关于印发进一步鼓励软件产业和集成电路产业发展若干政策的通知（国发〔2011〕4号）

1. 财税政策

（1）继续实施软件增值税优惠政策。

（2）进一步落实和完善相关营业税优惠政策，对符合条件的软件企业和集成电路设计企业从事软件开发与测试，信息系统集成、咨询和运营维护，集成电路设计等业务，免征营业税，并简化相关程序。具体办法由财政部、税务总局会同有关部门制定。

（3）对集成电路线宽小于0.8微米（含）的集成电路生产企业，经认定后，自获利年度起，第一年至第二年免征企业所得税，第三年至第五年按照25%的法定税率减半征收企业所得税（以下简称企业所得税"两免三减半"优惠政策）。

（4）对集成电路线宽小于0.25微米或投资额超过80亿元的集成电路生产企业，经认定后，减按15%的税率征收企业所得税，其中经营期在15年以上的，自获利年度起，第一年至第五年免征企业所得税，第六年至第十年按照25%的法定税率减半征收企业所得税（以下简称企业所得税"五免五减半"优惠政策）。

（5）对国家批准的集成电路重大项目，因集中采购产生短期内难以抵扣的增值税进项税额占用资金问题，采取专项措施予以妥善解决。具体办法由财政部会同有关部门制定。

（6）对我国境内新办集成电路设计企业和符合条件的软件企业，经认定后，自获利年度起，享受企业所得税"两免三减半"优惠政策。经认定的集成电路设计企业和符合条件的软件企业的进口料件，符合现行法律法规规定的，可享受保税政策。

（7）国家规划布局内的集成电路设计企业符合相关条件的，可比照国发〔2000〕18号文件享受国家规划布局内重点软件企业所得税优惠政策。具体办法由发展改革委会同有关部门制定。

（8）为完善集成电路产业链，对符合条件的集成电路封装、测试、关键专用材料企业以及集成电路专用设备相关企业给予企业所得税优惠。具体办法由财政部、税务总局会同有关部门制定。

（9）国家对集成电路企业实施的所得税优惠政策，根据产业技术进步情况实行动态调整。符合条件的软件企业和集成电路企业享受企业所得税"两免三减半""五免五减半"优惠政策，在2017年12月31日前自获利年度起计算优惠期，并享受至期满为止。符合条件的软件企业和集成电路企业所得税优惠政策与企业所得税其他优惠政策存在交叉的，由企业选择一项最优惠政策执行，不叠加享受。

2. 通关便利措施

（1）对软件企业和集成电路设计企业需要临时进口的自用设备（包括开发测试设备、软硬件环境、样机及部件、元器件等），经地市级商务主管部门确认，可以向海关申请按暂时进境货物监管，其进口税收按照现行法规执行。对符合条件的软件企业和集成电路企业，质检部门可提供提前预约报检服务，海关根据企业要求提供提前预约通关服务。

（2）对软件企业与国外资信等级较高的企业签订的软件出口合同，政策性金融机构可按照独立审贷和风险可控的原则，在批准的业务范围内提供融资和保险支持。

（3）支持企业"走出去"建立境外营销网络和研发中心，推动集成电路、软件和信息服务出口。大力发展国际服务外包业务。商务部要会同有关部门与重点国家和地区建立长效合作机制，采取综合措施为企业拓展新兴市场创造条件。

第四节 集成电路进口报验状态

商品编号	商品名称	商品规格、型号
8542310000	集成电路	智能家电用｜微控制器功能｜无牌｜CSU8RP1185D-BD｜量产，无批号｜未加密
8542310000	集成电路	智能家电用｜微处理器功能｜无牌｜CSU8RP3119B-SO-BL｜量产，无批号｜未加密
8542319000	集成电路	用于手机｜处理器功能｜QUALCOMM牌｜MSM-8909-5-504NSP-TR-01-0型号｜量产，无批号｜未加密
8542310000	集成电路	用于电梯控制板｜处理器功能｜FREESCALE牌｜MCIMX287CVM4B型号｜量产，无批号｜未加密
8542310000	集成电路	用于电梯的控制板｜处理器功能｜LATTICE牌｜LCMXO2-256HC-4SG32C型号｜量产，无批号｜未加密
8542390000	集成电路	以太网络用｜射频收发功能｜无牌，厂家:GLOBALFOUNDRIES U.S.2LLC｜ZX242060型号｜量产，无批号｜未加密
8542390000	集成电路	以太网络用｜射频收发功能｜ZTE牌｜ZX242060型号｜量产，无批号｜未加密
8542399000	集成电路	无线网络用｜射频收发功能｜REALTEK牌｜RTL8192ER-CG型号｜量产，无批号｜未加密
8542390000	集成电路	无线通讯用｜射频收发功能｜QUALCOMM牌｜WCN-3610-0-47WLNSP-TR-04-0型号｜量产，无批号｜未加密
8542390000	集成电路	无线鼠标、遥控玩具等用｜射频收发功能｜SUNPLUSIT牌｜SPRF24B23A-082C-HV05A｜量产，无批号｜未加密
8542390000	集成电路	稳压电源用｜稳压功能｜SII牌｜S-1339D33-M5T1U3｜量产，无批号｜未加密
8542390000	集成电路	网络通讯设备用｜逻辑电路功能｜ECONET牌｜MT7520ST型号｜量产，无批号｜未加密

商品编号	商品名称	商品规格、型号
8542390000	集成电路	数字通讯设备用|转换功能|ON牌|NLSX5014MUTAG|量产，无批号|未加密
8542390000	集成电路	数字通讯设备用|转换功能|ON SEMICONDUCTOR牌|NLSX5014MUTAG|量产，无批号|未加密
8542390000	集成电路	数字通讯设备用|转换功能|ADI牌|AD9864BCPZRL|量产，无批号|未加密
8542390000	集成电路（晶圆）	数字通讯设备用|指纹识别功能|无牌，生产厂家：CHIEN JUNG TECHNOLOGY CO, LTD|UA9040|量产，无批号|未加密，晶圆为大片未切割状态，一大片可切割成800小片
8542399000	集成电路	数字通讯设备用|直流转换功能|ZILLTEK牌|ZTP7193MA|量产，无批号|未加密
8542390000	集成电路	数字通讯设备用|直流转换功能|TI牌|LM43601PWPR|量产，无批号|未加密
8542390000	集成电路	数字通讯设备用|直流转换功能|SILERGY牌|SY8113BADC型号|量产，无批号|未加密
8542390000	集成电路	数字通讯设备用|直流转换功能|RICHTEK牌|RT8292BHZSP|量产，无批号|未加密
8542390000	集成电路	数字通讯设备用|直流交流转换功能|PI牌|LNK306DG-TL|量产，无批号|未加密
8542390000	集成电路	数字通讯设备用|直流电压转换功能|PI牌|DPA424GN-TL|量产，无批号|未加密
8542390000	集成电路	数字通讯设备用|直流、交流转换功能|PI牌|LNK632DG-TL型号|量产，无批号|未加密
8542390000	集成电路	数字通讯设备用|直交流转换功能|AVAGO牌|HCPL-7840-000E|量产，无批号|未加密
8542390000	集成电路	数字通讯设备用|映射功能|无牌，厂家:GLOBALFOUNDRIES U.S. 2LLC|ZX2588|量产，无批号|未加密
8542399000	集成电路	数字通讯设备用|映射功能|ZTE牌|ZX2585|量产，无批号|未加密

商品编号	商品名称	商品规格、型号
8542390000	集成电路	数字通讯设备用|映射功能|PROGATE牌|ZX2515|量产，无批号|未加密
8542390000	集成电路	数字通讯设备用|音频解码功能|NUVOTON牌|NAU8810YG/B|量产，无批号|未加密
8542339000	集成电路	数字通讯设备用|音频放大功能|TI牌|LM48310SD/NOPB|量产，无批号|未加密
8542390000	集成电路	数字通讯设备用|液晶屏驱动功能|敦泰牌|OTE2005B-HH053|量产，无批号|未加密
8542390000	集成电路	数字通讯设备用|液晶屏驱动功能|SYNAPTICS牌|324-000530-00R型号|量产，无批号|未加密
8542390000	集成电路	数字通讯设备用|液晶屏驱动功能|NOVATEK牌|NT50358CG/A型号|量产，无批号|未加密
8542390000	集成电路	数字通讯设备用|液晶屏驱动功能|HIMAX牌|HX8394-D310PD200-DP型号|量产，无批号|未加密
8542390000	集成电路	数字通讯设备用|液晶屏驱动功能|FORCELEAD牌|FL10802-CAAA0A-B型号|量产，无批号|未加密
8542399000	集成电路	数字通讯设备用|信号转换功能|TSMC牌|ZX2AA500V5|量产，无批号|未加密
8542399000	集成电路	数字通讯设备用|信号收发功能|BROADCOM牌|BCM53101EIMLG|量产，无批号|未加密
8542390000	集成电路	数字通讯设备用|信号合成与解码功能|QUALCOMM牌|MDM-9207-0-328PSP-TR-00-0|量产，无批号|未加密
8542390000	集成电路	数字通讯设备用|线路驱动功能|TI牌|SN74LVC1G125DCKR|量产，无批号|未加密
8542399000	集成电路	数字通讯设备用|无线收发功能|CYPRESS牌|BCM20736A1KML2G|量产，无批号|未加密
8542390000	集成电路	数字通讯设备用|无线收发功能|BROADCOM牌|BCM20736A1KML2G|量产，无批号|未加密

商品编号	商品名称	商品规格、型号
8542390000	集成电路	数字通讯设备用|无线定位功能|U-BLOX牌|UBX-G7020-KT|量产，无批号|未加密
8542390000	集成电路	数字通讯设备用|稳压功能|WINGSHING牌|78L05ACZM|量产，无批号|未加密
8542390000	集成电路（晶圆）	数字通讯设备用|稳压功能|TSMC牌|ZX234020|量产，无批号|未加密，晶圆为大片未切割状态，一大片可切割成7842小片
8542390000	集成电路	数字通讯设备用|稳压功能|TIS牌|TPS73401DRVR型号|量产，无批号|未加密
8542390000	集成电路	数字通讯设备用|稳压功能|STMICROELECTRONICS牌|L7806CV-DG|量产，无批号|未加密
8542390000	集成电路	数字通讯设备用|稳压功能|SILERGY牌|SY8003C1DFC|量产，无批号|未加密
8542390000	集成电路	数字通讯设备用|稳压功能|SII牌|S-1135A30-M5T1S|量产，无批号|未加密
8542390000	集成电路	数字通讯设备用|稳压功能|SGMICRO牌|SGM2019-3.3YN5G/TR|量产，无批号|未加密
8542390000	集成电路	数字通讯设备用|稳压功能|SEMTECH牌|SC4215JSETRT|量产，无批号|未加密
8542399000	集成电路	数字通讯设备用|稳压功能|RICHTEK牌|RT9466GQW|量产，无批号|未加密
8542390000	集成电路	数字通讯设备用|稳压功能|PI牌|DPA424PN|量产，无批号|未加密
8542399000	集成电路	数字通讯设备用|稳压功能|ON牌|NCP160AMX280TBG|量产，无批号|未加密
8542390000	集成电路	数字通讯设备用|稳压功能|MPS牌|MP4568GQ-Z|量产，无批号|未加密
8542390000	集成电路	数字通讯设备用|稳压功能|KT牌|KTD2151EU0-TR|量产，无批号|未加密

商品编号	商品名称	商品规格、型号
8542399000	集成电路	数字通讯设备用|稳压功能|KTD牌|KTD2151EUO-TR|量产，无批号|未加密
8542399000	集成电路	数字通讯设备用|温度传感功能|ATMEL牌|AT30TS750A-XM8M-T|量产，无批号|未加密
8542310000	集成电路	数字通讯设备用|微控制器功能|UEI牌|MAXQ656V-2589+T型号|量产，无批号|未加密
8542399000	集成电路	数字通讯设备用|网络通讯功能|BROADCOM牌|BCM4365EKMMLWG|量产，无批号|未加密
8542390000	集成电路	数字通讯设备用|通信功能|BROADCOM牌|AC201A1KMLG|量产，无批号|未加密
8542390000	集成电路	数字通讯设备用|调谐器功能|RAFAEL牌|R836型号|量产，无批号|未加密
8542399000	集成电路	数字通讯设备用|调节功能|PANASONIC牌|AN49503A-BT|量产，无批号|未加密
8542390000	集成电路	数字通讯设备用|数字信号衰减功能|SKYWORKS牌|SKY12348-350LF|量产，无批号|未加密
8542390000	集成电路	数字通讯设备用|数模转换功能|ADI牌|AD5410AREZ|量产，无批号|未加密
8542310000	集成电路	数字通讯设备用|手机处理器功能|MTK牌|MT6580A/WA型号|量产，无批号|未加密
8542390000	集成电路	数字通讯设备用|收发转换功能|MICROCHIP牌|KSZ8081MNXIA-TR|量产，无批号|未加密
8542390000	集成电路	数字通讯设备用|升压转换器功能|TI牌|TPS61240DRVR|量产，无批号|未加密
8542399000	集成电路	数字通讯设备用|射频转换功能|JRC牌|NJG1697EM1-TE1型号|量产，无批号|未加密
8542399000	集成电路	数字通讯设备用|逻辑开关功能|VISHAY牌|DG408DY-T1-E3|量产，无批号|未加密

商品编号	商品名称	商品规格、型号
8542399000	集成电路	数字通讯设备用|逻辑开关功能|VANCHIP牌|VC1623|量产，无批号|未加密
8542390000	集成电路	数字通讯设备用|逻辑开关功能|TELIA牌|GEM_TSA004_TSG03_3FF_EP0009|量产，无批号|未加密
8542390000	集成电路	数字通讯设备用|逻辑功能|MAXLINEAR牌|MXL608-AG-T|量产，无批号|未加密
8542390000	集成电路	数字通讯设备用|逻辑功能|FAIRCHILD牌|NC7SZ08P5X|量产，无批号|未加密
8542330000	集成电路	数字通讯设备用|放大功能|ST牌|E-TDA7377|量产，无批号|未加密
8542390000	集成电路	数字通讯设备用|电压调节功能|TI牌|TPS65051RSMR|量产，无批号|未加密
8542320000	集成电路	数字通讯设备用|存储功能|SAMSUNG牌|KMRX1000BM-B614|量产，无批号|8GB|未加密，可擦写
8542310000	集成电路	数字通讯设备用|处理器|INTEL牌|FH8065301685598S R1UB|量产，无批号|未加密

第四章 集成电路行业估价解析

第五节 集成电路行业定价政策

一、硬件成本

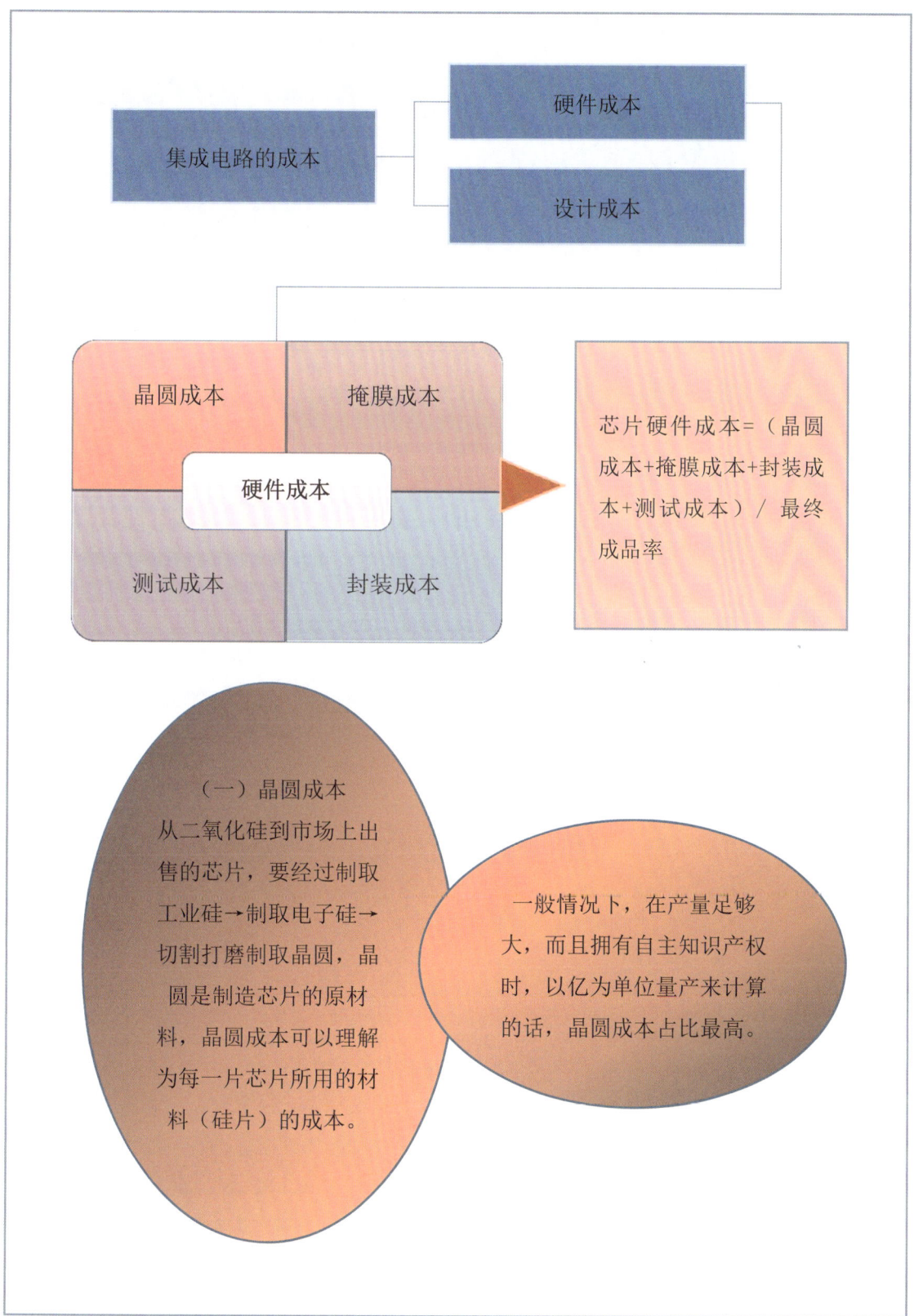

（一）晶圆成本

从二氧化硅到市场上出售的芯片，要经过制取工业硅→制取电子硅→切割打磨制取晶圆，晶圆是制造芯片的原材料，晶圆成本可以理解为每一片芯片所用的材料（硅片）的成本。

一般情况下，在产量足够大，而且拥有自主知识产权时，以亿为单位量产来计算的话，晶圆成本占比最高。

（二）掩膜成本

掩膜成本是采用不同的制程工艺所需要的成本，根据工艺的成熟程度成本差别较大，先进的制程工艺问世之初，往往耗费不菲。

（三）测试成本

测试可以鉴别出每一颗处理器的关键特性，并决定处理器的等级。如果芯片产量足够大的话，测试成本可以忽略不计。

（四）封装成本

封装成本是将基片、内核、散热片堆叠在一起形成CPU所需要的资金。在产量巨大的情况下，封装成本一般占硬件成本的5%～25%。

二、设计成本

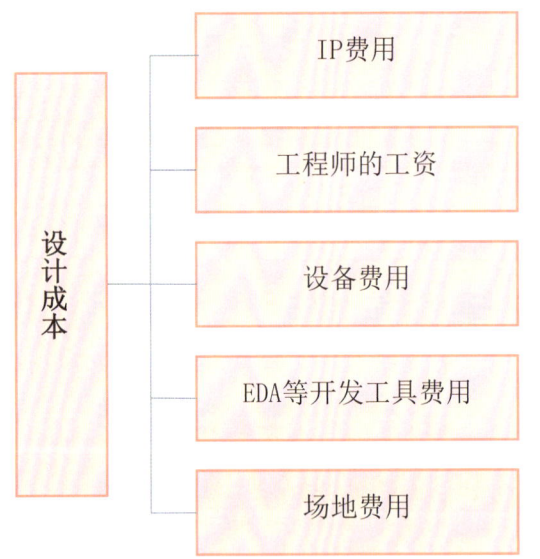

目前国际IP市场的通用商业模式是基本授权费（License Fee）和版税（Royalty）的结合。设计公司首先通过支付一笔不菲的IP技术授权费来获得在设计中集成该IP并在芯片设计完成后销售含有该IP的芯片的权利，而一旦芯片设计完成并销售后，设计公司还需根据芯片销售平均价格（ASP）按一定比例（通常在1%～3%之间）支付版税。通常IP厂商用收取的授权费来支付IP开发成本、运作成本和人员成本，而收取的版税就是公司的赢利。

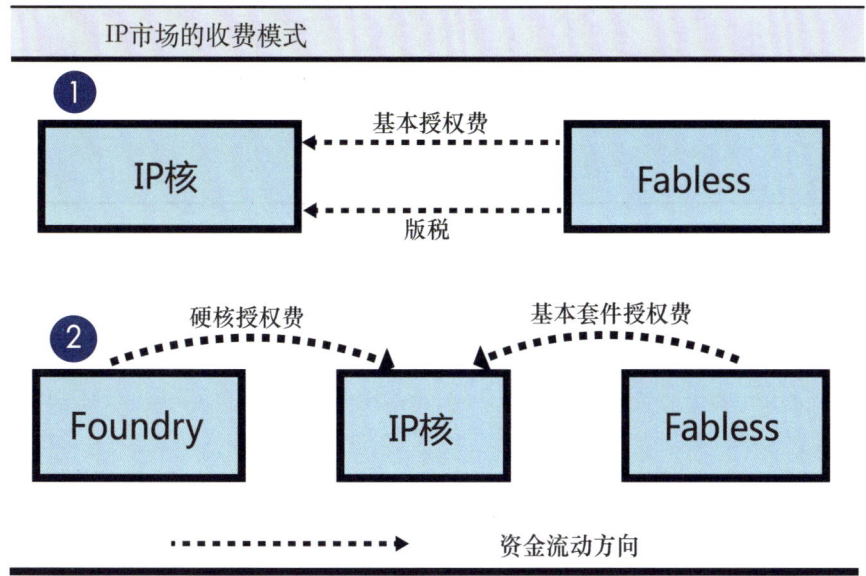

三、集成电路跨国公司同期资料主要内容

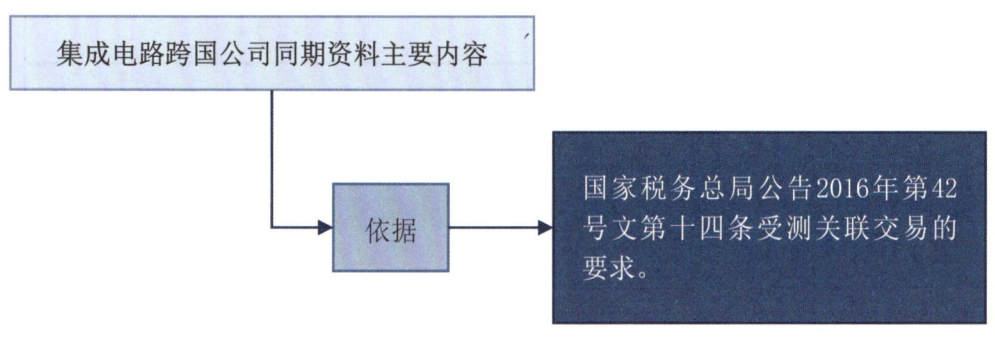

	内容
（一）企业概况	1. 组织结构，包括企业各职能部门的设置、职责范围和雇员数量等。
	2. 管理架构，包括企业各级管理层的汇报对象以及汇报对象主要办公所在地等。
	3. 业务描述，包括企业所属行业的发展概况、产业政策、行业限制等影响企业和行业的主要经济和法律问题，主要竞争者等。
	4. 经营策略，包括企业各部门、各环节的业务流程，运营模式，价值贡献因素等。
	5. 财务数据，包括企业不同类型业务及产品的收入、成本、费用和利润。
	6. 涉及本企业或者对本企业产生影响的重组或者无形资产转让情况，以及对本企业的影响分析。

	内容
（二）关联关系	1. 关联方信息，包括直接或者间接拥有企业股权的关联方，以及与企业发生交易的关联方，内容涵盖关联方名称、法定代表人、高级管理人员的构成情况、注册地址、实际经营地址，以及关联个人的姓名、国籍、居住地等情况。
	2. 上述关联方适用的具有所得税性质的税种、税率及相应可享受的税收优惠。
	3. 本会计年度内，企业关联关系的变化情况。
（三）关联交易	1. 关联交易描述和明细，包括关联交易相关合同或者协议副本及其执行情况的说明，交易标的的特性，关联交易的类型、参与方、时间、金额、结算货币、交易条件、贸易形式，以及关联交易与非关联交易业务的异同等。
	2. 关联交易流程，包括关联交易的信息流、物流和资金流，与非关联交易业务流程的异同。
	3. 功能风险描述，包括企业及其关联方在各类关联交易中执行的功能、承担的风险和使用的资产。
	4. 交易定价影响要素，包括关联交易涉及的无形资产及其影响，成本节约、市场溢价等地域特殊因素。地域特殊因素应从劳动力成本、环境成本、市场规模、市场竞争程度、消费者购买力、商品或者劳务的可替代性、政府管制等方面进行分析。
	5. 关联交易数据，包括各关联方、各类关联交易涉及的交易金额。分别披露关联交易和非关联交易的收入、成本、费用和利润，不能直接归集的，按照合理比例划分，并说明该划分比例的依据。

		内容
（三）关联交易		6.价值链分析，包括企业集团内业务流、物流和资金流，包括商品、劳务或者其他交易标的从设计、开发、生产制造、营销、销售、交货、结算、消费、售后服务、循环利用等各环节及其参与方；上述各环节参与方最近会计年度的财务报表；地域特殊因素对企业创造价值贡献的计量及其归属；企业集团利润在全球价值链条中的分配原则和分配结果。
		7.价值链分析，包括企业集团内业务流、物流和资金流，包括商品、劳务或者其他交易标的从设计、开发、生产制造、营销、销售、交货、结算、消费、售后服务、循环利用等各环节及其参与方；上述各环节参与方最近会计年度的财务报表；地域特殊因素对企业创造价值贡献的计量及其归属；企业集团利润在全球价值链条中的分配原则和分配结果。
		8.对外投资，包括对外投资基本信息，包括对外投资项目的投资地区、金额、主营业务及战略规划；对外投资项目概况，包括对外投资项目的股权架构、组织结构，高级管理人员的雇佣方式，项目决策权限的归属；对外投资项目数据，包括对外投资项目的营运数据。
		9.关联股权转让，包括股权转让概况，包括转让背景、参与方、时间、价格、支付方式，以及影响股权转让的其他因素；股权转让标的的相关信息，包括股权转让标的所在地，出让方获取该股权的时间、方式和成本，股权转让收益等信息；尽职调查报告或者资产评估报告等与股权转让相关的其他信息。
		10.关联劳务，包括关联劳务概况，包括劳务提供方和接受方，劳务的具体内容、特性、开展方式、定价原则、支付形式，以及劳务发生后各方受益情况等；劳务成本费用的归集方法、项目、金额、分配标准、计算过程及结果等；企业及其所属企业集团与非关联方存在相同或者类似劳务交易的，还应当详细说明关联劳务与非关联劳务在定价原则和交易结果上的异同。

	内容
（四）可比性分析	1.可比性分析所考虑的因素，包括交易资产或劳务特性、交易各方功能和风险、合同条款、经济环境、经营策略等。
	2.可比企业执行的功能、承担的风险以及使用的资产等相关信息。
	3.可比交易的说明，如：有形资产的物理特性、质量及其效用；融资业务的正常利率水平、金额、币种、期限、担保、融资人的资信、还款方式、计息方法等；劳务的性质与程度；无形资产的类型及交易形式，通过交易获得的使用无形资产的权利，使用无形资产获得的收益。
	4.可比信息来源、选择条件及理由。
	5.可比数据的差异调整及理由。
（五）转让定价方法的选择和使用	1.转让定价方法的选用及理由，如企业选择利润法时，须说明该法对企业集团整体利润或剩余利润水平所做的贡献。
	2.可比信息如何支持所选用的转让定价方法。
	3.确定可比非关联交易价格或利润的过程中所做的假设和判断。
	4.运用合理的转让定价方法和可比性分析结果，确定可比非关联交易价格或利润，以及遵循独立交易原则的说明。
	5.其他支持所选用转让定价方法的资料。

第六节 商品估价解析

一、通过对进口商再销售价格法的分析，采用合理方法估价解析

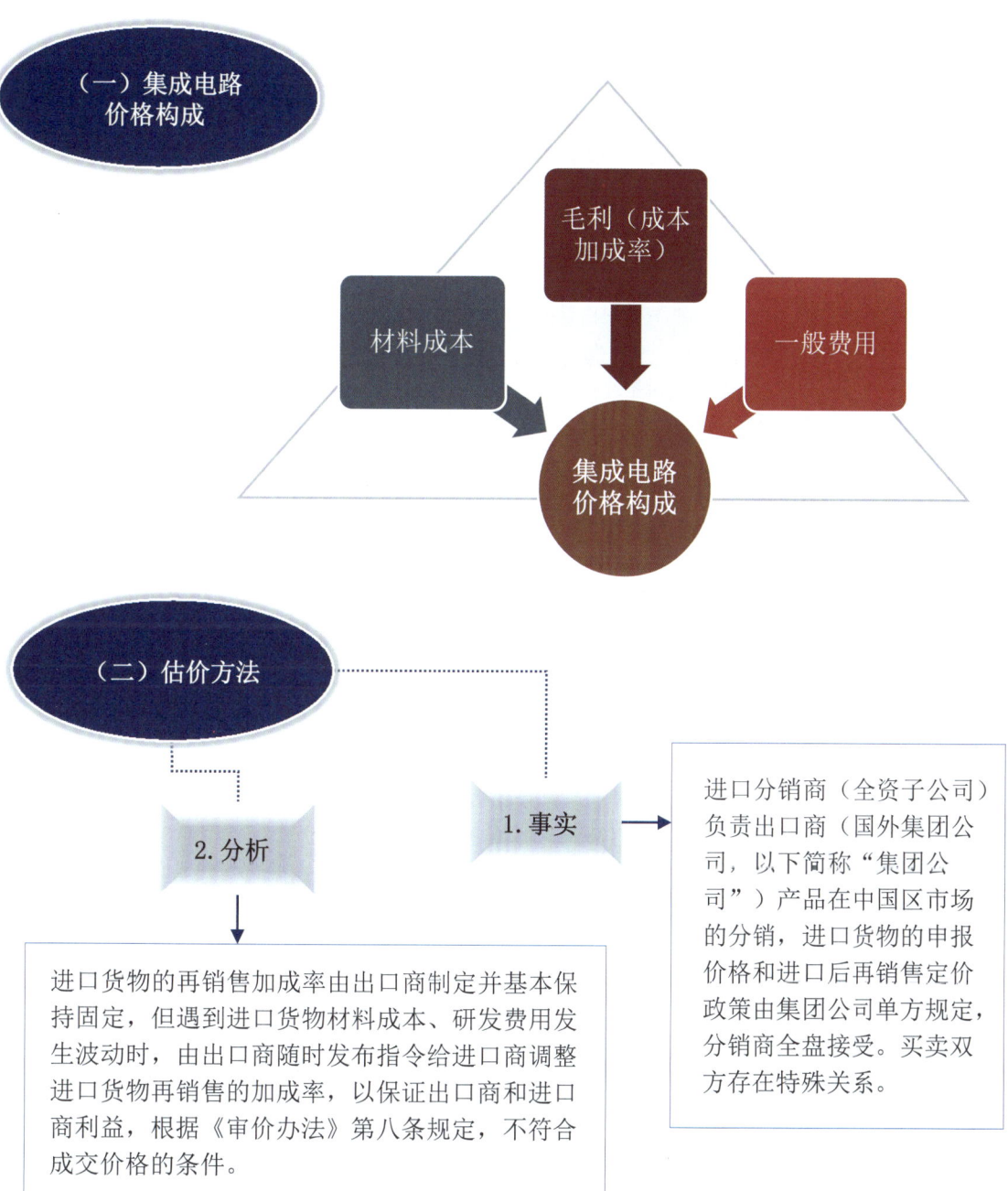

鉴于集团公司的功能和交易类型，依据国家税务局（国税发〔2004〕143号）关于转让定价的规定，"成本加成法"符合中国的转让定价规则。国家税务总局《关联企业间业务往来税务管理规程》（国税发〔1998〕59号）对关联企业之间交易活动的税收管理进行了规定，包括买卖交易、服务提供、企业内部有形资产和无形资产的财务转移等。《关联企业间业务往来税务管理规程》第二十八条规定了进行转让定价分析时的以下三种基本方法：

- 可比非受控价格法(CUP)，即按独立企业之间进行相同业务活动的价格确定公平成交价格。

- 再销售价格法(RPM)是以外商投资企业获得的总利润为基础。根据《关联企业间业务往来税务管理规程》，采用这种方法，应限于外商投资企业作为再销售者未对商品进行实质性增值加工，仅是简单加工或单纯的购销业务。

- 成本加成法(CPM)是将外商投资企业的商品或服务成本加上正常的利润作为公平成交价格。根据《关联企业间业务往来税务管理规程》，采用这种方法应注意成本费用的计算必须符合中国税法的有关规定，并且应合理地确定所适用的成本利润率。

根据集团公司目前的惯例，集团销售集成电路时将在成本（材料成本+一般费用）基础上**附加15%的毛利润**以符合其贸易实际的。

在认可基本成本数据真实性的基础上以成本加成法进行分析，详见下表：

集成电路价格分析表

项目	金额	比率
集团公司单价		–
产品销售成本		–
实际毛利=a-b		21%
营业利润		–
总成本=b+d		–
净利=a-e		–
政策毛利率		15%

> 总成本 = 产品销售成本 + 营运成本，以15%为成本加成率核算
>
> 单位价格 = 产品单位成本×（1+成本加成率）
>   = 产品单位成本×（1+15%）
>
> 核算到中国口岸的相关运费、保险费、杂费约占×%，
> 因此，完税价格CIF应为：[产品单位成本×（1+15%）]×（1+ ×%）

3.结论

进口分销商是出口商全资子公司，负责出口商产品在中国区市场的分销，进口货物的申报价格和进口后再销售定价政策由集团公司单方规定，分销商全盘接受，根据《审价办法》第十六条规定，买卖双方存在特殊关系。

进口货物的再销售加成率由出口商制定并基本保持固定，在遇到进口货物材料成本、研发费用发生波动时，由出口商随时发布指令给进口商调整进口货物再销售的加成率，以确保出口商及进口商利益，根据《审价办法》第八条规定，不符合成交价格的条件。采用合理方法实施估价。

（三）评论

跨国公司在转让定价策略制定过程中，往往会借助专业机构对其整体财务以及法律体系进行评估、核算和拟定，面对较为严谨的税务安排，需要仔细甄别、科学判断，运用法律依据还原贸易事实。

1.开展价格核查是获取相关文件、解决估价技术难题的有效手段

开展价格核查，对企业贸易流程、贸易单证、会计记录和凭证、电脑数据和电子邮件系统等进行全面审核，证据的真实性和关联性得到充分印证。

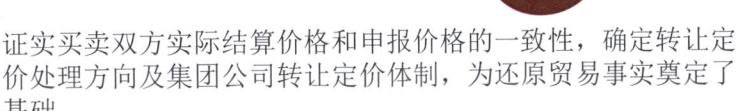

证实买卖双方实际结算价格和申报价格的一致性，确定转让定价处理方向及集团公司转让定价体制，为还原贸易事实奠定了基础。

2. 合理借用成本加成法

《WTO估价协定》规定在评估特殊关系是否影响成交价格时，要求海关审查以下内容

（1）交易双方的行为是否与该行业正常定价惯例相一致；

（2）卖方是否如同向其无关系的买方那样定价；

（3）有关价格是否已经包括了卖方的全部成本加上代表公司在一段具有代表性的时间内出售同级同类货物取得总利润的利润。

此时有必要引入OECD理论进行分析判断，即可比非受控定价法(CUP)、转售定价法(RPM)、成本加成定价法(CPM)、交易净利润率法(TNM)和利润分割法(PSM)。前三种方法，一般称为传统交易法，是确定关联企业间交易行为是否独立的最直接的方法，在上述三种方法无法实施时，可采用后两种方法，以利润为基础，通过比较具体交易项目的利润，推断转移价格是否合理。

通常适用于进行连续生产的关联企业之间的交易，交易的中间产品在连续生产中大量增值，但又缺乏可比非受控价格作参考。在借用成本加成法的同时，以公允的会计准则和方法，对其贝里比率对成本加成法的调整进行了更正，并最终使企业接受海关的估价意见。

3. 估价方法的选择

由于交易双方存在特殊关系，进口货物无相同类似货物，进口后又有再生产增值的过程，集团公司不是直接的生产商，也无法取得生产进口货物所使用原材料价值和进行加工的相关费用数据

因此，不能适用成交价格法、相同类似货物成交价格法、倒价格法和计算价格方法。

根据交易的实际情况，可以采用的合理方法为：按照集团公司在整个交易过程中所应获取的利润比率，否定利用贝里比率调低利润率从而降低成交价格的转让定价方法，将集团公司的合理利润调整为15%。据此客观量化数据对进口商申报价格实施估价。

二、通过对进口商再销售价格法的分析，采用倒扣价格法估价解析

（一）企业关系及定价政策分析

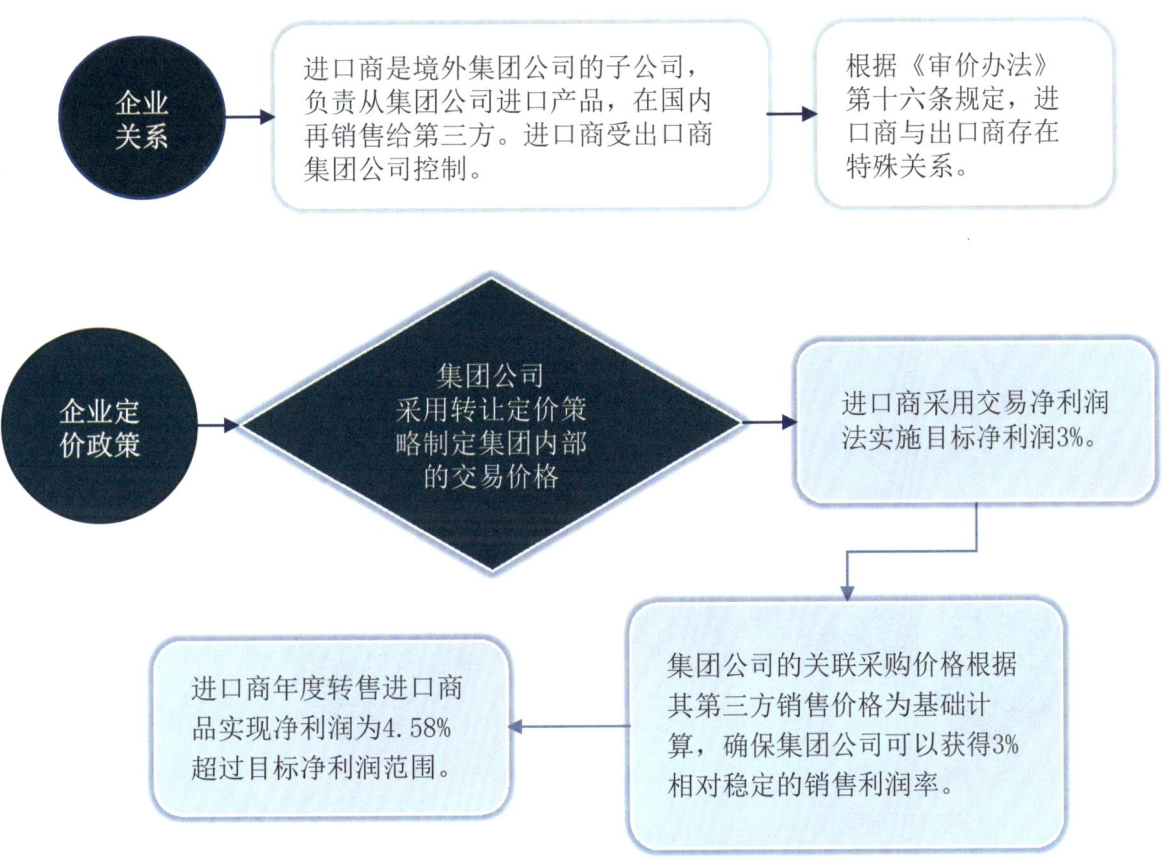

可比公司五年加权平均息税前利润率的四分位区间（20××～20××年）

息税前利润率	20××～20××年
第一四分位	1.75%
中位值	3.95%
第三四分位	4.85%
选中可比公司数量	8

加权平均息税前利润率的四分位，分销业务取得的息税前利润率为4.58%，位于可比公司三年加权平均息税前利润率的四分位区间之内，且高于中位值。

（二）估价分析

集团公司分销业务流程图

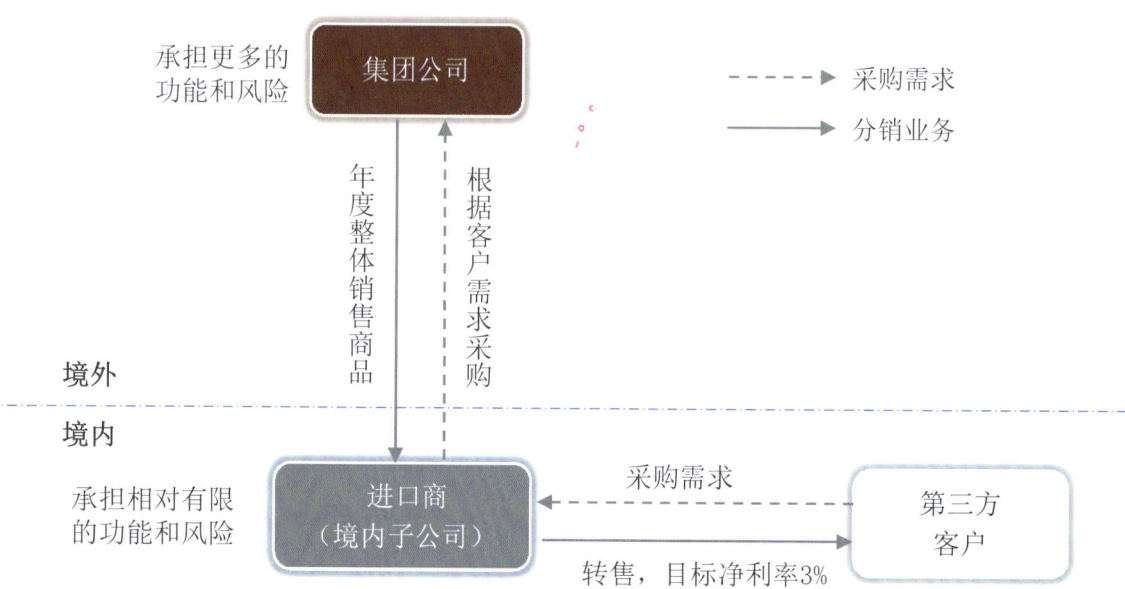

进口分销业务流程及定价原则

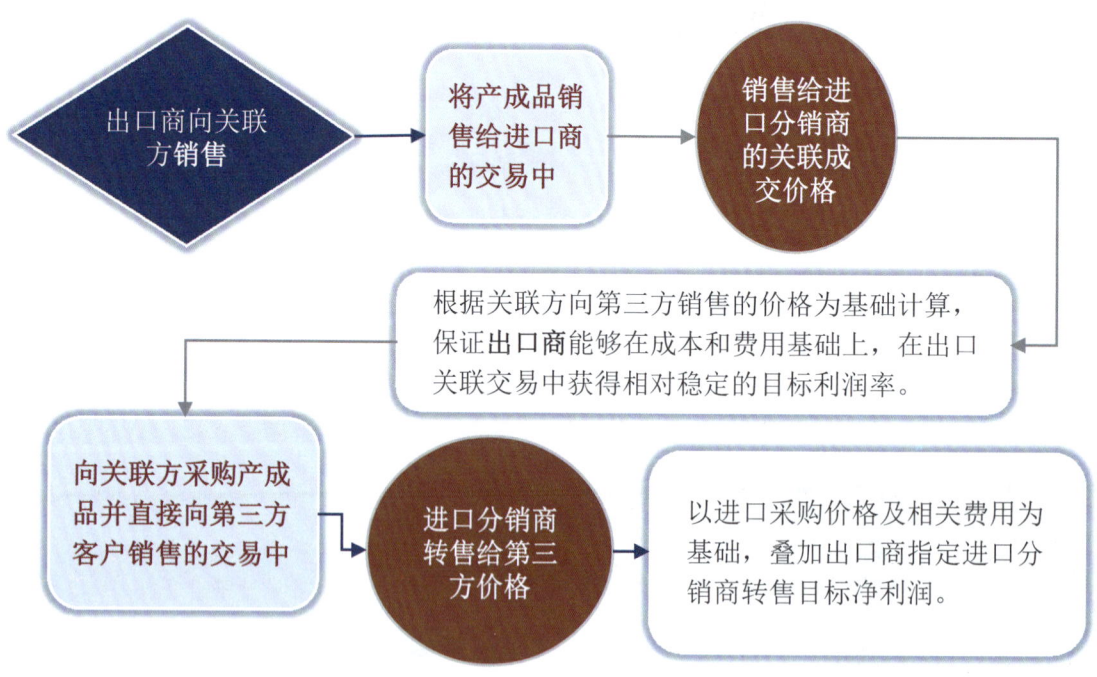

进口商品净利分析表

序号	分销产品	毛利率	收入占比	实际净利	实际净利率	目标净利	目标净利率	利润差额
1	A			正数				正数
2	B			正数				正数
3	C			负数				负数
4	D			正数				正数
5	E			与目标净利持平				零
6	F			负数				负数
7	G			与目标净利持平				零
……	……			……				……
合计				整体净利与目标净利基本一致				

综上可见，进口商年度整体分销业务的关联交易安排符合独立交易原则。

此结论，是以部分商品亏损销售抵减后的利润为基础所得，亏损销售严重背离市场一般规则，是企业特殊情形或特殊战略的考虑，不应该由于其部分进口商品转售净利畸高而掩盖对进口商品成交价格造成严重影响的现象。

根据《审价办法》第十六条、第十七条（二）、第二十三条规定对进口商品重新估价，调整对进口商品成交价格造成实质影响进口商品的完税价格，参照公司转让定价政策按照《审价办法》法定顺序依次选用估价方法进行估价。

(三）估价结论

转让定价逐渐被引入到海关估价领域，但转让定价审查只是海关审查特殊关系是否影响成交价格的一个方面，海关估价工作在法规层面不涉及转让定价，转让定价策略不能代替海关对特殊关系的审查。

企业转让定价策略一般是以一个时间段内的多批、多种货物的定价为目标，而海关估价是以一个时间点上的一批进口货物为标的，这明显存在差异。上述解析恰恰反映了企业整体转让定价策略合理，但部分进口货物的价格却不符合海关估价规定的情况。

通常情况下每一级都有合理的利润水平。商业水平上的差异无疑会导致进口货物的成交价格的差异。在使用销售环境测试法解决特殊关系估价问题时，尤其是没有参照的情况下，在不能使用相同或类似货物价格估价方法时，由于企业能提供客观详细的倒扣价格需要的，按照进口状态销售给无关的第三方的境内第一销售价格、管理费用、营业费用、运杂费、关税及其他税费等量化数据，我们更倾向倒扣价格法。

进口商品涉及不同品种及型号，按照《审价办法》第十七条（二）、第二十三条规定对进口商品重新估价。

使用倒扣价格法确定估价理由并实施估价，既兼顾了企业自身的转让定价策略和商业水平的差异，又使估价结果在合法的基础上更加合理。

在上述分销状态下，按企业定价政策还原各项进口商品的净利润率（每项商品销售额-该项商品完税价格-该项商品关税-该项商品一般费用和管理费用）/每项进口商品销售额），最终调整不符合公司转让定价政策进口商品的完税价格。

据此，使用倒扣价格法，公式为：境内第一销售价格-（通常利润+一般费用）-（境内起卸后运输及杂费+保险费）-（进口关税+进口环节海关代征税+其他国内税）=最终完税价格，还原贸易实际。

三、通过对进口商利润分割法的分析，采用合理方法估价解析

（一）企业关系及定价政策分析

企业关系：进口商是出口商的子公司，负责进口商品的分销业务，进口商受出口商控制。

根据《审价办法》第十六条规定，进口商与出口商存在特殊关系。

定价政策：进口商采用转让定价策略制定集团内部的交易价格。

进口商采用利润分割法实施。

出口商与进口商的交易价格符合内部转让定价政策。

出口商的关联采购价格以集团亚太区分销中心的采购价格为基准，按照进口商在中国市场的销售价格计算利润，出口商与进口商按照50：50的比例分割销售利润。即货物的转移价格为分销中心采购价与50%的销售利润之和。

（二）估价分析

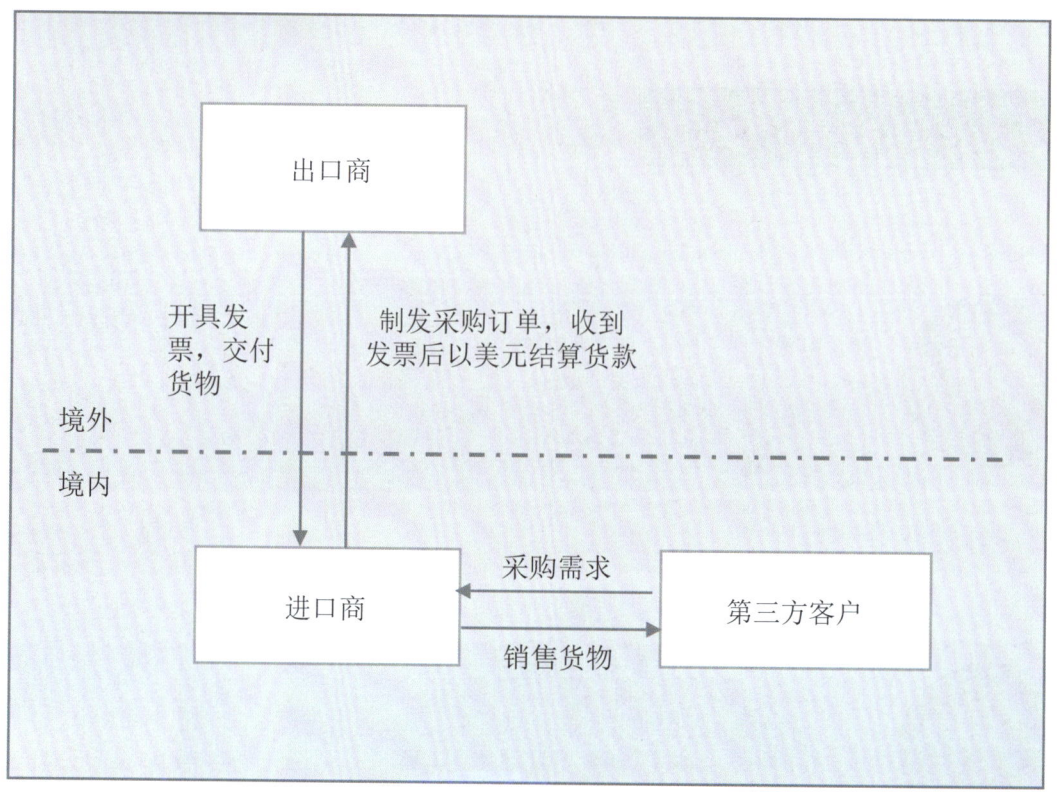

交易各方	承担的功能与风险
出口商	拥有品牌价值和生产研发职能，有形资产和无形资产贡献度最大；所有购销渠道、产品、转售商品商誉保修
进口商	承担进口报关、销售的职能和汇率等有限风险

按照OECD《转让定价指南》对于转让定价方法的认定，利润分割法是除可比非受控价格法、转售价格法、成本加成法等常用方法外较少被采用的转让定价方法

使用利润分割法进行内部转让定价时，应按照每一个受控纳税人在其所进行的受控交易中所做的贡献比例，将营业利润分配给受控交易的每一方

该贡献应当包括有形资产服务和无形资产价值

根据《审价办法》第十六条、第十七条（二）、第二十三条规定对进口商品重新估价，调整对进口商品成交价格造成实质影响进口商品的完税价格，参照公司转让定价政策按照《审价办法》法定顺序依次选用估价方法进行估价

未能掌握相同及类似价格资料，因此无法采用作为相同或类似货物方法估价。

由于流通环节复杂、运营成本存在差异，因此无法采用倒扣估价方法计算完税价格。

无法提供生产商生产销售成本、利润以及一般费用情况，因此也无法使用计算价格估价方法。

排除上述估价方法，采用合理方法估价。

（三）估价结论

按照出口商与进口商在整个交易过程中所做贡献的实际比例重新进行利润分割。

根据进口商的功能，适当的在其转售货物的价格中加入部分营业利润，即将出口商向进口商的销售价格在售价基础上再调增20%，将出口商的利润分割比例上调至70%、进口商的利润分割比例下调至30%，海关据此客观量化数据对进口商申报价格实施估价。

（四）评论

OECD《转让定价指南》的核心是运用公平独立核算原则对跨国公司内部定价情况开展分析。公平独立核算原则要求跨国公司将其内部的附属机构（公司）视为各自在财务、资本、经营上完全独立的企业，按照无关联企业之间业务往来的方式和条件来从事它们之间的内部交易。对跨国公司内部定价情况开展分析，公平独立核算原则要求跨国公司将其内部的附属机构(公司)视为各自在财务、资本、经营上完全独立的企业，按照无关联企业之间业务往来的方式和条件来从事它们之间的内部交易。按照这一原则，不管企业间的关系如何，只要它们没有按照公平独立核算原则从事经营活动，海关就有权按市场价格重新核定该笔交易，以便按真实的成交价格予以课税。

第七节 论 注

一、关注跨国公司的定价政策

通常跨国集团公司内部贸易价格不依国际市场供求关系而变化，而是采用转移价格的方式进行。

这种价格不同于正常的国际市场价格水平，是基于跨国集团的整体利益和子公司所在国的具体情况制定。

需明确每项价格构成，并逐项比对公平独立原则进行确认，以确认特殊关系是否影响成交价格。

二、依次排除上位法的适用性

根据《审价办法》第六条规定，确定合适的估价方法

因不属于成交价格调整因素范畴，故排除以成交价格方法进行估价；依次选用相同或类似货物成交价格法、倒扣价格估价方法、计算价格估价方法、合理方法，最终选择适用的估价方法重新估价。

三、正确应用估价方法，合理解决估价难题

按照客观、公平、统一的原则，应用合适的估价方法和会计原则，将与直接用于国内销售的进口商品相关联的境外研发成本合理量化计入完税价格。

集团内部的分摊方法该集团研发费用的分摊过程是动态连续的。

（转下页）

第四章 集成电路行业估价解析

> 只要经研发成功推向市场的产品一直销售，研发中心就根据协议确定的方法每年度对产品进行分摊

遵循
- "货物进口-发生销售-研发成本分摊"
- "货物未进口-未发生销售-不存在分摊"

原则核算研发成本

所以只要该被估货物进口后直接销售，企业就会核算发生的销售额所对应的研发费，企业是每年度核算一次研发成本，即每年的研发费用只应用到本年。

因企业投入研发的很多项目费用是整体投入，并不是针对个体的。

且一项研发成功后，理论上对应在全球子公司的产品，只要该产品不废止，研发成果应该一直关联下去，如果从这个角度去量化研发数据估价，难度非常之大。

集团研发中心通常根据受益子公司年度销售额占集团年度销售额的比重来分摊全球研发成本，并根据销售业绩收回一定比例的研发成本。据此以进口商的进口商品直接销售额占进口商所有商品销售额的比例，来分摊进口商承担集团"研发""新业务研发"项目数额，得出进口商的进口商品所涉及的研发费用。

具体分摊过程

第一步　将与估价无关的数据从总体研发费用数据中剥离。总体研发费用数据涵盖了若干项目，如产品管理、区域战略管理、全球战略管理、研发、新业务研发等项目，其中"研发""新业务研发"项目与产品性能相关。

第二步 通过进口商的进口商品直接销售额占其所有商品销售额的比例,分摊该公司承担集团"研发""新业务研发"项目数额,由此来计算该公司承担的集团"研发""新业务研发"项目数额中与进口商品直接相关的部分。
由于企业作为集团子公司分摊研发费用的数据不仅包含进口商品研发成本,还包含了在境内加工成品的研发成本,应当将进口商品之外的其他境内加工成品涉及的研发成本从总体研发费用数据剥离出去。

第三步 剥离后的研发费用数据分摊到当期进口商品计征税款。

第五章 医药行业估价解析

第一节 医药行业概况

一、全球医药行业简况

> 近几年,全球医药市场增长相对平稳,市场份额最大的五个国家分别为美国、日本、中国、德国和法国。其中,仅中国市场在近年中始终保持强劲增长;同期,欧洲市场则因医疗习惯的变化陷入了一定程度的增长停滞;日本近年来增长并不稳定,但人口老龄化的趋势会使其在未来对医药市场的需求不断增大;美国市场作为当前全球最大的医药市场,预期仍会继续保持持续的增长以及对市场的吸引力。

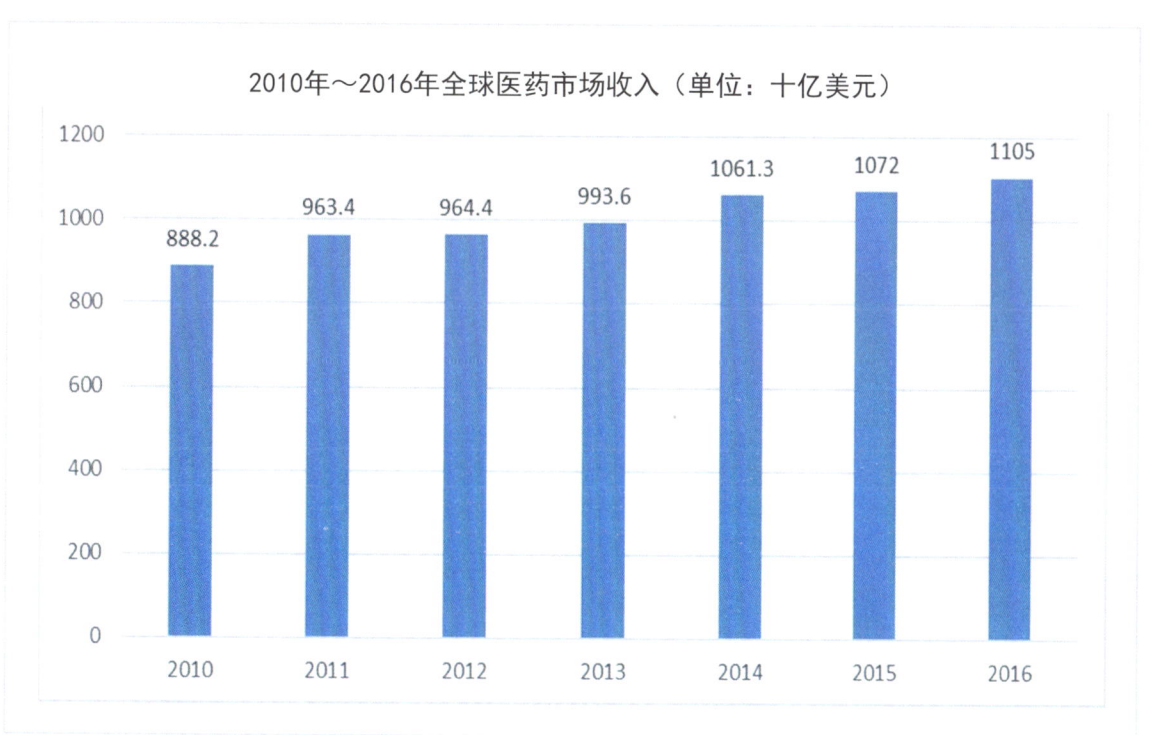

注:数据来自Hardman & Co-Global Pharmaceuticals report 2016。

2017年全球医药市场十大治疗领域

注：数据来自http://www.igeahub.com/2017/08/22/top-10-pharmaceutical-therapy-areas-in-2017/。

将全球医药市场按照治疗领域划分，抗肿瘤药、抗风湿药、抗病毒和抗糖尿病药市场是最大的细分市场，约占整个市场份额的29.7%。这四个领域中，抗肿瘤药和抗糖尿病药仍然是发展最快的领域。

2016年全球医药市场销售额排名前15位的医药公司

排名	公司名称	市值（百万美元）	医药市场收入（百万美元）
1	强生公司	387235	71890
2	罗氏控股公司	217746	51351
3	辉瑞公司	217029	52824
4	诺华公司	205443	49436
5	艾伯维公司	160026	25638
6	默克公司	154859	39807
7	诺和诺德	137396	16628
8	安进公司	133117	22991
9	赛诺菲	111433	38406
10	拜尔公司	105904	51752
11	雅培	102556	20853
12	基列科学	102076	30390
13	施贵宝公司	101248	19427
14	艾莉莉莉公司	94760	21222
15	葛兰素史克	90159	37679

注：数据来自http://client.globaldata.com/static/PR1298.jpg。

二、中国医药行业简况

中国的制药工业起步于20世纪初，经历了从无到有、从使用传统工艺到大规模运用现代技术的发展历程，特别是改革开放以来，医药行业成为中国国民经济的重要组成部分；医药对人类生活的巨大影响使得其行业的高增长和高收益特性非常突出。

2016年，中国医药市场在政策调整、经济下行等多方压力下艰难前行，产业增速和利润仍保持一定增长态势。"十三五"初期，我国医药工业经济规模保持稳步发展，主营业务收入和利润总额持续增长。2016年，医药工业企业主营业务收入近3万亿元。2017年，达3.2万亿元，医药工业企业整体利润总额持续提升。

根据数据显示，2015～2018年中国医药品进口量温和增长，2018年中国医药品进口量为152703吨，同比增长10.1%。

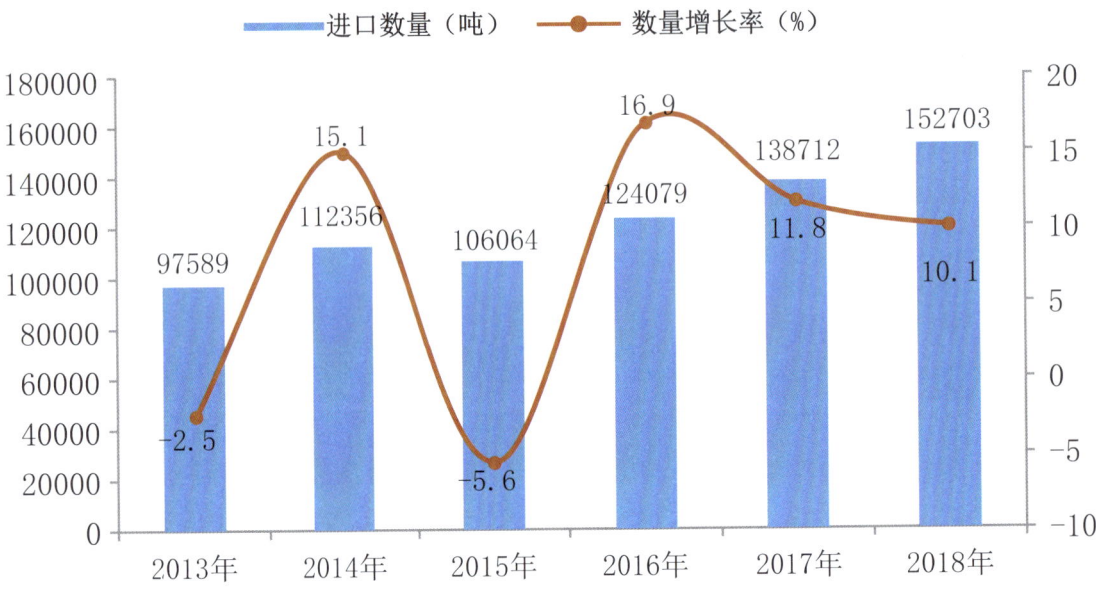

2013年～2018年中国医药品进口量及增长情况

注：数据来自中商产业研究院。

2013年～2018年中国医药品进口金额增长，2018年中国医药品进口金额为29602.8百万美元，同比增长10.5%。

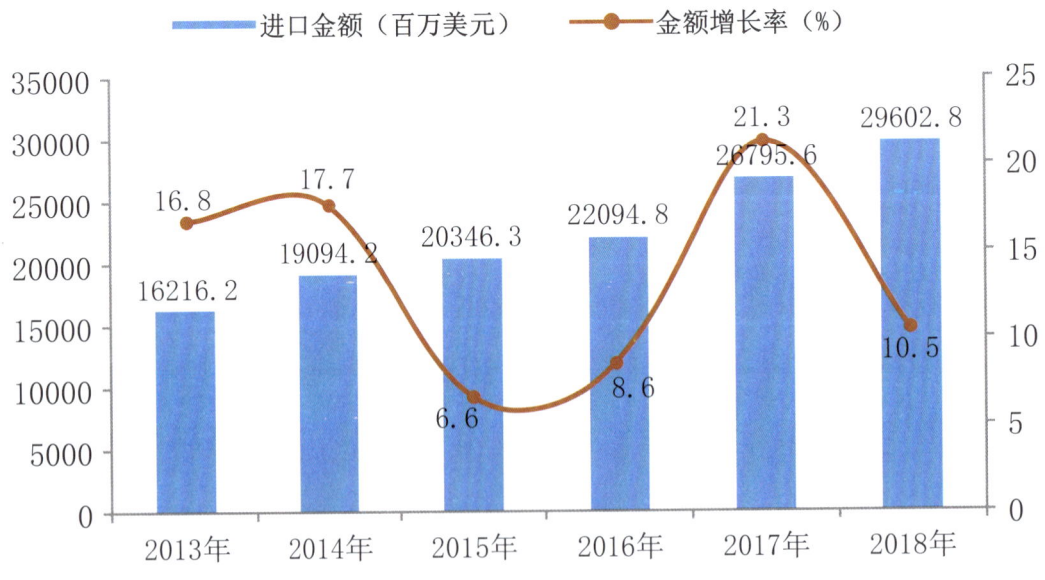

2013年～2018年中国医药品进口金额及增长情况

注：数据来自中商产业研究院。

2018年全年中国医药类产品进出口金额统计及增长情况

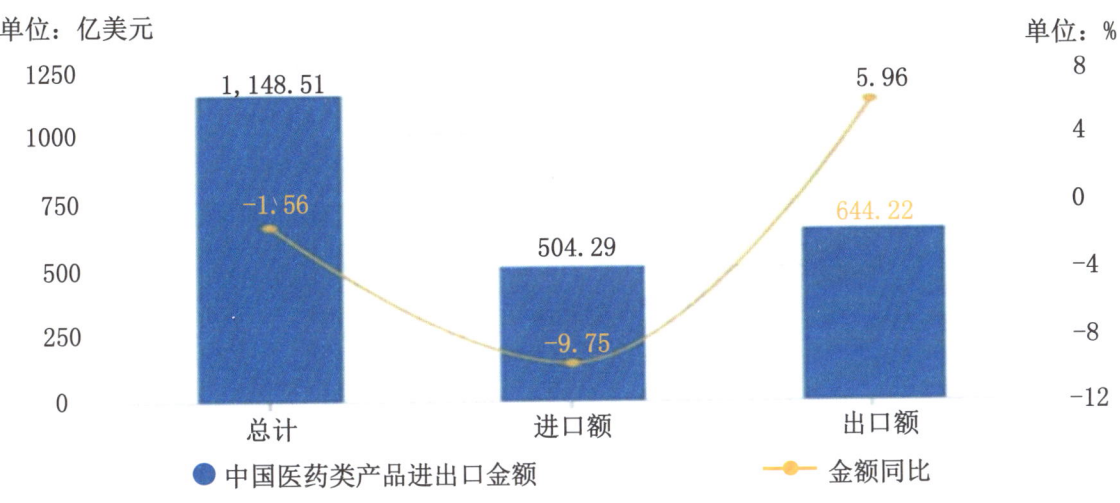

注：数据来自中商情报网——2018年中国医药品进口量同比增长10.1%。

（一）2018年中国医药行业进口情况

2018年，受各种因素影响，中国医药进口量增价减。对于2019年医药外贸形势基本走向，在2019年3月19日"2018～2019年中国医药健康行业国际化形势发布会"上中国医药保健品进出口商会副会长王茂春称，医药出口稳步增长的趋势将会延续下去；制剂进口价格虽然有可能继续下降或维持现有水平，但随着中美贸易摩擦的缓和，以及进口博览会的引领带动，我国医药进口量将会呈现回归稳步增长态势，医药进口金额将逐渐恢复正向增长。

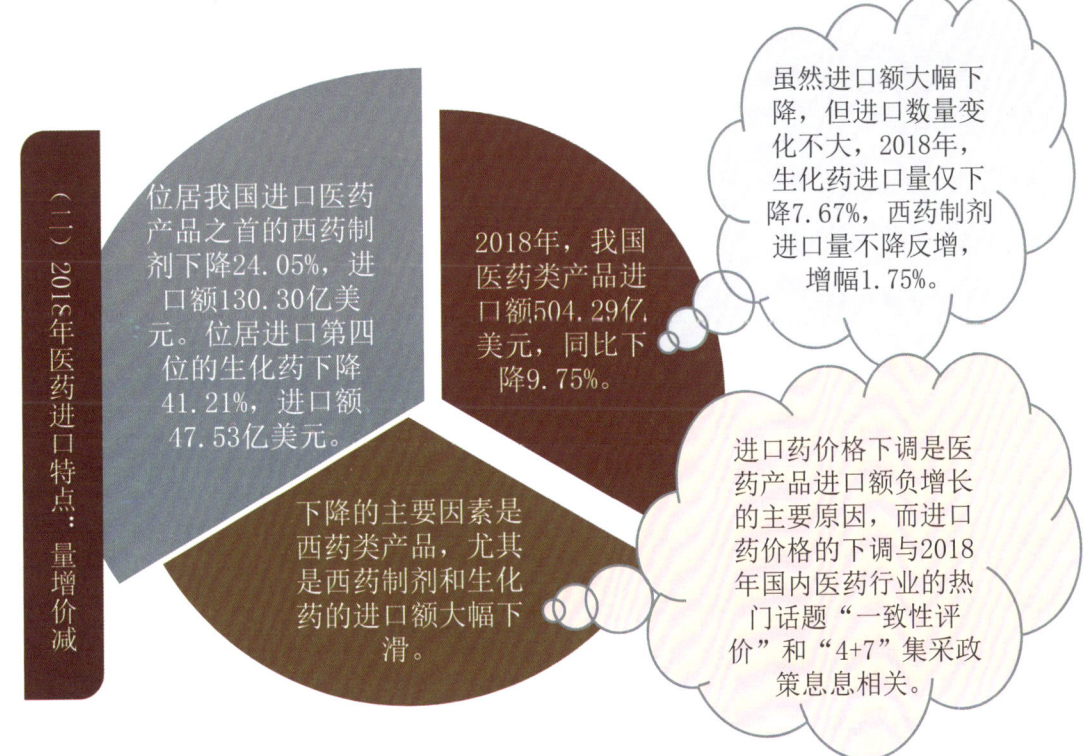

（二）2018年医药进口特点：量增价减

位居我国进口医药产品之首的西药制剂下降24.05%，进口额130.30亿美元。位居进口第四位的生化药下降41.21%，进口额47.53亿美元。

2018年，我国医药类产品进口额504.29亿美元，同比下降9.75%。

下降的主要因素是西药类产品，尤其是西药制剂和生化药的进口额大幅下滑。

虽然进口额大幅下降，但进口数量变化不大，2018年，生化药进口量仅下降7.67%，西药制剂进口量不降反增，增幅1.75%。

进口药价格下调是医药产品进口额负增长的主要原因，而进口药价格的下调与2018年国内医药行业的热门话题"一致性评价"和"4+7"集采政策息息相关。

（三）中国医药行业按药品类型可分为三大领域

- 化学药
- 中药
- 生物药

其中，化学制剂的销售额占比最高，甚至超过中成药和生物药物销售额的总和。

腹泻的发病率一直高居各种疾病排行榜的前列，但由于人体自身的调节功能，一些腹泻可以自愈，市面上普遍能见到的抗腹泻药物也可以达到一定的疗效。

全球癌症状况将日益严重，今后20年新患者人数将由目前的每年1000万增加到1500万，因癌症而死亡的人数也将由每年600万增至1000万。未来中国癌症发病率将会快速增长，伴随而来的将是抗癌药物的大力发展。全球抗肿瘤药物销售总额超过了800亿美元。2016年美国食品与药品管理局（FDA）新批准了11种抗肿瘤新药。

国家基本药物目录（2018年版）

类别		内容
第一部分 化学药品和生物制品	一、抗微生物药	（一）青霉素类
		（二）头孢菌素类
		（三）氨基糖苷类
		（四）四环素类
		（五）大环内酯类
		（六）其他抗生素
		（七）磺胺类
		（八）喹诺酮类
		（九）硝基咪唑类
		（十）硝基呋喃类
		（十一）抗结核病药
		（十二）抗麻风病药
		（十三）抗真菌药
		（十四）其他抗菌药
		（十五）抗病毒药
	二、抗寄生虫病药	（一）抗疟药
		（二）抗阿米巴病药及抗滴虫病药
		（三）抗利什曼原虫病药
		（四）抗血吸虫病药
		（五）驱肠虫药

类别	内容
第一部分 化学药品和生物制品	三、麻醉药	（一）局部麻醉药
		（二）全身麻醉药
		（三）麻醉辅助药
	四、镇痛、解热、抗炎、抗风湿、抗痛风药	（一）镇痛药
		（二）解热镇痛、抗炎、抗风湿药
		（三）抗痛风药
	五、神经系统用药	（一）抗震颤麻痹药
		（二）抗重症肌无力药
		（三）抗癫痫药
		（四）脑血管病用药及降颅压药
		（五）中枢兴奋药
		（六）抗痴呆药
	六、治疗精神障碍药	（一）抗精神病药
		（二）抗抑郁药
		（三）抗焦虑药
		（四）抗躁狂药
		（五）镇静催眠药
	七、心血管系统用药	（一）抗心绞痛药
		（二）抗心律失常药
		（三）抗心力衰竭药

类别	内容
第一部分 化学药品和生物制品	七、心血管系统用药	（四）抗高血压药
		（五）抗休克药
		（六）调脂及抗动脉粥样硬化药
	八、呼吸系统用药	（一）祛痰药
		（二）镇咳药
		（三）平喘药
	九、消化系统用药	（一）抗酸药及抗溃疡病药
		（二）助消化药
		（三）胃肠解痉药及胃动力药
		（四）泻药及止泻药
		（五）肝病辅助治疗药
		（六）微生态制剂
		（七）利胆药
		（八）治疗炎性肠病药
	十、泌尿系统用药	（一）利尿药及脱水药
		（二）良性前列腺增生用药
		（三）透析用药
	十一、血液系统用药	（一）抗贫血药
		（二）抗血小板药
		（三）促凝血药

类别		内容
第一部分 化学药品和生物制品	十一、血液系统用药	（四）抗凝血药及溶栓药
		（五）血容量扩充剂
	十二、激素及影响内分泌药	（一）下丘脑垂体激素及其类似物
		（二）肾上腺皮质激素类药
		（三）胰岛素及口服降血糖药
		（四）甲状腺激素及抗甲状腺药
		（五）抗甲状旁腺药
		（六）雄激素及同化激素
		（七）雌激素、孕激素及抗孕激素
		（八）钙代谢调节药及抗骨质疏松药
	十三、抗变态反应药	
	十四、免疫系统用药	
	十五、抗肿瘤药	（一）烷化剂
		（二）抗代谢药
		（三）抗肿瘤抗生素
		（四）抗肿瘤植物成分药
		（五）其他抗肿瘤药
		（六）抗肿瘤激素类

类别			内容
第一部分 化学药品和生物制品	十五、抗肿瘤药		（七）抗肿瘤辅助药
			（八）抗肿瘤靶向药
	十六、维生素、矿物质类药		（一）维生素
			（二）矿物质
			（三）肠外营养药
			（四）肠内营养药
	十七、调节水、电解质及酸碱平衡药		（一）水、电解质平衡调节药
			（二）酸碱平衡调节药
			（三）其他
	十八、解毒药		（一）氰化物中毒解毒药
			（二）有机磷酸酯类中毒解毒药
			（三）亚硝酸盐中毒解毒药
			（四）阿片类中毒解毒药
			（五）鼠药解毒药
			（六）其他
	十九、生物制品		
	二十、诊断用药		（一）造影剂
			（二）其他

类别		内容
第一部分 化学药品和生物制品	二十一、皮肤科用药	（一）抗感染药
		（二）角质溶解药
		（三）肾上腺皮质激素类药
		（四）其他
	二十二、眼科用药	（一）抗感染药
		（二）青光眼用药
		（三）其他
	二十三、耳鼻喉科用药	
	二十四、妇产科用药	（一）子宫收缩药
		（二）其他
	二十五、计划生育用药	
	二十六、儿科用药	
第二部分 中成药	一、内科用药	（一）解表剂
		（二）泻下剂
		（三）清热剂
		（四）温里剂
		（五）化痰、止咳、平喘剂
		（六）开窍剂

类别		内容
第二部分 中成药	一、内科用药	（七）扶正剂
		（八）安神剂
		（九）止血剂
		（十）祛瘀剂
		（十一）理气剂
		（十二）消导剂
		（十三）治风剂
		（十四）祛湿剂
		（十五）调脂剂
		（十六）固涩剂
	二、外科用药	（一）清热剂
		（二）温经理气活血剂
		（三）活血化瘀剂
	三、妇科用药	（一）理血剂
		（二）清热剂
		（三）扶正剂
		（四）散结剂
	四、眼科用药	（一）清热剂
		（二）扶正剂

类别	内容
第二部分 中成药	五、耳鼻喉科用药	（一）耳病
		（二）鼻病
		（三）咽喉、口腔病
	六、骨伤科用药	
	七、儿科用药	（一）解表剂
		（二）清热剂
		（三）止咳剂
		（四）扶正剂
		（五）安神剂
		（六）消导剂
第三部分 中药饮片		

（四）医药行业特点

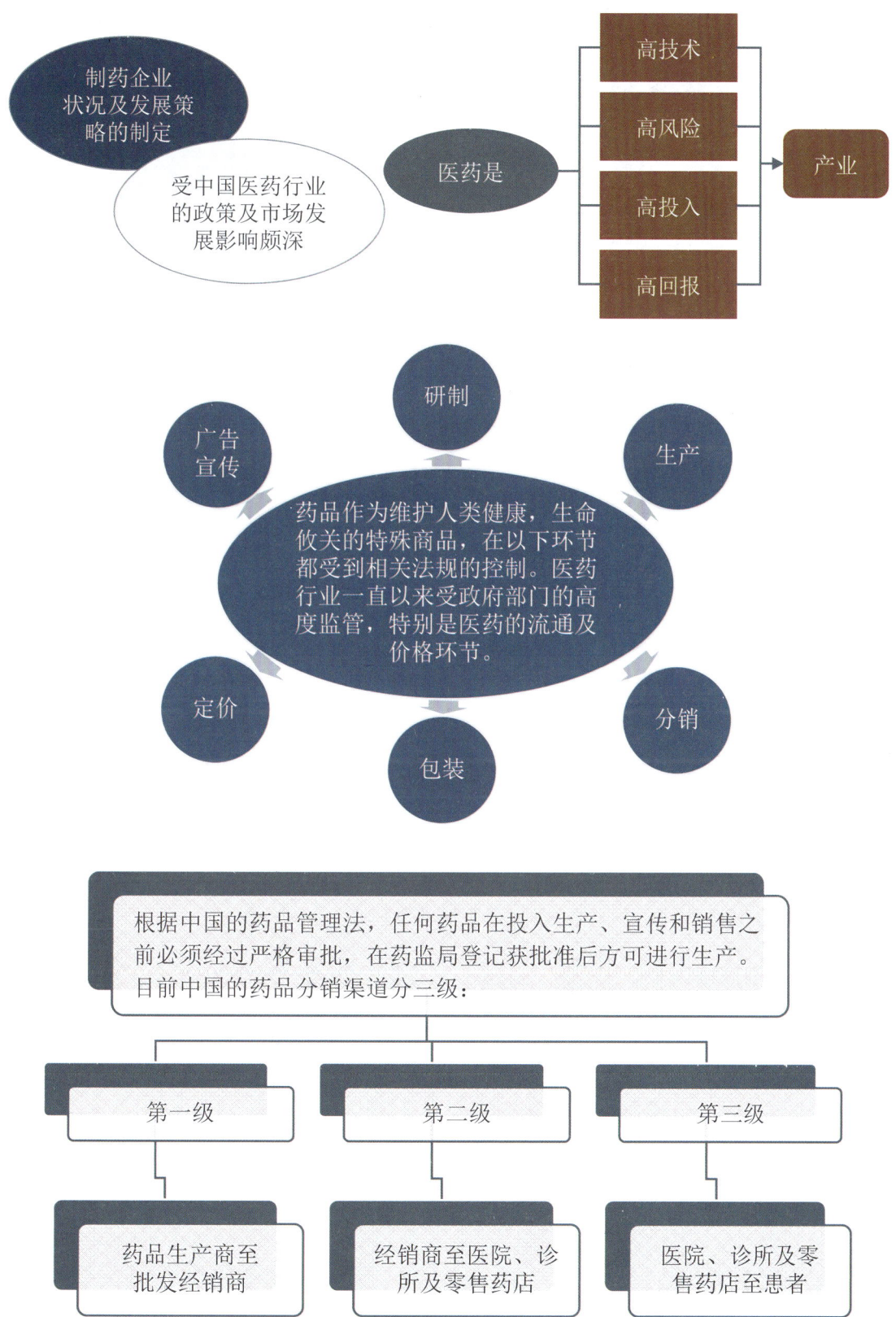

药品进口管理办法

章节	条款内容
第一章 总则	第一条 为规范药品进口备案、报关和口岸检验工作，保证进口药品的质量，根据《中华人民共和国药品管理法》《中华人民共和国海关法》《中华人民共和国药品管理法实施条例》（以下简称《药品管理法》《海关法》《药品管理法实施条例》）及相关法律法规的规定，制定本办法。 第二条 药品的进口备案、报关、口岸检验以及进口，适用本办法。 第三条 药品必须经由国务院批准的允许药品进口的口岸进口。 第四条 本办法所称进口备案，是指进口单位向允许药品进口的口岸所在地药品监督管理部门（以下称口岸药品监督管理局）申请办理《进口药品通关单》的过程。麻醉药品、精神药品进口备案，是指进口单位向口岸药品监督管理局申请办理《进口药品口岸检验通知书》的过程。 本办法所称口岸检验，是指国家食品药品监督管理局确定的药品检验机构（以下称口岸药品检验所）对抵达口岸的进口药品依法实施的检验工作。 第五条 进口药品必须取得国家食品药品监督管理局核发的《进口药品注册证》（或者《医药产品注册证》），或者《进口药品批件》后，方可办理进口备案和口岸检验手续。 进口麻醉药品、精神药品，还必须取得国家食品药品监督管理局核发的麻醉药品、精神药品《进口准许证》。 第六条 进口单位持《进口药品通关单》向海关申报，海关凭口岸药品监督管理局出具的《进口药品通关单》，办理进口药品的报关验放手续。 进口麻醉药品、精神药品，海关凭国家食品药品监督管理局核发的麻醉药品、精神药品《进口准许证》办理报关验放手续。 第七条 国家食品药品监督管理局会同海关总署制定、修订、公布进口药品目录。

章节	条款内容	
第二章 进口备案	第八条 口岸药品监督管理局负责药品的进口备案工作。口岸药品监督管理局承担的进口备案工作受国家食品药品监督管理局的领导，其具体职责包括：	（一）受理进口备案申请，审查进口备案资料；
		（二）办理进口备案或者不予进口备案的有关事项；
		（三）联系海关办理与进口备案有关的事项；
		（四）通知口岸药品检验所对进口药品实施口岸检验；
		（五）对进口备案和口岸检验中发现的问题进行监督处理；
		（六）国家食品药品监督管理局规定的其他事项。
	第九条 报验单位应当是持有《药品经营许可证》的独立法人。药品生产企业进口本企业所需原料药和制剂中间体（包括境内分包装用制剂），应当持有《药品生产许可证》。	
	第十条 下列情形的进口药品，必须经口岸药品检验所检验符合标准规定后，方可办理进口备案手续。检验不符合标准规定的，口岸药品监督管理局不予进口备案：	（一）国家食品药品监督管理局规定的生物制品；
		（二）首次在中国境内销售的药品；
		（三）国务院规定的其他药品。
	第十一条 进口单位签订购货合同时，货物到岸地应当从允许药品进口的口岸选择。其中本办法第十条规定情形的药品，必须经由国家特别批准的允许药品进口的口岸进口。	
	第十二条 进口备案，应当向货物到岸地口岸药品监督管理局提出申请，并由负责本口岸药品检验的口岸药品检验所进行检验。	

章节	条款内容
第二章 进口备案	第十三条 办理进口备案，报验单位应当填写《进口药品报验单》，持《进口药品注册证》（或者《医药产品注册证》）（正本或者副本）原件，进口麻醉药品、精神药品还应当持麻醉药品、精神药品《进口准许证》原件，向所在地口岸药品监督管理局报送所进口品种的有关资料一式两份：

	（一）《进口药品注册证》（或者《医药产品注册证》）（正本或者副本）复印件；麻醉药品、精神药品的《进口准许证》复印件。
	（二）报验单位的《药品经营许可证》和《企业法人营业执照》复印件。
	（三）原产地证明复印件。
	（四）购货合同复印件。
	（五）装箱单、提运单和货运发票复印件。
	（六）出厂检验报告书复印件。
	（七）药品说明书及包装、标签的式样（原料药和制剂中间体除外）。
	（八）国家食品药品监督管理局规定批签发的生物制品，需要提供生产检定记录摘要及生产国或者地区药品管理机构出具的批签发证明原件。
	（九）本办法第十条规定情形以外的药品，应当提交最近一次《进口药品检验报告书》和《进口药品通关单》复印件。 药品生产企业自行进口本企业生产所需原料药和制剂中间体的进口备案，第（二）项资料应当提交其《药品生产许可证》和《企业法人营业执照》复印件。 经其他国家或者地区转口的进口药品，需要同时提交从原产地到各转口地的全部购货合同、装箱单、提运单和货运发票等。 上述各类复印件应当加盖进口单位公章。

章节	条款内容	
第二章 进口备案	第十四条 口岸药品监督管理局接到《进口药品报验单》及相关资料后，按照下列程序的要求予以审查：	（一）逐项核查所报资料是否完整、真实；
		（二）查验《进口药品注册证》（或者《医药产品注册证》）（正本或者副本）原件，或者麻醉药品、精神药品的《进口准许证》原件真实性；
		（三）审查无误后，将《进口药品注册证》（或者《医药产品注册证》）（正本或者副本）原件，或者麻醉药品、精神药品的《进口准许证》原件，交还报验单位，并于当日办结进口备案的相关手续。
	第十五条 本办法第十条规定情形的药品，口岸药品监督管理局审查全部资料无误后，应当向负责检验的口岸药品检验所发出《进口药品口岸检验通知书》，附本办法第十三条规定的资料一份，同时向海关发出《进口药品抽样通知书》。有关口岸药品检验进入海关监管场所抽样的管理规定，由国家食品药品监督管理局与海关总署另行制定。口岸药品检验所按照《进口药品口岸检验通知书》规定的抽样地点，抽取检验样品，进行质量检验，并将检验结果送交所在地口岸药品监督管理局。检验符合标准规定的，准予进口备案，由口岸药品监督管理局发出《进口药品通关单》；不符合标准规定的，不予进口备案，由口岸药品监督管理局发出《药品不予进口备案通知书》。	
	第十六条 本办法第十条规定情形以外的药品，口岸药品监督管理局审查全部资料无误后，准予进口备案，发出《进口药品通关单》。同时向负责检验的口岸药品检验所发出《进口药品口岸检验通知书》，附本办法第十三条规定的资料一份。 对麻醉药品、精神药品，口岸药品监督管理局审查全部资料无误后，应当只向负责检验的口岸药品检验所发出《进口药品口岸检验通知书》，附本办法第十三条规定的资料一份，无需办理《进口药品通关单》。 口岸药品检验所应当到《进口药品口岸检验通知书》规定的抽样地点抽取样品，进行质量检验，并将检验结果送交所在地口岸药品监督管理局。对检验不符合标准规定的药品，由口岸药品监督管理局依照《药品管理法》及有关规定处理。	

章节	条款内容
第二章 进口备案	第十七条 下列情形之一的进口药品，不予进口备案，由口岸药品监督管理局发出《药品不予进口备案通知书》；对麻醉药品、精神药品，口岸药品监督管理局不予发放《进口药品口岸检验通知书》：

（一）不能提供《进口药品注册证》（或者《医药产品注册证》）（正本或者副本）、《进口药品批件》或者麻醉药品、精神药品的《进口准许证》原件的。

（二）办理进口备案时，《进口药品注册证》（或者《医药产品注册证》），或者麻醉药品、精神药品的《进口准许证》已超过有效期的。

（三）办理进口备案时，药品的有效期限已不满12个月的（对于药品本身有效期不足12个月的，进口备案时，其有效期限应当不低于6个月）。

（四）原产地证明所标示的实际生产地与《进口药品注册证》（或者《医药产品注册证》）规定的产地不符的，或者区域性国际组织出具的原产地证明未标明《进口药品注册证》（或者《医药产品注册证》）规定产地的。

（五）进口单位未取得《药品经营许可证》（生产企业应当取得《药品生产许可证》）和《企业法人营业执照》的。

（六）到岸品种的包装、标签与国家食品药品监督管理局的规定不符的。

（七）药品制剂无中文说明书或者中文说明书与批准的说明书不一致的。

（八）未在国务院批准的允许药品进口的口岸组织进口的，或者货物到岸地不属于所在地口岸药品监督管理局管辖范围的。

（九）国家食品药品监督管理局规定批签发的生物制品未提供有效的生产国或者地区药品管理机构出具的生物制品批签发证明文件的。

章节	条款内容	
第三章 口岸检验		（十）伪造、变造有关文件和票据的。
		（十一）《进口药品注册证》（或者《医药产品注册证》）已被撤销的。
		（十二）本办法第十条规定情形的药品，口岸药品检验所根据本办法第二十五条的规定不予抽样的。
		（十三）本办法第十条规定情形的药品，口岸检验不符合标准规定的。
		（十四）药品监督管理部门有其他证据证明进口药品可能危害人体健康的。
	第十八条　对不予进口备案的进口药品，进口单位应当予以退运。无法退运的，由海关移交口岸药品监督管理局监督处理。	
	第十九条　进口临床急需药品、捐赠药品、新药研究和药品注册所需样品或者对照药品等，必须经国家食品药品监督管理局批准，并凭国家食品药品监督管理局核发的《进口药品批件》，按照本办法第十六条的规定，办理进口备案手续。	
	第二十条　口岸药品检验所由国家食品药品监督管理局根据进口药品口岸检验工作的需要确定。口岸药品检验所的职责包括：	（一）对到岸货物实施现场核验；
		（二）核查出厂检验报告书和原产地证明原件；
		（三）按照规定进行抽样；
		（四）对进口药品实施口岸检验；
		（五）对有异议的检验结果进行复验；
		（六）国家食品药品监督管理局规定的其他事项。

章节	条款内容		
第三章 口岸检验	第二十一条 中国药品生物制品检定所负责进口药品口岸检验工作的指导和协调。口岸检验所需标准品、对照品由中国药品生物制品检定所负责审核、标定。		
	第二十二条 口岸药品检验所应当按照《进口药品注册证》（或者《医药产品注册证》）载明的注册标准对进口药品进行检验。		
	第二十三条 口岸药品检验所接到《进口药品口岸检验通知书》后，应当在2日内与进口单位联系，到规定的存货地点按照《进口药品抽样规定》进行现场抽样。 进口单位应当在抽样前，提供出厂检验报告书和原产地证明原件。 对需进入海关监管区抽样的，口岸药品检验所应当同时与海关联系抽样事宜，并征得海关同意。抽样时，进口单位和海关的人员应当同时在场。		
	第二十四条 口岸药品检验所现场抽样时，应当注意核查进口品种的实际到货情况，做好抽样记录并填写《进口药品抽样记录单》。 本办法第十条规定情形以外的药品，抽样完成后，口岸药品检验所应当在进口单位持有的《进口药品通关单》原件上注明"已抽样"的字样，并加盖抽样单位的公章。 对麻醉药品、精神药品，抽样完成后，应当在《进口准许证》原件上注明"已抽样"的字样，并加盖抽样单位的公章。		
	第二十五条对有下列情形之一的进口药品，口岸药品检验所不予抽样：	（一）未提供出厂检验报告书和原产地证明原件，或者所提供的原件与申报进口备案时的复印件不符的；	对不予抽样的药品，口岸药品检验所应当在2日内，将《进口药品抽样记录单》送交所在地口岸药品监督管理局。
		（二）装运唛头与单证不符的；	
		（三）进口药品批号或者数量与单证不符的；	
		（四）进口药品包装及标签与单证不符的；	
		（五）药品监督管理部门有其他证据证明进口药品可能危害人体健康的。	

章节	条款内容
第三章 口岸检验	第二十六条 口岸药品检验所应当及时对所抽取的样品进行检验，并在抽样后20日内，完成检验工作，出具《进口药品检验报告书》。特殊品种或者特殊情况不能按时完成检验时，可以适当延长检验期限，并通知进口单位和口岸药品监督管理局。 《进口药品检验报告书》应当明确标有"符合标准规定"或者"不符合标准规定"的检验结论。 国家食品药品监督管理局规定批签发的生物制品，口岸检验符合标准规定，审核符合要求的，应当同时发放生物制品批签发证明。 第二十七条 对检验符合标准规定的进口药品，口岸药品检验所应当将《进口药品检验报告书》送交所在地口岸药品监督管理局和进口单位。 对检验不符合标准规定的进口药品，口岸药品检验所应当将《进口药品检验报告书》及时发送口岸药品监督管理局和其他口岸药品检验所，同时报送国家食品药品监督管理局和中国药品生物制品检定所。 第二十八条 进口药品的检验样品应当保存至有效期满。不易贮存的留样，可根据实际情况掌握保存时间。索赔或者退货检品的留样应当保存至该案完结时。超过保存期的留样，由口岸药品检验所予以处理并记录备案。 第二十九条 进口单位对检验结果有异议的，可以自收到检验结果之日起7日内向原口岸药品检验所申请复验，也可以直接向中国药品生物制品检定所申请复验。生物制品的复验直接向中国药品生物制品检定所申请。 口岸药品检验所在受理复验申请后，应当及时通知口岸药品监督管理局，并自受理复验之日起10日内，作出复验结论，通知口岸药品监督管理局、其他口岸药品检验所，报国家食品药品监督管理局和中国药品生物制品检定所。
第四章 监督管理	第三十条 口岸药品检验所根据本办法第二十五条的规定不予抽样但已办结海关验放手续的药品，口岸药品监督管理局应当对已进口的全部药品采取查封、扣押的行政强制措施。 第三十一条 本办法第十条规定情形以外的药品，经口岸药品检验所检验不符合标准规定的，进口单位应当在收到《进口药品检验报告书》后2日内，将全部进口药品流通、使用的详细情况，报告所在地口岸药品监督管理局。

章节	条款内容		
第四章　监督管理	所在地口岸药品监督管理局收到《进口药品检验报告书》后，应当及时采取对全部药品予以查封、扣押的行政强制措施，并在7日内作出行政处理决定。对申请复验的，必须自检验报告书发出之日起15日内作出行政处理决定。有关情况应当及时报告国家食品药品监督管理局，同时通告各省、自治区、直辖市药品监督管理局和其他口岸药品监督管理局。		
	第三十二条　未在规定时间内提出复验或者经复验仍不符合标准规定的，口岸药品监督管理局应当按照《药品管理法》以及有关规定作出行政处理决定。有关情况应当及时报告国家食品药品监督管理局，同时通告各省、自治区、直辖市药品监督管理局和其他口岸药品监督管理局。 经复验符合标准规定的，口岸药品监督管理局应当解除查封、扣押的行政强制措施，并将处理情况报告国家食品药品监督管理局，同时通告各省、自治区、直辖市药品监督管理局和其他口岸药品监督管理局。		
	第三十三条　药品进口备案中发现的其他问题，由口岸药品监督管理局按照《药品管理法》以及有关规定予以处理。		
	第三十四条 国内药品生产企业、经营企业以及医疗机构采购进口药品时，供货单位应当同时提供以下资料：	（一）《进口药品注册证》（或者《医药产品注册证》）复印件、《进口药品批件》复印件；	国家食品药品监督管理局规定批签发的生物制品，需要同时提供口岸药品检验所核发的批签发证明复印件。 进口麻醉药品、精神药品，应当同时提供其《进口药品注册证》（或者《医药产品注册证》）复印件、《进口准许证》复印件和《进口药品检验报告书》复印件。 上述各类复印件均需加盖供货单位公章。
		（二）《进口药品检验报告书》复印件或者注明"已抽样"并加盖公章的《进口药品通关单》复印件；	
	第三十五条　口岸药品监督管理局和口岸药品检验所应当建立严格的进口备案资料和口岸检验资料的管理制度，并对进口单位的呈报资料承担保密责任。		

章节	条款内容
第四章 监督管理	第三十六条 对于违反本办法进口备案和口岸检验有关规定的口岸药品监督管理局和口岸药品检验所，国家食品药品监督管理局将根据情节给予批评、通报批评，情节严重的停止其进口备案和口岸检验资格。
	第三十七条 违反本办法涉及海关有关规定的，海关按照《海关法》《中华人民共和国海关法行政处罚实施细则》的规定处理。
第五章 附则	第三十八条 本办法所称进口单位，包括经营单位、收货单位和报验单位。 经营单位，是指对外签订并执行进出口贸易合同的中国境内企业或单位。 收货单位，是指购货合同和货运发票中载明的收货人或者货主。 报验单位，是指该批进口药品的实际货主或者境内经销商，并具体负责办理进口备案和口岸检验手续。 收货单位和报验单位可以为同一单位。
	第三十九条 从境外进入保税仓库、保税区、出口加工区的药品，免予办理进口备案和口岸检验等进口手续，海关按有关规定实施监管；从保税仓库、出口监管仓库、保税区、出口加工区出库或出区进入国内的药品，按本办法有关规定办理进口备案和口岸检验等手续。 经批准以加工贸易方式进口的原料药、药材，免予办理进口备案和口岸检验等进口手续，其原料药及制成品禁止转为内销。确因特殊情况无法出口的，移交地方药品监督管理部门按规定处理，海关予以核销。 进出境人员随身携带的个人自用的少量药品，应当以自用、合理数量为限，并接受海关监督。
	第四十条 进口暂未列入进口药品目录的原料药，应当遵照本办法的规定，到口岸药品监督管理局办理进口备案手续。
	第四十一条 药材进口备案和口岸检验的规定，由国家食品药品监督管理局另行制定。
	第四十二条 进口麻醉药品、精神药品凭《进口药品注册证》（或者《医药产品注册证》），按照国务院麻醉药品、精神药品管理的有关法规办理《进口准许证》。

章节	条款内容
第五章　附则	第四十三条　本办法规定的麻醉药品、精神药品是指供临床使用的品种，科研、教学、兽用等麻醉药品、精神药品的进口，按照国务院麻醉药品、精神药品管理的有关法规执行。
	第四十四条　本办法由国家食品药品监督管理局和海关总署负责解释。
	第四十五条　本办法自2004年1月1日起实施。1999年5月1日实施的《进口药品管理办法》同时废止。

第二节 中国现行医药政策

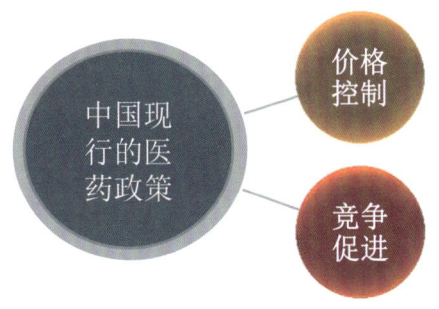

- 价格控制：包括价格调查、零差价及两票制
- 竞争促进：药物一致性评价/扶植可替代药生产企业

一、价格控制

（一）价格调查 → 是政府对药品的价格管理以及限制的一种基础干预手段。

通过调查：
- 药品生产企业的成本价
- 市场同类可比药品销售价格
- 周边国家同类药品销售价格

等方式 → 政府监管机构对于药品的销售价格进行管理。

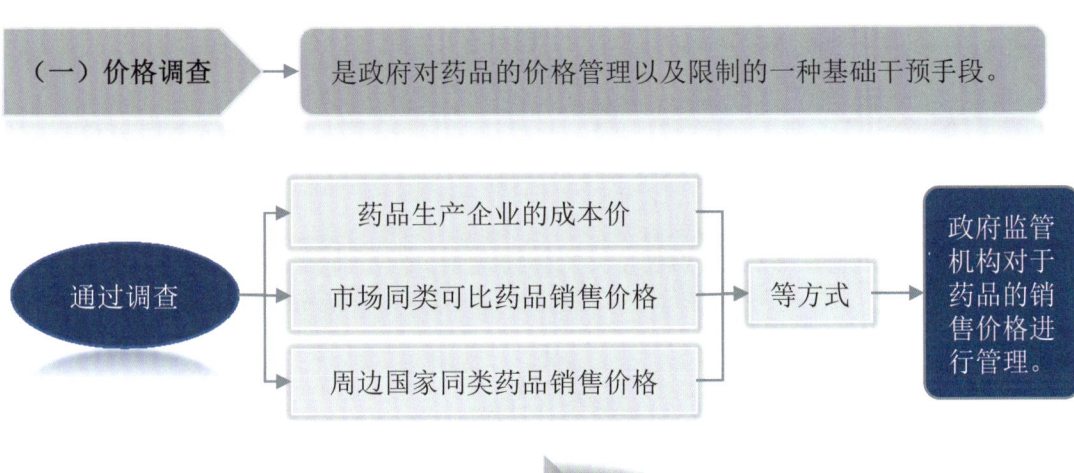

- 2005年起中国药品监管机构就开始使用出厂价格调查的手段对于全国药品的价格进行监管
- 药品价格评审中心作为价格调查及管理的主要单位，主要负责组织开展药品生产经营成本和药品市场实际购销价格调查，测算药品成本和价格。组织专家进行评审，提出药品价格制定或调整的建议。
- 在随后的各个阶段中，价格调查机制不断补充完善，对于药品价格的管理力度也随之增强

（二）零差价

药品零差价是指医疗机构在销售药品的过程中，以药品购入价卖给患者。这些医疗机构一般会受到政府的补贴。

- 制定"药品零差价"政策的直接目标
- 是为减少药品销售过程中过多的中间流通环节，最终使虚高的药价降下来。

- 2008年10月份公布的《关于深化医药卫生体制改革的意见（征求意见稿）》。
- 首次对基层医疗卫生机构提出了"药品收支两条线和零差率销售"的管理办法。
- 2010年起，全国17个试点城市陆续开始实行公立医院零差价改革。
- 截至2016年年底，所有地级以上城市全面开始推行公立医院改革。

（三）两票制

是指药品从厂家出厂到医疗机构只允许开两次发票。

- 2016年4月6日，国务院审议《深化医药卫生体制改革2016年重点工作任务》
- 在综合医改试点省份（11个省及直辖市）和公立医院综合改革试点城市（200个地级市）推行两票制
- 自2016年下半年起，各省市先后开始实行两票制。

二、竞争促进

竞争促进 ▸ 药物一致性评价 ▸ 即国家要求仿制药品要与原研药品质量和疗效一致

市场对于进口药物以及高端医药产品的需求量还在继续增长，国外高端品牌药品以及进口药品的销售会受到一定程度的影响。国外药品生产商在中国的生产以及销售业务在政府对价格管控以及竞争促进的双重作用下，或将遇到价格以及销售的双重挑战，利润水平势必受到一定程度的冲击，外资药品生产商高利润额的时代即将逐步终结。

三、2018年医药进口关键词

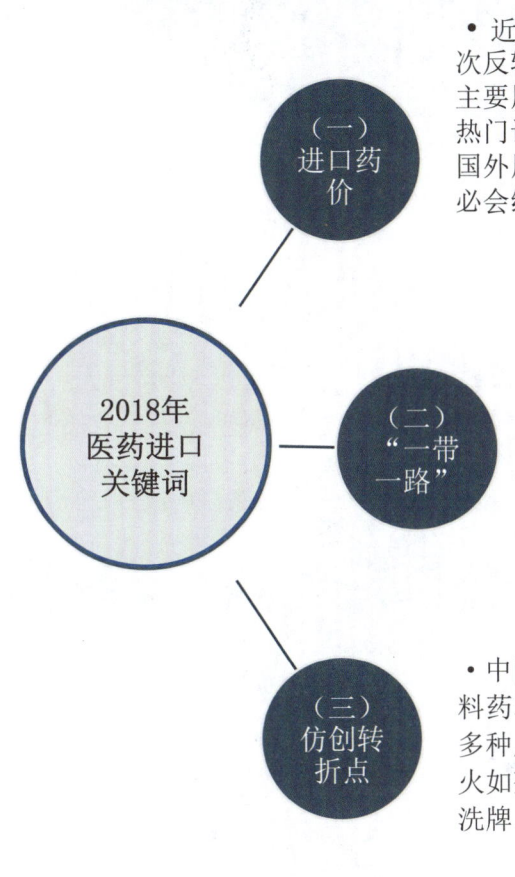

- 近年来,我国医药进口持续增长;2018年出现了首次反转。分析认为,进口药价下调是医药进口负增长的主要原因;而进口药价的下调与2018年国内医药行业的热门话题"一致性评价和4+7集采政策"息息相关。国外原研药企若想保有一定量的中国市场,进口药价势必会维持较低的水平,甚至进一步下调。

- 2018年,中国对"一带一路"沿线国家医药进出口总额235.49亿美元,同比增长6.72%;而2018年中国对全球医药外贸增速为-1.56%。可以看出,"一带一路"沿线国家的医药外贸较全球其他市场更为活跃。

- 2018年,中国对"一带一路"沿线国家医药进出口总额进口方面,近两年中国从"一带一路"沿线国家进口医药产品达两位数的增长速度。2018年,中国从"一带一路"沿线国家进口医药产品51.66亿美元,同比增长18.11%。

- 中国是世界上最大的仿制药生产国,全国4300余家原料药和制剂生产企业中,90%以上是仿制药企业;由于多种原因所致,仿制药企质量水平参差不齐。而目前如火如荼的**一致性评价**,正是对我国仿制药行业的一次大洗牌。可以说中国医药行业正处于仿创转折点的关键期。

> **推进仿制药一致性评价**
> 仿制药一致性评价是指对已经批准上市的仿制药,按与原研药品质量和疗效一致的原则,分期分批进行质量一致性评价,就是仿制药需在质量与药效上达到与原研药一致的水平。
> 2018年4月3日,国务院办公厅印发《关于改革完善仿制药供应保障及使用政策的意见》,其中提出加快推进仿制药质量和疗效一致性评价工作,通过一致性评价药品要及时纳入采购目录,有限使用。目前各地基本都进行了响应,对一致性评价药品进行挂网采购。

四、4+7带量采购

> 2018年11月15日,《4+7城市药品集中采购文件》全文发布,12月17日,4+7城市集中选结果公布,25个品种中标,在11个城市的总体采购额约18.95亿元。带量采购设计思路体现出以下几点:节省医保基金,在保障药品质量的同时大幅降低药价,促进仿制药替代原研,通过降药价和保用量,大幅降低药企销售成本,减少医药代表人数。这次集采的降价幅度超出了市场预期,引起了医药圈的巨大反响,将对医药行业特别是仿制药未来的行业格局造成深远的影响。

跨境贸易商品估价指南

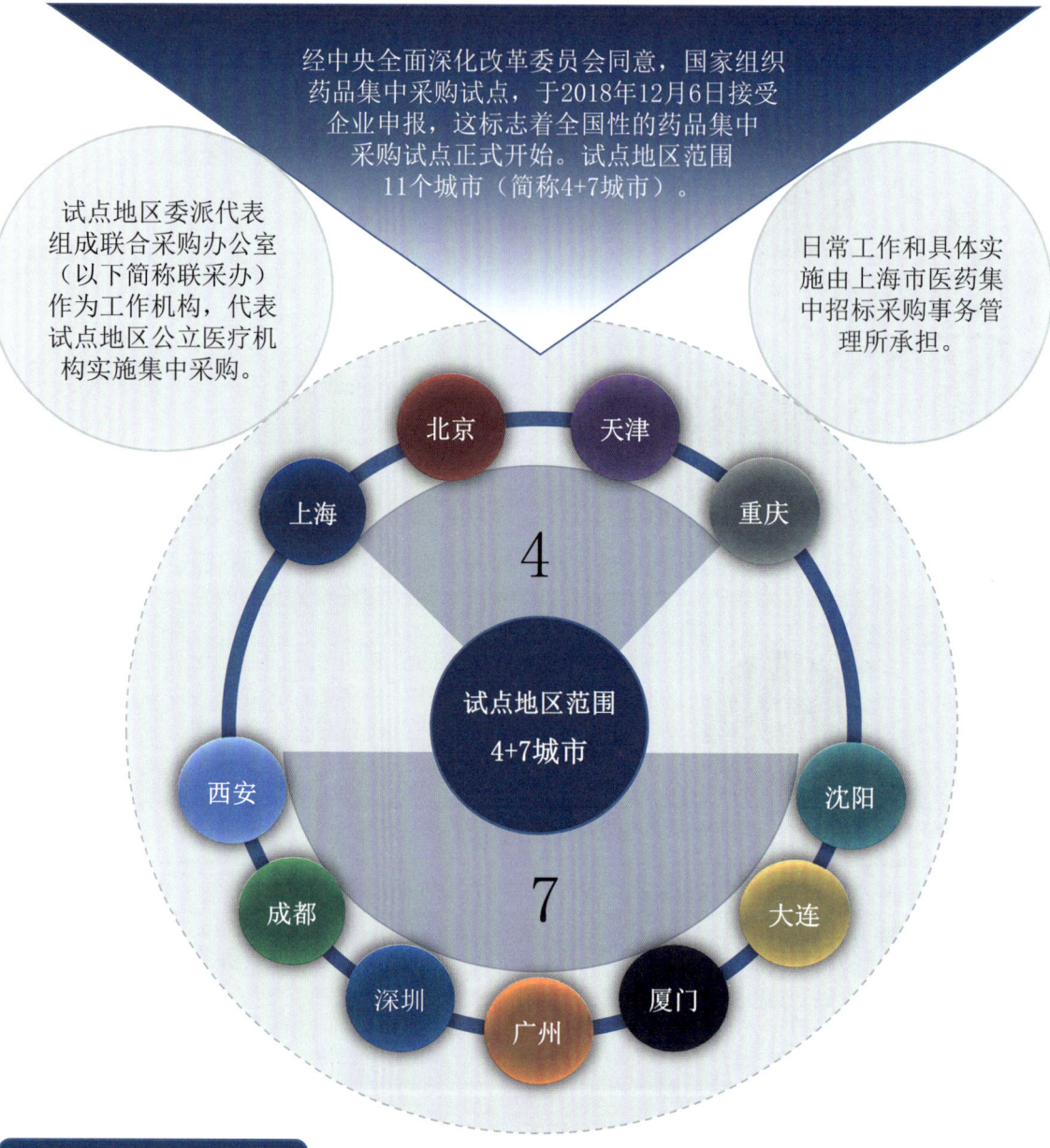

（一）采购品种及数量

根据 → 已批准通过国家药品监督管理局仿制药质量和疗效一致性评价目录

按《国家食品药品监督管理总局关于发布化学药品注册分类改革工作方案的公告》（2016年第51号）化学药品新注册分类批准的仿制药品目录

→ 经联采办会议通过以及

转下页

（接上页）

> 咨询专家确定以下采购品种（指定规格）及约定采购量：

序号	品种名称	规格	是否主品规	采购数量（万片/万袋/万支）	功能主治
1	阿托伐他汀口服常释剂型	10毫克	是	8724.36	降血脂药
		20毫克	是	15672.18	
2	瑞舒伐他汀口服常释剂型	10毫克	是	8285.70	高胆固醇血症
		5毫克	是	6006.97	
3	氯吡格雷口服常释剂型	25毫克	是	18320.56	预防和诊疗因血小板聚集引起的心脑及其他动脉循环障碍疾病（脑卒中、心肌梗塞、外周动脉疾病）
		75毫克	是	5746.59	
4	厄贝沙坦口服常释剂型	75毫克	是	4432.42	主要用于原发性高血压
		150毫克	是	9311.51	
5	氨氯地平口服常释剂型	5毫克	是	29382.02	高血压
6	恩替卡韦口服常释剂型	0.5毫克	是	4133.51	成人乙型肝炎的治疗
7	艾司西酞普兰口服常释剂型	10毫克	是	1003.44	治疗抑郁障碍
8	帕罗西汀口服常释剂型	20毫克	是	1851.66	伴有焦虑症的抑郁症
9	奥氮平口服常释剂型	10毫克	是	1047.36	适用于精神分裂症和其他严重阳性症状或阴性症状的精神病的急性期和维持治疗
		5毫克	是	1783.47	
10	头孢呋辛酯（头孢呋辛）口服常释剂型	250毫克	是	3351.59	溶血性链球菌
11	利培酮口服常释剂型	1毫克	是	3401.05	

序号	品种名称	规格	是否主品规	采购数量（万片/万袋/万支）	功能主治
12	吉非替尼口服常释剂型	250毫克	是	49.15	非小细胞肺癌
13	福辛普利口服常释剂型	10毫克	是	2304.47	抗高血压药，系血管紧张素转换酶抑制药
14	厄贝沙坦氢氯噻嗪口服常释剂型	150毫克+12.5毫克	是	9215.60	治疗原发性高血压
15	赖诺普利口服常释剂型	10毫克	是	208.71	治疗轻、中度高血压
15	赖诺普利口服常释剂型	5毫克	是	22.62	治疗轻、中度高血压
16	替诺福韦二吡呋酯口服常释剂型	300毫克	是	621.82	抗病毒HBV
17	氯沙坦口服常释剂型	100毫克	是	1883.77	治疗高血压
17	氯沙坦口服常释剂型	50毫克	是	6281.99	治疗高血压
18	阿莫西林口服常释剂型	250毫克	是	5614.60	广谱β-内酰胺类抗生素
19	阿奇霉素口服常释剂型	250毫克	是	2039.15	大环内酯抗生素
19	阿奇霉素口服常释剂型	500毫克	是	7.94	大环内酯抗生素
20	依那普利口服常释剂型	10毫克	是	1418.88	治疗高血压
20	依那普利口服常释剂型	5毫克	是	821.52	治疗高血压
21	左乙拉西坦口服常释剂型	250毫克	是	647.76	抗癫痫药
22	曲马多口服常释剂型	50毫克	是	185.14	镇痛药
23	伊马替尼口服常释剂型	100毫克	是	253.66	治疗慢性髓性白血病和恶性胃肠道间质肿瘤

序号	品种名称	规格	是否主品规	采购数量（万片/万袋/万支）	功能主治
24	阿法骨化醇口服常释剂型	0.25微克	是	3200.03	适用于骨质疏松症、佝偻病、骨质软化
		0.5微克	是	694.78	
25	孟鲁司特口服常释剂型	10毫克	是	2632.23	阻止老年痴呆症
26	蒙脱石口服散剂	3克	是	1699.32	慢性腹泻、食道、胃、十二指肠引起的相关疼痛症状
27	卡托普利口服常释剂型	25毫克	是	597.33	降压药
28	培美曲塞注射剂	100毫克	是	3.91	治疗恶性胸膜间皮瘤
		500毫克	是	2.29	
29	氟比洛芬酯注射剂	50毫克/5毫升	是	516.41	甾体类镇痛药
30	右美托咪定注射剂	0.2毫克/2毫升	是	134.23	用于行全身麻醉的手术患者气管插管和机械通气时的镇静
31	阿奇霉素注射剂	0.5克	是	38.03	抗生素类

（二）申报资格

申报企业 → 是指提供药品及伴随服务的国内药品生产企业，进口药品国内总代理商视同生产企业。

申报品种 → 是指采购品种目录范围内获得国内注册有效批件的上市药品。

申报要求
- 申报企业承诺申报品种的全年产销能力达到本次采购数量要求。
- 申报品种属于采购品种目录范围,且满足以下要求之一:
  - 原研药及国家药品监督管理局发布的仿制药质量和疗效一致性评价参比制剂。
  - 通过国家药品监督管理局仿制药质量和疗效一致性评价的仿制药品。
  - 根据《国家食品药品监督管理总局关于发布化学药品注册分类改革工作方案的公告》(2016年第51号),按化学药品新注册分类批准的仿制药品。
- 企业拥有本次采购品种指定规格的有效注册批件,在申报品种时,每个品种必须包含本企业生产的所有主品规。

(三)约定采购量及采购执行说明

约定采购量及采购执行说明

- 本次集中采购药品约定采购量由各试点地区上报确定。
- 各试点地区医疗机构在优先使用集中采购中选品种的基础上,剩余用量可按所在地区药品集中采购管理有关规定,适量采购同品种价格适宜的非中选药品。
- 各试点地区统一执行集中采购结果。集中采购结果执行周期中,医疗机构须优先使用集中采购中选品种,并确保完成约定采购量。

（四）采购周期

本次集中采购以结果执行日起12个月为一个采购周期。若在采购周期内提前完成约定采购量的，超过部分仍按中选价进行采购，直至采购周期届满。

（五）采购文件获取方式

请在上海阳光医药采购网（www.smpaa.cn）下载相关文件，也可以在试点地区指定网站下载。

（六）申报材料

- 药品生产许可证复印件；
- 企业法人营业执照复印件；
- 药品GMP证书复印件；
- 药品生产（注册）批件复印件；
- 最近一次药品全检报告复印件；
- 药品说明书和最小零售外包装；
- 挂网采购申报表。

挂网采购申报表

编号：SH-GW2014-3

序号	药品通用名	商品名	剂型	规格包装	包装方式	单位	生产企业	申报价（元）	批准文号
1									
2									
3									
4									
5									
6									
7									
8									
9									
10									

申报人签字：　　　　　　　　　　　　　　　　申报人联系电话：

日期：　　　　　　　　　　　　　　　　　　　申报单位盖章：

第三节 药品交易模式

一、代理进口

中华人民共和国对外贸易法规定，对外贸易经营者经营对外贸易业务须取得国家规定的相关资质，没有对外贸易经营许可的组织或个人，须委托对外贸易经营者在其经营范围内代为办理对外贸易业务。

我国的医疗机构一般都没有申请外贸经营权 → 代理进口

对外贸易经营者的资质：
- 《对外贸易经营者备案登记表》
- 《海关注册登记书》
- 《报检登记证明书》
- 《进口药品注册证》
- 《医疗器械经营企业许可证》

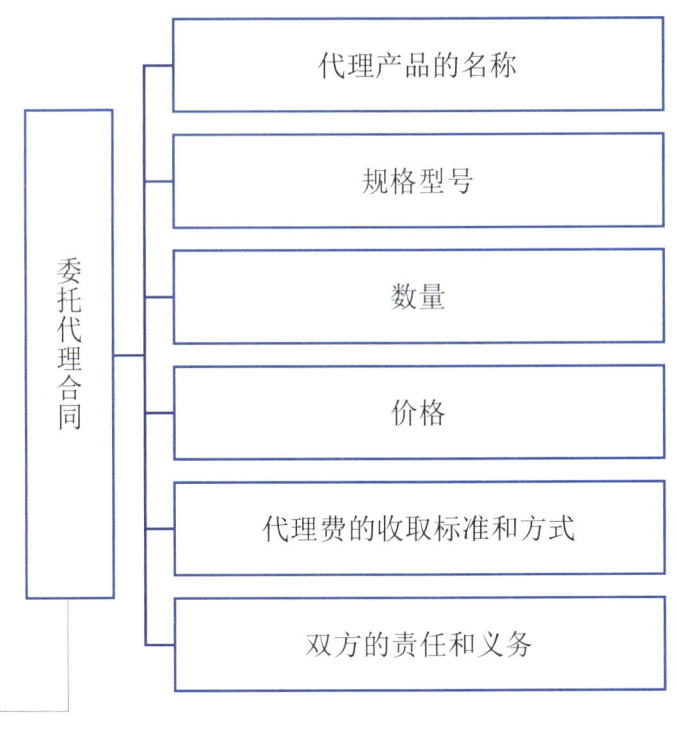

法律条款：

合同名称、合同编号、订约日期、订约地点、订约当事人名称、地址、争议解决条款、不可抗力条款

商务条款：

商品的品质条款、数量条款、价格条款、包装条款、运输条款、保险条款、货款收付条款、商品检验条款等

二、药品的交易模式

（一）药品的交易流程

- 磋商贸易条款，签订年度协议
- 签订具体进口合同
- 开立信用证，或办理后T/T等其他支付方式的手续
- 卖方按合同条款备货、制作贸易单据，发货后将全套单据快递给买方
- 买方收到货物到港通知后，制作报验、报关的全套资料
- 向口岸药检所报验，获取药检所签发的《进口药品通关单》
- 报关、买方缴纳关税
- 海关放行后，安排运输公司去排队提货，同时通知药检所抽样
- 药检所现场抽样、化验、签发药检报告
- 销售货物，回笼货款
- 付汇
- 外汇核销

（二）分销模式

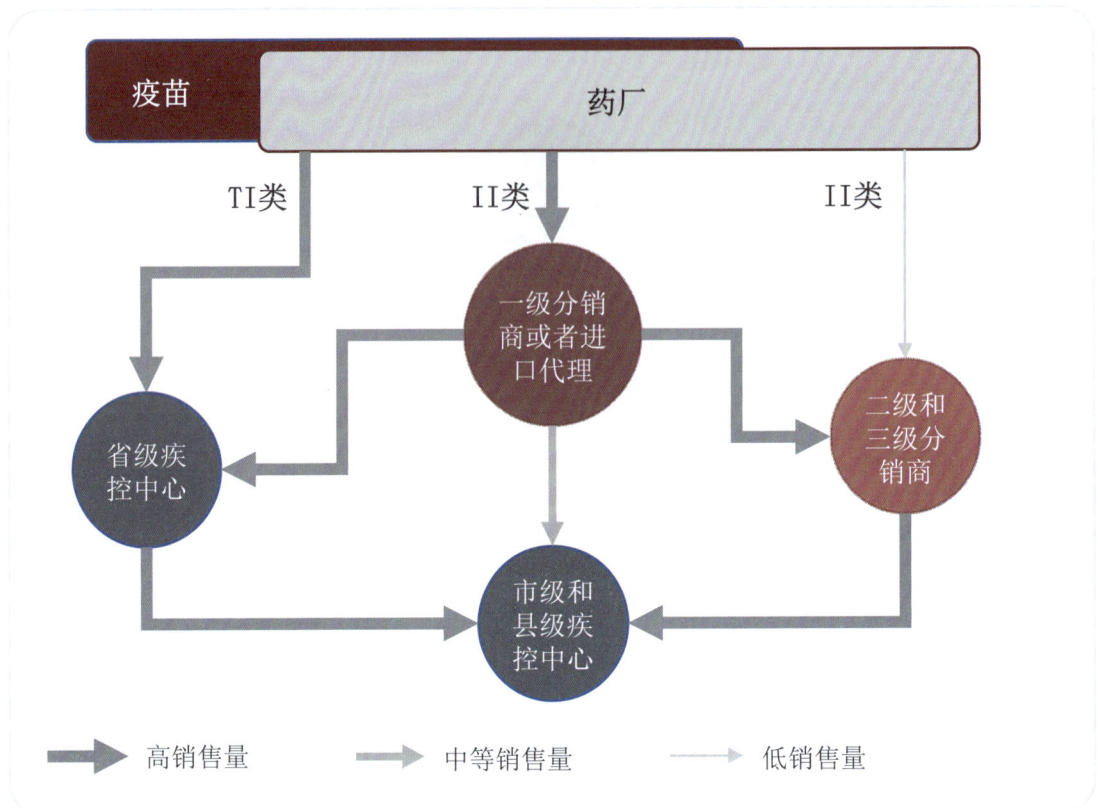

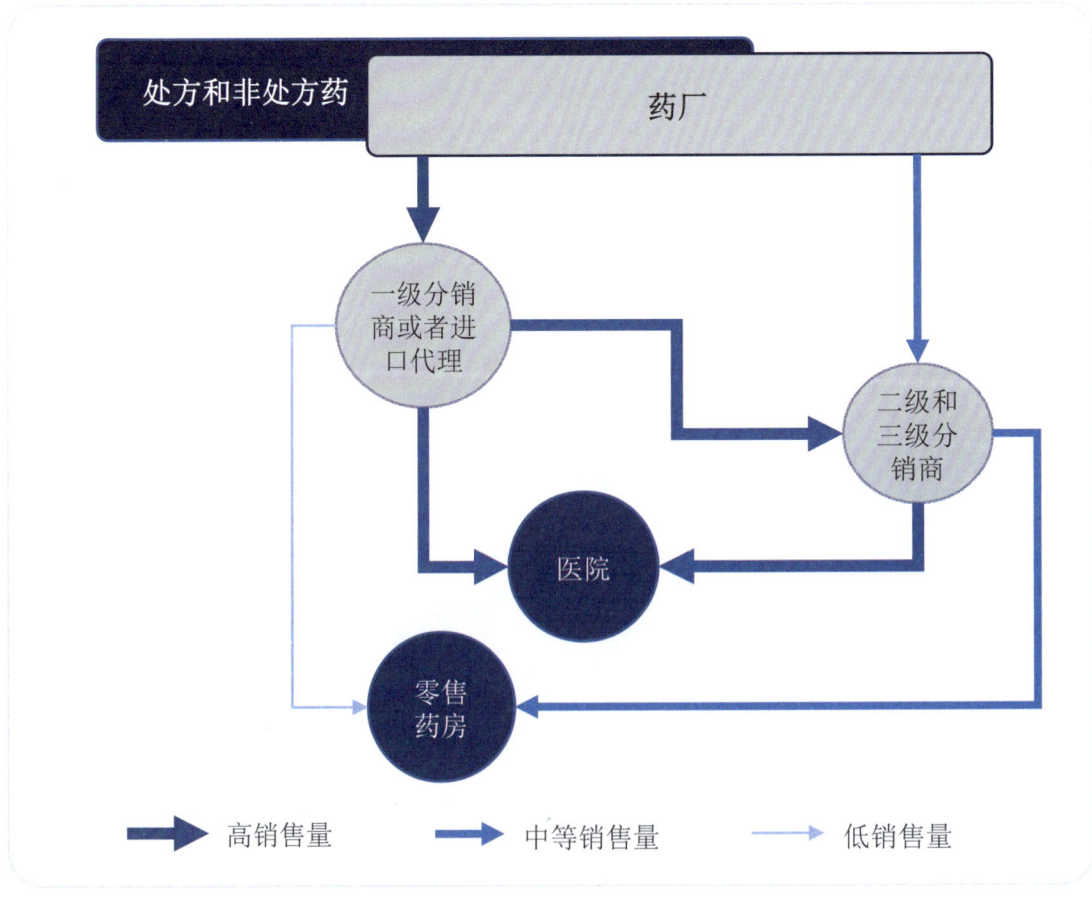

（三）关联交易

1. 有形资产交易流程

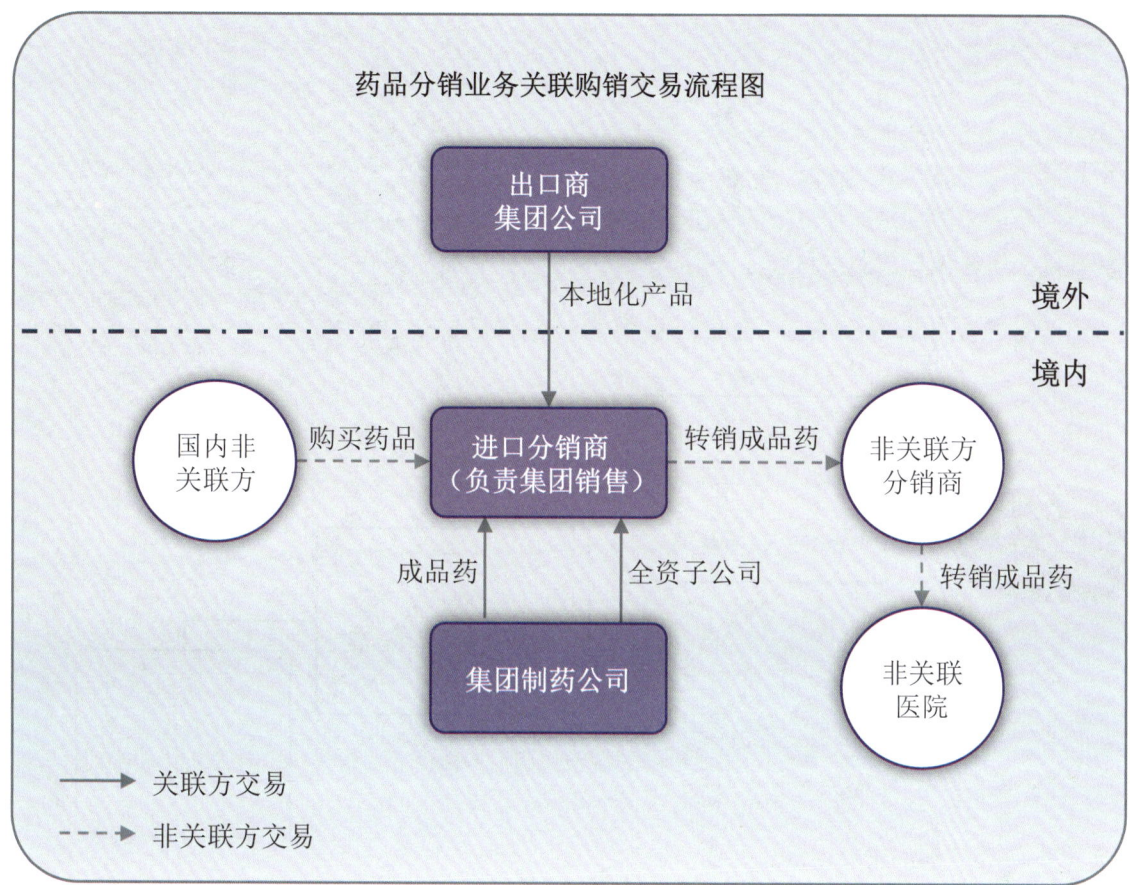

2. 服务及无形资产交易流程

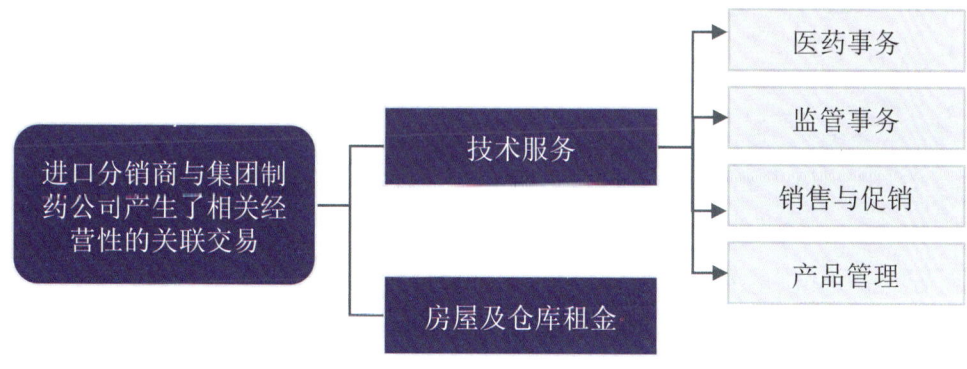

进口分销商主要从事药品进口以及分销活动，公司同时从关联方和非关联方采购成品药用于销售。其全部产品均销售至第三方分销商。公司经营过程中只涉及购买，以及转销的经营活动，且只承担有限的市场风险，为低风险分销商。

对企业进行关联交易分析时，应注意：企业各项关联交易间是紧密联系的，从而构成企业的整体业务。在进行整体的分析评估时，将这些关联交易在客观、公允、可量化的基础上还原成单独的交易进行分别验证。从而确保公司的关联交易符合市场公允水平。

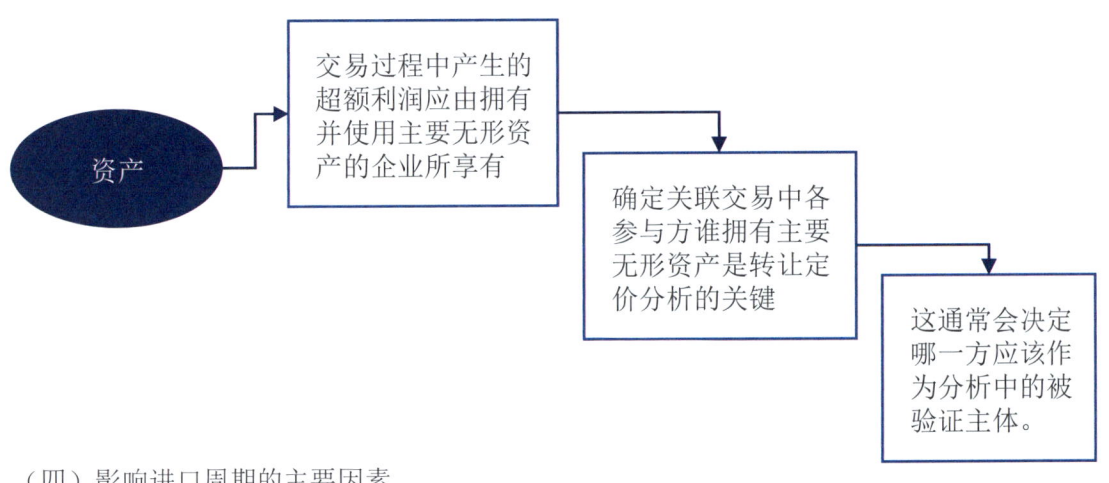

（四）影响进口周期的主要因素

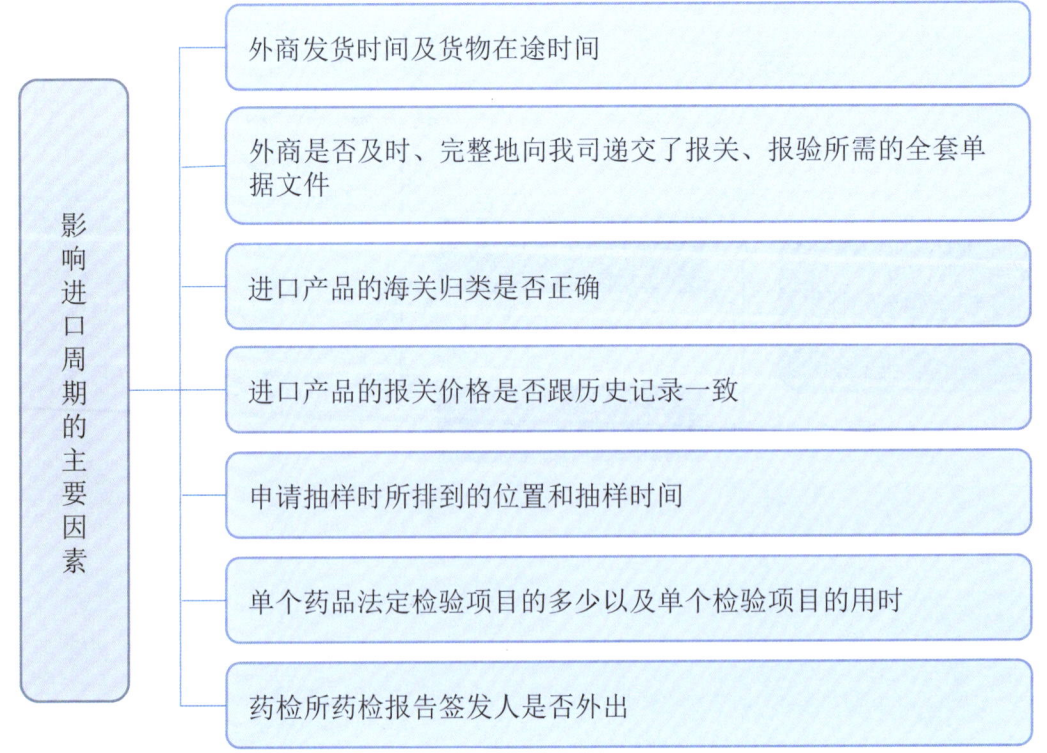

（五）进口药品采购合同

合同编号	

甲方（买方）		签订地点	
乙方（卖方）		签订时间	年　月　日

甲乙双方本着平等自愿、诚实信用的原则，根据《中华人民共和国合同法》等法律、法规、规章、规范性招标文件及药品集中招标采购代理机构向乙方发出的中标通知书，经双方协商一致，就有关事项达成如下具体协议：

第一条 药品品种、数量、价格	1. 采购药品品种和数量：甲方向乙方所采购的药品品种、剂型、规格、数量等详见药品采购清单（附件一），合计：品种为　　个，签约金额为　　元，大写　　　　，含增值税，税率：　　%。	
	2. 药品的价格	(1)在合同有效期内乙方提交药品的价格必须是中标通知书中确认的价格，本价格为甲方的入库价格。
		(2)中标药品价格执行期间，遇国家或省价格主管部门调整价格时，对未供货部分，甲乙双方及时调整中标供货价格（原则上按中标供货价格同比例调整）。
第二条 质量标准	乙方交付的药品必须符合国家最新药典或国家药品监督管理部门规定的标准，并与投标时的承诺相一致，附有该药品生产企业同批号的出厂药品批次检验记录或合格证。	
第三条 药品有效期	1.乙方交付药品的有效期应与投标文件中规定的有效期相一致。	
	2.乙方所提供药品的有效期不得少于12个月；特殊品种双方另行协商。	

第四条 包装标准	1. 乙方提供的全部药品均应按国家规定的标准保护措施进行包装，每一个包装箱内应附有一份详细装箱数量单和该药品生产企业同批号的出厂药品批次检验记录或合格证（进口药品应提供进口药品注册证和口岸药检所的进口药品检验报告书复印件，并加盖经营企业公章）。如为拼装箱件，箱内应按前述要求附有各种药品数量单和药品质量证明材料复印件，并加盖配送企业公章。 2. 特殊要求：_____/_____。
第五条 配送服务	配送由乙方负责。乙方按合同要求对甲方提供服务，每次配送的时间和数量以乙方收到甲方的书面供货通知/省医药招标采购网上的采购计划为准。原则上在乙方收到供货通知后 48 小时内送达，属急救及加急供货的应在 4 小时内送达。乙方负责药品的现场搬运或入库，并提供药品开箱或分装的用具。
第六条 验收方式	乙方送达甲方指定地点后的当日，双方现场进行数量和外观验收。
第七条 双方的权利义务	1. 甲方必须按合同约定采购中标的药品品种；除本条第四项规定外，甲方不得采购其他非中标药品替代中标品种。 2. 甲方须在合同规定的时间内，按实际入库的药品数量及时结算货款；并在货物验收入库后_____/_____日内结清货款。 3. 甲方在接收药品时，应于当日对药品进行验收入库，对乙方提供的药品不符合合同约定的品种、数量、质量要求的部分，甲方有权拒绝接受。 4. 甲方有证据证明乙方交付的药品不符合质量标准（以省、省辖市药监部门的检验结果为准）或延期交货等不按合同约定交货时，可以书面通知乙方终止该药品的供货。 5. 乙方必须按照合同约定的药品品种、数量、质量要求和期限，配送中标药品。 6. 乙方应保证甲方在使用中标药品时，不存在该药品专利权、商标权或保护期等知识产权方面的争议，如产生争议由乙方自行处理和承担责任。 7. 乙方应对验收时发现的破损、有效期少于___个月或不符合特殊约定期限的药品及其他不合格包装药品及时更换。

第八条 违约责任	8. 乙方供应药品在医院使用过程中，因受举报、抽检等检查出现质量问题，属生产经营企业责任的，被药品监督管理部门处罚的后果由乙方负责。
	1. 乙方提供的药品不符合合同约定质量、期限等要求，给甲方造成损失的乙方应当赔偿损失。
	2. 乙方不履行本合同或未按合同约定的时间、地点配送药品或提供伴随服务，甲方可要求乙方支付违约金。乙方每延误7日，违约金为迟交药品货款的5%，直至交货或提供服务，但违约金最高不超过迟交药品货款的50%；乙方在支付违约金后，甲方要求继续履行合同义务的乙方还应当履行应尽义务。违约金不足以弥补甲方损失的，乙方应另行赔偿损失。
	3. 甲方未在合同约定的期限内向乙方支付货款的，乙方可要求甲方支付违约金。甲方每迟延支付7日，违约金为未支付货款金额的5%，直至甲方支付应付货款为止，但违约金最高不超过未支付货款金额的50%；当甲方未支付货款金额达到本合同约定金额的50%时，乙方可以书面形式通知甲方终止合同，同时书面向医疗机构药品集中招标采购工作委员会办公室和本地人民政府纠正行业不正之风办公室报告。
第九条 合同生效及合同有效期	1. 本合同自双方签字盖章之日起生效。合同有效期自　　年　　月　　日至　　年　　月　　日。
	2. 本合同履行期满10日前，一方当事人就续约一事提出书面异议的，本合同履行期满终止。双方均未提出异议的，本合同自动续约至下一轮招标采购合同生效之日止。
第十条 争议解决	甲乙双方因履行本合同发生争议，应首先协商解决；协商不成时，按以下第1种方式解决：	1. 任何一方可选择合同签订地人民法院； 2. 　　／　　仲裁委员会解决纠纷。
	1. 甲乙双方已相互提示就本合同各条款作全面、准确的理解，并应对方要求作了相应的说明，签约双方对本合同的认识已达成完全的一致。

第十一条 需要双方明确的其他事项

2. 甲乙双方对在履行本合同过程中而知悉的对方的商业秘密，包括但不限于各自提交给对方的合同、文件、资料、数据等，或其他使用对方处于有利竞争地位的信息，负有保密义务。任何一方不得将对方商业秘密披露给任何第三方或不当使用，但经对方书面同意或按法律规定除外。

3. 合同一方通信地址的变更，须以书面形式通知对方。合同一方按本合同规定向对方发出的通知或其他信函，应以书面形式作出，并经专人、速递或传真按本合同中注明的注册地址向对方发出。送达时间以下列规定为准：

（1）专人交付之日视为送达之日；

（2）速递在发送后第三天被视为送达；

（3）传真方式以顺利发出当天后的第一个工作日视为送达。

4. 本合同所述不可抗力指不能预见、不能避免并不能克服的客观情况，包括但不限于：天灾、水灾、地震或其他灾难，战争或暴乱，以及其他在受影响的一方合理控制范围以外且经该方合理努力后也不能防止或避免的类似事件。受不可抗力影响的一方应及时向对方通报不能履行或不能完全履行的理由，以减轻给对方造成的损失，在取得有关机构证明后，允许延期履行、部分履行或者不履行合同，并根据情况可部分或全部免予承担违约责任。

5. 本合同的所有附件是本合同不可分割的一部分。

第十二条

本协议一式肆份，甲方贰份，乙方壹份，药品集中招标采购代理机构一份，医疗机构药品集中招标采购工作委员会办公室一份，具有同等法律效力，经甲乙双方签字并盖章后生效。

第十三条

本合同未尽事项，由甲乙双方另行议定并签订补充协议。补充协议与本合同具有同等效力。补充协议不得违背招标文件及本合同的实质性内容。补充协议与合同具有同等的法律效力。同时，由甲方在七日内将补充协议送医疗机构药品集中招标采购工作委员会办公室和药品集中招标采购代理机构各一份备案。谈判过程中形成的资料、意向与本合同不一致的一律以合同为准。本合同与　　　　　医疗机构药品购销合同有冲突的，以本合同为准。

附件：药品采购清单

药品采购清单

序号	药品名称	剂型	规格	单位	数量	单价（元）	金额（元）	生产厂家	供应商	生产批号	备注

（六）药品代理协议

条款	内容
前言条款	境外生产厂家（以下称"生产厂家"）拥有生产硫酸氨基葡萄糖胶囊的相关知识产权、生产技术并负责产品的生产，经销商拥有中国市场销售与推广的专业知识和经验。
产品条款	品名：×××；注册证号：×××；包装规格：×××。
授权经销区域条款	中国大陆地区，不包括香港、澳门和台湾。
供货与付款条款	生产厂家在收到订单后×天内确认订单交回经销商，若生产厂家未在×天内回复，则视为生产厂家接受此订单。生产厂家应于订单确认后的×天内备货完毕并直接发货给经销商。经销商应在出货前支付订货单金额的×%，其余货款于出货后×天内支付。前述款项，经销商以电汇方式汇入生产厂家指定账户中。
销量条款	单次订单的最小采购量为×××（因生产原因，实际交货数量可上下浮动×%），经销商承诺各年度最低采购量：××××年×1粒；××××年×2粒；××××年×3粒；××××年×4粒；××××年×5粒；××××年×6粒。之后的销量要求，双方再另外讨论决定，并以补充协议约定。双方所认可的最低采购量是以生产厂家出口报关数量为依据。

条款	内容
知识产权条款	经销商确认因本协议所原有或衍生之有关任何技术、医药产品注册证均属于生产厂家所有；经销商除妥善保管所取得之各项资料外，并保证除本协议约定的事项外不得他用。
生产厂家的权利和义务条款	产品注册；协议有效期内，生产厂商应保证经销商在区域内的独家经销权，并且不能以任何形式在区域内将本产品直接销售给除经销商指定的其他经营者和消费者；生产厂家须按照经销商订货单要求准时发货；若经销商年度销量无法达成本协议约定年销量要求的70%时，双方应协商加以改进，如经销商采取措施后一年仍无法达到约定销量的70%时，生产厂家于当年度要求经销商支付未达约定销量70%差额的惩罚性罚款，或于下一年度调涨售价。
经销商的权利和义务条款	协议有效期内，经销商拥有区域内的独家经销权，不得经营（或代理、制造或销售等行为）与本产品具有相同有效成分的其他厂商竞争产品，经销商未得生产厂家同意不得将本产品贩卖至授权经销范围外。
	经销商或经销商在中国的子公司负责本产品在中国的进口事宜及目标管理，本产品在中国的销售、专业推广和物流服务由经销商或经销商在中国的子公司全权负责，并承担由此产生的市场费用。

条款	内容
经销商的权利和义务条款	经销商必须依照销售目标及市场状况制定客户开发计划和市场服务计划以及进行招投标工作，并适时通报生产厂家，以便生产厂家及时了解情况协助经销商开展市场销售、服务工作。在本协议执行每半年结束后×天内，经销商应向生产厂家提供销售资料报告。报告包括产品的进货、销售和库存的资料。
	经销商应统筹规划全年销量，及时发出订货单，使生产厂家及时安排生产，如因经销商延误发出订单，影响销量和市场供货，由经销商负责；经销商必须于每半年，将本半年已办理进口报关的进口单据整理成电子档案，交付给生产厂家，以供生产厂家办理药品注册证时使用。
终止条款	无论本协议因任何原因终止或到期，经销商及其指定的分销商有权选择在约定的地域内继续销售、处理已经采购尚未销售完毕的库存数量，必须于×个月内处理完毕，生产厂商不负买回库存品之责。在上述处理库存数量期间，甲方不得自行或通过任何厂商在指定区域内销售产品或采取任何可能干扰妨碍经销商及其指定的分销商进行处理库存数量的行为。在库存数量处理完毕或×个月期限到期后，经销商及其指定的分销商应立即停止其他销售与推广合同产品的行为。
实物折扣条款	经双方同意，当经销商及其指定分销商的年销量达到以下数量时，甲方将按如下约定给予赠货返利：经销商及其指定分销商销量达到X亿粒，生产厂家提供×%赠货返利；经销商及其指定分销商销量达到Y亿粒，生产厂家提供Y%赠货返利；经销商及其指定分销商销量达到Z亿粒，生产厂家提供Z%赠货返利。

第四节 药品进口报验状态

商品编号	商品名称	商品规格、型号
3004909099	聚乙二醇4000散（福松）	用于成人及8岁以上儿童（包括8岁）便秘的症状治疗，儿童应为短期治疗，最长疗程不应超过三个月|主要成分：聚乙二醇4000，为环氧乙烷和水缩聚而成的混合物；辅料为糖精钠和果味香精，果味香精中每袋含山梨醇1.8毫克，二氧化硫2.4微克|零售包装|无需报|IPSEN|10克/袋，10袋/盒|签约日期： 2016年12月1日
3004909099	银杏叶片（达纳康）	4|3|治疗慢性神经感觉和认知病理缺陷|银杏叶浸膏（含24%的银杏糖苷和6%的银杏苦内酯-白果内酯的银杏叶提取物），辅料含乳糖成分|零售包装|IPSEN|40毫克/片，15片/盒|||签约日期：2018年7月27日
3004909099	复方聚乙二醇电解质散（III）（福静清）	4|3|用于以下情况之前的患者结肠清洁准备：内窥镜或放射检查和结肠手术。本品适用于成人|本品为复方制剂，每袋含：聚乙二醇4000 64克，无水硫酸钠5.7克，碳酸氢钠1.68克，氯化钠1.46克，氯化钾0.75克|零售包装|IPSEN|4袋/盒|||签约日期：2018年7月27日
3004390091	注射用醋酸曲普瑞林（达菲林）	4|3|抗癌用|醋酸曲普瑞林。辅料：聚丙交酯乙交酯共聚物、甘露醇、羧甲基纤维素钠、聚山梨酯80|是配定剂量或零售包装|IPSEN|每盒1支（每盒附带1支注射专用溶剂）;剂型：注射剂；规格：3.75毫克
3004390090	注射用醋酸曲普瑞林(达菲林)	4|3|见备注|醋酸曲普瑞林。辅料：聚丙交酯乙交酯共聚物、甘露醇、羧甲基纤维素钠、聚山梨酯80|是配定剂量或零售包装|IPSEN|每盒1支（每盒附带1支注射专用溶剂）;剂型：注射剂；规格：3.75毫克
3004390091	注射用双羟萘酸曲普瑞林	4|3|抗癌用，局部晚期或转移性前列腺癌的治疗|双羟萘酸曲普瑞林。辅料：DL-丙交酯-乙交酯聚合物、甘露醇、羧甲基纤维素钠、聚氧乙烯山梨醇脂肪酸酯80|是配定剂量或零售包装|IPSEN|每盒1瓶（含2毫升溶剂1支）;剂型：注射剂；规格：15毫克

商品编号	商品名称	商品规格、型号
3004909099	复方聚乙二醇电解质散(III)(福静清)	4|3|用于以下情况之前的患者结肠清洁准备：内窥镜或放射检查/结肠手术。本品适用于成人。|本品为复方制剂，每袋含：聚乙二醇4000 64克，无水硫酸钠5.7克，碳酸氢钠1.68克，氯化钠1.46克，氯化钾0.75克|是|IPSEN|每盒4袋
3004909099	聚乙二醇4000散（福松）	4|3|用途：用于成人及8岁以上儿童（包括8岁）便秘的症状治疗。|成分：主要成分为聚乙二醇4000，为环氧乙烷和水缩聚而成的混合物，辅料为糖精钠和果味香精，果味香精中每袋含山梨醇1.8毫克，二氧化硫2.4微克。|是否配定剂量或零售包装：是|品牌：IPSEN 牌|包装规格：每盒10袋
3004909099	复方聚乙二醇电解质散(III)(福静清)	用于以下情况之前患者结肠准备：内窥镜或放射检查前和结肠手术前|本品为复方制剂，每袋含：聚乙二醇4000 64克，无水硫酸钠5.7克，碳酸氢钠1.68克，氯化钠1.46克，氯化钾0.75克|零售包装|无需报|IPSEN|4袋/盒|签约日期：2016年12月 1日
3002190090	HMB-45抗体试剂(免疫组织化学)(IR052)	4|3|在常规染色(如：HE染色)基础上进行免疫组织化学染色,为医师提供诊断的辅助信息|采取病原体的灭活操作，将所有的成分在密闭容器中充分地混合，校正pH值，再经过高温高压灭菌后装瓶|是配定剂量或零售包装|Dako|IR052|40-60测试/盒|||非抗/防癌药品制剂
3002190090	细胞角蛋白（广谱）抗体试剂(免疫组织化学)(IR053)	4|3|在常规染色(如：HE染色)基础上进行免疫组织化学染色,为医师提供诊断的辅助信息|采取病原体的灭活操作，将所有的成分在密闭容器中充分地混合，校正pH值，再经过高温高压灭菌后装瓶|是配定剂量或零售包装|Dako|IR053|40-60测试/盒|||非抗/防癌药品制剂
3002190090	AMACR/p504s抗体试剂(免疫组织化学)(IR060)	4|3|在常规染色(如：HE染色)基础上进行免疫组织化学染色,为医师提供诊断的辅助信息|采取病原体的灭活操作，将所有的成分在密闭容器中充分地混合，校正pH值，再经过高温高压灭菌后装瓶|是配定剂量或零售包装|Dako|IR060|40-60测试/盒|||非抗/防癌药品制剂

商品编号	商品名称	商品规格、型号
3002190090	孕激素受体抗体(免疫组化法)(IR068)	4|3|抗原抗体免疫反应物|将所有的成分在免疫密闭容器中充分地混合,校正pH值,再进过高温高压灭菌后装瓶|是配定剂量或零售包装|dako|IR068|12毫升/支|||非抗/防癌药品制剂
3002190090	CD3抗体试剂(免疫组织化学)(IR503)	4|3|在常规染色(如:HE染色)基础上进行免疫组织化学染色,为医师提供诊断的辅助信息|采取病原体的灭活操作,将所有的成分在密闭容器中充分地混合,校正pH值,再经过高温高压灭菌后装瓶|是配定剂量或零售包装|Dako|IR503|40-60测试/盒|||非抗/防癌药品制剂
3002190090	S100抗体试剂(免疫组织化学)(IR504)	4|3|在常规染色(如:HE染色)基础上进行免疫组织化学染色,为医师提供诊断的辅助信息|采取病原体的灭活操作,将所有的成分在密闭容器中充分地混合,校正pH值,再经过高温高压灭菌后装瓶|是配定剂量或零售包装|Dako|IR504|40-60测试/盒|||非抗/防癌药品制剂
3002190090	CD31抗体试剂(免疫组织化学)(IR610)	4|3|在常规染色(如:HE染色)基础上进行免疫组织化学染色,为医师提供诊断的辅助信息|采取病原体的灭活操作,将所有的成分在密闭容器中充分地混合,校正pH值,再经过高温高压灭菌后装瓶|是配定剂量或零售包装|Dako|IR610|40-60测试/盒|||非抗/防癌药品制剂
3002190090	CD68抗体试剂(免疫组织化学)(IR613)	4|3|在常规染色(如:HE染色)基础上进行免疫组织化学染色,为医师提供诊断的辅助信息|采取病原体的灭活操作,将所有的成分在密闭容器中充分地混合,校正pH值,再经过高温高压灭菌后装瓶|是配定剂量或零售包装|Dako|IR613|40-60测试/盒|||非抗/防癌药品制剂
3002190090	p53抗体试剂(免疫组织化学)(IR616)	4|3|在常规染色(如:HE染色)基础上进行免疫组织化学染色,为医师提供诊断的辅助信息|采取病原体的灭活操作,将所有的成分在密闭容器中充分地混合,校正pH值,再经过高温高压灭菌后装瓶|是配定剂量或零售包装|Dako|IR616|40-60测试/盒|||非抗/防癌药品制剂

商品编号	商品名称	商品规格、型号
3002190090	细胞角蛋白7抗体试剂(免疫组织化学)(IR619)	4|3|在常规染色(如：HE染色)基础上进行免疫组织化学染色,为医师提供诊断的辅助信息|采取病原体的灭活操作,将所有的成分在密闭容器中充分地混合,校正pH值,再经过高温高压灭菌后装瓶|是配定剂量或零售包装|Dako|IR619|40-60测试/盒|||非抗/防癌药品制剂
3002190090	CD79α抗体试剂(免疫组织化学)(IR621)	4|3|在常规染色(如：HE染色)基础上进行免疫组织化学染色,为医师提供诊断的辅助信息|采取病原体的灭活操作,将所有的成分在密闭容器中充分地混合,校正pH值,再经过高温高压灭菌后装瓶|是配定剂量或零售包装|Dako|IR621|40-60测试/盒|||非抗/防癌药品制剂
3002190090	CEA抗体试剂(免疫组织化学)(IR622)	4|3|在常规染色(如：HE染色)基础上进行免疫组织化学染色,为医师提供诊断的辅助信息|采取病原体的灭活操作,将所有的成分在密闭容器中充分地混合,校正pH值,再经过高温高压灭菌后装瓶|是配定剂量或零售包装|Dako|IR622|40-60测试/盒|||非抗/防癌药品制剂
3002190090	bcl-6抗体试剂(免疫组织化学)(IR625)	4|3|在常规染色(如：HE染色)基础上进行免疫组织化学染色,为医师提供诊断的辅助信息|采取病原体的灭活操作,将所有的成分在密闭容器中充分地混合,校正pH值,再经过高温高压灭菌后装瓶|是配定剂量或零售包装|Dako|IR625|40-60测试/盒|||非抗/防癌药品制剂
3002190090	Ki-67抗体(免疫组化法)(IR626)	4|3|抗原抗体免疫反应物|将所有的成分在免疫密闭容器中充分地混合,校正pH值,再进过高温高压灭菌后装瓶|是配定剂量或零售包装|dako|IR626|12毫升/支|||非抗/防癌药品制剂
3002190090	Vimentin抗体试剂(免疫组织化学)(IR630)	4|3|在常规染色(如：HE染色)基础上进行免疫组织化学染色,为医师提供诊断的辅助信息|采取病原体的灭活操作,将所有的成分在密闭容器中充分地混合,校正pH值,再经过高温高压灭菌后装瓶|是配定剂量或零售包装|Dako|IR630|40-60测试/盒|||非抗/防癌药品制剂

商品编号	商品名称	商品规格、型号
3002190090	CD34抗体试剂(免疫组织化学)(IR632)	4|3|在常规染色(如：HE染色)基础上进行免疫组织化学染色,为医师提供诊断的辅助信息|采取病原体的灭活操作,将所有的成分在密闭容器中充分地混合,校正pH值,再经过高温高压灭菌后装瓶|是配定剂量或零售包装|Dako|IR632|40-60测试/盒|||非抗/防癌药品制剂
3002190090	CD10抗体试剂(免疫组织化学)(IR648)	4|3|在常规染色(如：HE染色)基础上进行免疫组织化学染色,为医师提供诊断的辅助信息|采取病原体的灭活操作,将所有的成分在密闭容器中充分地混合,校正pH值,再经过高温高压灭菌后装瓶|是配定剂量或零售包装|Dako|IR648|40-60测试/盒|||非抗/防癌药品制剂
3002190090	CD45抗体试剂(免疫组织化学)(IR751)	4|3|在常规染色(如：HE染色)基础上进行免疫组织化学染色,为医师提供诊断的辅助信息|采取病原体的灭活操作,将所有的成分在密闭容器中充分地混合,校正pH值,再经过高温高压灭菌后装瓶|是配定剂量或零售包装|Dako|IR751|40-60测试/盒|||非抗/防癌药品制剂
3002190090	细胞角蛋白20抗体试剂(免疫组织化学)(IR777)	4|3|在常规染色(如：HE染色)基础上进行免疫组织化学染色,为医师提供诊断的辅助信息|采取病原体的灭活操作,将所有的成分在密闭容器中充分地混合,校正pH值,再经过高温高压灭菌后装瓶|是配定剂量或零售包装|Dako|IR777|40-60测试/盒|||非抗/防癌药品制剂
3002190090	细胞角蛋白5&6抗体试剂(免疫组织化学)(IR780)	4|3|在常规染色(如：HE染色)基础上进行免疫组织化学染色,为医师提供诊断的辅助信息|采取病原体的灭活操作,将所有的成分在密闭容器中充分地混合,校正pH值,再经过高温高压灭菌后装瓶|是配定剂量或零售包装|Dako|IR780|40-60测试/盒|||非抗/防癌药品制剂
3822009000	免疫显色试剂(K5007)	4|3|用来检测结合一抗（小鼠和兔来源）的二抗系统|盒装|HRP标记的抗兔/鼠第二抗体、DAB、DAB底物|非血源筛查诊断试剂|无衬背

商品编号	商品名称	商品规格、型号
3203001990	苏木素染色液	4|3|用于细胞核染色|将所有的成分在密闭容器中充分地混合,校正pH值,再经过高温高压灭菌后装瓶|盒装|DAKO牌|K800821|100%苏木素染色液
3822009000	免疫显色试剂(K8002)	用来检测结合一抗（小鼠和兔来源）的二抗系统|盒装|过氧化物酶阻断剂、HRP标记的抗兔/鼠第二抗体、信号增强剂、抗原修复液、清洗缓冲液、DAB、DAB底物|非血源筛查诊断试剂|无衬背
3822009000	抗原修复液(K8004)	用于组织预处理过程中热引导的抗原决定簇修复|盒装|60%三羟甲基氨基甲烷缓冲盐溶液40%乙二胺四乙酸缓冲液|非血源筛查诊断试剂|无衬背
3822009000	抗原修复液(K8005)	用于组织预处理过程中热引导的抗原决定簇修复|盒装|60%三羟甲基氨基甲烷缓冲盐溶液40%乙二胺四乙酸缓冲液|非血源筛查诊断试剂|无衬背
3822009000	清洗液(K8007)	用于在免疫组化染色过程中清洗切片|瓶装|100%三羟甲基氨基甲烷缓冲盐溶液|非血源筛查诊断试剂|无衬背
3822009000	荧光封片剂	用于荧光染色的封片|支|100%甘油|非血源筛查诊断试剂|无衬背
3822009000	清洗液	用于在免疫组化染色过程中清洗切片|瓶装|100%三羟甲基氨基甲烷缓冲盐溶液|非血源筛查诊断试剂|无衬背
8479909090	机上混合条	Dako Omnis全自动免疫组化染色系统试剂混合用|dako|GC107
3002190090	雌激素受体抗体(免疫组化法)(IR657)	4|3|抗原抗体免疫反应物|将所有的成分在免疫密闭容器中充分地混合,校正pH值,再经过高温高压灭菌后装瓶|是配定剂量或零售包装|dako|IR657|12ML/支|||非抗/防癌药品制剂

商品编号	商品名称	商品规格、型号
3002190090	细胞角蛋白（高分子量）抗体试剂（免疫组织化学）（IR0	4|3|在常规染色（如：HE染色）基础上进行免疫组织化学染色，为医师提供诊断的辅助信息|采取病原体的灭活操作,将所有的成分在密闭容器中充分地混合,校正pH值,再经过高温高压灭菌后装瓶|是配定剂量或零售包装|DAKO|IR051|40-60测试/盒
3002190090	HMB-45抗体试剂（免疫组织化学）（IR052）	4|3|在常规染色（如：HE染色）基础上进行免疫组织化学染色，为医师提供诊断的辅助信息|采取病原体的灭活操作,将所有的成分在密闭容器中充分地混合,校正pH值,再经过高温高压灭菌后装瓶|是配定剂量或零售包装|DAKO|IR052|40-60测试/盒
3002190090	细胞角蛋白（广谱）抗体试剂（免疫组织化学）（IR053）	4|3|在常规染色（如：HE染色）基础上进行免疫组织化学染色，为医师提供诊断的辅助信息|采取病原体的灭活操作,将所有的成分在密闭容器中充分地混合,校正pH值,再经过高温高压灭菌后装瓶|是配定剂量或零售包装|DAKO|IR053|40-60测试/盒|||
3002190090	WT1抗体试剂（免疫组织化学）（IR055）	4|3|在常规染色（如：HE染色）基础上进行免疫组织化学染色，为医师提供诊断的辅助信息|采取病原体的灭活操作,将所有的成分在密闭容器中充分地混合,校正pH值,再经过高温高压灭菌后装瓶|是配定剂量或零售包装|DAKO|IR055|40-60测试/盒|||
3002190090	甲状腺转录因子-1（TTF-1）抗体试剂（免疫组织化学）	4|3|在常规染色（如：HE染色）基础上进行免疫组织化学染色，为医师提供诊断的辅助信息|采取病原体的灭活操作,将所有的成分在密闭容器中充分地混合,校正pH值,再经过高温高压灭菌后装瓶|是配定剂量或零售包装|DAKO|IR056|40-60测试/盒|||
3002190090	CD99抗体试剂（免疫组织化学）（IR057）	4|3|在常规染色（如：HE染色）基础上进行免疫组织化学染色，为医师提供诊断的辅助信息|采取病原体的灭活操作,将所有的成分在密闭容器中充分地混合,校正pH值,再经过高温高压灭菌后装瓶|是配定剂量或零售包装|DAKO|IR057|40-60测试/盒|||

商品编号	商品名称	商品规格、型号
3002190090	E-Cadherin抗体试剂（免疫组织化学）（IR059）	4|3|在常规染色（如：HE染色）基础上进行免疫组织化学染色，为医师提供诊断的辅助信息|采取病原体的灭活操作，将所有的成分在密闭容器中充分地混合,校正pH值,再经过高温高压灭菌后装瓶|是配定剂量或零售包装|DAKO|IR059|40-60测试/盒|||
3002190090	AMACR/p504s抗体试剂（免疫组织化学）（IR060）	4|3|在常规染色（如：HE染色）基础上进行免疫组织化学染色，为医师提供诊断的辅助信息|采取病原体的灭活操作，将所有的成分在密闭容器中充分地混合,校正pH值,再经过高温高压灭菌后装瓶|是配定剂量或零售包装|DAKO|IR060|40-60测试/盒|||
3002190090	CD15抗体试剂（免疫组织化学）（IR062）	4|3|在常规染色（如：HE染色）基础上进行免疫组织化学染色，为医师提供诊断的辅助信息|采取病原体的灭活操作，将所有的成分在密闭容器中充分地混合,校正pH值,再经过高温高压灭菌后装瓶|是配定剂量或零售包装|DAKO|IR062|40-60测试/盒|||
3002190090	D2-40抗体试剂（免疫组织化学）（IR072）	4|3|在常规染色（如：HE染色）基础上进行免疫组织化学染色，为医师提供诊断的辅助信息|采取病原体的灭活操作，将所有的成分在密闭容器中充分地混合,校正pH值,再经过高温高压灭菌后装瓶|是配定剂量或零售包装|DAKO|IR072|40-60测试/盒|||
3002190090	Villin（微管素）抗体试剂（免疫组织化学）（IR076）	4|3|在常规染色（如：HE染色）基础上进行免疫组织化学染色，为医师提供诊断的辅助信息|采取病原体的灭活操作，将所有的成分在密闭容器中充分地混合,校正pH值,再经过高温高压灭菌后装瓶|是配定剂量或零售包装|DAKO|IR076|40-60测试/盒|||
3002190090	MLH1抗体试剂（免疫组织化学）（IR079）	4|3|在常规染色（如：HE染色）基础上进行免疫组织化学染色，为医师提供诊断的辅助信息|采取病原体的灭活操作，将所有的成分在密闭容器中充分地混合,校正pH值,再经过高温高压灭菌后装瓶|是配定剂量或零售包装|DAKO|IR079|40-60测试/盒|||

商品编号	商品名称	商品规格、型号
3002190090	CDX-2抗体试剂（免疫组织化学）（IR080）	4|3|在常规染色（如：HE染色）基础上进行免疫组织化学染色，为医师提供诊断的辅助信息|采取病原体的灭活操作，将所有的成分在密闭容器中充分地混合,校正pH值,再经过高温高压灭菌后装瓶|是配定剂量或零售包装|DAKO|IR080|40-60测试/盒|||
3002190090	CD5抗体试剂（免疫组织化学）（IR082）	4|3|在常规染色（如：HE染色）基础上进行免疫组织化学染色，为医师提供诊断的辅助信息|采取病原体的灭活操作,将所有的成分在密闭容器中充分地混合,校正pH值,再经过高温高压灭菌后装瓶|是配定剂量或零售包装|DAKO|IR082|40-60测试/盒
3002190090	细胞周期蛋白D1抗体试剂（免疫组织化学）（IR083）	4|3|在常规染色（如：HE染色）基础上进行免疫组织化学染色，为医师提供诊断的辅助信息|采取病原体的灭活操作，将所有的成分在密闭容器中充分地混合,校正pH值,再经过高温高压灭菌后装瓶|是配定剂量或零售包装|DAKO|IR083|40-60测试/盒|||
3002190090	MSH2抗体试剂（免疫组织化学）（IR085）	4|3|在常规染色（如：HE染色）基础上进行免疫组织化学染色，为医师提供诊断的辅助信息|采取病原体的灭活操作，将所有的成分在密闭容器中充分地混合,校正pH值,再经过高温高压灭菌后装瓶|是配定剂量或零售包装|DAKO|IR085|40-60测试/盒|||
3002190090	MSH6抗体试剂（免疫组织化学）（IR086）	4|3|在常规染色（如：HE染色）基础上进行免疫组织化学染色，为医师提供诊断的辅助信息|采取病原体的灭活操作，将所有的成分在密闭容器中充分地混合,校正pH值,再经过高温高压灭菌后装瓶|是配定剂量或零售包装|DAKO|IR086|40-60测试/盒|||

第五节 药品行业定价政策

一、确定价值驱动要素

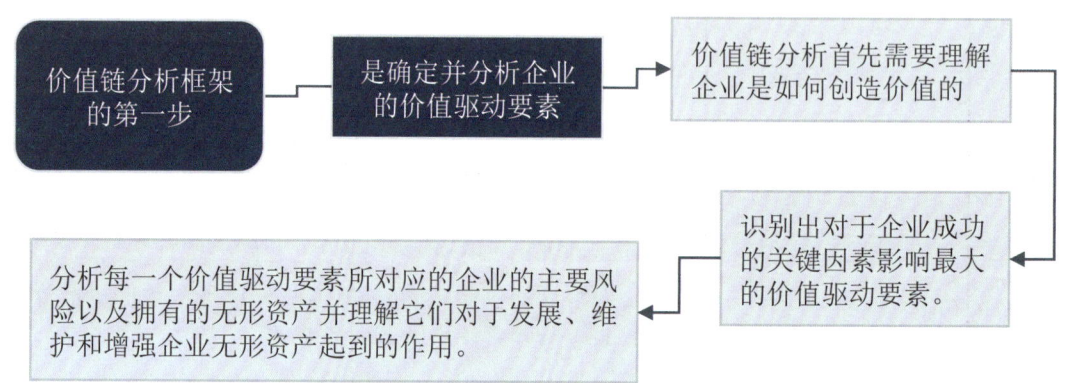

通常认为国外企业在全球的业务中有六大价值驱动要素

集团整体职能、资产和风险与价值创造的对应关系图

价值链	集团战略、财务及业务发展	研发（临床试验前）	研发（临床试验0-IV期）	生产及供应链	本地分销、市场推广及分销售	后台支持	研发	市场参与	医疗科技推广	生产及采购	物流及分销	后台支持
									管理及后台支持			
关键成功要素	1. 市场定位 2. 产品组合及发展 3. 人力资本（决策）	1. 研发能力 2. 人力资本 3. 关键技术 4. 足额投资	1. 研发能力 2. 人力资本 3. 关键技术 4. 足额投资	1. 卓越经营 2. 产品质量	1. 分销渠道 2. 卓越运营 3. 人力资本	卓越运营	1. 研发设施 2. 人力资本 3. 关键技术	1. 产品质量 2. 人脉 3. 商誉 4. 政府关系	1. 人脉 2. 医院关系 3. 产品组合	卓越运营	1. 分销渠道 2. 卓越运营	卓越运营
风险	1. 财务风险 2. 战略风险 3. 研发风险 4. 人力资本/无形资产风险	1. 人力资本风险 2. 战略风险 3. 研发风险	1. 人力资本风险 2. 战略风险 3. 研发风险	1. 运营风险 2. 巨灾风险	1. 运营风险 2. 市场分析 3. 信用风险	运营风险	1. 财务风险 2. 战略风险 3. 研发风险	人力资本风险	人力资本风险	1. 运营风险 2. 巨灾风险	1. 运营风险 2. 市场分析 3. 信用风险	运营风险
职能	管理全球业务运作、战略决策，为研发及提供财务支持	研发新药，具体包括：探索可发展的新药物、配方调整和动物实验	人体临床试验及结果测试	购买原料，组织药物生产，管理存货	组织市场推广及销售，管理分销渠道	公司运营管理、编撰财务报告、法律活动、人力资源管理	从事研发活动，制定战略	参与政府招投标，获取当地分销牌照，开展临床试验以满足当地监管要求	拜访医院，举行药品推广活动，教育医生	购买原料，组织药物生产，管理存货	管理分销渠道、组织运营	公司运营管理、编撰财务报告、法律及相关活动、人力资源管理
资产	1. 无形资产：商标、人脉、高管 2. 有形资产：办公楼宇	1. 无形资产：临床数据、方法论 2. 有形资产：研发设施	1. 无形资产：临床数据、方法论 2. 有形资产：研发设施	1. 无形资产：生产及分销许可、生产流程及方法 2. 有形资产：设备	1. 无形资产：生产及分销许可、生产流程及方法 2. 有形资产：仓库	1. 无形资产：流程及工具 2. 有形资产：办公楼宇	1. 无形资产：方法论、产品知识产权 2. 有形资产：研发设施	1. 无形资产：无 2. 有形资产：无	1. 无形资产：无 2. 有形资产：无	1. 无形资产：生产及分销牌照 2. 有形资产：生产设施	1. 无形资产：渠道 2. 有形资产：无	1. 无形资产：商标 2. 有形资产：营业楼宇

生产业务关联交易功能和风险汇总表

	进口分销商	集团制药公司	集团公司
功能			
研发	–	–	*
采购	o	*	–
生产	–	*	–
质量控制	–	*	–
存货管理和物流	*	*	–
销售和销售推广	o	*	–
售后服务	o	*	–
付款请求和回收	*	*	–
一般行政管理	*	*	–
风险			
市场风险	–	*	–
研发风险	–	–	*
生产风险	–	*	–
存货风险	o	*	–
产品责任风险	–	*	–
信用风险	o	*	–
汇率风险	*	*	–
资产			
有形资产	*	*	–
生产性无形资产	–	–	*
营销型无形资产	–	–	*

注：“*”表示执行功能/承担风险/拥有资产。
　　"o"表示执行有限功能/承担有限风险。
　　"–"表示没有执行功能/承担风险/拥有资产。

地域特殊因素对于企业创造价值的贡献

集团制药公司作为集团利润中心、负责主营药品的生产和销售，同时为集团公司和关联子公司进口分销商提供市场推广服务。公司的经营和利润受到本地地域特殊因素的影响，特别是监管环境变化的影响。

进口分销商作为集团收入中心、负责主营药品以外的其他产品的分销业务，承担有限风险，能够获得一定区域范围内固定有保障的利润率。因此，经营和利润受到本地地域特殊因素的影响程度不大。

企业集团利润在全球价值链中的分配原则和分配结果

在医药领域中，药品在上市前需要经过漫长的研发阶段，企业往往面临数额巨大的前期研发开支和投资。

当前任何一个特定的财务年度中，将很难根据当年的经营状况简单地分配集团和益普生中国公司的利润分配。

如需要准确评定和计算集团总体利润在价值链中的分配原则和结果，则需要针对每一个具体的药品品种综合考虑以往全部的研发及其他相关支出，从而确定当年集团利润在全球价值链中应得的分配数额。

二、功能和风险分析

功能和风险分析有助于选择合适的转让定价方法，其重要性体现在以下几个方面：

- 了解关联企业进行的主要经济活动或执行的主要功能（包括种类和频繁程度）所承担的风险，以及所使用的资产（包括有形资产和无形资产）。
- 企业在关联交易中所执行的功能、承担的风险以及所使用的资产对其利润水平有重大影响。
- 通过功能和风险分析而获得的信息有助于判定其关联交易的性质，进而有助于可比公司（或可比交易）的选择。

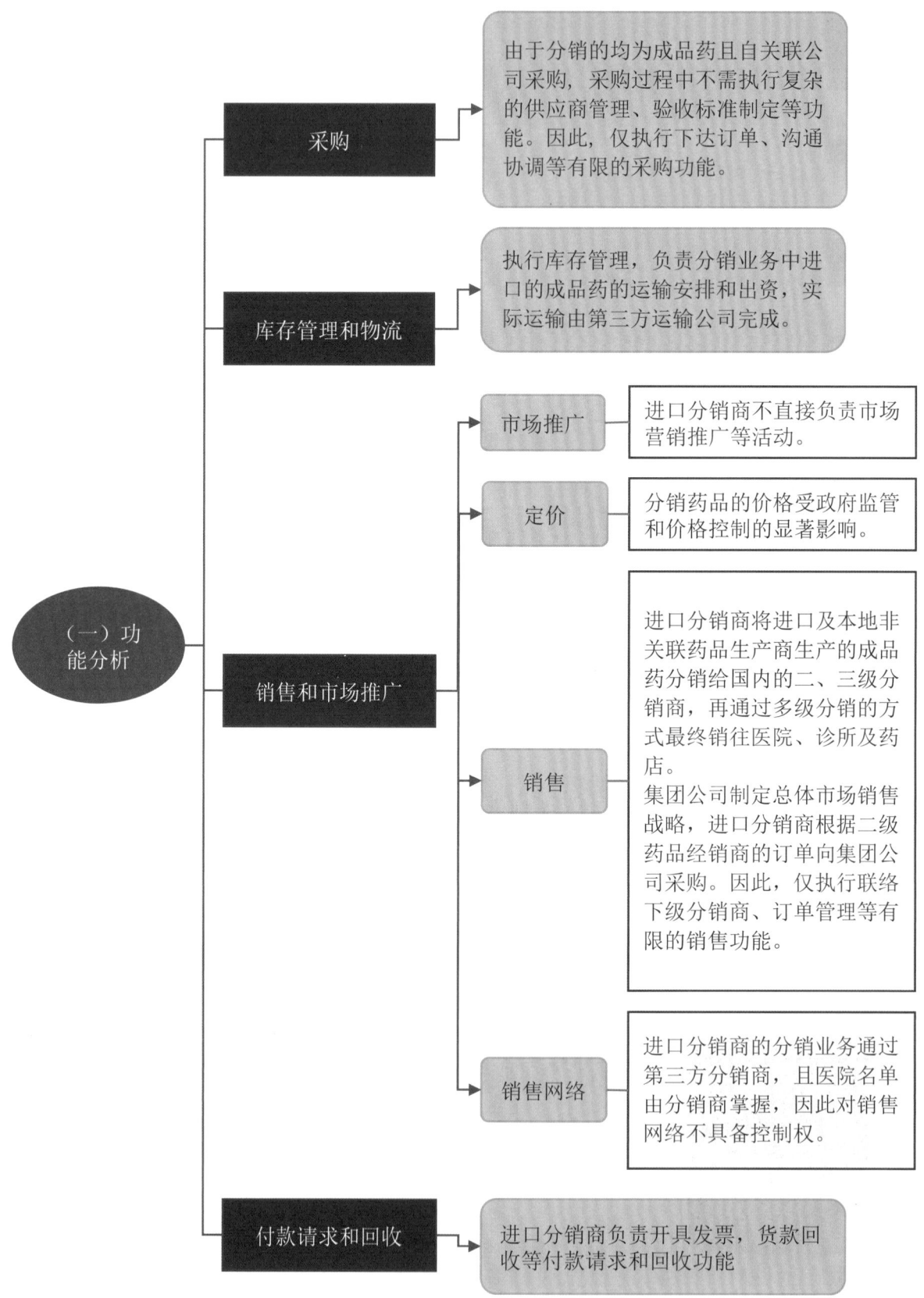

第五章 医药行业估价解析

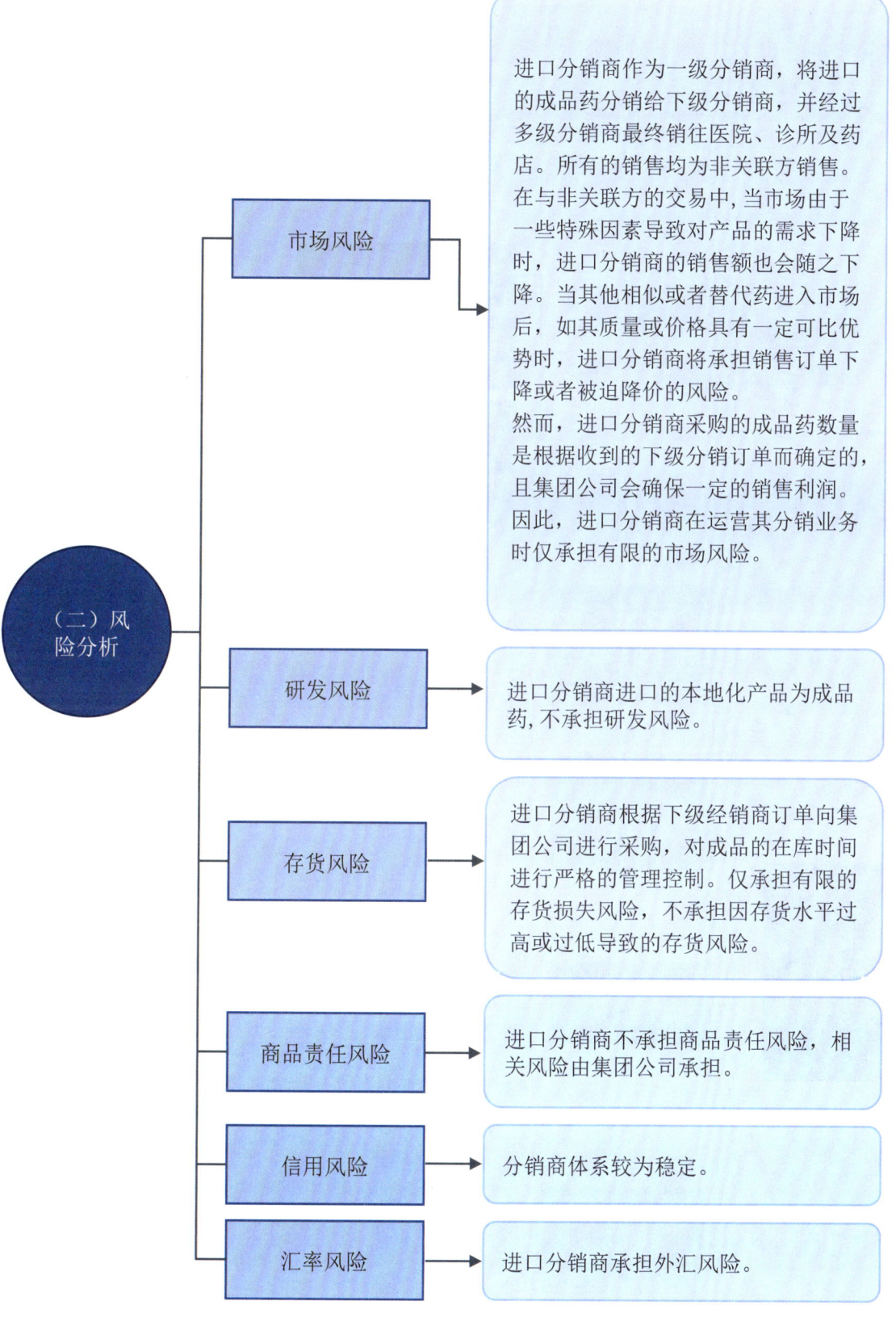

三、定价政策

> 随着中国医药改革的不断深入及本土医药的发展,各种替代药物及仿制药的诞生必将使得产品竞争愈发激烈。政府对于各种医药价格的管制措施不断加强,2017年"两票制"在各大省市全面展开试点,由此产生的信用管理以及渠道管理费用势必将会影响企业今后的利润水平。

（一）关联交易中有形资产交易定价政策

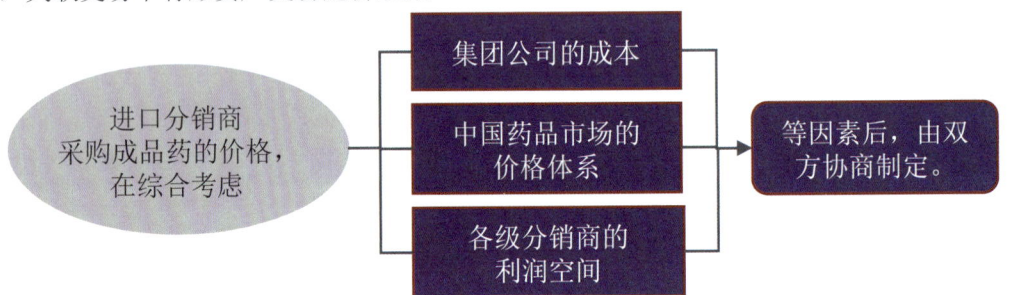

进口分销商采购成品药的价格,在综合考虑：
- 集团公司的成本
- 中国药品市场的价格体系
- 各级分销商的利润空间

等因素后,由双方协商制定。

（二）关联交易中服务及无形资产交易定价政策

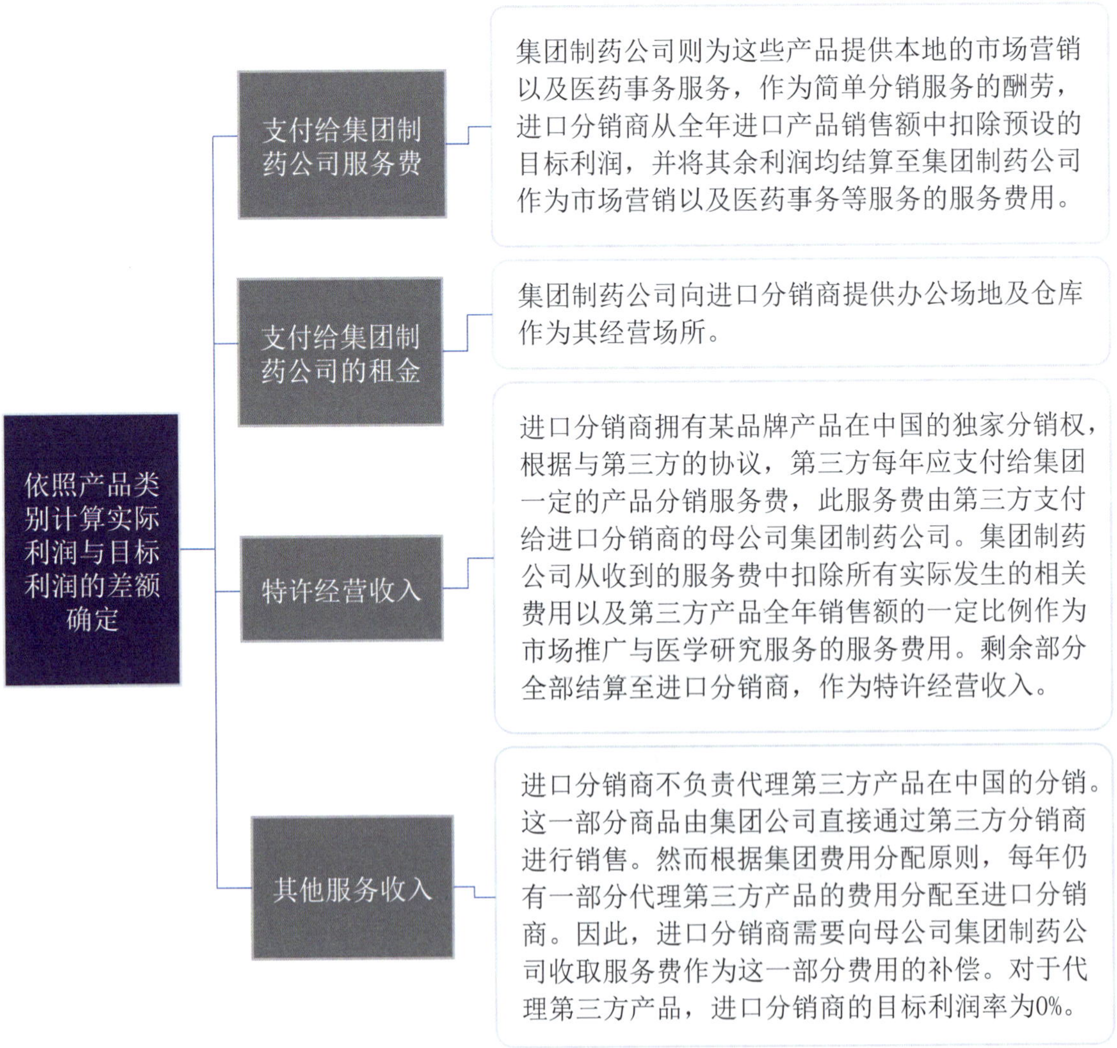

依照产品类别计算实际利润与目标利润的差额确定：

- **支付给集团制药公司服务费**：集团制药公司则为这些产品提供本地的市场营销以及医药事务服务,作为简单分销服务的酬劳,进口分销商从全年进口产品销售额中扣除预设的目标利润,并将其余利润均结算至集团制药公司作为市场营销以及医药事务等服务的服务费用。

- **支付给集团制药公司的租金**：集团制药公司向进口分销商提供办公场地及仓库作为其经营场所。

- **特许经营收入**：进口分销商拥有某品牌产品在中国的独家分销权,根据与第三方的协议,第三方每年应支付给集团一定的产品分销服务费,此服务费由第三方支付给进口分销商的母公司集团制药公司。集团制药公司从收到的服务费中扣除所有实际发生的相关费用以及第三方产品全年销售额的一定比例作为市场推广与医学研究服务的服务费用。剩余部分全部结算至进口分销商,作为特许经营收入。

- **其他服务收入**：进口分销商不负责代理第三方产品在中国的分销。这一部分商品由集团公司直接通过第三方分销商进行销售。然而根据集团费用分配原则,每年仍有一部分代理第三方产品的费用分配至进口分销商。因此,进口分销商需要向母公司集团制药公司收取服务费作为这一部分费用的补偿。对于代理第三方产品,进口分销商的目标利润率为0%。

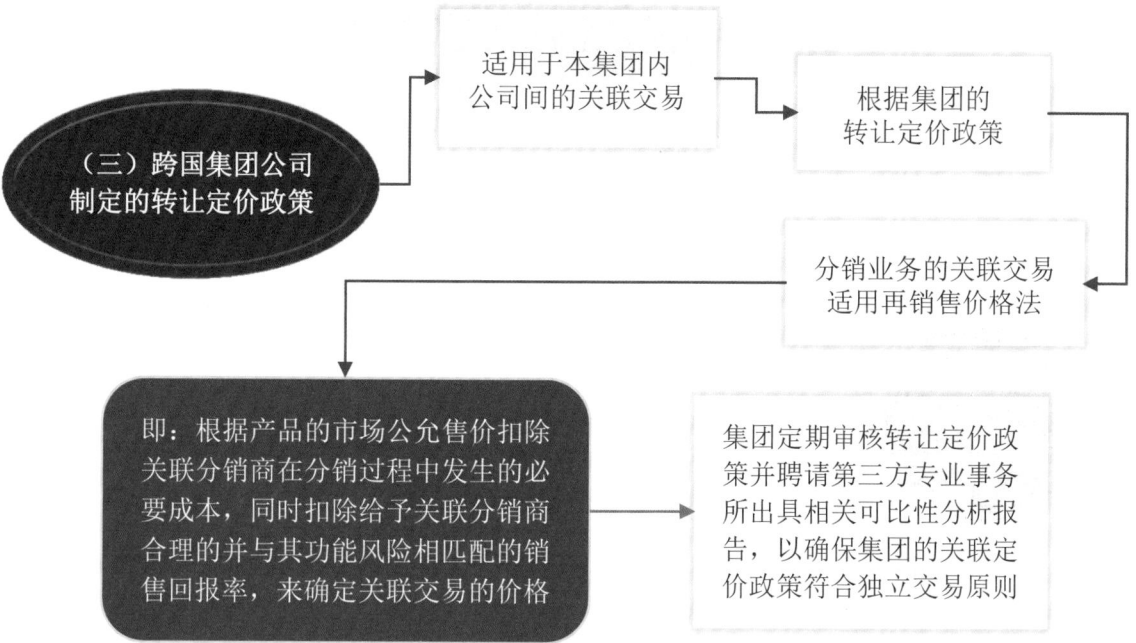

第六节 商品估价解析

一、关联企业独家代理进口药品估价解析

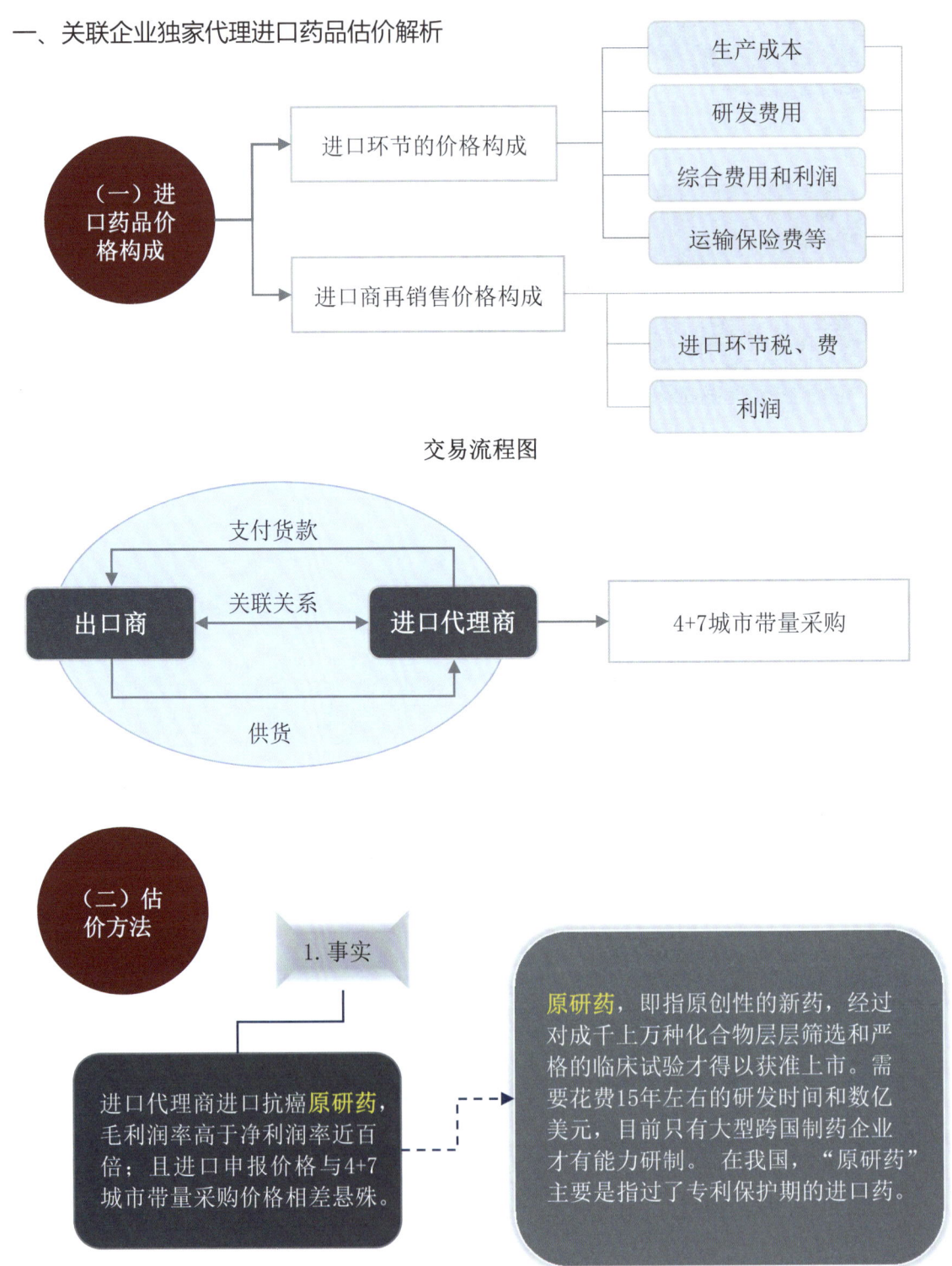

交易流程图

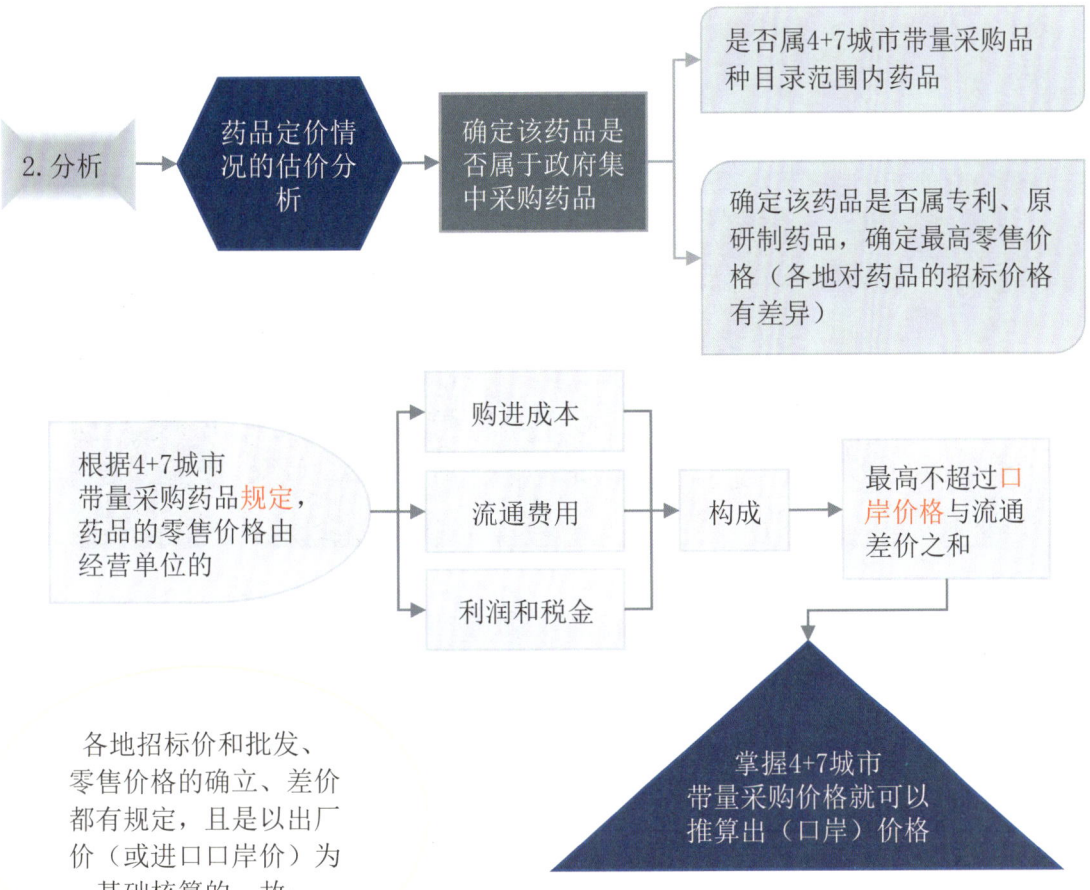

测试完税价格=4+7城市带量采购价格-进口环节税、费-进口商利润，测试完税价格与申报价格应一致。

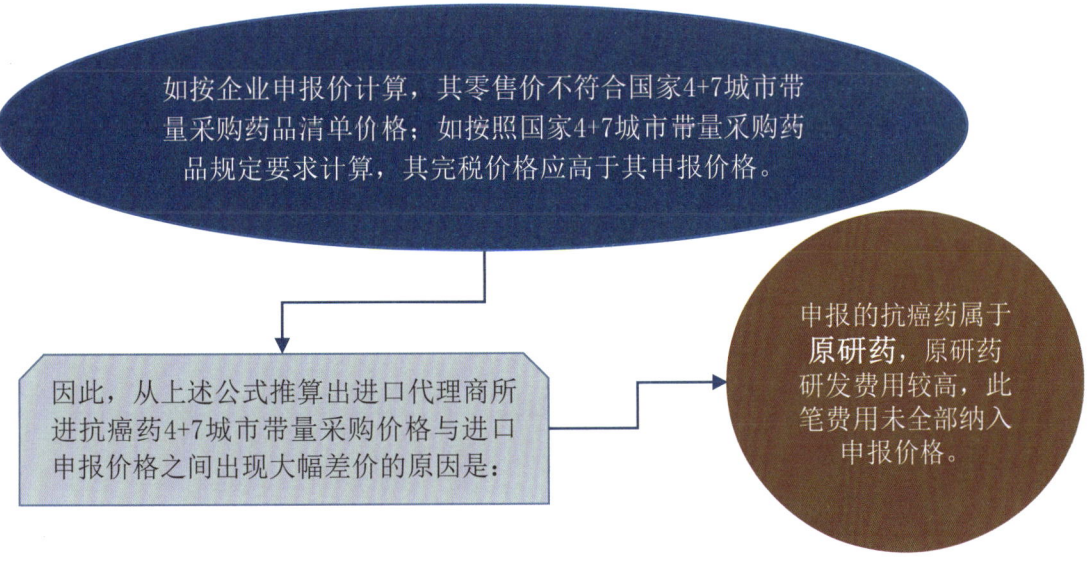

根据《审价办法》(海关总署令第213号)第十六条、第八条、第十七条、第十八条的规定,认定买卖双方之间存在特殊关系,对成交价格产生实质性影响,需重新估价。

| 未能掌握相同及类似价格资料,因此无法采用作为相同或类似货物方法估价。 | 由于流通环节复杂、地域性保护明显、经销单位负责招标、药品价格各不相同、运营成本存在差异,不可能各个省区采取不同的完税价格,因此无法采用倒扣估价方法计算完税价格。 | 无法提供生产商生产销售成本、利润以及一般费用情况,因此也无法使用计算价格估价方法。 | 排除上述估价方法,采用合理方法估价。 |

3. 结论

使用合理方法,依据会计总则将商标使用费、研发费、技术提成费、推广费等相关费用分摊到当期进口药品完税价格计征税款。

(三)评论

对关联企业间销售、全国唯一代理进口药品,运用国家对进口药品的管理规定,倒推企业的进口申报价格进行估价,为进口药品的审价提供了途径和方法。

除需关注国家对行业的管理要求,还需重点了解行业特点及其定价模式(如原研药的高额研发费),才能客观、公正,做到审价合理有效。

使用进口申报价格与4+7城市带量采购价格相互印证申报价格是否准确、合理。

二、免费提供临床测试药品估价解析

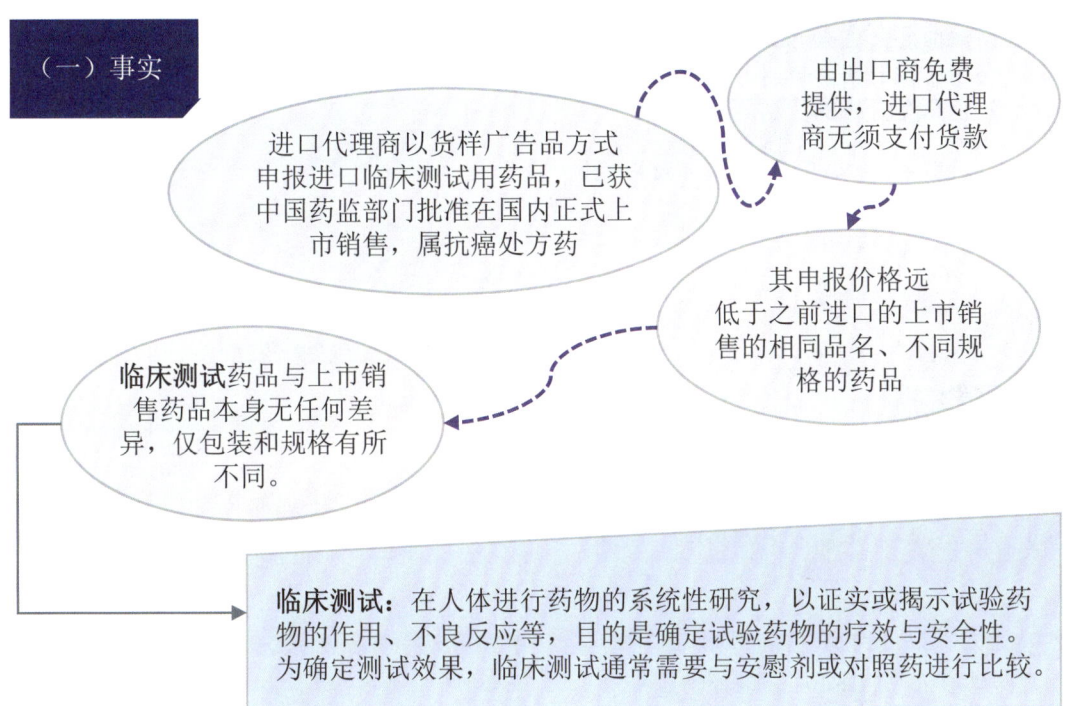

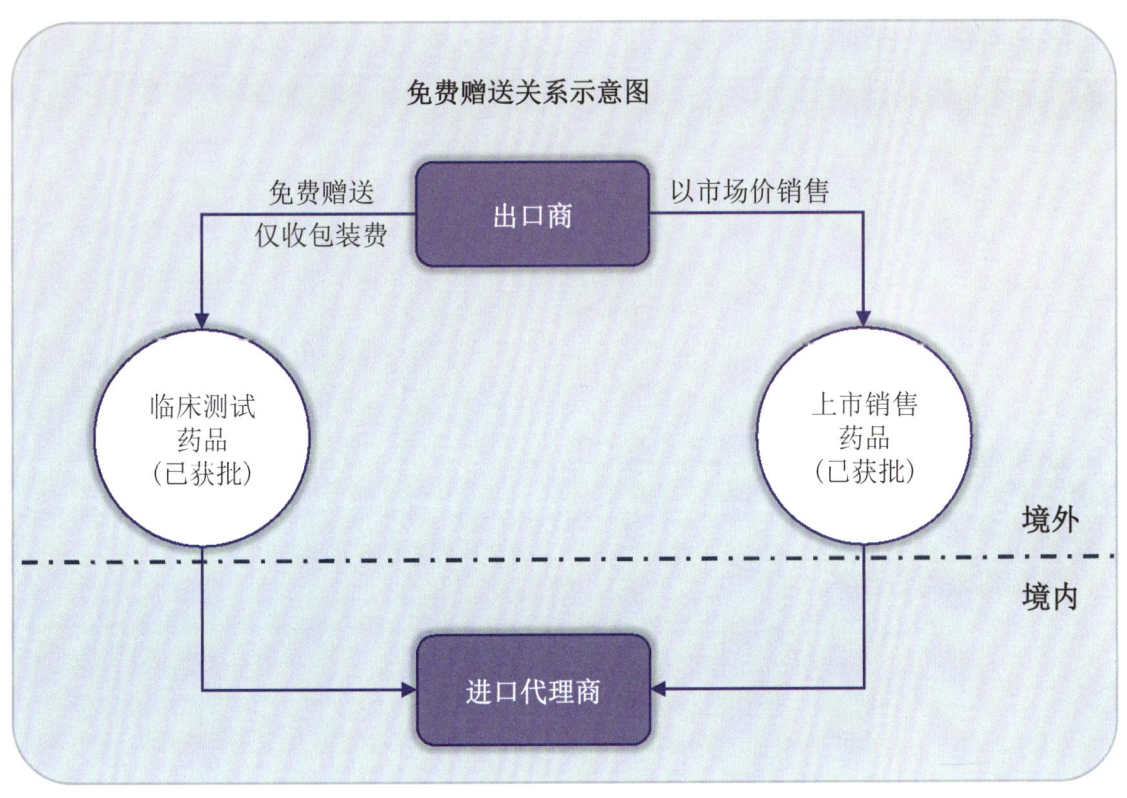

双盲试验：指在试验过程中，测验者与被测验者都不知道被测者所属的组别（实验组或对照组），分析者在分析资料时，通常也不知道正在分析的资料属于哪一组。因此，在进口环节国内企业无法区分每批临床测试药品与安慰剂及对照药的数量。

安慰剂：指不含任何药理成分的制剂或剂型，外形与真药相像，如蒸馏水、淀粉片或胶囊等。

进口的临床测试药品用于**双盲测试**，含有一定比例的**安慰剂**

（二）分析

价格巨大的原因 → 申报价格仅包含包装费

依据《审价办法》（海关总署令第213号）第三十三条：易货贸易、寄售、捐赠、赠送等不存在成交价格的进口货物，按照本办法第六条列明的方法审查确定完税价格。

依次使用相同或类似货物成交价格法、倒扣价格估价方法、计算价格估价方法、合理方法选择，最终选择适用的估价方法重新估价。

通过两个环节确定估价结果

第一个环节是对临床测试药品进行估价，虽然一般贸易进口的药品与临床测试用药品成分、含量均相同，但包装不同，一是零售包装，另一采用大包装、不适宜零售。故包装差异导致影响销售，不能使用相同或者类似方法进行估价。同时，因临床测试药品无销售，欠缺相关数据，无法使用倒扣法和计算法估价。进口代理商提供包装成本差异书面说明，因两者差异很小且核算难度较大，进口代理商放弃核算，视同两者包装成本相等。海关以合理方法重新估价。

第二个环节是对安慰剂进行估价，安慰剂进口时只申报了包装成本，进口代理商提供了不含包装的安慰剂进口价格成本说明，海关采用计算价格估价方法进行估价。

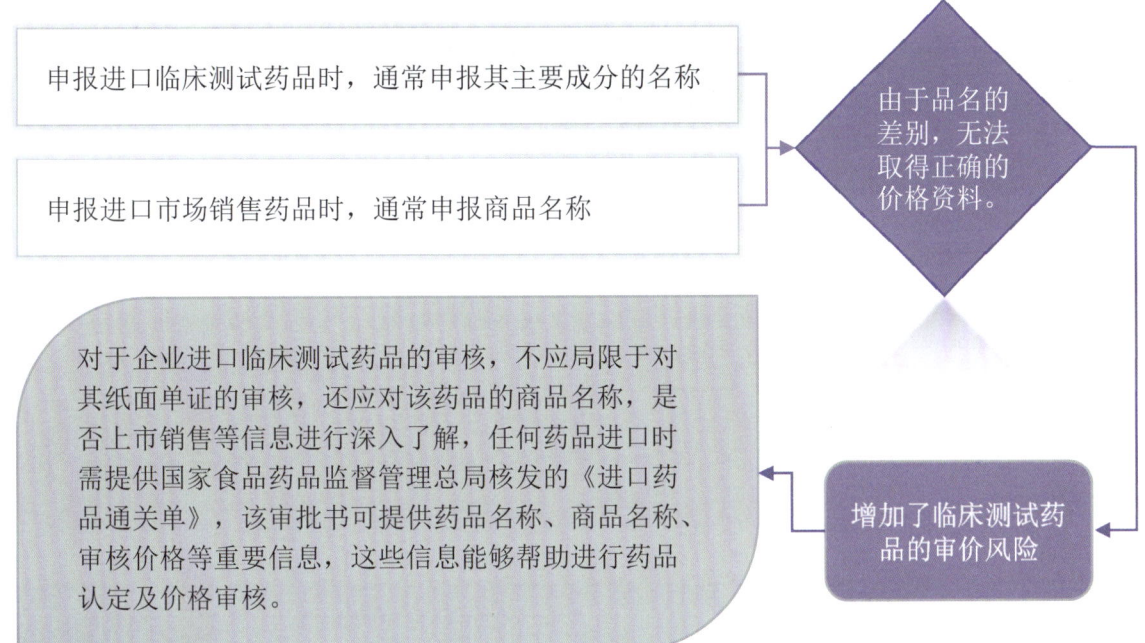

（三）结论

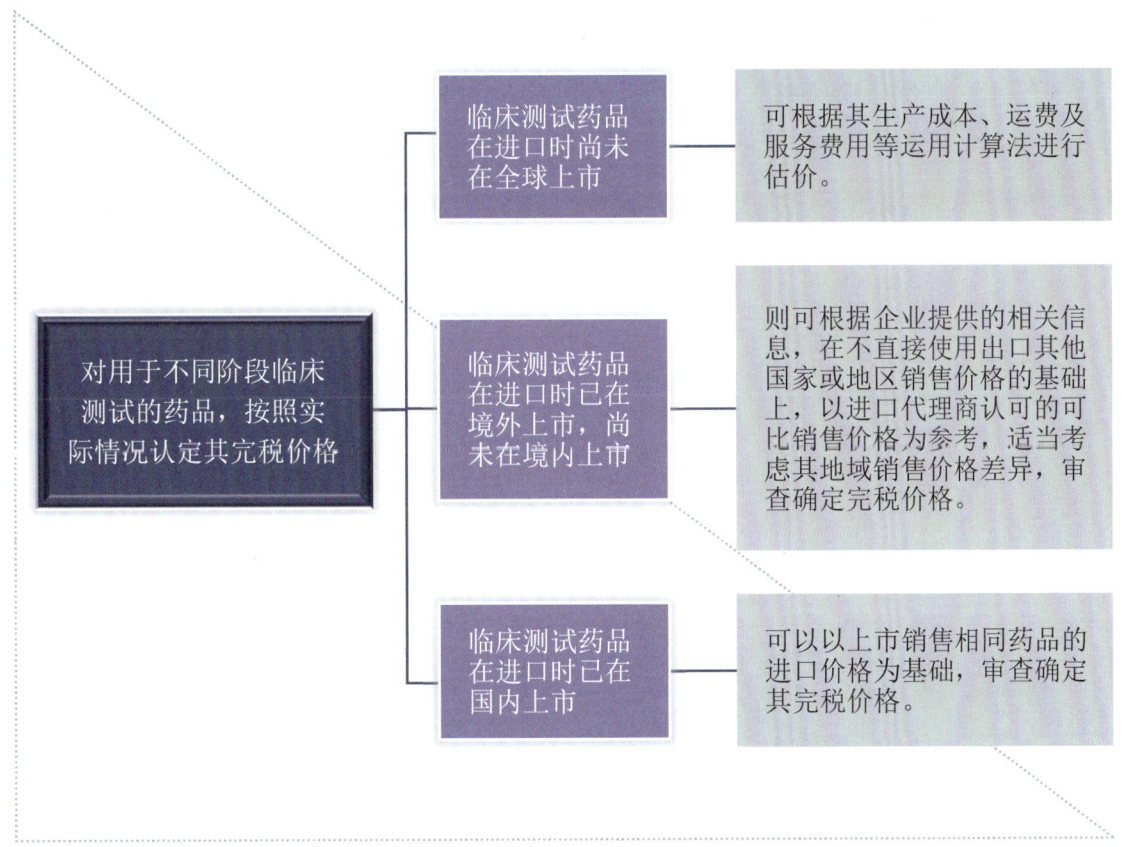

部分企业将临床测试药品与安慰剂及对照药一并申报，造成临床测试药品价格含糊不明

国际临床测试多采取双盲试验，但大部分国内企业仍可根据临床测试报告书得知该临床测试药品、安慰剂或**对照药**的总比例

可建议企业按照该比例将临床测试药品与安慰剂或对照药分别申报，以便于价格审核。

此外，多数临床测试药品为外方免费赠送，无实际成交价格，其中有些药品申报时发票显示的价格为外方对该药品成本的估算，往往不含药品研发费用及利润，申报价格存在一定的随意性，对临床测试药品申报进口的价格明显低于价格资料的应加强审核。

对照药：是指用于鉴别、检查、含量测定的标准对照药品。通常为已上市的成熟药品，与临床测试药品进行对照使用。

有些医药企业认为临床测试药品与市场销售药品不同，即不能在市场上流通，无商业价值，故申报价格不含有研发费用及利润。这种对海关估价原则不甚了解造成的非主观低报价格导致临床测试药品申报价格普遍偏低。应以《审价办法》为依据、原则和方法。

第七节 论 注

一、免费交付的货物的概述

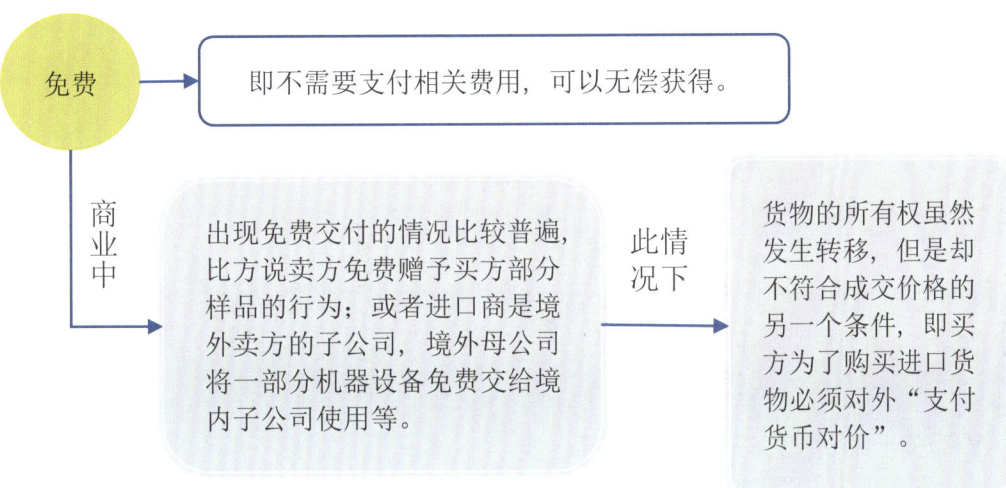

二、免费交付的货物的估价依据

由于免费赠送的货物没有成交价格，进口商获得了进口货物，而没有义务支付对应的货币对价。

因此，在这种情况下海关认定该进口货物没有实际成交价格，并依次使用相同、类似货物成交价格方法、倒扣价格方法、计算价格方法和合理方法进行估价。

三、免费交付的货物的估价要点

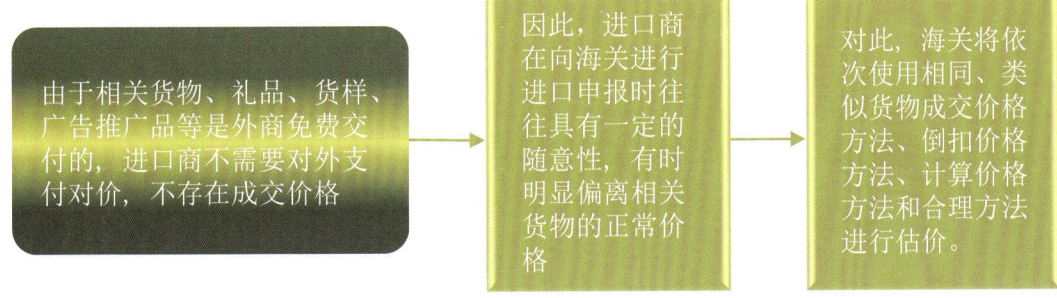

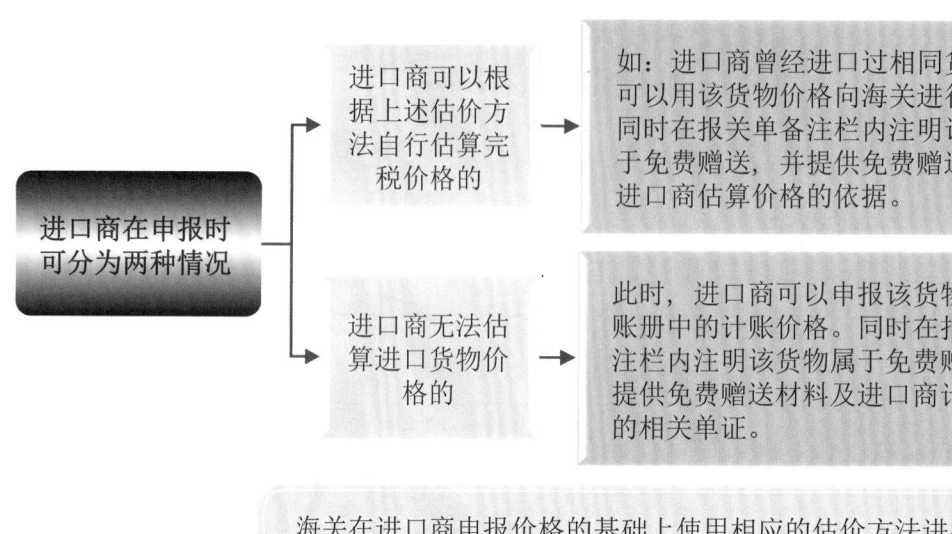

四、WTO关于免费交付的货物的规定

关于"免费交付的货物、礼品、货样、广告推广品"的征税问题 → WTO估价委员会颁布了"咨询意见1〈协定〉中'销售'的概念",列举了进口货物不属于销售的情况的不完全清单,并明确指出,所列货物的价格应按符合《协定》规定的估价方法先后次序加以确定。

		内　容
《WTO估价协定》正文对于免费交付是否构成成交价格概念的规定	第一条	1.进口货物的完税价格应为成交价格,即为该货物出口销售至进口国时依照第八条的规定进行调整后的实付或应付的价格,只要: (a)不对买方处置或使用该货物设置限制,但下列限制除外: (i)进口国法律或政府主管机关强制执行或要求的限制; (ii)对该货物转售地域的限制;或 (iii)对货物价格无实质影响的限制; (b)销售或价格不受某些使被估价货物的价值无法确定的条件或因素的影响; (c)卖方不得直接或间接得到买方随后对该货物转售、处置或使用后的任何收入,除非能够依照第八条的规定进行适当调整;以及 (d)买方和卖方无特殊关系,或在买方和卖方有特殊关系的情况下,根据第二款的规定为完税目的的成交价格是可接受的。

第六章 汽车行业估价解析

第一节 汽车行业概况

一、汽车零配件行业概况

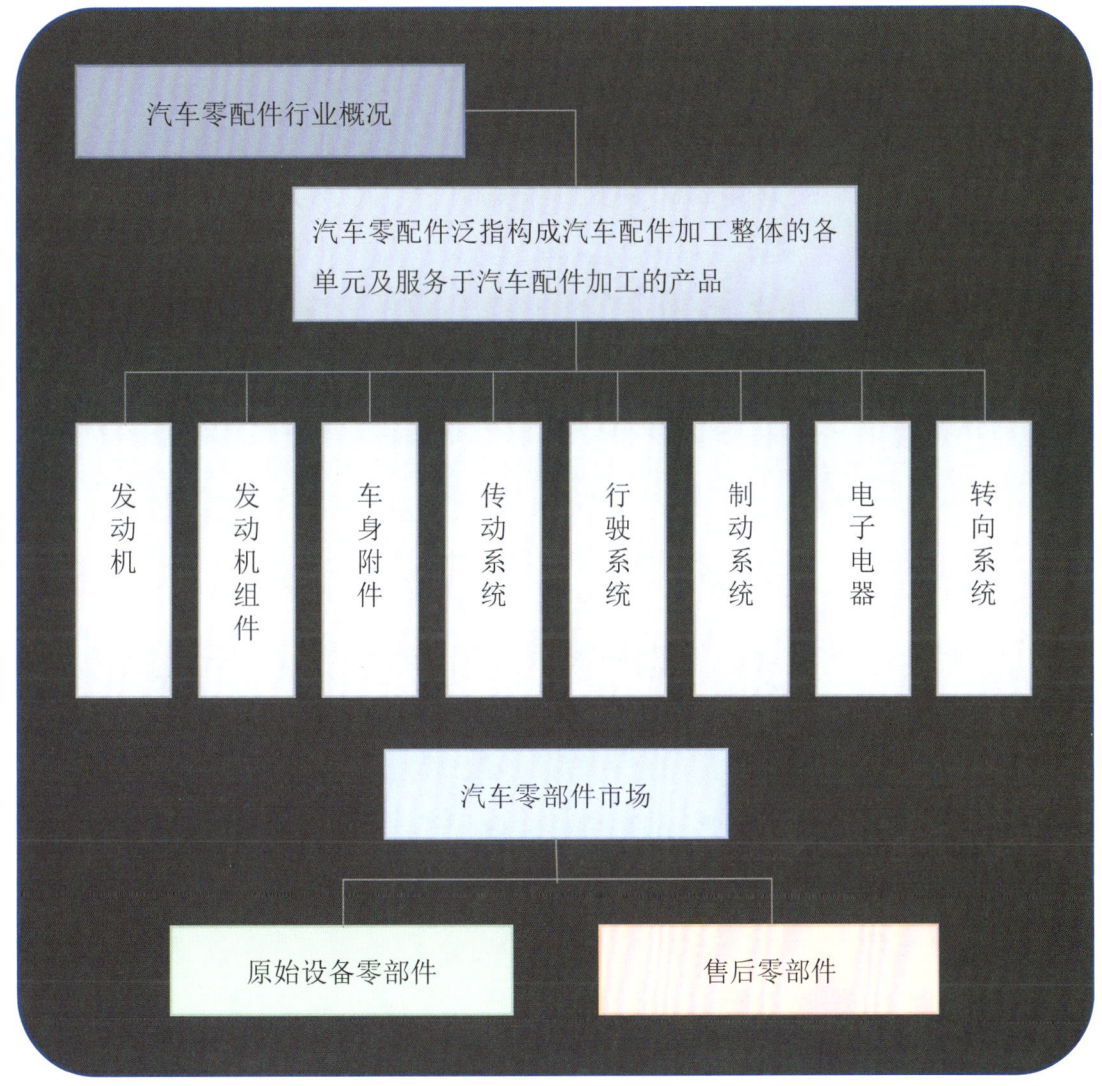

根据中国产业信息网发布的《2015~2020年中国汽车零部件行业运行态势及投资前景研究报告》显示,当前全球汽车零部件制造业与整车市场格局一致,全球汽车零部件市场大致分为北美市场、欧洲市场、日韩市场、以中国为代表的新兴市场。

市场明细	主要特点
日韩市场	市场主要集中在本土零部件供应商，外部零部件供应商很难进入其供应体系，随着整车制造商降低成本的压力越来越大，逐渐引入外部零部件供应商进入其竞争体系；日韩是全球主要的汽车生产、销售中心，原始设备制造市场与售后市场需求量较大，但需求日趋稳定。
以中国为代表的新兴市场	充分竞争市场，随着整车制造市场集中度不断提高，零部件供应体系不断完善，零部件企业进入一级供应商体系日趋增加；原始设备制造市场增长迅速，为全球未来整车市场需求增长点，潜力巨大。售后零部件市场尚未建立完整的独立售后供应体系，市场竞争较为混乱。随着新型市场保有量的持续快速增长，售后零部件市场将随之快速增长。但随着时间推移，中国市场也将慢慢趋于稳定。
北美市场	充分竞争市场，新进入者可以凭借产品良好的性价比逐渐进入整车配套体系及社会独立售后流通商的采购体系；本土零部件供应商主要以总成、系统零部件为主；原始设备制造市场规模较大，需求日趋饱和，但受经济波动的影响较大。售后零部件市场已经建立了完善的社会售后体系，社会容量较大且较为稳定。
欧洲市场	充分竞争市场，但对品牌要求较大，新进入者进入难度较大，但一旦进入整车制造商供货体系，合作将较为稳定；汽车零部件供应较为完整，汽车核心零部件供应主要集中在德国、法国等汽车工业发达国家，一直以来整车制造商采购主要集中在欧洲本土，普通汽车零部件主要由中东欧国家地区供应，近年来，欧洲地区逐渐将零部件生产、采购向中国等新兴汽车工业国家转移。

2011～2017年全球零部件行业销售额

全球汽车零部件业的销售额从2012年以后一直处于缓慢的上升期。伴随着销售额的增长，全球总生产能力也同期增长。近几年来全球汽车零部件市场增长速度大约为3%。虽然2017年汽车行业已经开始出现增长疲软的迹象，中国与欧洲增长放缓，美国产量下降，但整体环境仍然利好，全球汽车零部件供应商收入有望增长3%并继续保持盈利水平。

2012～2018年中国汽车零部件销售收入情况

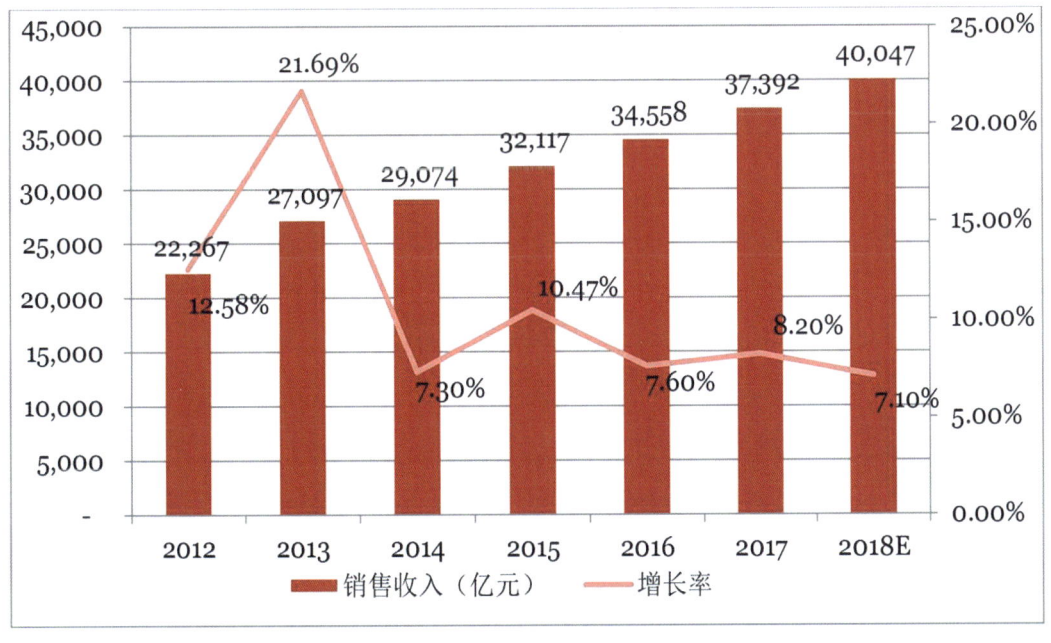

注：以上数据来自中商情报网——2018年中国汽车零部件行业市场前景研究报告（简版）。

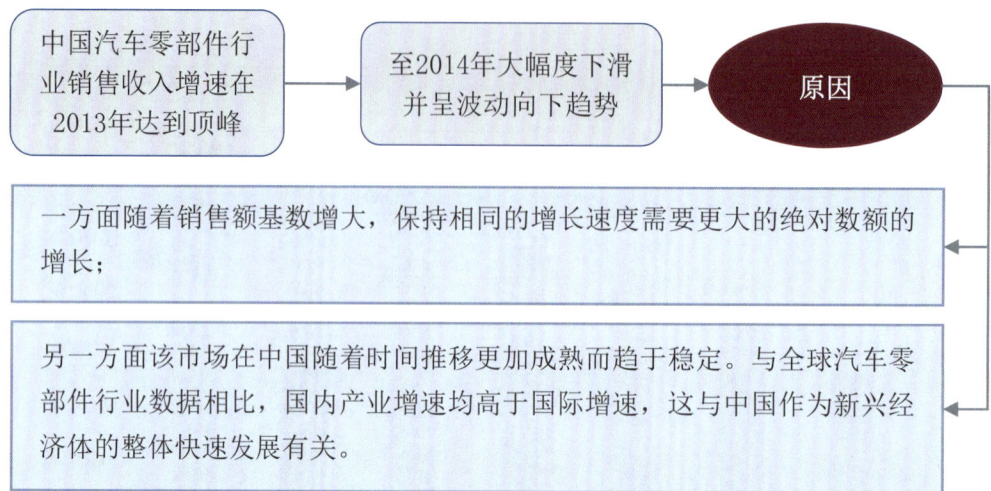

整体来看，目前中国汽车零部件市场前景广阔，但仍存在与整车行业同步开发能力不强、自主研发和系统集成能力薄弱、汽车模具及新品开发不能完全适应汽车产业快速发展的需要等问题。

二、整车行业概况

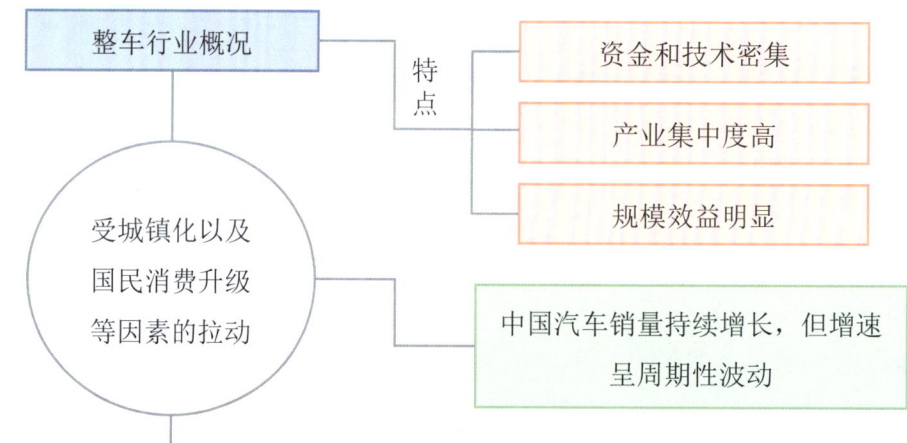

2017年，中国汽车产销规模已连续9年蝉联全球第一，产销量分别为2994.20万辆和2887.89万辆，同比分别增长3.20%和3.04%，增速较上年大幅回落，重新步入低速增长。

据海关总署统计，2018年，中国汽车及汽车底盘进口量为113.6万辆，同比下降8.4%，进口金额3342.0亿元，同比下降2.6%；汽车零部件进口金额2309.5亿元，同比增长7.1%。汽车及汽车底盘出口量为121.6万辆，同比增长17.6%，出口金额977.5亿元，同比增长8.3%；汽车零部件出口金额3627.7亿元，同比增长7.9%。

据中商产业研究院数据库显示，2018年3季度中国汽车及汽车底盘进口量明显增长，其中，2018年7月中国汽车及汽车底盘进口量同比增长50%。2018年12月中国汽车及汽车底盘进口量为7.9万辆，同比下降28.2%。

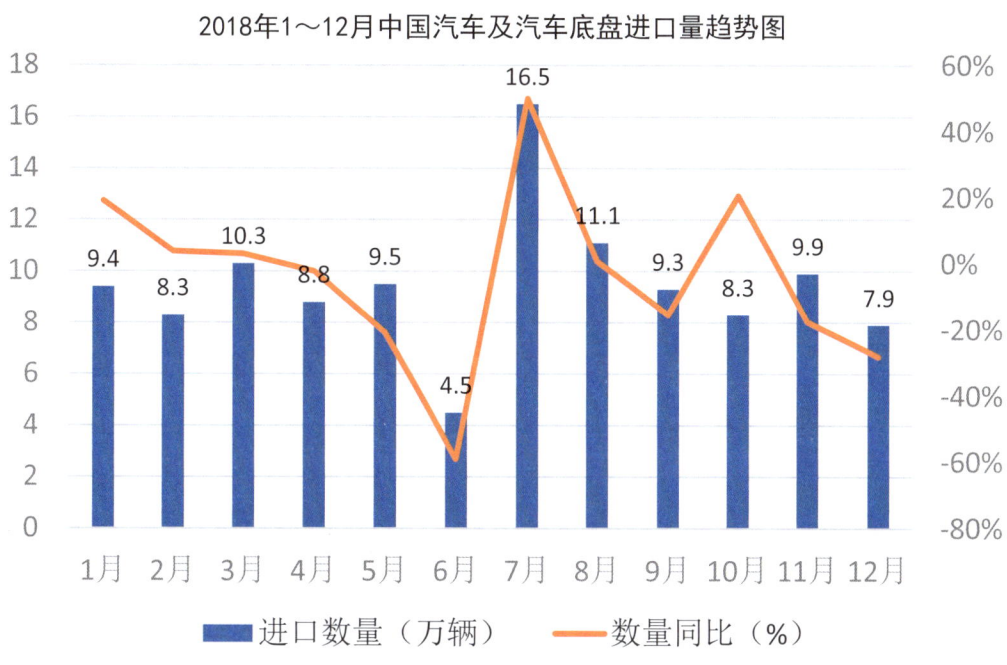

2018年1～12月中国汽车及汽车底盘进口量趋势图

从金额方面来看，2018年3季度中国汽车及汽车底盘进口金额也大幅度增长，2018年7月中国汽车及汽车底盘进口金额同比增长72%。2018年12月中国汽车及汽车底盘进口金额为3313百万美元，同比下降29.9%。

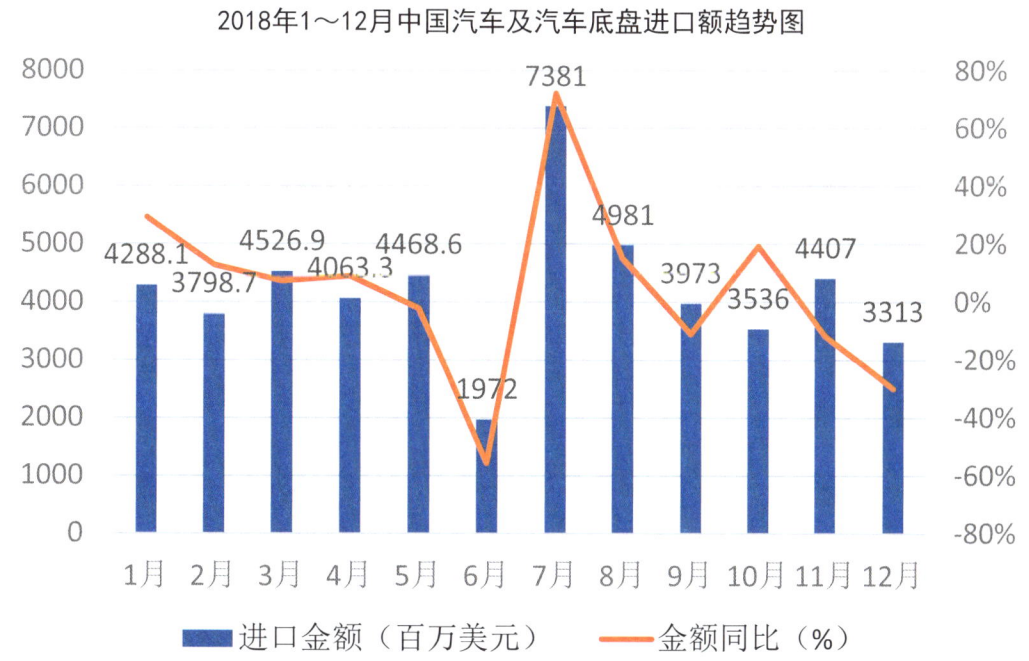

2018年1～12月中国汽车及汽车底盘进口额趋势图

注：以上数据均来自中商情报网——2018年1～12月中国汽车及汽车底盘进口数量及金额增长情况分析。

三、汽车行业价值链

研发与产品销售
- 出口商的研发功能涵盖创新、研究、开发、产品营销和知识产权。其主要目的在于使出口商始终作为最具创新力的汽车零部件供应商，为自动驾驶汽车、直觉驾驶技术以及新型出行方式的进步做出最大贡献，并致力于减少污染物排放。出口商的研发活动由其设立于全球的研发机构负责，具体包括：研究中心、开发中心、技术中心、客户服务中心和全球技术服务中心。

销售与业务拓展
- 鉴于汽车零部件行业的特点，出口商的大部分产品采用按订单生产的模式。销售和业务拓展功能致力于持续改善集团的业务部门，以使其更好地满足客户的期望，并与汽车制造商建立本地和全球的合作关系，继而达成集团的盈利目标和全球增长目标。

运营
- 运营功能指工厂和其他出口商集团内子公司的运营活动，可进一步分为以下子功能：采购、工业化、生产、质保、业务支持。

售后
- 售后服务功能为汽车制造商（即OES市场）和独立售后市场（即IAM市场）提供原始设备零部件，其为全球所有售后渠道提供广泛的产品和服务，以提高维修服务的效率，并提供更高的安全性、舒适性和驾驶乐趣。

公关传媒功能负责制定和实施出口商的公关传媒战略，并负责加强出口商在全球各地的员工、客户、记者、供应商、合作伙伴和公众心目中的形象和声誉。

第二节 汽车行业交易模式

一、汽车零配件交易模式

（一）汽车零配件公司常见交易流程

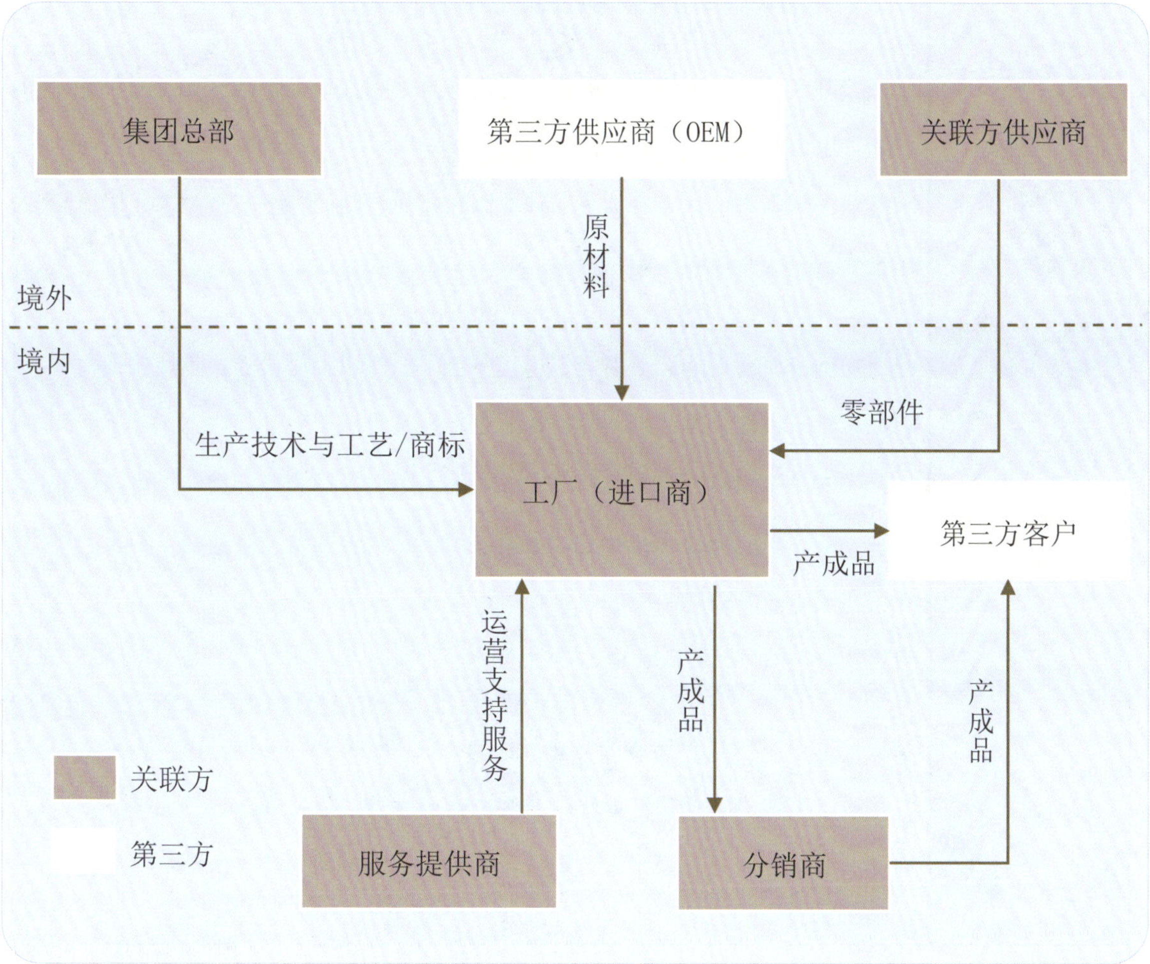

境外 / 境内

集团总部 → 生产技术与工艺/商标 → 工厂（进口商）

第三方供应商（OEM） → 原材料 → 工厂（进口商）

关联方供应商 → 零部件 → 工厂（进口商）

工厂（进口商） → 产成品 → 第三方客户

服务提供商 → 运营支持服务 → 工厂（进口商）

工厂（进口商） → 产成品 → 分销商 → 产成品 → 第三方客户

图例：关联方、第三方

（二）汽车零配件进口贸易单证

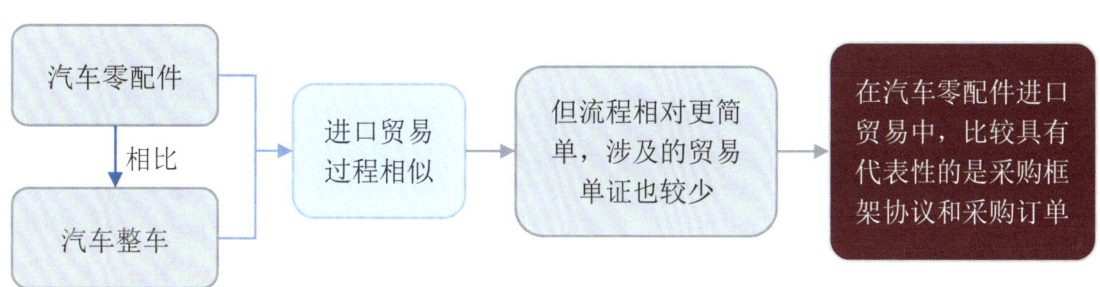

汽车零配件 相比 汽车整车 → 进口贸易过程相似 → 但流程相对更简单，涉及的贸易单证也较少 → 在汽车零配件进口贸易中，比较具有代表性的是采购框架协议和采购订单

1. 采购框架协议

条款	内容
要约、承诺、专用条款	每个采购订单,包括这些条款和条件,是一个由进口商发出的要约,该要约系向出口商发出的,按照进口商向出口商提供的采购订单和所有附件、清单、样品、报价申请,为订立生产、采购和销售产品(包括机具)和/或服务(统称"货物")的合约。每一个采购订单,包括这些条款和条件,通过出口商装运货物、提供服务、货物动工生产、书面确认、或出口商的其他任何行为承认了有关采购订单标的物的合同的存在,将被视为出口商接受。
价格条款	货物价格将在采购订单中规定,且不会因任何原因而增加,包括但不限于:原材料或组件成本、专利费用、非专利技术费用、劳动力成本,或营业间接成本的增加。若在采购订单中有约定,则价格可遭受强制性下跌。除非在采购订单中另有明文规定,出口商全权负责任何及所有的运输和装卸费用和成本、海关费用和成本、税收、税费、关税、保险费用和成本、并与货物有关的任何财政费用。
发票条款	根据每个采购订单运送的货物的所有发票和/或提前发货通知,必须注明采购订单编号、采购订单修订或供货指令编号、进口商一方的编号、出口商的编号(如有不同)、装运数量、纸箱或集装箱号码、出口商的名称、和提单号码。
付款条件条款	除非在采购订单中另有说明,进口商收到货物或出口商就货物开出的发票,当月月底起90天之后的第10天(以两者间较晚发生的时间为准),出口商发票将成为应付。如果付款日期不是工作日,则款项将于下一个工作日支付。
价格条款	交付应按照采购订单或供货指令所指定的数量在指定的时间进行。交货时间和数量是每个采购订单和供货指令的关键条款。出口商将遵照采购订单或供货指令上指定的运输指示。除进口商在供货指令或采购订单中

条款	内容
价格条款	另行规定的外，货物的送达应根据2010年版《国际商会国际贸易术语解释通则》中DDP 贸易术语，完税后在进口商仓库交货，由出口商承担根据本条款和条件规定的最终收货前的所有运输和卸货费用、海关税费以及相关的成本和开支、保险费用和承担一切风险。对于超过采购订单或供货指令指定的数量和交付时间的货物，进口商将无须支付价款。海运费用、其他运输费用、运输保险费用和/或其他相关费用、成本（包括但不限于任何保险费及任何适用的国家、省、州及地区的税收，关税及支出）必须满足供货指令中规定的交付时间，且将由出口商单方负责。
知识产权条款	出口商保证每个采购订单所涉及的所有货物现在不会，将来也不会侵犯、违反或盗用任何第三方的知识产权。除非有出口商的事先书面特别授权，进口商不得将任何具有出口商知识产权的货物，出售或以其他方式处置给其他任何一方。
保证条款	出口商保证每个采购订单所涉及的所有货物将符合出口商的技术要求，如规格、标准、图纸、样品和/或说明、质量要求、性能要求、并且合适、形式和功能要求，以及货物或装备有该货物车辆拟销售国家所有的现行的行业标准、法律和法规。
保密性条款	进口商将为所有的出口商的信息保密，仅对其需要到知道该信息的雇员披露，以便出口商根据采购订单向进口商提供货物、机具和设备；使用出口商的信息只为向进口商供应货物的目的。"出口商的信息"是指出口商向进口商提供的所有信息，关于业务、项目、货物数据、标准、结构、设计、草图、照片、样品、雏型、测试车辆、制造、包装或运输方式和流程，计算机软件和程序（包括目标代码和源代码）。出口商的信息还包括任何出口商信息所包含的，或者基于出口商的信息得到的任何材料或信息不论其由出口商、进口商或任何其他人准备。

2：采购订单

订单号										
订单日期					供应商					
采购申请					地址					
项目					供应商编号					
					联系人					
产品代码	供应商物料	描述/规格	数量	单位	不含税单价	不含税金额	含税总价	交货日期
合计								
交付地点								
收货人								
交易条款								
付款条件								
其他技术条件								

二、整车交易模式

（一）整车进口流程

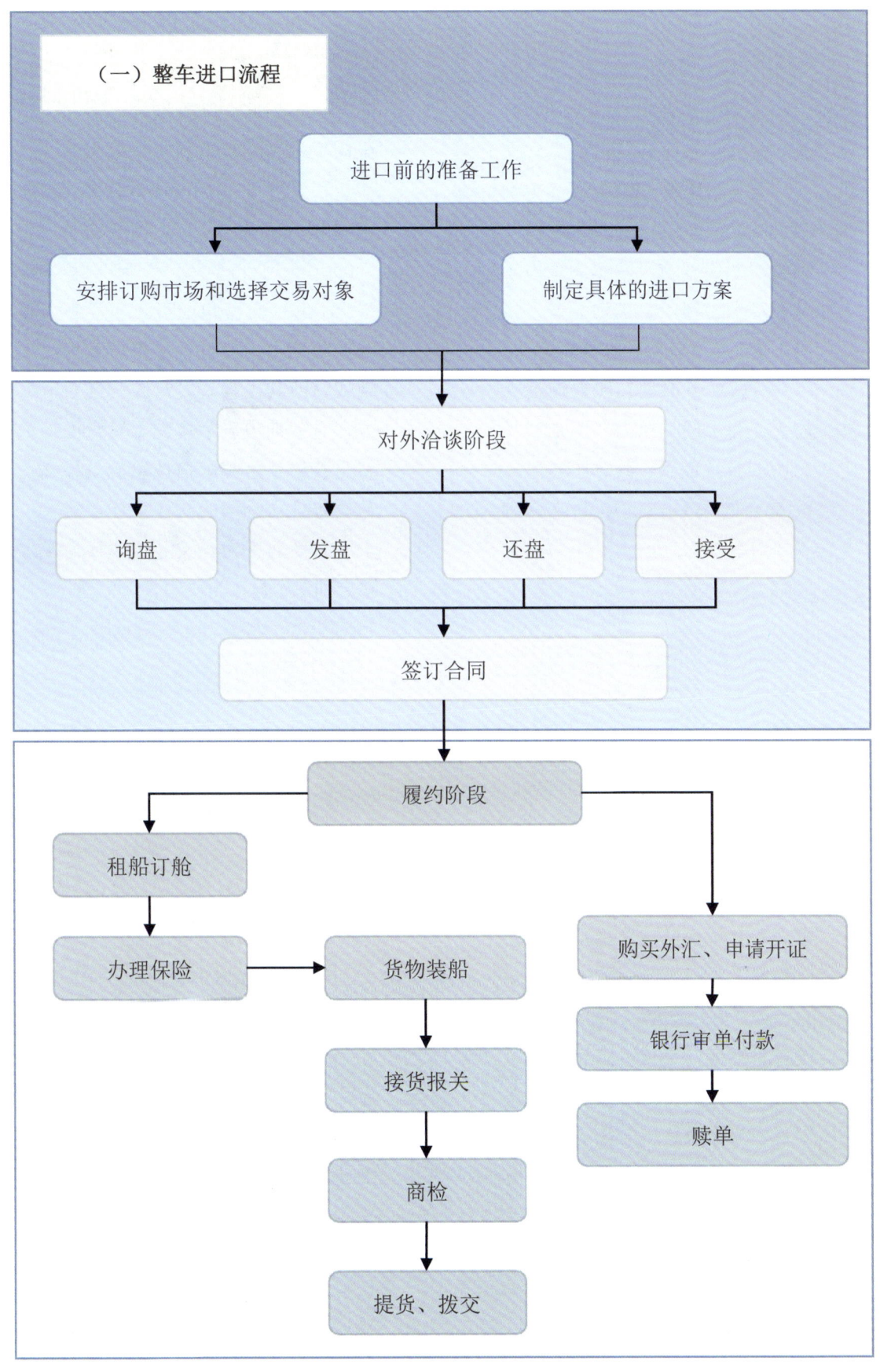

询盘

买卖双方均可发出询盘，买方询盘又叫递盘（Bid），卖方询盘又叫索盘（Selling Inquiry）。询盘对买卖双方无法律约束力，但在商业习惯上，被询盘一方接到询盘后应尽快给予答复。

询盘对于询盘人和被询盘人均无法律上的约束力，不是交易磋商的必经步骤，其意图为建立贸易合同关系。法律中被称为"要约邀请"。

发盘

发盘又叫发价或报价，法律上叫要约。发盘可由卖方提出，叫售货发盘（Selling offer）；也可由买方提出，叫购货发盘（Buying offer）。

发盘分实盘和虚盘。实盘在其有效期内，发盘人不得任意撤销或修改其内容。发盘人一经对方在有效期内表示接受，发盘人将受其约束，并承担按发盘条件与对方订立合同的法律责任。实盘既是商业行为，又是法律行为，在合同法中被称为要约。

还盘

受盘人的答复若实质上变更了发盘条件，就构成还盘。对发盘表示有条件的接受也是还盘的一种形式。

有关货物价格、付款、货物质量和数量、交货地点和时间、一方当事人对另一方当事人的赔偿责任范围或解决争端等的添加或不同条件，均视为在实质上变更发价的条件。

接受

在规定时间内，被发价人声明或做出其他行为表示同意一项发价，即是接受。接受在法律上称为承诺。

构成有效接受的条件：

1. 必须由受盘人作出；

2. 接受通知的传递方式应符合发盘的要求；

3. 必须在发盘规定的时效内作出；

4. 必须是同意发盘所提出的交易条件。

(二) 整车贸易流程

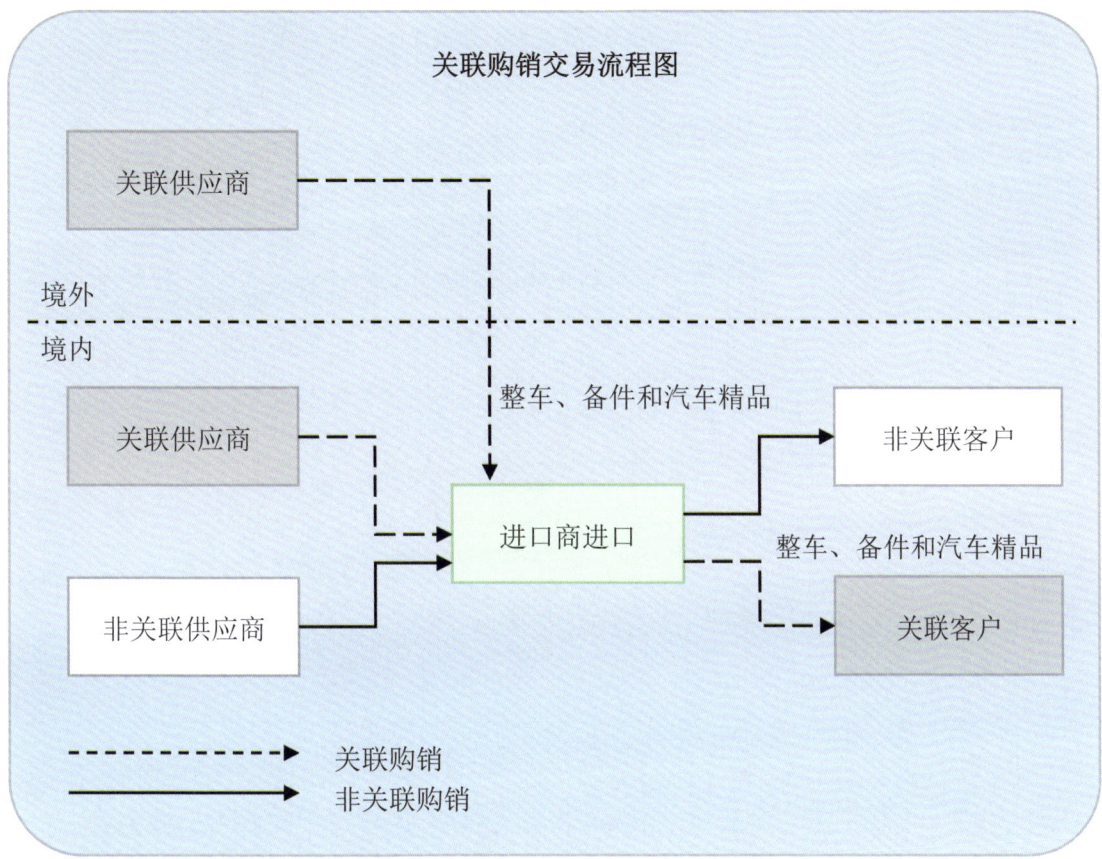

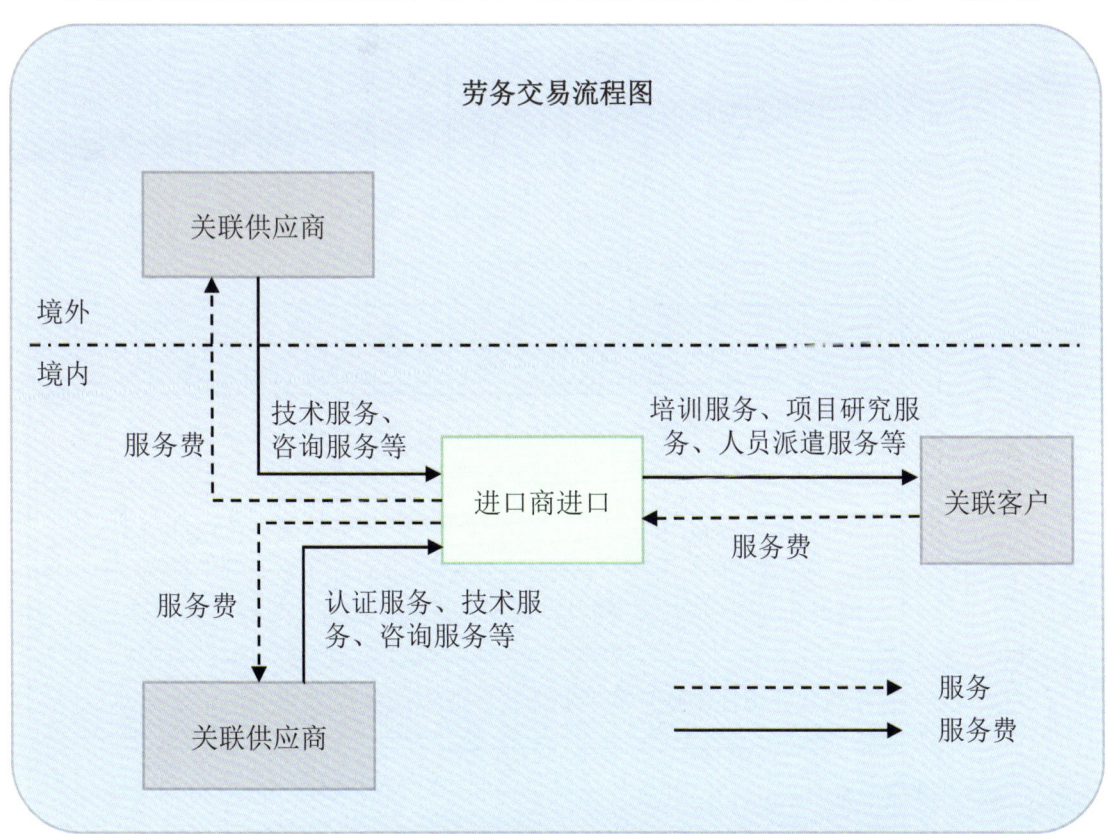

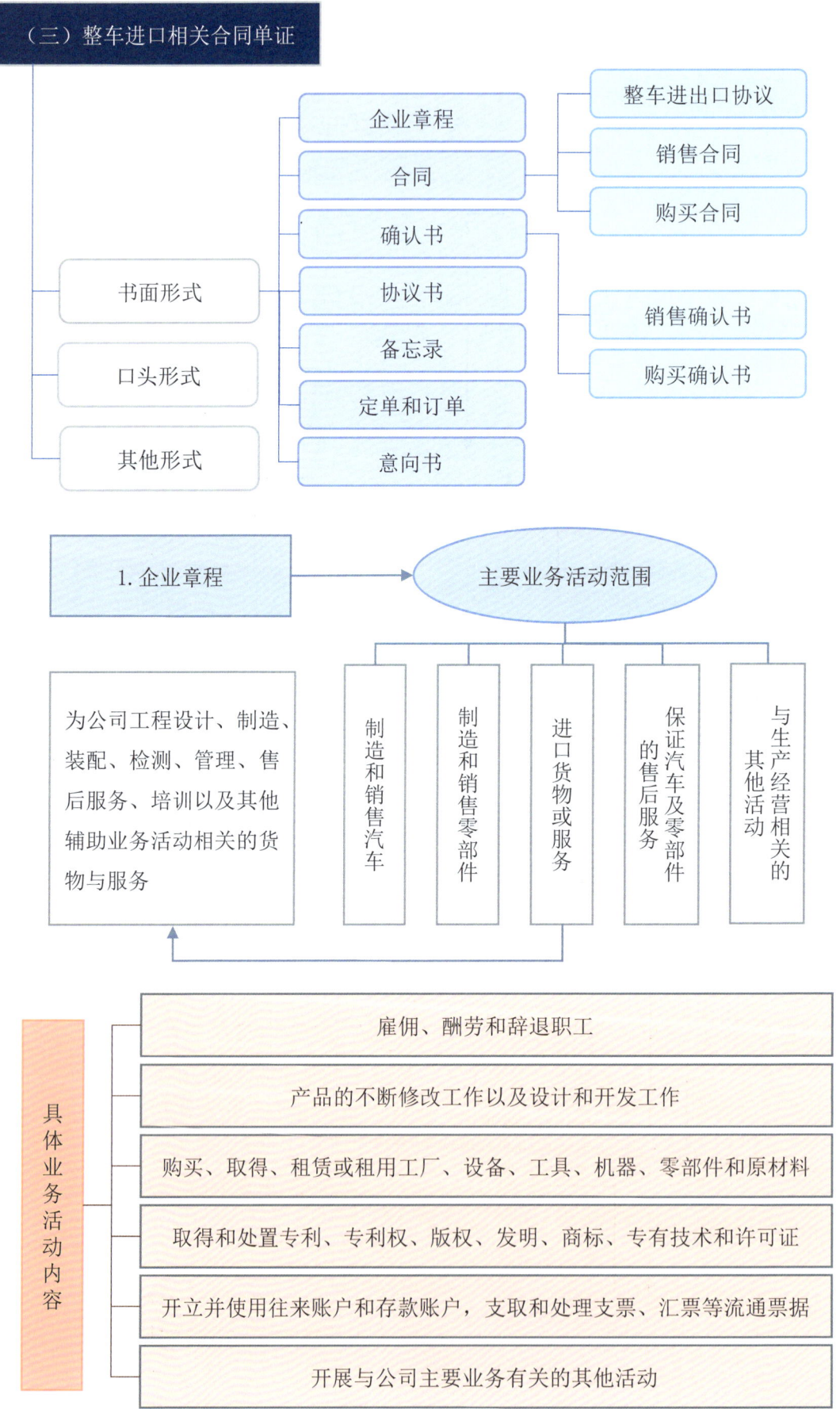

2. 整车进出口协议

条款	内容
指定经销商及经销权利条款	1.1 指定 根据本协议的条款和条件，出口商在此指定经销商为在合同区域内（如下文所定义）销售合同货物（如下文所定义）并就合同货物提供服务的非独家经销商，而且经销商在此接受该指定。 1.2 有关指定的限制 （1）经销商应仅向以下对象销售合同货物： ①其授权的转售商（如下文所定义）和批量购买者； ②进行车身安装的车身制造商； ③合同货物的最终用户，其居住地点或营业场所在合同区域内；但是，如果营业地点在合同区域内的转售商和独立维修部无意直接或间接地向合同区域外出售零件（如下文所定义），经销商亦可向该等转售商和独立维修部销售这些零件。 （2）除了根据本协议购买或者以出口商同意的其他方式购买的合同货物之外，经销商不得销售任何其他合同货物，经销商亦不应从出口商之外的任何渠道购买或协助他人购买带有任何出口商标志（如下文所定义）的合同货物。 1.3 保留权利 经销商在此承认和同意，×××可直接或间接地在合同区域内销售任何合同货物并为该等货物提供服务，同时出口商可在合同区域内指定任何或所有合同货物的其他经销商。 1.4 相关活动 （1）对于融资租赁，尽管不是独家原则，经销商及其授权的转售商应提供出口商活跃在融资或租赁领域的任何直接或间接母公司、关联公司或子公司（均称为"×××集团公司"）提供的服务范围。 （2）经销商及其授权的转售商应根据相关的指导原则，提供并加工由任何出口商集团公司提供的服务产品。

条款	内容
合同区域条款	经销商及其授权的转售商不得在合同区域外直接或间接地从事以下活动： （1）保持合同货物的经销机构或仓库； （2）以任何方式、特别是通过互联网合同货物争取客户； （3）指定销售代理、中间商、销售点或工厂销售或经销合同货物，或就合同货物提供服务。
目标协议条款	4.1销售期间 （1）在每一销售期间开始前，双方应在目标协议中就经销商及其授权的转售商应实现的数量和/或质量目标达成一致。第一个销售期间的目标协议在附录3中列明。 （2）"销售期间"指一个公历年度，而就本协议的第一年和最后一年而言，指在该公历年度中本协议有效的期间。 4.2目标 （1）数量目标可包括但不仅限于以下各项： ①经销商及其授权的转售商在合同区域内向最终用户销售的车辆的最低数量或具体数量；②在合同区域内，在确定的车辆销售覆盖范围内的最低市场份额或具体市场份额；③零件的最低营业额或具体营业额；④合同货物的具体存货（但在任何情况下，经销商及其授权的转售商均应保持合同货物的存货在数量和种类上的均衡，以充分满足合同区域内的客户需求）；⑤展示车辆的具体数量（但在任何情况下，经销商及其授权的转售商均应在库存中保持与其业务规模相当的适量的展示车辆）。 （2）数量目标可包括但不仅限于以下各项： ①确保经销商授权的转售商达到出口商对经销商的标准（如下文所定义）以及出口商其他要求的措施； ②组织结构、新设施或工艺的实施。 4.3最低销售量和最低目标 （1）如果在某一销售期间开始之前，双方未能就目标协议达成一致，则双方应被视为已就以下各项达成一致：

条款	内容
目标协议条款	①该销售期间的最低销售量（如本协议下文所定义）； ②该销售期间的最低目标（如本协议下文所定义）。 （2）"最低销售量"就每一类合同货物而言，指经销商及其授权的转售商必须向合同区域内的最终用户销售的车辆的最低数量，或经销商及其授权的转售商必须获取的零件的最低营业额（视情况而定）。 （3）每一类车辆的最低销售量为上一销售期间实际销售的该类车辆的数量（以一个年度力基础表示），可按比例进行调整，所调整的百分比增幅或降幅应相当于在合同区域的销售期间内该类车辆预计销售量（可由出口商合理决定）的平均百分比增幅或降幅（视情况而定）。 （4）每一类零件的最低销售量为上一销售期间该类零件的营业额（以一个年度为基础表示），可按比例进行调整，所调整的百分比增幅或降幅应相当于在合同区域的销售期间内该类零件预计销售量（可由出口商合理决定）的平均百分比增幅或降幅（视情况而定）。 （5）最低目标为双方已就上一销售期间达成一致的所有其他数量目标，可按比例进行调整，所调整的百分比增幅或降幅应相当于在合同区域的销售期间内各预计数量目标（可由出口商合理决定）的平均百分比增幅或降幅（视情况而定）。
销售和服务活动条款	5.1销售和服务机构 （1）经销商应当直接和/或通过授权的转售商发展并维持一个销售和服务网络，就品质和能力而言，该网络应确保合同货物的均衡和全面的分销，提供合同货物的市场需求，并提供与合同货物的高品质形象、声誉和认可度相适应的专业服务。经销商在建立或调整其销售和服务网络之前应当征求出口商的意见，并应当根据出口商的要求实施任何变更或调整。 （2）"授权的经销商"是指由经销商按照本协议规定而指定的所有人，以保持在合同区域内任何合同货物的销售量和/或维护设施。

条款	内容
销售和服务活动条款	5.2出口商经销商标准 （1）经销商及其授权的转售商应当遵守出口商不时实施、修订或更新的指明对经销商和/或其授权的转售商有约束力的标准（"出口商经销商标准"）。当前的出口商选择经销商的标准载明于附录4中。对于出口商选择经销商标准的实施或对该标准进行的任何修订或更新，应当提前一年通知经销商。 （2）经销商满足全部出口商选择经销商的标准是指定经销商作为合同货物的经销商的前提条件，并且在本协议期限内持续满足该等标准是本协议持续有效的条件。同样，经销商的授权的每个转售商满足全部出口商选择经销商标准必须作为经销商指定相关授权的转售商的前提条件，并且持续满足该等标准必须作为相关协议持续有效的条件。 （3）此外，经销商及其授权的转售商应当遵守出口商的要求或出口商不时执行和修订或更新的其他手册、指南或材料。 5.3获得授权的转售商 （1）经销商授权的转售商必须符合以下条件： ①按照适用的法律正式组建、有效地存续且具有良好的信誉，并且目前已经拥有充分的权限以及一切必要的或适当的许可证、授权和执照，可以履行或执行与经销商所签订协议项下的义务； ②有健全的财务结构，且其营运资金水平和融资能力能够满足其经营要求。尤其是营运资金水平和融资能力必须足以满足出口商选择经销商的标准和出口商的要求，且必须为出口商所认可； ③没有牵涉到任何自愿或不自愿的破产或资不抵债程序； ④未从事或没有受到对任何反贿赂、出口管制、竞争、税收、证券交易或公司治理立法等构成违法的行为的起诉，或未参与危及出口商的好名声和商誉的行为，或在实质上不存在对出口商或任何出口商集团公司的产品和服务的声誉、经销和促销带来不利影响的行为； ⑤没有因任何违法行为受到起诉或被判处监禁一年以上，或没有诓骗、虚假陈述或盗窃等犯罪行为。

条款	内容
销售和服务活动条款	（2）在指定授权的转售商之前，经销商应当遵守以下各项规定： ①给出口商提供有关财务状况、管理、所有权、业务实践和企业声誉，以及有关此授权的转售商的资格和履约能力的所有资料；②取得授权的转售商关于其符合第5.3(1)款中规定的所有条件的陈述；③获得出口商对该授权的转售商是否符合条件的确认；④获得出口商对经销商和授权的转售商之间就出口商选择经销商的标准所签订的协议的批准。出口商可自行决定对任何这种建议的授权转售商的指定予以拒绝。 （3）经销商应当与每个授权的转售商订立书面协议，且这种协议必须与本协议相一致。这种协议尤其要满足以下条件： ①必须规定在任何适用于授权的转售商的范围内，该转售商有义务遵守和履行本协议中规定的职责和义务（尤其是出口商选择经销商的标准）；②给予授权的转售商的授权不得超越出口商已授予经销商的权限，从而限制或危及出口商的任何权利或地位，或排除或阻碍任何此类权利或地位的执行，或损害或危及出口商或任何出口商集团公司的形象或合同货物，除非适用的法律有此种规定。 （4）一经指定授权的转售商，经销商应立即将其与该授权的转售商所签订的协议副本提供给出口商，同时如果出口商提出要求，经销商应提供经过认证的该协议的翻译版本。 （5）如果出口商不时提出要求，经销商应当立即给×××提供经销商与其任何或所有授权的转售商之间订立的所有相关协议的副本，同时如果出口商提出要求，经销商应提供经过认证的这些协议的翻译版本，以及有关任何或所有这些授权的转售商的财务状况、管理、所有权、业务实践和企业声誉的所有资料。经销商在任何时候都应当及时遵循出口商的指示修改或变更其与授权的转售商订立的任何协议，以符合上述第5.2(3)款的规定，或执行这些协议项下的任何权利。 （6）经销商应当遵守以下规定： ①对其授权的转售商提供适当的监督和培训；②对每个授权的转售商履行其与经销商所签订的协议的情况进行积极的监控，并督促每个授权的转售商履行其在本协议项下的义务；③尽其最大的努力落实和维护，并协助其授权的转售商落实和维护有效的库存和零售融资方案。

条款	内容
销售和服务活动条款	5.5业务系统 （1）经销商及其授权的转售商应当以出口商认可的方式维持会计、订单、存货控制和保修要求的处理系统和记录。经销商及其授权的转售商（通过经销商）应当在出口商要求的时间并按照出口商要求的形式向出口商提供业务管理报告，包括但不限于有关销售、服务和保修要求的报告、财务报告和经营报表、零件销售和库存报告，以及客户数据库和信息。 除非出口商另有指示，经销商及其授权的转售商应将所有账簿和记录至少保存六年或适用法律规定的更长期限。 （2）经销商及其授权的转售商应当按照出口商随时建议的方式和/或形式保持一个电子数据存储、传输和通讯系统。 出口商可向经销商及其授权的转售商提供系统设备、硬件和/或软件，或要求经销商及其授权的转售商购买或租赁该等设备、硬件和/或软件。 如果出口商向经销商及其授权的转售商提供设备、硬件或软件，经销商及其授权的转售商应当遵守以下规定： ①保护该设备、硬件或软件，且不得允许将其用于出口商授权之外的任何其他目的；②不得进行拷贝、反汇编、传输、修改、使用或采取任何可能违反出口商从他方获得的软件（或硬件中所含的固件）的许可或出口商向经销商及其授权的转售商授予的软件（或硬件中所含的固件）许可的规定的行动（亦不得允许任何他人从事任何上述行为）；③未经出口商同意不得向任何人转让或允许向任何人转让该等设备、硬件或软件。 （3）经销商及其授权的转售商应遵守出口商随时实施的与系统及相关设备、硬件和软件时使用有关的规则、条款和条件。 所有通信，包括采用经销商的号码、代码和密码通过系统提交的合同货物的订单、索赔和通知，均是有效的并对经销商具有法律约束力，而且所有该等订单、通知或通信均为有效的且具有法律约束力的订单、通知和通信（视情况而定），如同经销商以书面形式向出口商提交该等订单、通知或通信一样，并应被视为已由经销商"签署"或"盖章"，如同根据要求货物或服务订单，通知或通信采用书面形式并签署或盖章的任何法律，采用书面形式并由经销商或代表经销商亲手签署或"盖章"一样。

条款	内容
服务和保修条款	6.1 合同货物的服务 （1）经销商及其授权的转售商应当为所有合同货物提供服务（检修、维护和修理工作），包括其未指定在合同区域内销售的该等货物的其他款式。前句规定应适用于各种情况，而无论该等货物是临时地或永久地在合同区域内，亦无论该等货物从何处购买或从何方购买，或该等货物是新货物或旧货物。所有客户及其车辆应受到同等待遇。该等服务须符合适用的出口商经销商标准，以及出口商的要求及其他手册、准则或资料。 （2）如果出口商提出要求，经销商应建立一个符合出口商要求的服务协调中心。该等服务协调中心将负责协调与服务相关的工作、实施与服务相关的出口商经销商标准以及出口商的要求，以及出口商可能不时指派的其他工作。 （3）经销商及其授权的转售商应当购买和维护经由出口商决定的、为妥善检修合同货物所需的设备和工具。 6.2 保修 （1）经销商及其授权的转售商应当在其各自的设施地点为合同货物及其未指定在合同区域内销售的该等货物的其他款式从事保修工作。前句规定应适用于各种情况，而无论该等货物是临时地或永久地在合同区域内，亦无论该等货物从何处购买或从何方购买。 （2）保修操作和程序应当依据保修案件发生当时有效的出口商的国际质保政策和程序手册（"保修手册"），当前版本的"保修手册"的副本附后作为附录5。 出口商可以在任何时间、以立即生效的方式修订保修手册或实施批准、核实、控制保修服务及其质量以及准备保修索赔的新程序。经销商及其授权的转售商应允许出口商进入其各自的设施，检查保修服务的履行或管理情况。 （3）保修义务应遵循出口商规定的适用于合同区域的保修条款，如果经销商或其授权的转售商根据适用法律有义务提供更宽泛的保修项目，则其应通知出口商。如果由于其他原因，经销商或其授权的转售商认为应该在合同区域内提供更宽泛的保修项目，则其仅应在事先获得出口商同意的情

条款	内容
服务和保修条款	况下提供该保修项目。在合同区域外购买的货物的保修义务应遵循"保修手册"的条款和条件。 （4）经销商应确保按照"保修手册"且不加延误地解决与货物有关的所有保修要求。保修工作应视技术需要由更换或修理组成，不应向客户收取任何劳务费、零件费、运费和关税。 （5）经销商及其授权的转售商在从事保修工作时，应仅使用零件。 （6）出口商将按照出口商随时制定的费率和时间规定，补偿经销商根据本协议要求所提供的经批准的保修服务。 （7）经销商应按照当时有效的保修手册和其他资料所规定的程序提交保修或其他补偿要求。 （8）上述第（1）款至第（6）款的规定应以同等效力适用于免费服务、商誉维修和全部或部分费用由出口商负担的车辆召回行为。 （9）如果经销商或其授权的转售商知悉任何缺陷，且该缺陷可能损害出口商的产品的安全性或者适用于经销商或任何×××出口商集团公司的法律要求就该缺陷发出通知，则经销商应立即通知出口商，而无论该缺陷是在保修期内发生的或者是在保修期满后发生的。 6.3车辆改装和设备安装 未经出口商事先批准，经销商及其授权的转售商不得改动或修改任何合同货物，对合同货物进行改动或修改仅应按照出口商授权的方式进行，除非该等改动或修改是按照最终用户的指示对该最终用户所购买的特定车辆进行的；但该等改动或修改在任何情况下均不得损害车辆的行驶性能和运行安全。出口商不就合同货物的任何改动或修改或该等改动或修改的结果作出任何保证或担保。 6.4零件 经销商及其授权的转售商仅应在修理和维护合同货物时销售或使用零件。

条款	内容
订单、价格和付款条款	8.1 订单 经销商应通过任何系统并按照出口商随时要求或实施的任何程序就合同货物订货。所有订单均须遵守在下订单时有效的条款和条件（由出口商不时发布）。出口商国际公司的销售条件的复印件附在本协议之后为附录6。 如果该等条款和条件与本协议的规定有任何冲突之处，应以本协议的规定为准。 8.2 定价和付款 （1）出口商将随时告知经销商合同货物的价格和费用（包括价格中所含的包装、装卸和运输费用）。经销商自签署本协议之日起，承认收到合同货物的当前价格。出口商（出口商集团有限公司或出售合同货物的被许可人）可随时更改价格和价格中所含的费用并使其立即生效。 （2）出口商将随时按照出口商有效政策下的适用价格和费用为经销商开具发票。除出口商的所得税之外，经销商必须支付与上述货物有关的所有关税，税款和费用（无论用什么名称），无论是对出口商作为所有人或以其他名义征收。 （3）一旦出口商提出请求，经销商应当向出口商告知其面向授权分销商的合同货物价格和面向零售客户的价格，并在与出口商协商之后修改上述价格。经销商及其授权分销商应当遵守出口商随时制定的处于适用法律允许范围内的价格政策。 （4）为向出口商完成付款，经销商必须立即获取并持续拥有必需的任何政府许可。

条款	内容
财务结构、报表和审计条款	12.1 财务结构和报表 （1）经销商及其授权分销商应维持具有满足经销商或其授权分销商的经营需要的流动资金水平和融资能力的健全财务结构。为明确起见，流动资金水平和融资能力必须充足，以满足本协议项下目标协议所规定的出口商经销商标准，其他出口商要求，最低销售量和其他目标，并且必须为出口商所认可。经销商专用于其与合同货物有关的经营活动的流动资金，在任何时间均不得低于出口商随时规定的数额。 （2）经销商声明，保证并承诺，其不得未经出口商事先同意或违反出口商事先同意的条款，在经销商的任何实质性部分或全部业务、资产或活动上设置、授予或给予任何担保、负担或权利（在正常业务过程中的留置除外），亦不得设置、授予或给予影响经销商的任何实质性部分或全部业务、资产或活动的任何担保、赊账或权利（在正常业务过程中的留置除外），经销商应在采取任何该措施的拟定日期前至少六十(60)天，将其采取该措施的意向通知出口商。 （3）经销商应在各财务年度结束后九十(90)天内向出口商提供其与合同货物的销售、经销和服务有关的经营活动的资产负债表和利润表。该等报表应按照×××随时指定的国际会计准则编制，而且如果出口商要求，该等报表须由经销商聘用的公开审计师确认。如果出口商要求，经销商应在各财务季度或出口商可能规定的其他期间结束后三十(30)天内提交各季度或该期间的未经审计的中期资产负债表和利润表。 如果出口商要求，经销商应提供直接或间接地拥有百分之五十(50%)或更多的经销商有投票权证券或其他所有者权益的任何实体或实体集团的相同财务报告。

3. 询价单

询价单

编号：

报价单位名称		联系人：		部门：	
邮箱：	QQ/微信：	电话：		传真：	

序号	产品名称	规格型号	技术参数	数量	市场报价（面价）	单价（优惠价）	金额	厂家/品牌	备注
1									
2									
3									
4									
5									

1、请务必EMAIL或传真产品的详细资料，包括图片及主要技术参数、实验指导书等。（代理商：请提供代理证）

2、有无增值税发票（17%）：

3、是否含运输、安装调试、培训等费用：

4、（1）到货期：　　　　　　　（2）质保期

5、结算方式：

报价单位：	（签章）
报价人：	（签章）
日期：	年　　月　　日

4. 车辆采购合同

第二条　合同车型、数量及合同总价款

单位：人民币元

汽车品牌	车型	车身颜色	市场指导价	协议价	数量（台）	总价	质保期

第三条　付款方式和金额

1. 本合同总金额（购车款）总计人民币_____元整，大写_____元。

2. 付款方式：现金、支票、电汇、银行转账

甲方应按本条第3款约定时间，将合同金额付给乙方或其指定银行账户。

3. 付款时间：甲方支付时间将按照以下第 2 项进行。

（1）本合同签订后，乙方通知甲方提货当天，甲方向乙方一次性支付当次提车数量总金额；

（2）在本合同签订之日起_____工作日内向乙方支付人民币_____元每台作为定金，并于合同车辆运抵约定交货地点并经甲方验收全部合格后十个工作日内，向乙方支付当次交付车辆的余款。

4. 如甲方提车前，乙方调低市场指导价格的，乙方应与甲方协商调整本合同约

定的协议价。

第四条 质量标准与货物验收

1.乙方交付给甲方的合同车辆应当符合以下质量标准：

（1）符合中华人民共和国颁布标准及相应的技术规范要求；

（2）符合原厂的、与合同车辆同型号产品的质量标准；

（3）符合原厂的、与合同车辆同型号产品的配置标准和技术参数。

2.乙方交付给甲方的合同车辆应已通过工厂的质量测试和检验。

3.甲、乙双方应于车辆交接时当场验收，并签署车辆交接验收单。验收时应清点数量，确认外观是否完好，随车设备、零件、技术资料是否齐全。甲方验收人员对交付车辆的颜色、外观、数量、型号、随车物品等有异议的，应当场提出并在车辆交接验收单中载明；甲方验收人员未提出异议的，视为上述各项符合合同约定。

验收时，如发现设备存在明显的质量问题或零件、技术资料缺损，双方应签订货损证明，乙方应在货损证明签署之日起3个工作日内对设备、零件、技术资料予以更换或补齐，相关费用由乙方承担。在乙方更换或补齐前，甲方有权拒收存在上述问题的车辆。

第五条 交车时间与地点、交付及验收方式

1. 交车时间：　　　年　　月　　日前。

2. 提车方式：　□甲方自提　□乙方送车上门

3. 交车地点：

4. 乙方在向甲方交付车辆时须同时提供：

（1）销售发票（2）车辆合格证（3）使用维修说明书（4）随车工具（5）其他

第六条 所有权的转移和风险的承担

1.验收合格的合同车辆的所有权在甲方付清当次采购车辆价款后转移给甲方。

2.因乙方的原因导致甲方拒收部分车辆的，拒收车辆毁损、灭失的风险由乙方承担。

第九条 保密义务

1.乙方应保证对本合同的所有相关内容及其因履行本合同所获知的各种甲方的具有保密性质的信息（包括但不限于经营、管理、商务、技术、营销、发展规划、客户信息等）负有保密义务，未经甲方事前书面许可，不得将上述信息用于本合同目的之外；除为履行其职责而确有必要知悉保密资料的乙方工作人员或其他第三方外，乙方不向其他任何人披露上述信息，且乙方应确保上述人员承担与本合同约定同等严格的保密义务。

2.乙方在本合同中所受领的保密信息应及时返还甲方或在甲方监督下予以销毁。擅自留存备份信息，视为违反保密约定。

3.如乙方违反保密约定，应向甲方支付相当于本合同总金额30%的违约金，若违约金不足以弥补甲方损失的，乙方应负责补足该差额部分。

4.无论本合同因何种原因终止，本保密条款依然有效。

5. 车辆销售确认书

兹买卖双方同意成交下列商品订立条款如下：

1. 货物名称及规格

2. 数量

3. 单价

4. 金额

5. 总值

数量及总值均得有 %的增减，由卖方决定。

6. 包装：

7. 装运期限：□收到可以转船及分批装运之信用证　天内装出。

8. 装运口岸：

9. 目的港：

10. 付款条件：□开给我方100%不可撤销即期付款及可转让可分割之信用证，并须注明可在上述装运日期后15天内在中国议付有效。

11. 保险：□按中国保险条款，保综合险及战争险（不包括罢工险）。

□由客户自理。

12. 装船标记：

13. 双方同意以装运港中国进出口商品检验局签发的品质的数量（重量）检验证书作为信用证项下议付所提出单据的一部分。买方有权对货物的品质和数量（重量）进行复验，复验费由买方负担。如发现品质或数量（重量）与合同不符，买方有权向卖方索赔。但须提供经卖方同意的公证机构出具之检验报告。

14. 备注：

（1）买方须于 年 月 日前开到本批交易的信用证（或通知售方进口许可证号码），否则，售方有权不经通知取消本确认书，或接受买方对本约未执行的全部或一部分，或对因此遭受的损失提出索赔。

（2）凡以CIF条件成交的业务，保额为发票的110%，投保险别以本售货确认书中所开列的为限，买方要求增加保额或保险范围，应于装船前经售方同意，因此而增加的保险费由买方负责。

（3）品质数量异议：如买方提出索赔，凡属品质异议须于货到目的口岸之日起3个月内提出，凡属数量异议须于货到目的口岸之日起15日内提出，对所装运物所提任何异议属于保险公司、轮船公司及其他有关运输机构或邮递机构所负责者，售方不负任何责任。

（4）本确认书所述全部或部分商品，如因人力不可抗拒的原因，以致不能履约或延迟交货，售方概不负责。

（5）买方开给售方的信用证上请填注本确认书号码。

（6）买方收到本售货确认书后立即签回一份，如买方对本确认书有异议，应于收到后5天内提出，否则认为买方已同意本确认书所规定的各项条款。

三、功能和风险分析

运营结构	功能	风险	资产	转让定价单位
集团	公关传媒和战略管理	法律风险、财务分析	非常规营销型和生产性无形资产	企业家/知识产权所有者
工厂	产品营销 销售与业务拓展运营	市场风险 研发风险 生产风险 信用风险 质量保障风险 环境/意外事故风险 法律风险 财务风险	生产用有形资产; 生产活动中产生的生产性有形资产; 销售活动中产生的非常规营销型无形资产	本地企业家/许可生产商
研究中心和开发中心	研发与市场营销	无显著风险	研发活动相关的知识产权无形资产	研发服务提供商
售后服务	分销（主要售后市场）	市场风险 信用风险 质量保障风险 法律风险 财务风险	无显著资产	承担风险的分销商
国内总部	本地公关传媒; 运营（向本地企业提供运营支持）	有限的运营风险	无显著无形资产	常规服务提供商

（一）汽车零配件行业功能和风险分析

	项目	进口商	境外母公司
功能	项目管理	提供项目管理需要的相关支持	负责项目管理的早期和关键环节
	市场营销	开展本地营销活动	负责全球营销策略和活动
	销售	在本地发展客户并维护客户关系。对于关联销售，进口商不承担任何市场营销和销售功能	负责全球营销活动
	研发	根据本地客户的要求以及母公司的指示进行产品应用研发和本地化研发	负责执行核心的研发活动，并承担所有相关费用，拥有与核心研发活动相关的无形资产
	采购	负责具体的采购行为	部分实施一定的采购控制
	生产	负责具体的生产行为	制定生产流程的标准化体系
	质量控制	负责质量控制本地化和细化集团质量管理体系中的标准	制定集团质量管理标准
	售后服务	负责与客户对接，处理其反映的产品质量问题	负责与客户满意度相关的职能
	库存管理和物流	负责生产物料控制、持续改进以及仓库管理	负责安排关联采购交易中原材料的运输并承担运输费用
	成本管理与改善	负责物料、人工效率、生产费用、物流成本、研发效率的改善	制定集团成本管理与改善计划
	一般行政管理	承担与其日常运营相关的一般行政管理职能	提供共享服务和其他支持服务

	项目	进口商	境外母公司
风险	产品开发或研发风险	承担基于被许可使用的核心技术上进一步进行产品应用研发和本地化研发、以及量产产品改良研发活动相关的研发风险	从事大部分的核心研发活动并向被许可方收取基于销售收入一定比例的技术许可费，承担与之相关的研发风险
	生产风险	承担与其生产活动相关的风险	不承担与其生产活动相关的风险
	市场风险	承担有限的市场风险	承担有限的市场风险
	存货风险	承担有限的存货风险	承担有限的存货风险
	信用风险	对于第三方销售，承担信用风险	对于关联销售，承担信用风险
	外汇风险	承担有限的外汇风险	承担相应的外汇风险
	质保和产品责任风险	承担有限的质保和产品责任风险，承担由于产品质量问题产生的相关费用（如换件和赔偿等）	对所售出的瑕疵货物承担维修和更换责任
资产	有形资产	拥有相关的有形资产	拥有相关的有形资产
	无形资产	拥有与其自身研发活动相关的无形资产；不拥有商标、商誉以及其他非常规的营销型无形资产	拥有所有核心研发活动相关的无形资产以及生产过程中使用的关键无形资产；拥有商标、商誉以及其他非常规的营销型无形资产

（二）整车行业功能和风险分析

	项目	进口商	境外母公司
功能	研发	没有执行功能、承担风险、拥有资产	执行功能、承担风险、拥有资产
功能	采购	执行功能、承担风险、拥有资产	执行有限功能、承担有限风险
功能	仓储及存货管理	执行有限功能、承担有限风险	执行有限功能、承担有限风险
功能	物流	执行功能、承担风险、拥有资产（部分）	执行功能、承担风险、拥有资产（部分）
功能	市场营销	执行功能、承担风险、拥有资产	执行功能、承担风险、拥有资产
功能	销售	执行功能、承担风险、拥有资产	执行功能、承担风险、拥有资产
功能	售后服务	执行功能、承担风险、拥有资产	执行有限功能、承担有限风险
功能	开票和货款回收	执行功能、承担风险、拥有资产	执行功能、承担风险、拥有资产
功能	日常经营和管理	执行功能、承担风险、拥有资产	执行功能、承担风险、拥有资产
风险	市场风险	执行有限功能、承担有限风险	执行功能、承担风险、拥有资产
风险	研发风险	没有执行功能、承担风险、拥有资产	执行功能、承担风险、拥有资产
风险	市场营销风险	没有执行功能、承担风险、拥有资产	执行功能、承担风险、拥有资产
风险	存货风险	执行有限功能、承担有限风险	执行有限功能、承担有限风险
风险	保修风险	没有执行功能、承担风险、拥有资产	执行功能、承担风险、拥有资产
风险	信用风险	执行有限功能、承担有限风险	执行有限功能、承担有限风险
风险	汇率风险	执行有限功能、承担有限风险	执行功能、承担风险、拥有资产
资产	有形资产	执行功能、承担风险、拥有资产	执行功能、承担风险、拥有资产
资产	技术类无形资产	没有执行功能、承担风险、拥有资产	执行功能、承担风险、拥有资产
资产	营销类无形资产	没有执行功能、承担风险、拥有资产	执行功能、承担风险、拥有资产

第三节 汽车产业国家政策

2018年以来，工信部、发展改革委陆续发布了多项汽车产业相关政策

- 《关于降低汽车整车及零部件进口关税的公告》
- 《外商投资准入特别管理措施（负面清单）（2018年版）》
- 《道路机动车辆生产企业及产品准入管理办法》
- 《汽车产业投资管理规定》

《关于降低汽车整车及零部件进口关税的公告》

5月22日，国务院发布《关于降低汽车整车及零部件进口关税的公告》指出：汽车整车共178个税号，降税后，我国汽车整车最惠国算术平均税率为13.8%，税率介于3%至15%之间。其中，143个税号的税率为15%，35个税号的税率为12%及以下。

汽车零部件共97个税号，降税后，我国所有汽车零部件的最惠国税率均为6%。将79个税号的汽车零部件税率分别从25%、20%、15%、10%、8%降至6%，平均降税幅度为46%；其余18个税号的税率为6%，保持不变。

《外商投资准入特别管理措施（负面清单）（2018年版）》

6月28日，发展改革委、商务部联合发布了《外商投资准入特别管理措施（负面清单）（2018年版）》，内容包括：

1. 大幅度放宽市场准入，清单长度由63条减至48条；
2. 放开汽车合资股比限制：2018年取消专用车、新能源汽车整车制造外资股比限制；2020年取消商用车外资股比限制；2022年取消乘用车外资股比限制以及合资企业不超过两家的限制。

《道路机动车辆生产企业及产品准入管理办法》

12月6日，工信部发布了《道路机动车辆生产企业及产品准入管理办法》，内容大致包括：

1. 大幅减少准入产品型号，原19类简化为乘用车类、货车类、客车类、专用车类、摩托车类、挂车类六大类别；
2. 鼓励企业对同一系族的车型产品按照系族申请产品准入；
3. 不牵涉技术参数变化的申请公告改为备案管理：对已经取得准入的企业变更法定代表人、注册地址等事项以及已经取得准入的车辆产品变更产品参数的，由原先的重新申请公告改为备案管理；
4. 鼓励代工生产：简化集团下属企业准入审查要求，允许具有相同生产资质的集团成员企业之间相互代工；针对汽车产业电动化、智能化、共享化等发展形势下产业链分工进一步细化的特点，允许符合规定条件的研发设计企业借用生产企业的生产能力申请准入；
5. 特别公示制度和信用记录制度，对取得资质但不能维持正常生产经营的车辆生产企业，予以特别公示；将车企、检验检测机构失信行为将被记入信用档案。

其中，出现以下情况的企业将不能维持正常生产经营：指连续两年年均乘用车产量少于2000辆、货车产量少于1000辆、客车（整车类）产量少于1000辆、客车（改装类）产量少于100辆、摩托车产量少于5000辆、通用货车挂车产量少于100辆。

《汽车产业投资管理规定》

12月10日，发展改革委发布《汽车产业投资管理规定》，围绕燃油车项目、纯电动车项目以及零部件项目的立项审核、投资、生产、制造等整个产业链条，使汽车产业投资项目准入制度更为完善。

1. 全面取消实施多年的汽车投资项目核准事项，全部转为地方备案管理：《政府核准的投资项目目录（2016年本）》中新建中外合资轿车生产企业项目、新建纯电动乘用车生产企业（含现有汽车企业跨类生产纯电动乘用车）项目及其余由省级政府核准的汽车投资项目均不再实行核准管理，调整为地方备案管理。其中整车类投资项目由省级政府承担管理责任。
2. 强化事中事后监管，"谁投资谁负责、谁审批谁监管、谁主管谁监管"：首先明确各类汽车投资项目的准入标准；同步全面掌握各地、各企业的运行情况，包括汽车产能利用率、新能源汽车产量占比等数据；企业通过全国投资项目在线审批监管平台报送项目确保其真实性、合法性和完整性；发展改革委与规划、国土、环境保护、安全生产及行业管理部门协同联动监管。

第四节 汽车整车和零配件进口报验状态

一、汽车零配件行业商品报验状态

商品编号	商品名称	商品规格、型号
9032100000	车用节温器	4/3/自动调节控制温度用，安装在散热器上/根据冷却液体温度的高低自动调节进入散热器的水量，改变冷却液的循环范围，调节冷却系的散热能力/汽车自动调温装置/品牌：×××牌/型号：×××
7326909000	车用钢铁夹	4/3/紧固用/硅锰钢制/钢铁夹/锻造，经进一步加工
8301600000	车用后舱盖锁体	4/3/机动车辆后舱盖用/硅锰钢制/种类：钥匙锁/品牌：×××牌
8301600000	车用锁用抓钩	4/3/机动车辆后舱盖用/硅锰钢制/抓钩/品牌：×××牌
8301600000	车用锁弓	4/3/机动车辆用/硅锰钢制/锁弓/品牌：×××牌
8301700000	车用应急钥匙	4/3/机动车辆用/碳钢制/钥匙/×××牌
8309900000	车用螺塞	4/3/圆柱形/贱金属制/螺塞/品牌：×××牌
8409919930	车用发动机挺杆	4/3/点燃式活塞内燃发动机用/点燃式/品牌：×××牌/型号：×××
8409919930	车用气门挺杆	4/3/点燃式活塞内燃发动机用/点燃式/品牌：×××牌/型号：×××
8409919930	车用发动机连杆	4/3/点燃式活塞内燃发动机用/点燃式/品牌：×××牌/型号：×××
8409919990	车用二次空气泵用连接管	4/3/点燃式活塞内燃发动机用/点燃式/品牌：×××牌/型号：×××

商品编号	商品名称	商品规格、型号
8708709100	车用铝合金轮辋	4/3/铝合金制/3.0升/非成套散件，非毛坯/非生产件/非成套散件/18寸
8512301100	车用喇叭	4/3/将电流信号转换成声音信号/音响信号装置/非生产件/非成套散件/品牌：×××牌/型号×××
8708299000	车用车门盖板	4/3/品牌：×××牌/2.0升/型号：×××
8708299000	车用车门窗框挡板	4/3/品牌：×××牌/3.0升/型号：×××
8708299000	车用发动机罩减震板	4/3/品牌：×××牌/2.0升/型号：×××
8708299000	车用锁架盖板	4/3/品牌：×××牌/2.0升/型号：×××
8708309990	车用制动管	4/3/3.0升/非成套散件，非毛坯/非生产件/非成套散件/品牌：×××牌/型号：×××
3926300000	车用塑料拉手	4/3/车厢内附件/聚氯乙烯塑料制/品牌：×××牌/型号：×××
9031809090	车用爆震传感器	4/3/汽车发动机用/通过电动势变化感测气缸体的振动，并将电信号输入到发动机控制单元/测量发动机气缸震动强度大小/品牌：×××牌/型号：×××/不带信号处理电路
9031809090	车用磨损传感器	4/3/制动摩擦片用/通过电阻变化测量制动摩擦片的厚度/检测制动器摩擦片的磨损情况，将信号传送并发出指示，提醒驾驶员更换摩擦片/型号：×××/不带信号处理电路
9031809090	车用脉冲传感器	4/3/汽车软顶伸缩用/感应/感应检测/品牌：×××牌/型号：×××/不带信号处理电路
8409919990	车用链条张紧器	4/3/点燃式活塞内燃发动机用/点燃式/品牌：×××牌/型号：×××
8409919990	车用燃油管路	4/3/点燃式活塞内燃发动机用/点燃式/品牌：×××牌/型号：×××

商品编号	商品名称	商品规格、型号
8409919990	车用燃油分配器	4/3/点燃式活塞内燃发动机用/点燃式/品牌：×××牌/型号：×××
8409919990	车用活塞	4/3/点燃式活塞内燃发动机用/点燃式/品牌：×××牌/型号：×××
8409919990	车用油分离器	4/3/点燃式活塞内燃发动机用/点燃式/品牌：×××牌/型号：×××
8708299000	车用后舱盖用固定板	4/3/品牌：×××牌/2.0升/型号：×××
8708299000	车用后视镜外壳	4/3/品牌：×××牌/2.0升/型号：×××
8708299000	车用后视镜挡板	4/3/品牌：×××牌/2.0升/型号：×××
8708299000	车用后视镜盖	4/3/品牌：×××牌/2.0升/型号：×××
8708299000	车用后视镜盖罩	4/3/品牌：×××牌/3.0升/型号：×××
8708299000	车用后部端板	4/3/品牌：×××牌/3.0升/型号：×××
8708299000	车用后部端板连接板	4/3/品牌：×××牌/2.0升/型号：×××
8708299000	车用喷嘴支架	4/3/品牌：×××牌/2.0升/型号：×××
8708299000	车用喷嘴支架盖罩	4/3/品牌：×××牌/2.0升/型号：×××
8708299000	车用大灯后部用盖罩	4/3/品牌：×××牌/2.0升/型号：×××
8708299000	车用大灯清洗装置盖罩	4/3/品牌：×××牌/2.0升/型号：×××
8708299000	车用大灯用盖板	4/3/品牌：×××牌/2.0升/型号：×××
8708299000	车用大灯盖罩	4/3/品牌：×××牌/3.0升/型号：×××
8708299000	车用安全带高度调节装置	4/3/品牌：×××牌/2.0升/型号：×××
8708299000	车用导风罩	4/3/品牌：×××牌/2.0升/型号：×××
8708299000	车用B柱挡板	4/3/品牌：×××牌/3.0升/型号：×××
8708299000	车用A柱饰板	4/3/品牌：×××牌/3.0升/型号：×××

二、汽车整车行业商品报验状态

商品编号	商品名称	商品规格、型号
8703223010	×××小轿车	4/3/汽油型/整车/4座/1197毫升/中规车
8703234210	×××越野车	4/3/汽油型/整车/5座/1984毫升/中规车
8703242110	5204cc小轿车	4/3/发动机类型：汽油型/整车/座位数：2座/厂牌：×××/签注名称：×××/排气量：5204毫升/型号：×××/中规车/2016款
8703234310	1984CC小客车	4/3/汽油型/整车/7座/×××牌/1984毫升/中规车
8703241110	3993CC小轿车	4/3/汽油型/整车/4座/×××牌/3993毫升/中规车
8703242310	5950CC乘用车	4/3/汽油型/整车/5座/×××牌/5950毫升/中规车
8703223010	1395CC小轿车	4/3/汽油型/整车/4座//1395毫升/中规车
8703242110	6498CC小轿车	4/3/汽油型/整车/2座/×××牌/6498毫升/中规车
8703241110	3993CC小轿车	4/3/汽油型/整车/5座/×××牌/中规车/暂无须填报
8703234110	1984CC小轿车	4/3/汽油型/整车/5座/×××牌/1984毫升/中规车/暂无须填报
8703800000	纯电动乘用车	4/3/电动型/整车/5座/纯电动/无排量/×××牌/中规车

第五节 汽车行业定价政策

一、进口汽车零配件的价格构成

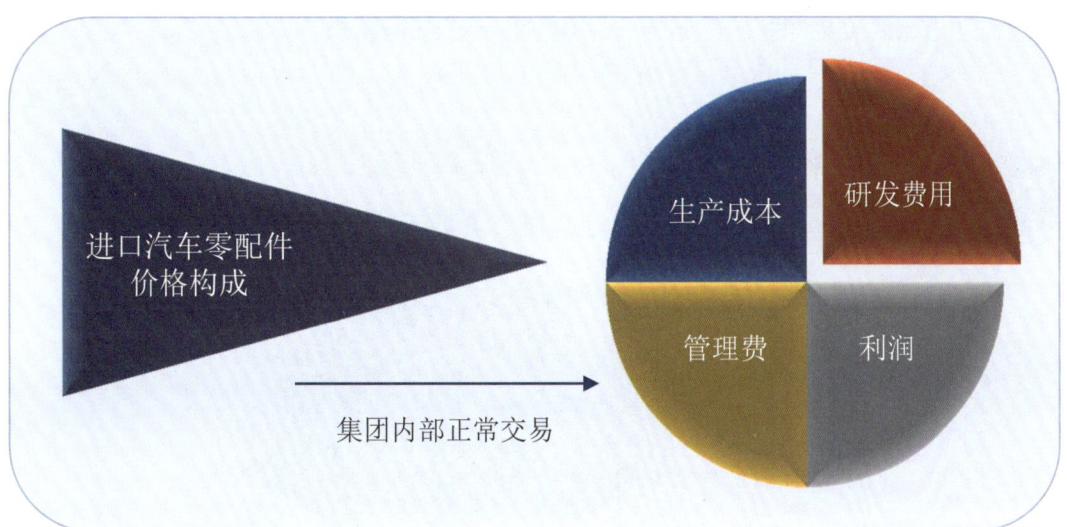

二、进口整车价格构成

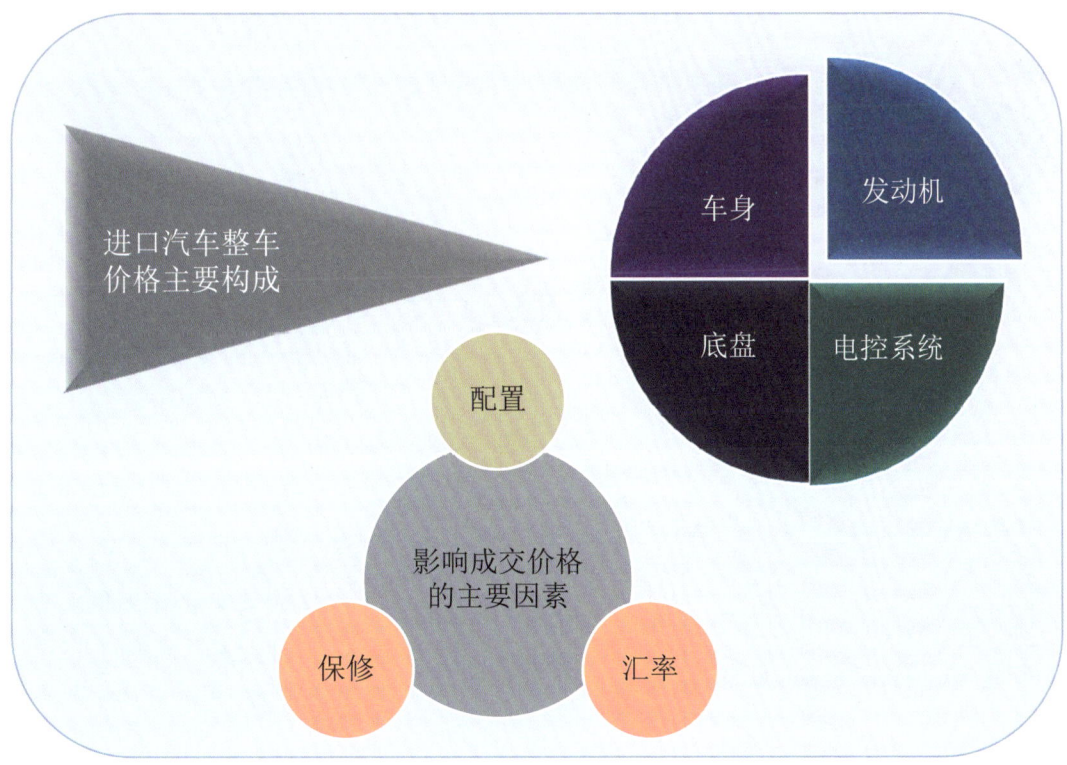

第六节 商品估价解析

一、通过对进口商交易净利法的分析，采用合理方法估价解析

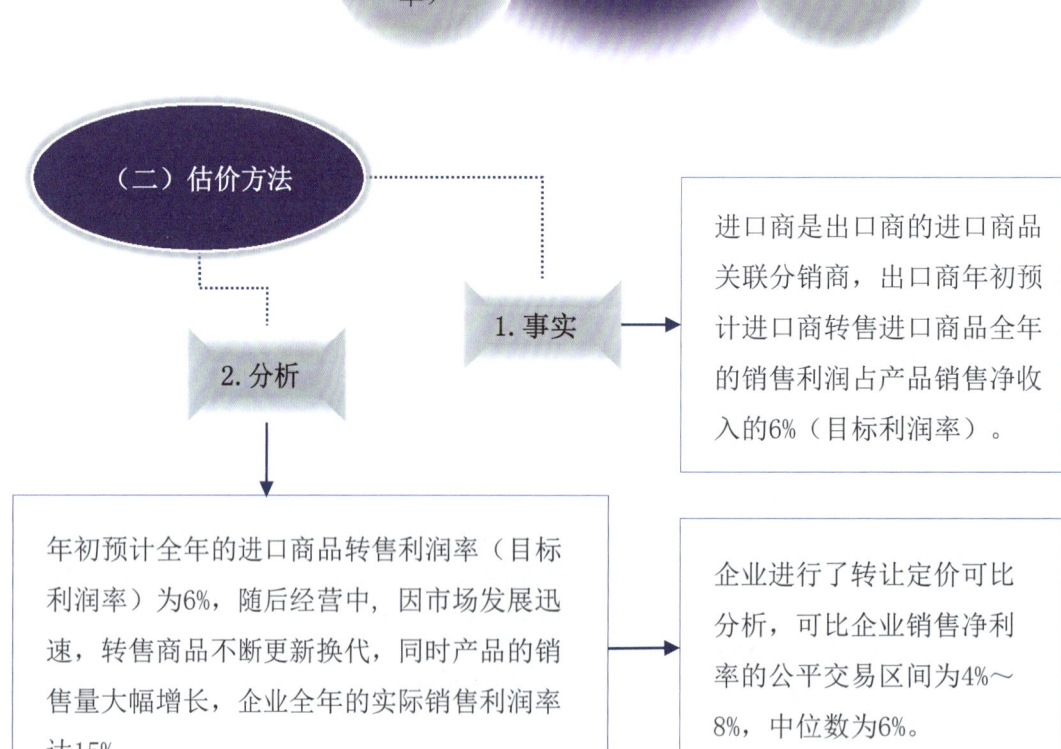

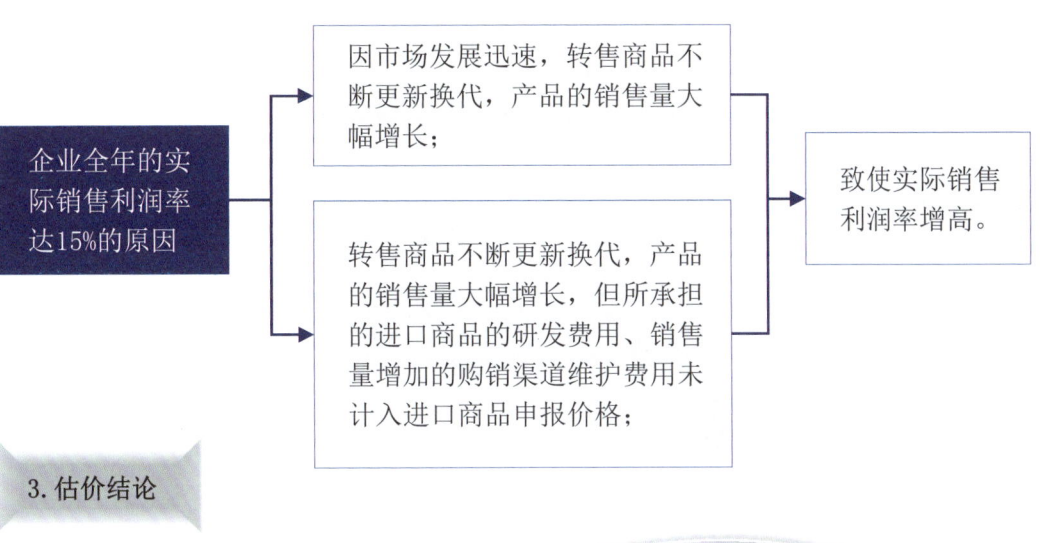

3. 估价结论

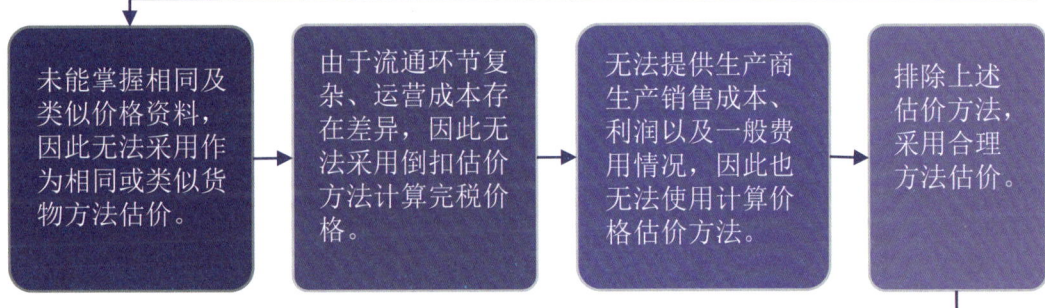

| 未能掌握相同及类似价格资料，因此无法采用作为相同或类似货物方法估价。 | 由于流通环节复杂、运营成本存在差异，因此无法采用倒扣估价方法计算完税价格。 | 无法提供生产商生产销售成本、利润以及一般费用情况，因此也无法使用计算价格估价方法。 | 排除上述估价方法，采用合理方法估价。 |

企业应对上年的转售进口商品净利润进行回溯性调整，即将申报价格调高至达到四分位法中位值（合理范围）。进口价格=国内销售价格×（1-再销售利润率）。

（三）评论

企业往往会通过调整货物的成本，即调整关联企业采购的价格，使实际销售利润率达到目标值。在估价实践中，应关注使用交易净利法的企业是否存在该类型的进口价格回溯调整，并按照实际发生情况对企业实施估价补税，运用法律依据还原贸易事实。

二、通过对进口汽车保修费的分析，采用合理方法估价解析

（一）价格构成

1. 进口汽车整车价格主要构成：车身、发动机、底盘、电控系统。

2. 影响成交价格的主要因素：配置、保修、汇率。

（二）估价方法

1. 事实：进口商是出口商的进口商品关联分销商，出口商通过进口商及4S店承担进口整车的保修。

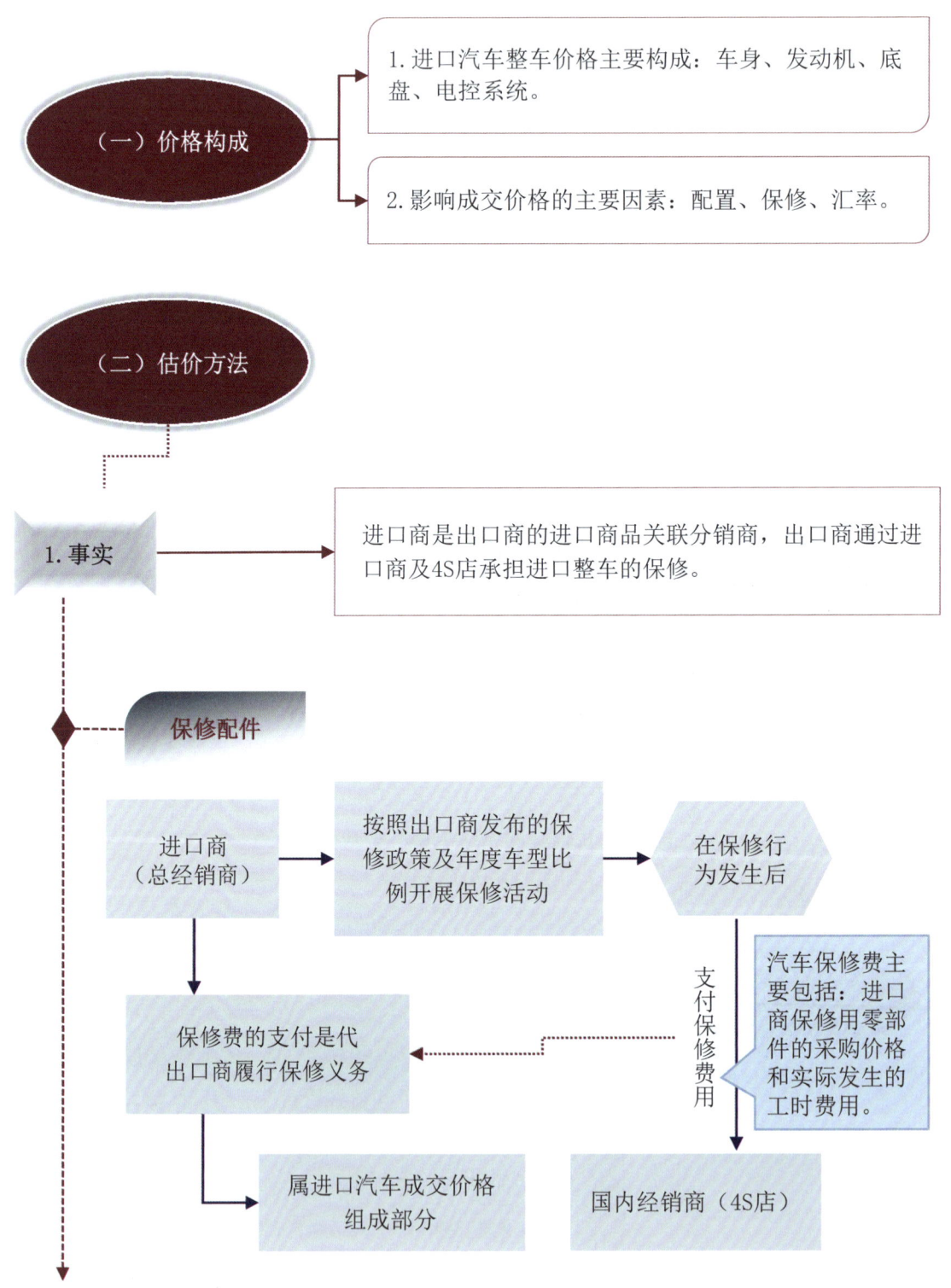

第六章 汽车行业估价解析

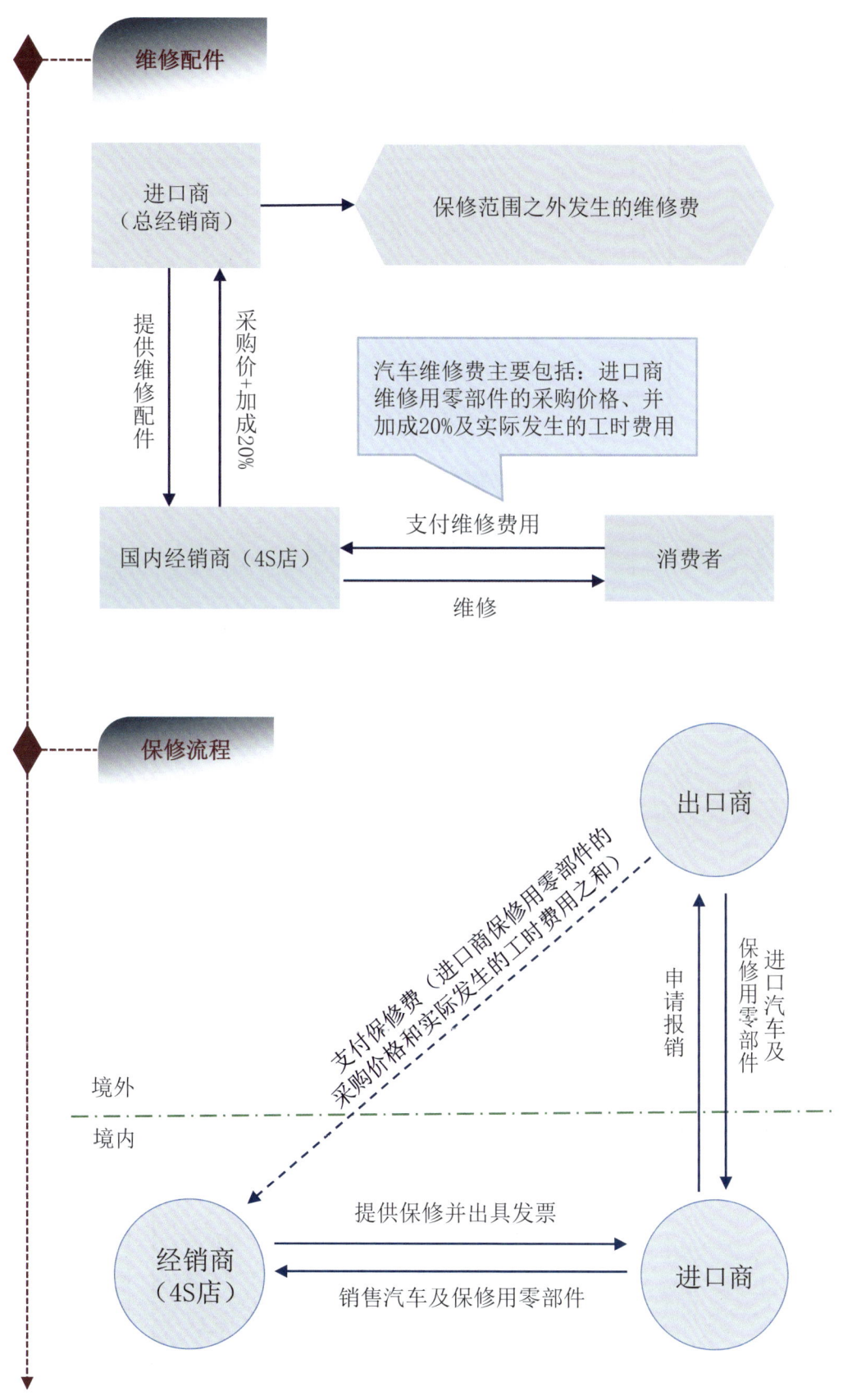

2. 分析

- 出口商提供汽车保修配件和维修配件，当发生保修时进口商按采购价销售给4S店；当发生维修时进口商按采购价加成20%销售给4S店。

- 保修配件或维修配件均以维修配件申报进口（一般贸易），进口商所承担的订货采购、垫付货款、仓储、运输、清关的职能一致。

- 进口商在销售保修配件所承担的全部职能与销售维修配件的职能完全一致，但销售保修配件未包含20%的加成率，此类无利润销售是汽车出口商（集团）特殊情形或特殊战略的考虑，这种销售保修导致进口整车的成交价格受到实质性影响，不符合贸易客观独立交易原则。由于贸易双方存在特殊关系，需对进口汽车重新实施估价。

3. 估价结论

（1）进口商是出口商的进口商品关联分销商，承担仓储、运输等职责。根据《审价办法》第十六条规定，双方存在特殊关系。

（2）进口商在销售保修配件时未包含20%的加成率，不符合《审价办法》第八条成交价格条件的规定。

综上，由于贸易双方存在特殊关系，导致进口整车的成交价格受到实质性影响，需对进口汽车重新实施估价。将销售的保修配件按照销售维修配件的正常贸易加征20%计入相关进口整车的完税价格。

- 未能掌握相同及类似价格资料，因此无法采用作为相同或类似货物方法估价。
- 由于流通环节复杂、运营成本存在差异，因此无法采用倒扣估价方法计算完税价格。
- 无法提供生产商生产销售成本、利润以及一般费用情况，因此也无法使用计算价格估价方法。
- 排除上述估价方法，采用合理方法估价。

（三）评论

WTO海关估价委员会评论对于保修的规定—评论20.1保修费用

◆ 如果保修已包括在货物单位中，按协定处理保修费用的困难将并不显现。当卖方向顾客提供保修时，卖方在制订货物价格时会考虑保修因素。任何可归于保修的额外成本将是价格的一部分且作为销售的一个条件将支付该部分成本。在此种情况下，协定不允许作任何扣除，且保修是成交价格的一部分即使其与货物的实付或应付价格相区分。

◆ 当卖方将保修转嫁给买方时，卖方可能选择在货物以外另开保修的发票。此时，保修成本仍是出口销售的一项条件且应被认为是实付或应付价格也就是总的支付的一部分。

◆ 如果卖方以合同形式将保修风险转嫁给第三方，那么可能表现为交易被分开了。卖方与第三方签订的合同显示任何风险均由第三方根据卖方指令或代表卖方承担保修风险。在对实付或应付价格的定义是为进口货物向卖方或为卖方利益而已付或应付的支付总额，进一步指出实付或应付价格包括作为销售进口货物的条件由买方向卖方、或为履行卖方的义务而由买方向第三方实付或应付的全部款项。所以，当卖方要求买方向第三方支付，而该第三方已与卖方签约提供保修，该笔支付应包括在进口货物的成交价格中。同样地，如果保修由与卖方有关系的其他方提供则情况也是一样的。

三、通过对进口商毛利率的分析，采用合理方法估价解析

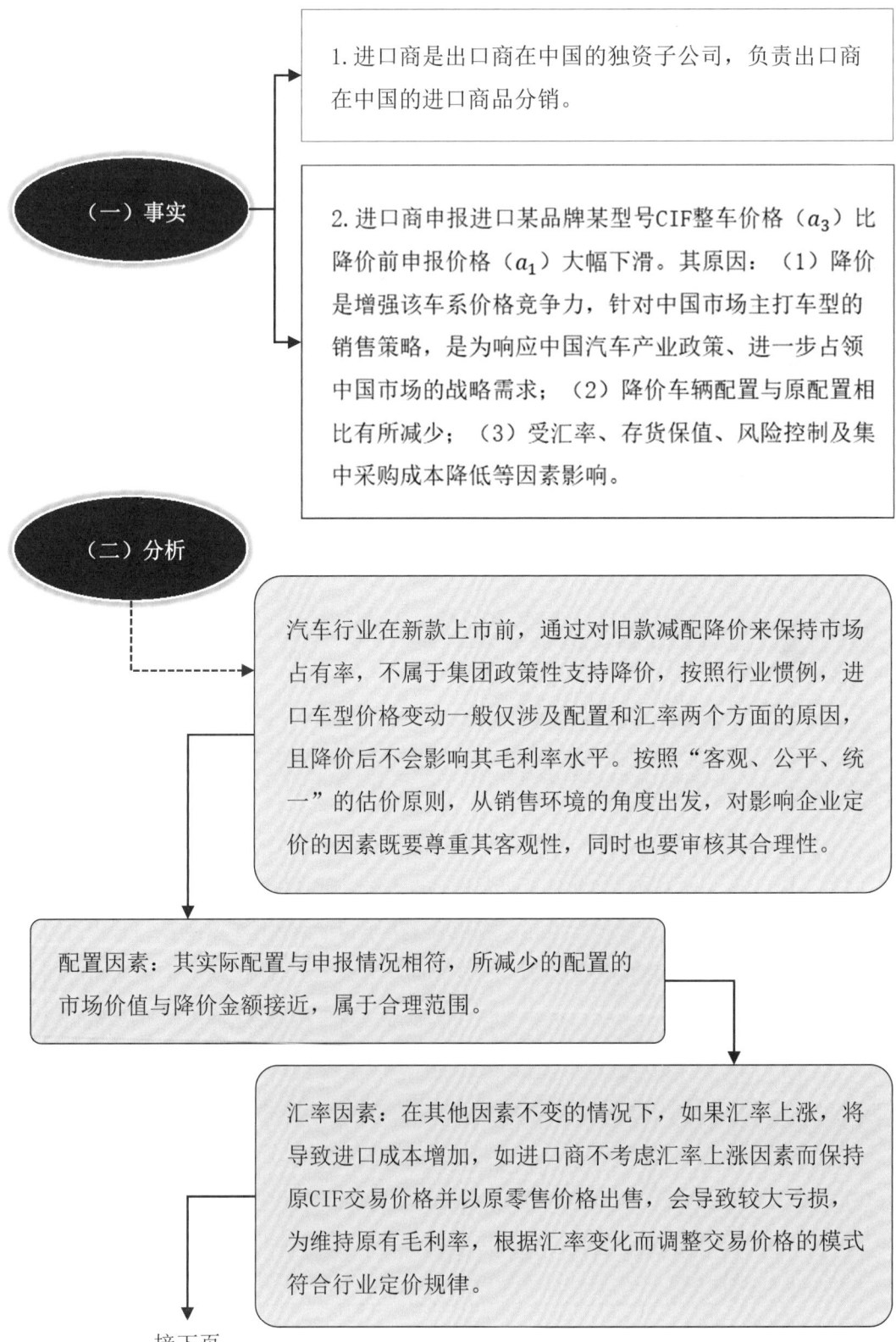

（一）事实

1. 进口商是出口商在中国的独资子公司，负责出口商在中国的进口商品分销。

2. 进口商申报进口某品牌某型号CIF整车价格（a_3）比降价前申报价格（a_1）大幅下滑。其原因：（1）降价是增强该车系价格竞争力，针对中国市场主打车型的销售策略，是为响应中国汽车产业政策、进一步占领中国市场的战略需求；（2）降价车辆配置与原配置相比有所减少；（3）受汇率、存货保值、风险控制及集中采购成本降低等因素影响。

（二）分析

汽车行业在新款上市前，通过对旧款减配降价来保持市场占有率，不属于集团政策性支持降价，按照行业惯例，进口车型价格变动一般仅涉及配置和汇率两个方面的原因，且降价后不会影响其毛利率水平。按照"客观、公平、统一"的估价原则，从销售环境的角度出发，对影响企业定价的因素既要尊重其客观性，同时也要审核其合理性。

配置因素：其实际配置与申报情况相符，所减少的配置的市场价值与降价金额接近，属于合理范围。

汇率因素：在其他因素不变的情况下，如果汇率上涨，将导致进口成本增加，如进口商不考虑汇率上涨因素而保持原CIF交易价格并以原零售价格出售，会导致较大亏损，为维持原有毛利率，根据汇率变化而调整交易价格的模式符合行业定价规律。

接下页

进口时间跨度长、汇率波动大，难以准确逐一对应计算，以降价之后至海关审价期间的平均汇率及原零售价格为基础，通过倒算的方法，为维持原毛利率水平，得出减配后每辆车零售价格因汇率影响而导致的合理降价幅度。

汇率导致的合理降价幅度核算方法：

	公式	降价前	降价后
到岸价格（欧元）	a	a_1	a_2
2018年平均汇率（欧元兑人民币）	b	7.69	7.85
到岸价格（人民币）	c=a×b	c_1	c_2
经销商利润5%	d=M÷1.17×5%	d_1	d_2
销售折扣折让4%	e=M÷1.17×4%	e_1	e_2
经销商支持3%	f=M÷1.17×3%	f_1	f_2
关税	g	g_1	g_2
消费税	h	h_1	h_2
第一环节销售价格（不含增值税、销售折扣折让和经销商支持）	m=j÷1.17-e-f	m_1	m_2
第一环节销售价格（不含增值税、销售折扣折让和经销商支持）	j=M×95%	j_1	j_2
销售毛利	k=(m-c-g-h)÷m	5	5
市场零售价格（含增值税）	M	M_1	M_2

注：毛利率=（不含增值税销售收入-不含税销售成本）÷不含税销售成本

在汽车销售行业中，第一环节销售价格即品牌进口商销售给4S店的不含增值税的价格作为销售收入，将销售折扣折让、经销商支持作为收入的减让，将进口时人民币的CIF价格作为销售成本。

接下页

其他因素：除配置及汇率影响外，其他因素造成的降价无法从数据中得到量化，进口商也无法提供客观、可量化的数据材料予以证明。

进口商的配置差异导致的价格变化属于合理范围，但因汇率差异导致价格下降的幅度不尽合理，而对于其他存货保值等因素的影响，由于进口商无客观、可量化的数据以证明其降幅的合理性，因此，其他存货保值等因素部分降价行为属跨国公司内部特殊贸易筹划下的特殊安排，不符合行业普遍的贸易惯例，不符合"公平交易"原则。由于贸易双方存在特殊关系，需对进口汽车重新实施估价。

（三）估价结论

1. 进口商是出口商的进口商品关联分销商，根据《审价办法》第十六条规定，双方存在特殊关系。

2. 进口商未能提供客观、可量化的证据以证明其降幅的合理性。

综上，由于贸易双方存在特殊关系，导致进口整车的成交价格受到实质性影响，需对进口汽车重新实施估价。

由于进口汽车品牌的独特性以及该批车辆在配置上的特殊性，进口商与海关均未能取得完全满足《审价办法》规定的相同、类似货物的成交价格信息，因此不能使用相同或类似货物成交价格估价方法。

由于各品牌汽车经销商间的利润水平和一般费用差别较大，无法获得行业通常公认的标准利润和一般费用等资料，因此也无法使用倒扣价格估价方法。

由于无法获得出口商生产该批车辆的成本、通常的利润和一般费用等基本数据，也无法使用计算价格估价方法。

根据《审价办法》第六条的规定，在以上方法无法适用的情况下，最终采用合理方法重新估价。

为维持原毛利率水平，得出减配后每辆车零售价格因汇率影响而导致的降价合理值为 $a_2 = \dfrac{M_2(市场零售价格)}{1+5\%(毛利率)}$

（四）评论

以客观、公平为原则审核关联企业定价机制的合理性

《审价办法》要求海关审查确定进出口货物的完税价格应当遵循客观、公平、统一的原则。OECD《转让定价指南》的核心也是运用公平、独立的核算原则对跨国公司的内部定价情况开展分析。

以量化测算确认特殊关系影响成交价格

因品牌产品本身的特殊性，进口商及海关均无法掌握销售给无关联关系第三方的销售价格作为参照，无法通过横向比较客观验证其降价的合理性。特殊关系下的定价策略、贸易安排和转让定价行为使跨国公司关联交易的合理性判别复杂，可运用科学严谨的计算方法对降价部分进行分割计算，针对汇率影响通过毛利率的对比，采用倒算的方法，还原贸易事实，最终估定特殊关系影响价格的完税价格。

第七节 论 注

一、保修概述

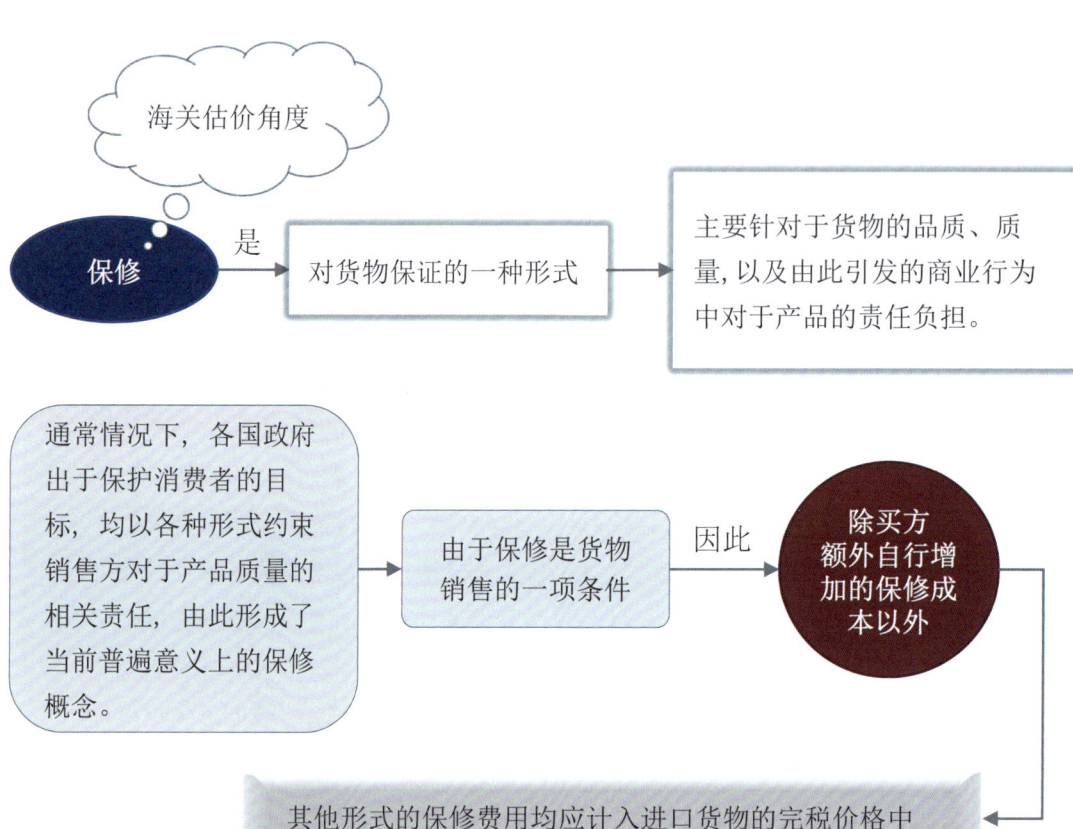

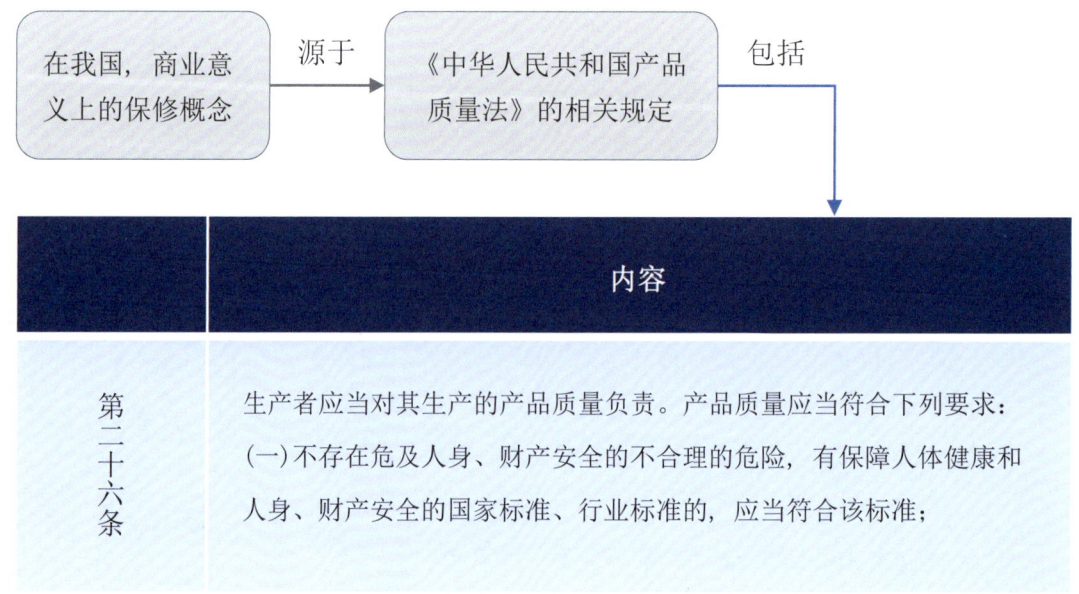

	内容
第二十六条	生产者应当对其生产的产品质量负责。产品质量应当符合下列要求： （一）不存在危及人身、财产安全的不合理的危险，有保障人体健康和人身、财产安全的国家标准、行业标准的，应当符合该标准；

	内容
第二十六条	(二)具备产品应当具备的使用性能,但是,对产品存在使用性能的瑕疵作出说明的除外;(三)符合在产品或者其包装上注明采用的产品标准,符合以产品说明、实物样品等方式表明的质量状况。
第四十条	售出的产品有下列情形之一的,销售者应当负责修理、更换、退货;给购买产品的消费者造成损失的,销售者应当赔偿损失:(一)不具备产品应当具备的使用性能而事先未作说明的;(二)不符合在产品或者其包装上注明采用的产品标准的;(三)不符合以产品说明、实物样品等方式表明的质量状况的。销售者依照前款规定负责修理、更换、退货、赔偿损失后,属于生产者的责任或者属于向销售者提供产品的其他销售者(以下简称供货者)的责任的,销售者有权向生产者、供货者追偿。销售者未按照第一款规定给予修理、更换、退货或者赔偿损失的,由产品质量监督部门或者工商行政管理部门责令改正。生产者之间,销售者之间,生产者与销售者之间订立的买卖合同、承揽合同有不同约定的,合同当事人按照合同约定执行。
第四十一条	因产品存在缺陷造成人身、缺陷产品以外的其他财产(以下简称他人财产)损害的,生产者应当承担赔偿责任。生产者能够证明有下列情形之一的,不承担赔偿责任:(一)未将产品投入流通的;(二)产品投入流通时,引起损害的缺陷尚不存在的;(三)将产品投入流通时的科学技术水平尚不能发现缺陷的存在的。

根据上述关于产品质量的国家规定 → 我国对于产品质量的归责主要落实在产品的生产者方面,即产品的实际生产者对于产品质量,以及由此引发的消费者权益承担主要义务,而上述义务就构成了海关估价意义上的保修责任。

二、保修费用的估价要点

保修费用的估价要点 → 保修费用是否应计入进口货物的完税价格 → 从贸易情况分析，其应税与否的根本在于是否构成成交价格中的间接支付。

通常情况下，保修属于货物销售行为的组成部分，即在买卖双方进行价格谈判时，卖方销售货物价格的组成部分中已经包含了保修责任，而无须对此进行重新调整。

实践中

但在某些特殊的商业安排下，如买卖双方之间存在特殊关系，或者卖方对于其保修责任进行了承担主体的划分，从单一卖方即负责卖货，又委托第三人向买方提供保修服务。

在此情况下，就会出现保修价格部分从货物的发票价格进行分列的情况。对此，就需要海关审核人员依据保修责任的划分，以及成交价格的间接支付条款对此开展审查。

WCO估价技术委员会陆续颁布了解释性说明6.1、案例研究6.1和评论20.1。 → 强调如买方自行购买了保修行为的，则无需计入进口货物的完税价格；反之，如果有证据表明保修费用分列只是卖方提出的要求，则仍需计入进口货物的完税价格。

上述分析思路与间接支付的分析体系一脉相承。但是，应该注意到，保修费用与其他的间接支付相比，在征税方面存在较大的差别，关键在于从各国商品质量法律的规范显示，保修行为在多数情况下，其责任应归属于卖方。

因此，对于买卖双方单独考量保修行为时，应要求其提供相关证据以证明保修责任从货物销售行为中进行分列的合理依据。

第七章 大宗商品估价解析

第一节 大宗商品行业概况

目前，中国是全球最大的大宗商品贸易国，同时也是全球最大的铁矿石、精炼铜、大豆、铝土矿进口国和第二大原油进口国。

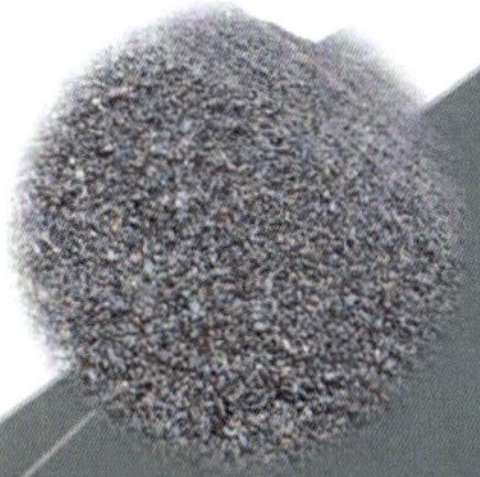

2017年，中国大豆进口依存度达85%，铁矿石进口依存度达80%，原油进口依存度达67.4%。鉴于此，本章将重点对大豆、原油和铁矿石三类主要进口大宗商品开展分析。

注：大宗商品是指可进入流通领域，但非零售环节，具有商品属性并用于工农业生产与消费使用的大批量买卖的物质商品。在金融投资市场，大宗商品指同质化、可交易、被广泛作为工业基础原材料的商品，如原油、有色金属、钢铁、农产品、铁矿石、煤炭等。主要包括三个类别，即能源商品、基础原材料和农副产品。

一、大豆

 中国是世界上大豆主要消费国

 2017年，中国大豆消费量超过1.1亿吨，位居世界首位

 中国国内大豆市场需求主要依赖进口，主要进口国为巴西和美国

2017年，中国大豆总进口额高达9553万吨，金额397.4亿美元，其中从巴西进口大豆5092万吨，占45%，从美国进口3285万吨，占29%。中国大豆进口量占全球大豆贸易总量的63%。

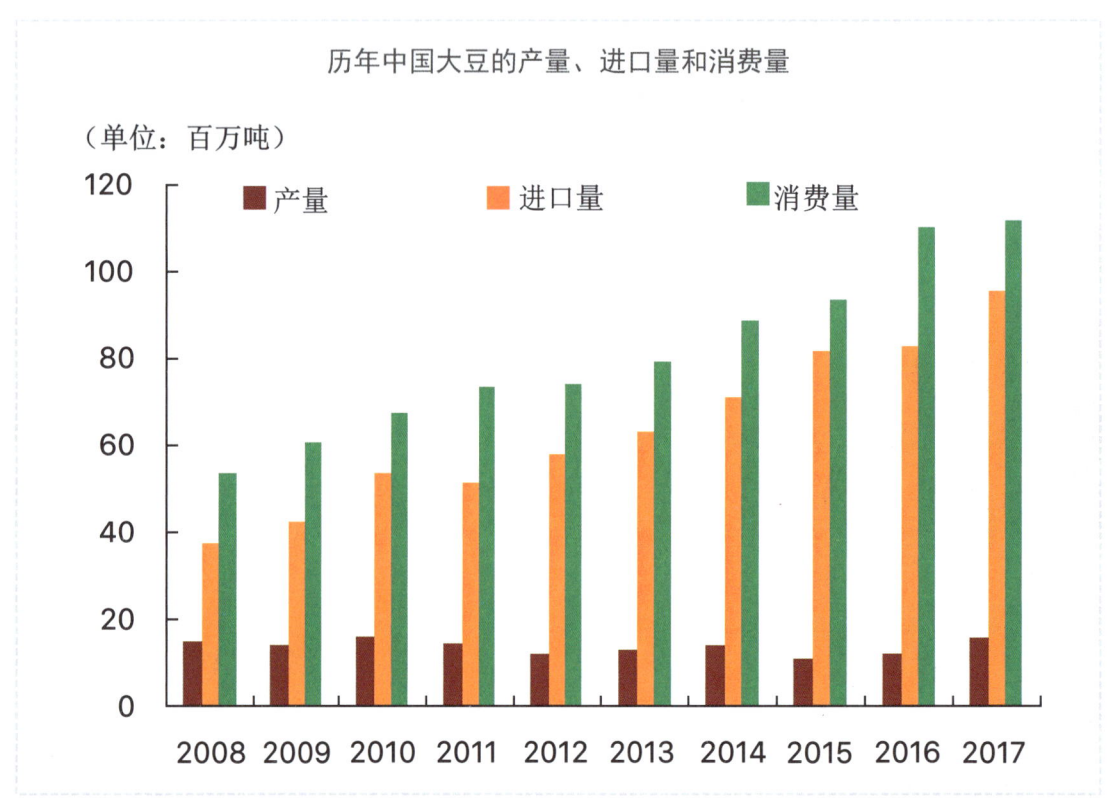

2018年国内大豆价格整体持平略跌，国际大豆价格持平略涨。

据数据库，2013~2017年，中国大豆进口量增长3215万吨，年均复合增长率达10.8%。2018年1~11月，中国大豆进口量数据库显示，2013~2017年，中国大豆进口量逐渐增长，2017年中国大豆进口量达9553万吨，同比增长13.8%为8231万吨，同比下降4.3%。

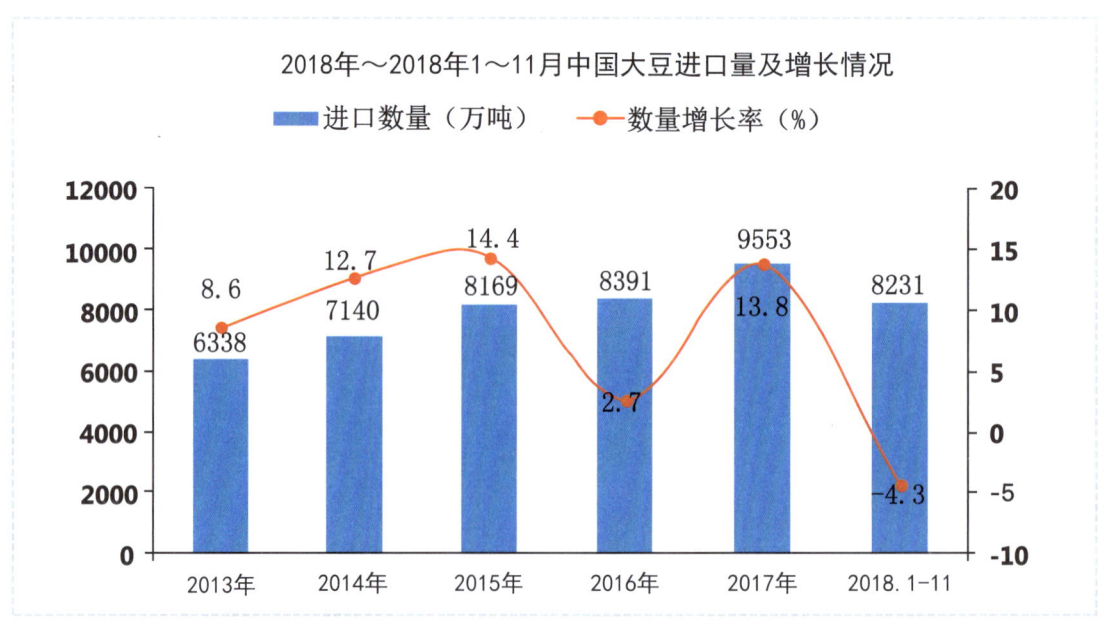

注：数据来自中商情报网——2018年中国大豆市场回顾及2019年市场展望。

2014~2016年，中国大豆进口金额下降15.64%，2017年，进口金额回升，2018年1~11月进口金额同比下降0.4%。

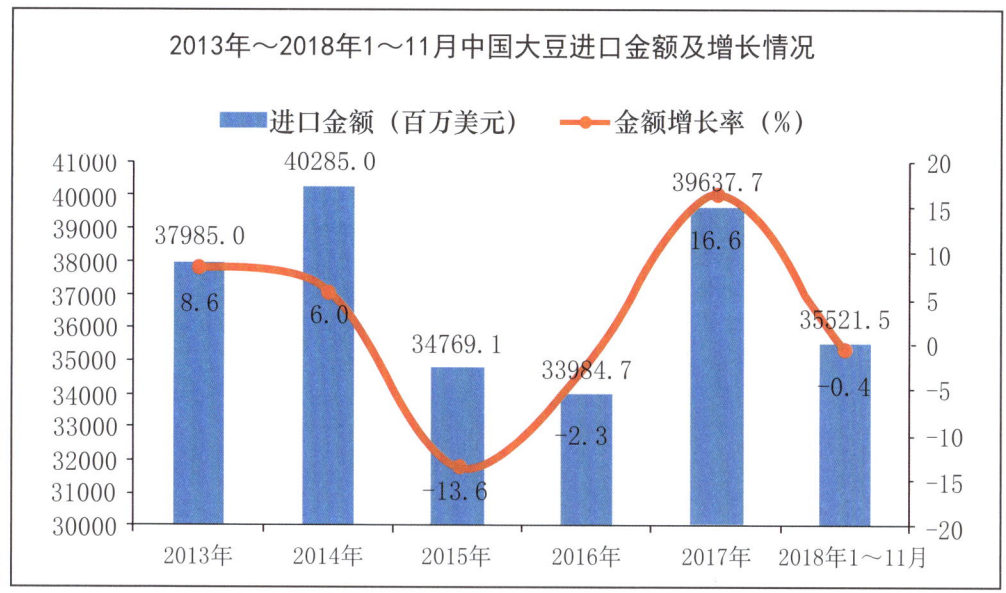

注：数据来自中商情报网——2018年中国大豆市场回顾及2019年市场展望。

二、原油

随着全球经济的发展，原油需求不断增长，从2007年的4039百万吨增长到2017年的4467百万吨，年均复合增长率为1%。亚太地区是全球原油消费第一大地区，约占全球全部原油消费的36%，第二为北美地区24%，第三为欧洲地区16%。

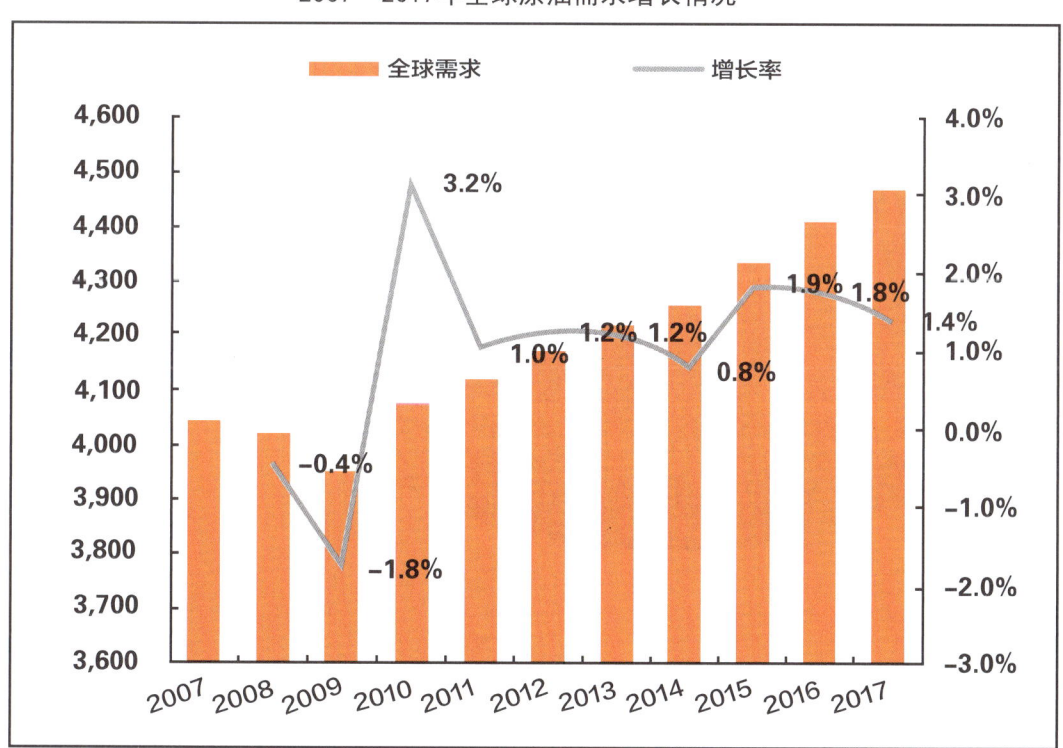

注：数据来自中国产业信息网——2018年油价走势分析、2019年油价走势预测及影响原油价格的主要因素分析。

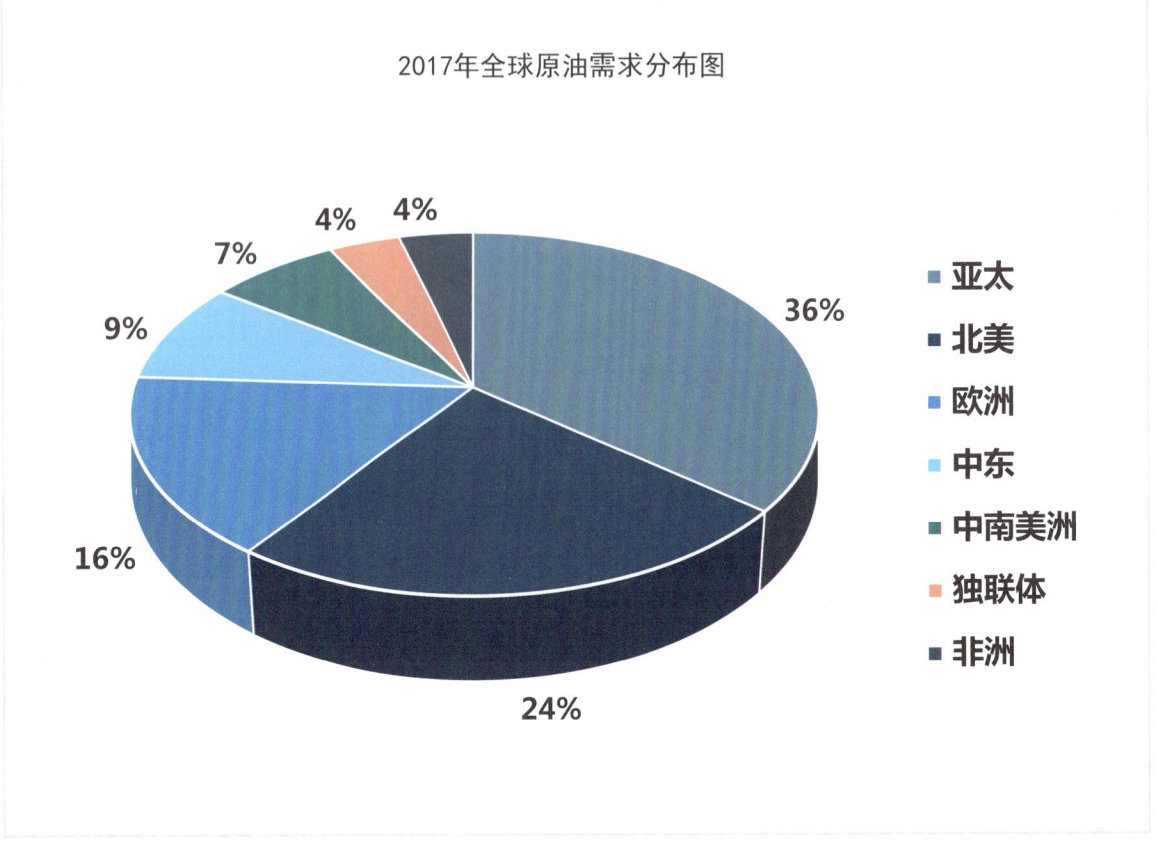

2017年全球原油需求分布图

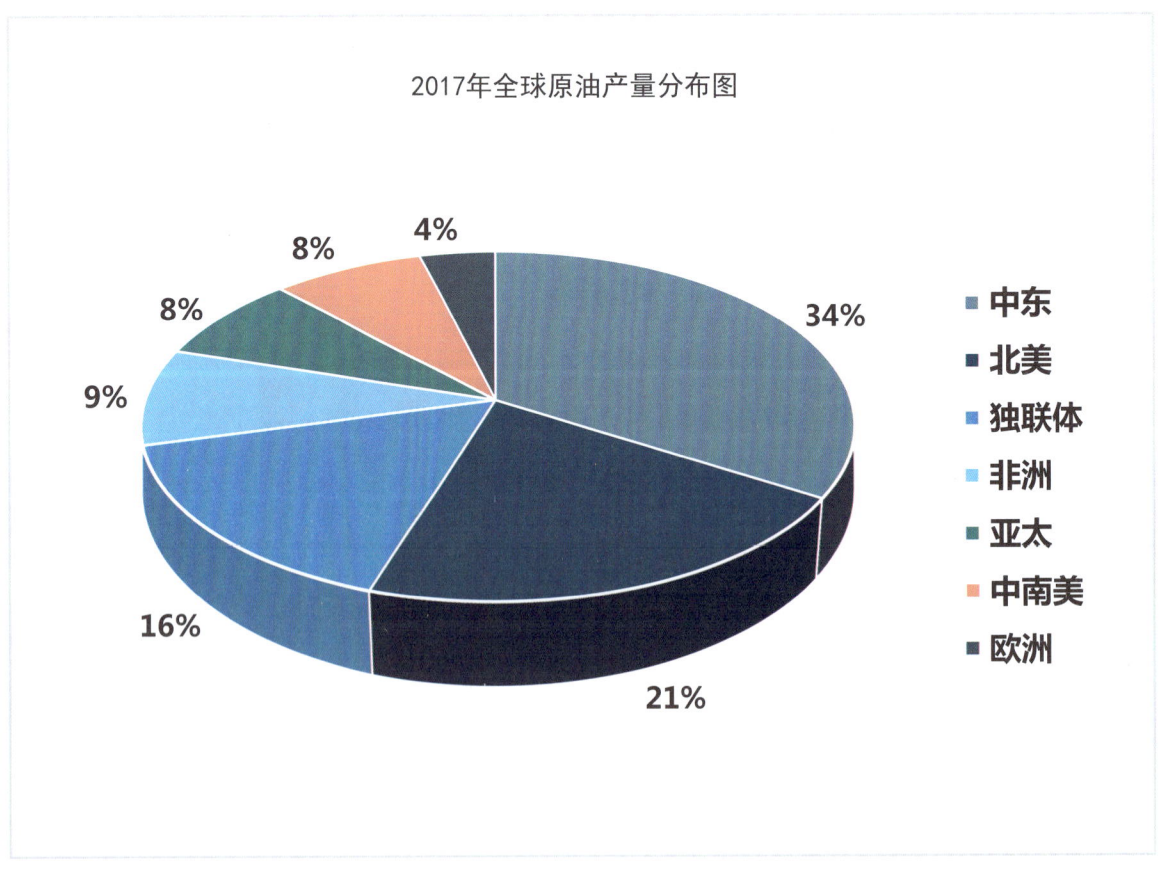

2017年全球原油产量分布图

注：数据来自中国产业信息网——2018年油价走势分析、2019年油价走势预测及影响原油价格的主要因素分析。

总的来说，影响原油期现价格的根本因素是原油市场现在的供需情况及市场对原油未来供需情况的预期。原油供需情况可以通过原油的需求缺口反映，当需求缺口较大时，原油供不应求，价格上涨，反之亦然。原油价格走势基本与原油直接需求缺口变化趋势一致，且需求缺口作用于原油存在一定的滞后性：2000～2007年，世界原油年日均需求缺口由1712千桶/日上升至4775千桶/日，而WTI、布伦特原油也呈上升趋势，价格分别从平均29美元/桶上升至72美元/桶。

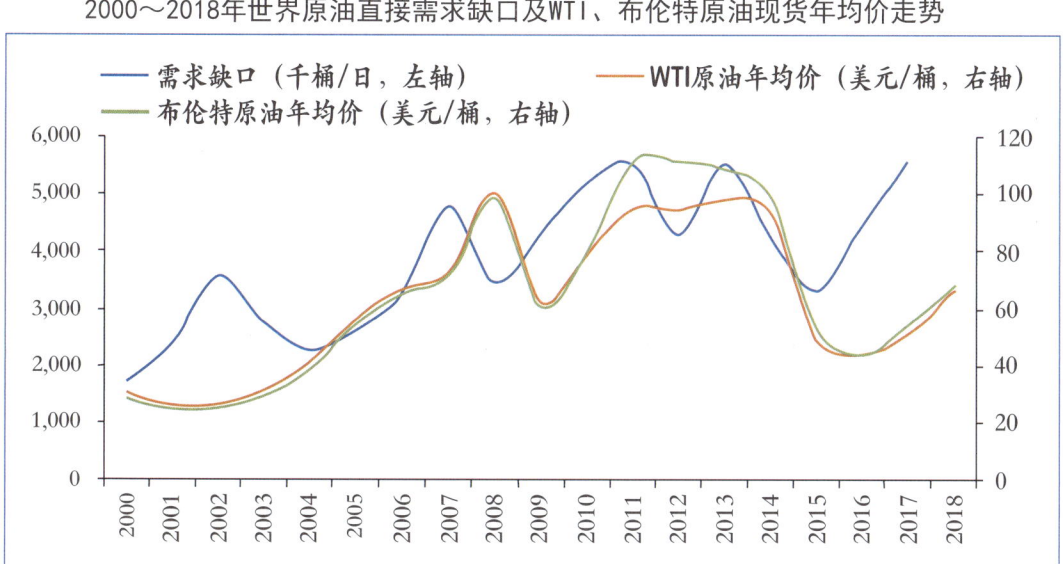

2000～2018年世界原油直接需求缺口及WTI、布伦特原油现货年均价走势

注：数据来自中国产业信息网——2018年油价走势分析、2019年油价走势预测及影响原油价格的主要因素分析。

> 中国是一个原油资源储备贫乏的国家，无法靠国内的原油产量满足日益增长的消费需求。因此，中国原油的供需格局呈现高需求、低供给、高进口依赖度的不平衡特征。

> 中国原油需求增速呈现周期性。截至2017年年底，中国原油需求量达到1260万桶/天，成为世界第二大原油消费国。

2000～2017年，中国原油表观消费量年均增速约6.46%。其中，2000～2010年，石油消费量高速增长，而在2011～2014年，受国际原油价格持续上升影响，中国原油消费增速一度放缓，但在2014年年底至2015年年初国际油价大幅下降后，2015～2017年中国原油消费量增速再次提升。2018年1～4月的数据显示，中国原油需求比2017年同期增长75万桶/天，远超市场预计的30万桶/天，增速达8.9%。

从进口来源看，亚洲国家向中国出口原油最多。其中，俄罗斯连续两年作为中国第一大进口来源国，并逐步拉大与沙特、安哥拉等的体量优势。

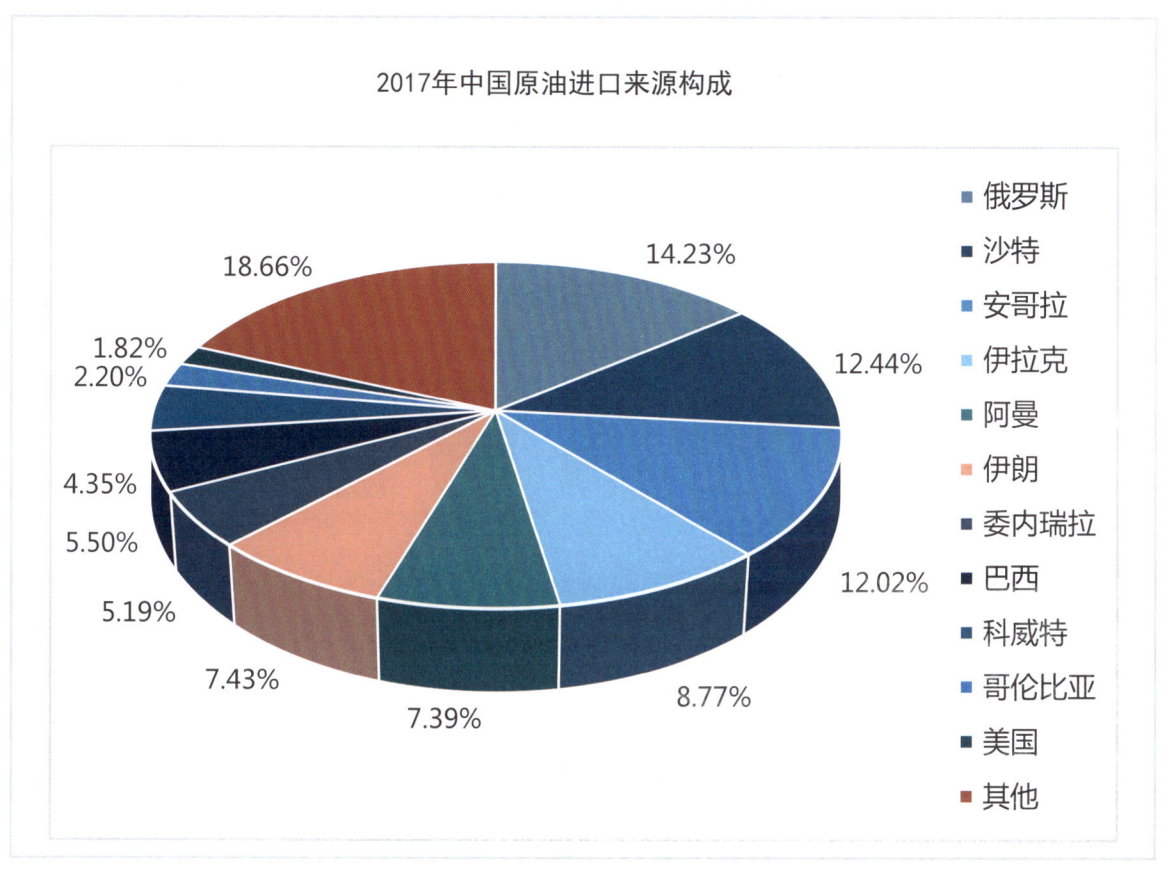

注：以上数据来自中国产业信息网——中国原油需求缺口量大于原油产量，进口依赖严重。

三、铁矿石

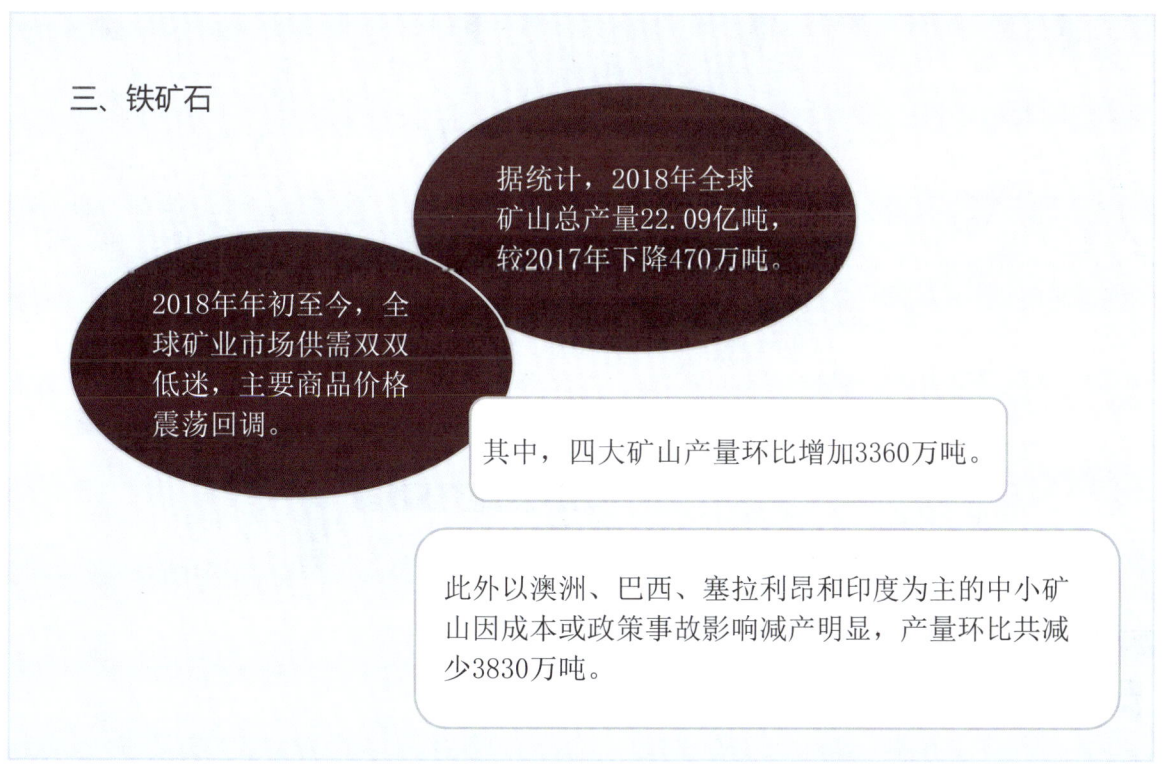

2013~2019年全球铁矿石供需平衡

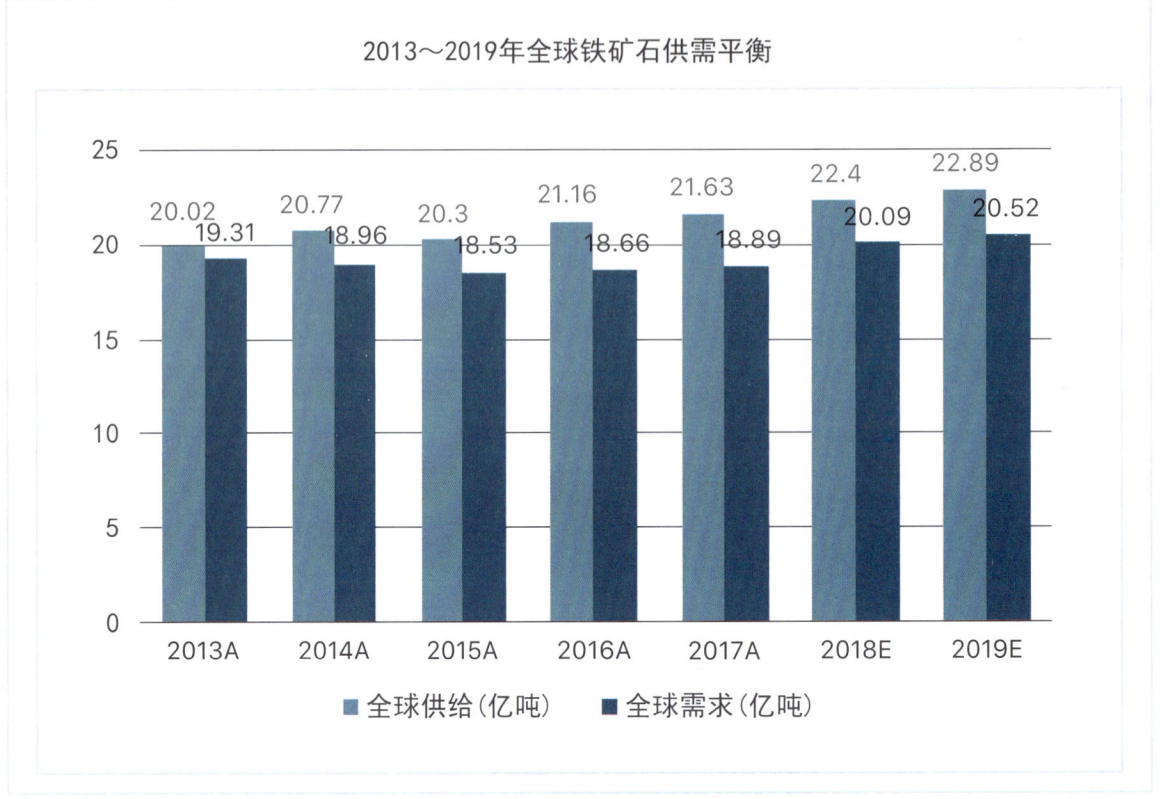

注：数据来自中国产业信息网——2019年铁矿石产量增速近2.2%，供过于求格局加剧、价格承压。

2018年全球铁矿石价格运行可分为四个阶段

第一阶段为1~3月，价格高位盘整后回落，前2个月主要因钢材低库存支持，市场对钢厂冬季限产后的补库预期较为乐观，价格在70~80美元附近高位震荡，3月非采暖季限产政策以及下游需求迟迟未见启动导致预期落空，价格承压下行，跌至年内最低点。

第二阶段为4~7月，铁矿价格长期处在60~65美元区间窄幅震荡。由于四大矿山增量大幅增加，环保限产政策频繁，铁矿库存大幅增加导致价格处于低位运行。

第三阶段为8~9月，油价上涨导致海运费快速拉升，同时人民币汇率贬值造成铁矿石边际成本抬升，价格在65~70美元震荡。

第四阶段为10月至今，11月中旬之前由于澳洲矿山事故导致发运量低位运行，钢厂高利润下对高品需求持续高位，港口高品库存跌至年内低点从而价格触及年初最高点，但11月中旬后由于冬季限产影响未及预期，高产量压力下铁矿石价格再次快速回落。

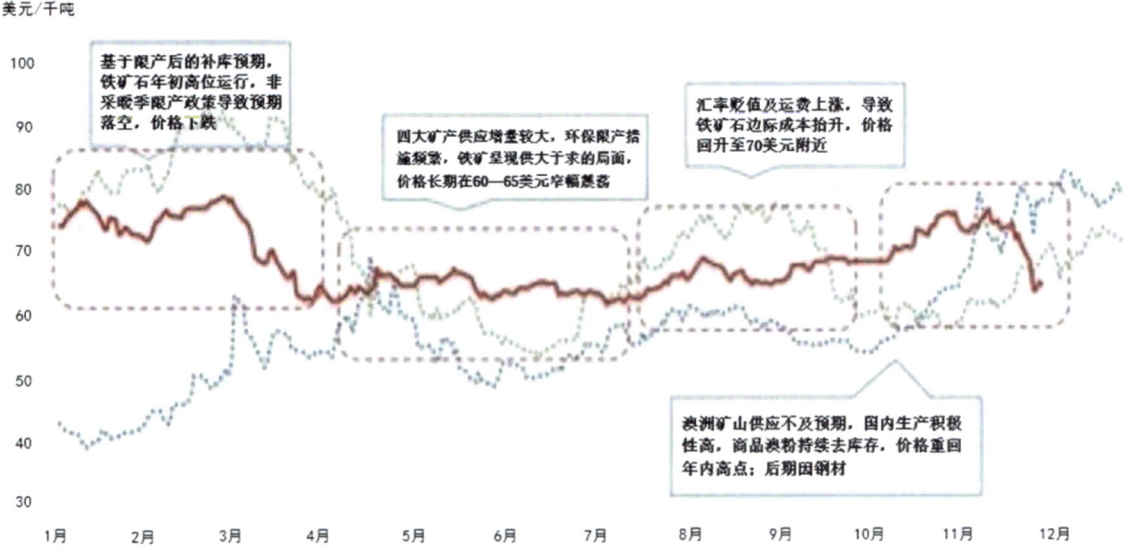

注：数据来自搜狐网——《Mysteel:铁矿石2018年市场回顾及2019年展望》。

2018年11月，中国进口铁矿石量为8625.3万吨，同比减少828.7万吨，减幅8.77%。2018年1～11月，累计进口铁矿石9.78亿吨，同比减少0.13亿吨，减幅1.31%。

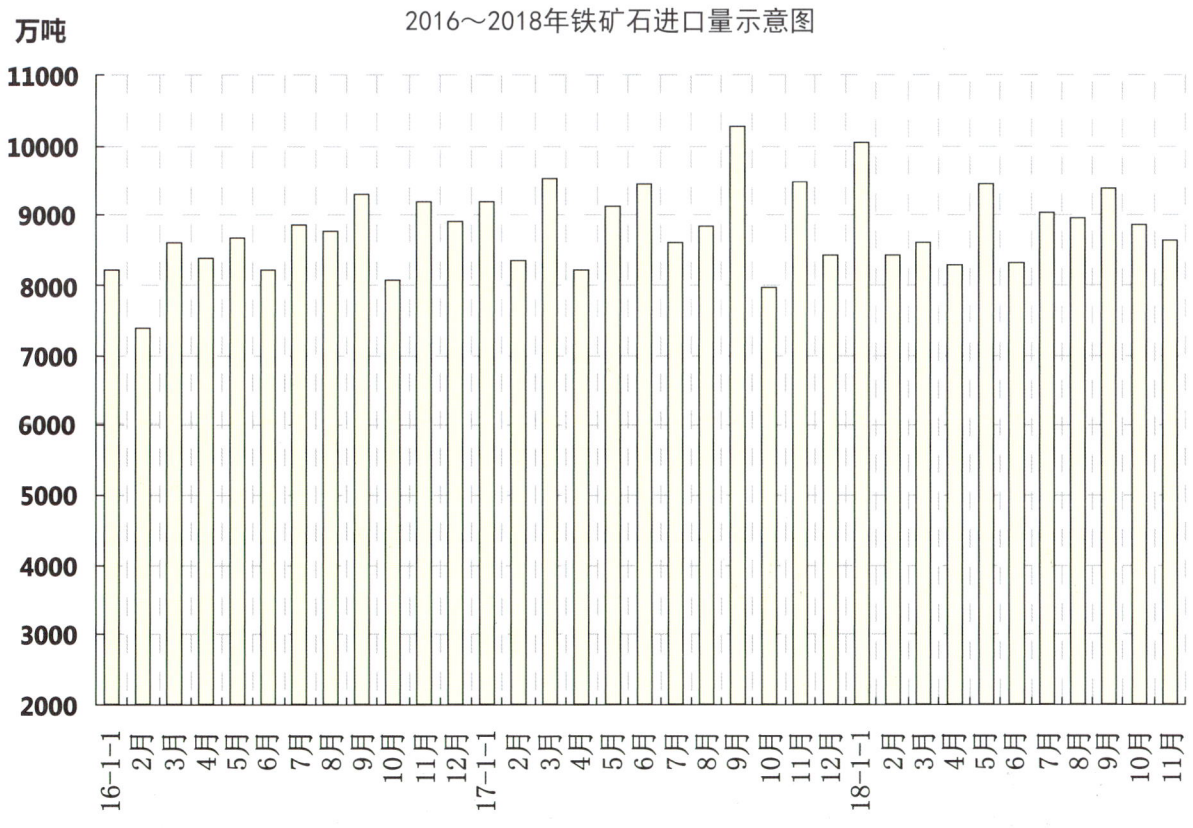

注：数据来自兰格钢铁网——2019年铁矿石市场或稳中微升。

跨境贸易商品估价指南

2018年进口矿市场走势与国产矿基本一致

- 1月，市场呈现先扬后抑走势，整体处于盘整阶段。
- 2月，进口矿市场受到短线需求回归影响，市场涨势明显。
- 3月，受普氏指数跌破70美元关口影响，进口矿现货市场惨遭打击，价格大幅下跌。
- 4~7月，市场呈现弱势波动行情，成交较为清淡，贸易商操作积极性较低。
- 8月，市场先涨后跌，需求依旧较为疲软，钢厂采购谨慎状态明显。
- 9~10月，市场持续小涨，由于市场成交不足，续涨动力不足。
- 11月，价格出现大幅回落，需求方压价力度不断增大，部分贸易商选择封盘离市观望。
- 12月，供需未发生较大变化，矿选厂商与贸易商整体低价出货意愿不强，多以挺价维稳为主。

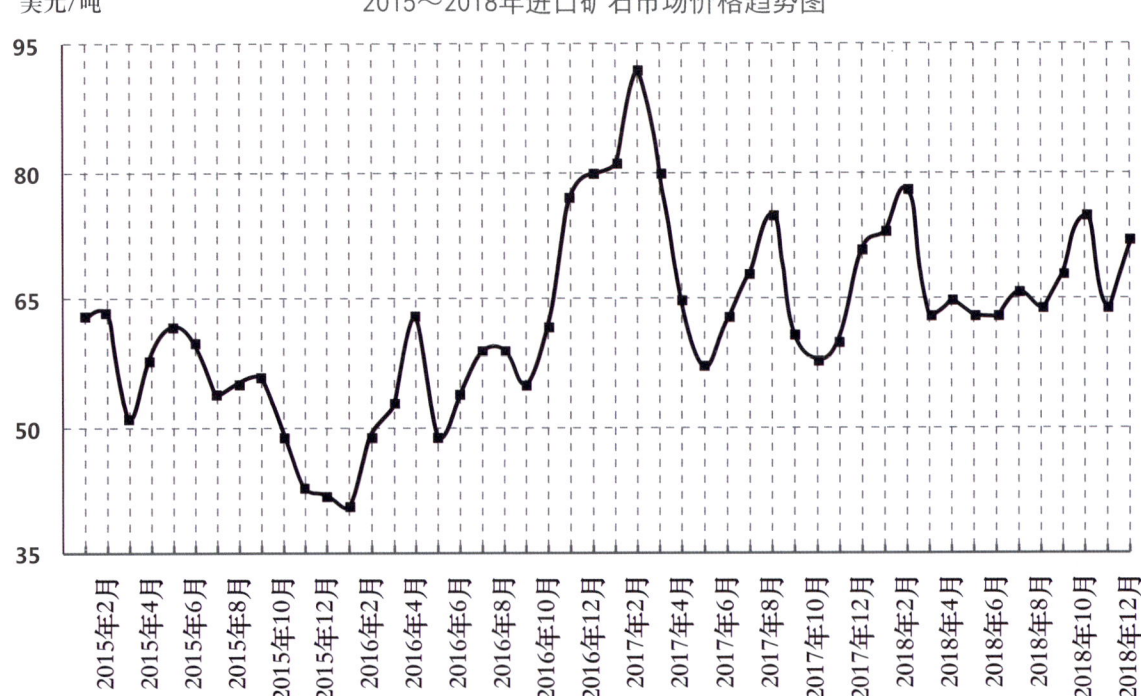

2015~2018年进口矿石市场价格趋势图

注：数据来自兰格钢铁网——2019年矿石市场或稳中微升。

第二节 大宗商品交易流程

一、大豆交易

国际上，大豆交易主要表现为现货贸易。 ⇒ 自2000年以来，大豆现货贸易由美国公司推动，改一口价（flat price）方式为以CBOT（芝加哥商品交易所）为基础的升贴水方式：FOB（离岸价）及CNF（到岸价）升贴水+期货价格。

FOB（FREE ON BOARD）：是国际贸易中常用的贸易术语之一。按离岸价进行的交易，买方负责派船接运货物，卖方应在合同规定的装运港和规定的期限内将货物装上买方指定的船只，并及时通知买方。货物在装船时越过船舷，风险即由卖方转移至买方。

CNF（COST AND FREIGHT）：到岸价交易方式。卖方租船，在合同规定的装运港和规定的期限内将货物装上船只，并及时通知买方。船运费由卖方支付。但是，货物在装船时越过船舷，风险即由卖方转移至买方。

升贴水：也称为期现基差（BASIS OR PREMIUM），所谓"期现基差"指某一特定地点的现货价格与当时同种商品临近交割的期货合约价格间的差额。
公式：升贴水（期现基差）＝现货价格－期货价格。

（一）贸易商的操作模式及升贴水的产生

1. 贸易商向农场主收购大豆，同时在期货市场卖出相应期货合约进行保值，该过程完成后手中持有大豆现货多头和相应期货空头。

2. 贸易商计算自己的成本和利润，确定向中国油厂的升贴水报价，并和中国油厂签订出口合同。

3. 中国油厂接受升贴水报价，并在一定的期限内购买相应数量的期货（点价）。

4. 中国油厂将期货多单转单给贸易商（EFP），贸易商借以平掉手中的期货空头，贸易商将相应数量的大豆现货转移给买方，该过程完成后贸易商手中的大豆现货多头和期货空头同时平仓了结。

（二）大豆现货采购流程

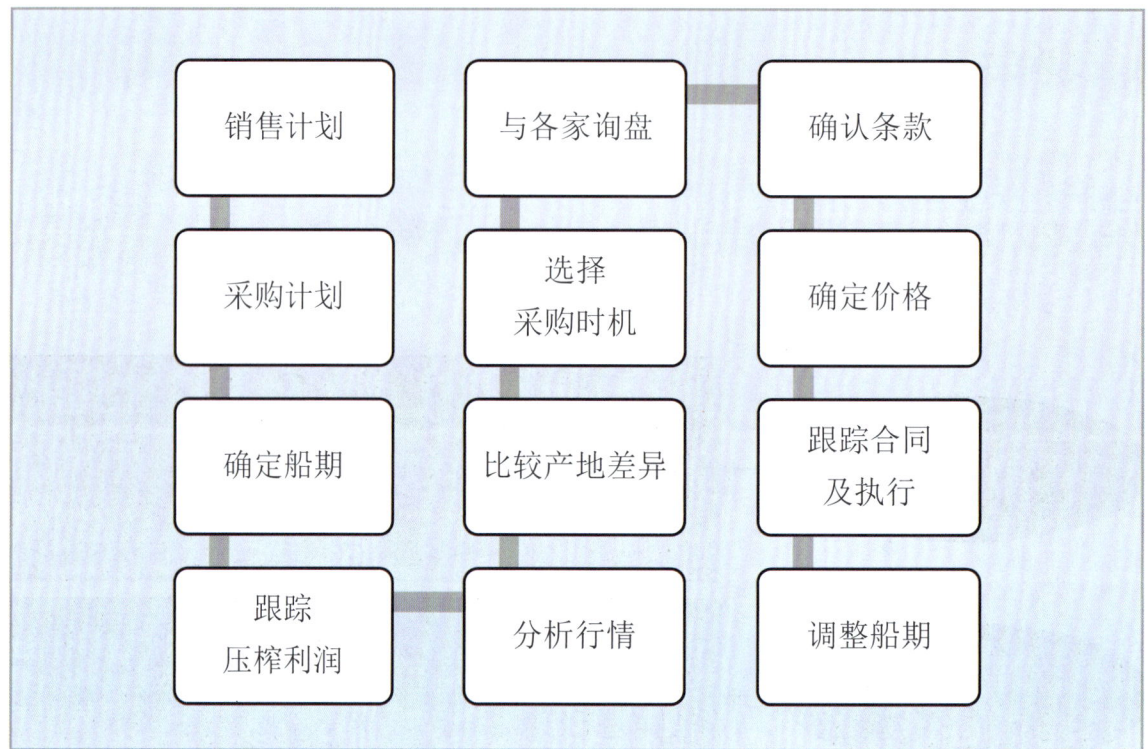

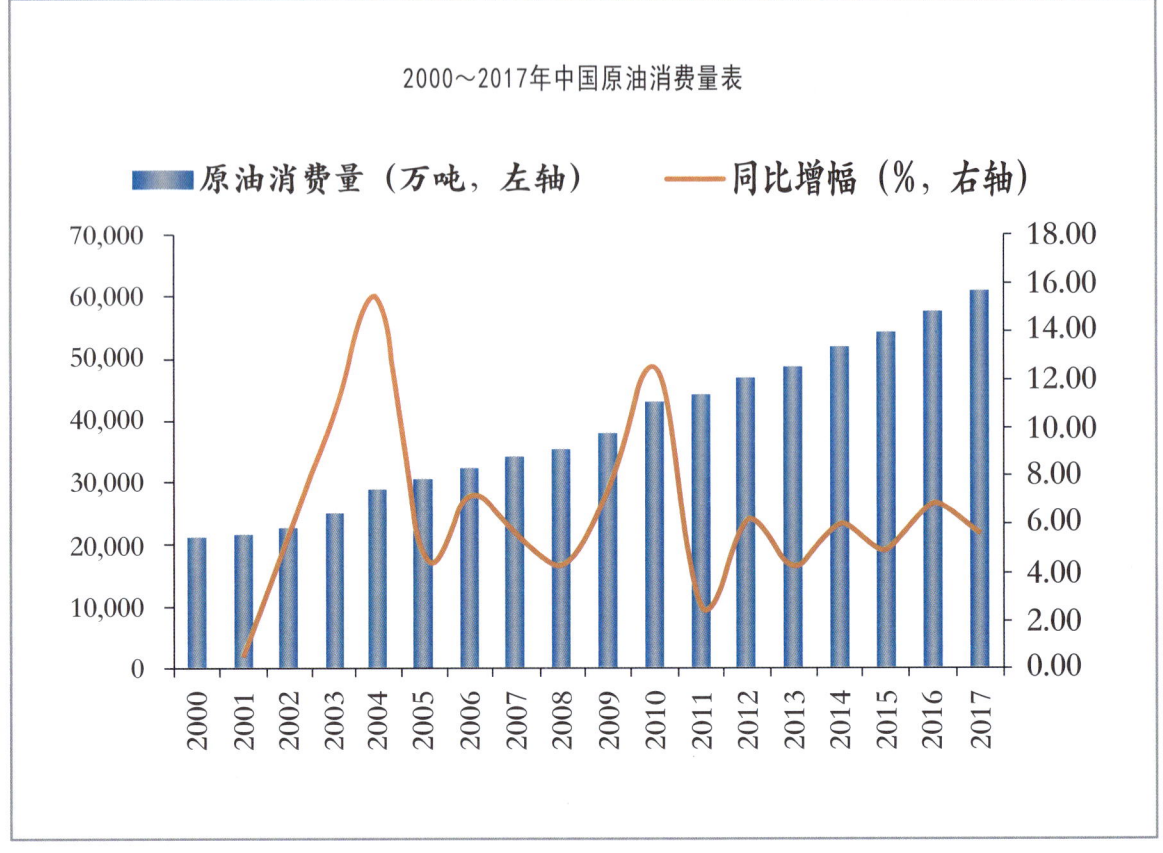

由于近年来中国原油产量持续低于原油消费量，消费缺口不断扩大，只能通过原油进口弥补缺口。中国原油进口量增速多年来维持高位，进口依赖度已达到70%以上。

注：以上数据均来自中国产业信息网——中国原油需求缺口量大于原油产量，进口依赖严重。

(三) 大豆采购合同范例摘录

大豆采购合同

合同号：ABCDEFG

签约日：某年某月某日

卖方：境外A公司

买方：境内B公司

商品：美国2号或更好大豆

原产地：美国

包装：散装，20尺或40尺货柜由卖方决定

数量：××××吨，允许10%溢短装，溢短装由卖方决定，按合同价结算。

装船期：某年某月某日至某年某月某日

规格：

美国农业部（USDA）和政府的联邦粮食检验服务局（FGIS）或边检总站批准的机构需进行粮食检验，堆场，包装（双方应签发证书与边检总站表格），除非另有说明。检疫结果需符合以下最低质量要求：

品名：　　2号或更好大豆

水分：　　最多13.5%

测试重量：最少54磅/蒲式耳

杂质：　　最多2.0%

总损：　　最多3%

破碎率：　最多20%

异色率：　最多2.0%

热损耗：　最高0.5%

价格：USD X/蒲式耳升贴水对应于某年某月CBOT 大豆期货价格，
CNF FOB 1个安全泊位/厦门港。价格包括卸货港的货柜码头处理费。

合同单位的价格需要换算，即从美元/蒲式耳换算成美元/吨，1吨=36.7433蒲式。

按照芝加哥期货交易价格定价或买方定价，最迟要在交付相应的CBOT大豆期货合约的第一次通知日的前2天内或提单日期的前3个工作内完成定价，允许在当日成交范围内放弃。

如果买方未能在上述期间定价所有期货，卖方有权利在最后定价日期后的第一个工作日完成价部分。卖方能接受部分固定的CBOT期货定价。

完成CBOT期货定价后，单位价格将基于所有合同平均价格加/减合同的升贴水。

付款：买方最迟于某年某月某日前由中国某银行开出完全可操作的不可撤销的即期信用证至卖方指定银行，金额为100%货值含允许增减部分，以美元支付。最终价格计算如下：（CBOT 交易价+2.97）×36.7433 =吨价。该价格为最后合同价格。

如买方未能在某年某月某日前开出完全可操作不可撤销的即期信用证，则视为买方违约，卖方有权利转卖该集装箱货物并对所有的损失进行索赔。

议付时需提交以下单据：

1. 发票5正。

2. 全套清洁已装船提单3正3副，空白抬头，空白背书，显示"运费预付"，通知人买方，允许多式联运提单。

3. 由一级独立检验人出具的蛋白质、油的湿态含量证书，1正2副。

4. 由USDA/FGIS出具的官方谷物重量证书1正1副。

5. 由出口国商会出具原产地证书1正2副。

6. 由美国农业部动植物检验署植保部门出具的植物检疫证书1正2副。

7. 由独立检验人出具实验室证书或者植物检疫证书1正2副，证明货物符合中国农业农村部规定，证明该批大豆符合中国农业农村部规定，不得有以下病虫害：

黑高粱

假高粱

菟丝子属

烟草环斑病毒

阿拉伯病毒

鹰嘴豆象

灰豆象

大豆疫病菌

南方菜豆花叶病毒

番茄环斑病毒

实验室证书或者植物检疫证书应该证明由卖方提供的大豆在装运时基本不含蓖麻籽、壳荚及其他有毒种子。

所供大豆状态良好，适合压榨，无异味，无霉变，无发酵，基本无活体虫害。

8. 由一级独立检验人出具的化学残留证书，1正2副。

由卖方提供大豆的化学残留物，在中国公共卫生管理部门的限定之内，由有资质的独立检验实验室在装运时出具：

（1）砷化合物最高含量1ppm（百万分比浓度）（即三氧化二砷含量不超过百万分之一）；

（2）不应含有汞化合物；

（3）磷化物最高含量0.05ppm（即磷化氢含量不超过百万分之0.05）；

（4）氰化物最高含量5ppm；

（5）除草剂最高残量3ppm；

（6）EDB最高含量10ppb；

9. 由一级独立检验人出具的作物实际生产期证书，1正2副。

10. 包装清单1正2副。

11. 由供应商出具的实木包装材料证书，1正2副。

12. 由USDA/FGIS出具的出口谷物检验证书1正3副，显示除油和蛋白质外所有分析结果。

13. 受益人在最后提单日期后的2个工作日内给开证人传真装船事项的说明，包括商品、船名、数量、单价、总金额、货柜号码、装货港口、法案提单日期、提单号、信用证号、发票号、合同号。

14. 受益人的所有装船单据在租船提单日期后的10个工作日内传真或发邮件给申请人的证明。

开证银行应该在信用证随付的海运提单日期的15个工作日内收到全套1日至14日装运单据。

分批装运和转运都是允许的。

买方有权察视大豆的检查和装载，但是由此产生的费用由买方承担。

重量/质量：

装运时重量/质量/货物状况以卖方选择并付费的独立检验机构出具证书为准。

付款通知：

卖方要在租船提单日期起的3个工作日内通过电报、电话、传真或者其他快捷通讯方式通知买方付款，付款通知要说明货柜号码、船只的名称、装运港、租船提单日期、装载数量；并表示付款通知的传真时间和租船提单送达的时间要一致。

保险条款：由买方承担

仲裁条款：如合同双方有任何争议无法达成共识，则争议提交中国香港仲裁，根据GAFTA（谷物与饲料贸易协会）争议条款解决。

不可抗力：通常意义上的不可抗力适用于本合同。

其他条款：卖方允许在卸货港停留14天时间。

所有必须的进口许可：许可证、许可、配额、税项等由买方负责并承担风险；由于买方的单据不符合或者进口港变化问题导致的任何卸货推迟损失由买方负责。如买方无法做到，不视为不可抗力。

出口许可、关税、税项等，不论是现在什么时候，由卖方负责办理并承担风险。

根据这项合同已售出的商品，不得直接或间接地在美国法律或法规所禁止的任何地方出口、转出口、转运、转售、供应或传送。

二、原油交易

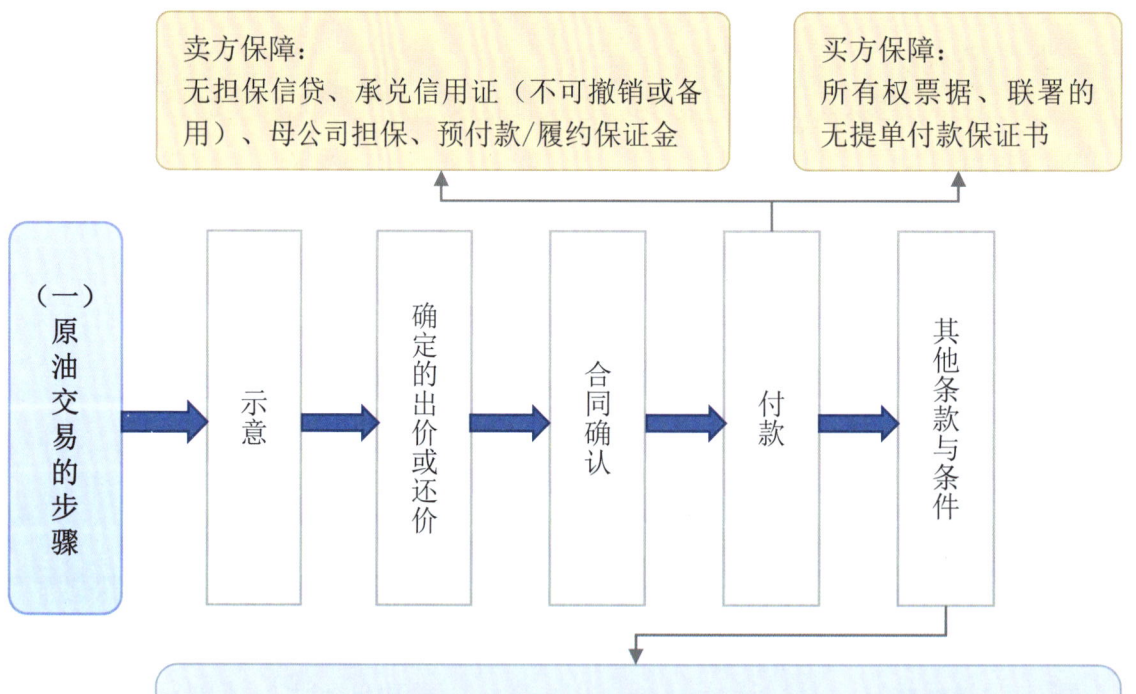

(二)原油交易合同范例摘录

原油销售采购协议
(销售和采购轻质原油)

主要条款	内容
合同基本情况	本协议制定于 _____ 年 ____ 月 ____ 日 是与销售公司：_____公司 根据_____（国家）法律注册的公司法律（以下简称"卖方"）成立的公司，其中下文承认的表述应包括其个人代表、继承人、继承人的一部分： 并且 买方公司： 这家公司是在_____（买方国家）法律下注册的公司，以下称为买方，其中下文承认的表述应包括个人代表、继承人、继承人的一部分。 在此，买方承诺购买/支付，并且卖方同意卖/运输该货物在一定条件下（包含本协议附带的交易过程），鉴于双方互相接受，参考一般条款和定义，由国际贸易术语通则，_____年版及最新修订版所规定，具有完全理解和接受的以下术语。
术语解释	US Barrel：在标准温度60华氏度下测量的体积单位，等于42美国加仑，每加仑约4.5升。 Gallon：相当于231立方英寸或0.3785立方米的体积单位，所有单位均为度F。 公吨：衡量重量相当于一千千克质量（1000千克）。 Commodity：在协议其他地方称为"BLCO"，也称为BLCO由NNPC（尼日利亚国家石油公司）指定并由卖方提供并作为附录"A"添加到本合同的哪些规格。 Day：指日历，除非另有规定。 Month：指的是公历月。

条款	内容
术语解释	Bill of Loading：在装载量完成后在装载港处发出的官方文件，以立方米和以本文定义的公吨（MT）或桶表示。本文件必须由船长签署，并按照协议中未规定的指示进行。 CIF：严格按照国际贸易术语通则 2000年版中定义的解释以及最新修订提及。 Loading Date：卖方和买方相互接受的日期，为指定的国际测量公司确定抽入指定船舶的产品的数量和质量的日期。 PLATT'S: Platts McGraw Hill（普氏能源资讯）伦敦是一个国际公认和接受的组织，每天发布对地中海石油产品的官方市场数据。 Execution Date：卖方和买方收到本协议各自的传真副本或在协议中另有说明的日期。 API/ASTM：API/ASTM（美国石油协会/美国材料实验协会）本协议中引用的标准是有效的。 如果随后修订或修改这些标准或发布新标准，则将适用新的，修订的或修改的标准。鉴于双方当事人希望签署协议，根据协议和完全履行的合同的管辖权法律，双方，即继承人和受让人具有约束力。
合同范围	1.卖方和买方在完全的公司权限和责任下分别代表卖方是商品的合法所有者，数量和质量如下所述，并且买方具有购买所述商品的全部能力。 2.欲购买_____（产地）的原油（以下简称"产品"）。
数量	1.根据本协议销售和购买的商品的总合同数量为_____（CIF），变化+/- ____%（加/减____%）。
运输条款	1.合同规定的数量是_____桶，每个装运的卖方可选择+/- ____%（加/减____%）。 2.交货计划，在买方和卖方双方协议下尽快开始。

条款	内容
时效	1. 对于每艘船每____个BBLS桶的装运，本合同的期限为___天，+/-___%，除非双方同意延长。 2. 如果需要，此合同可以持续____个月或更长，可能的缩短和延长。 3. 在执行本合同并将银行工具置于卖方之下不到____（____）日内开始提货。
质量	卖方保证所销售产品的质量符合本协议附录"A"所述的_____的保证规格。
价格	1. A 低于布伦特轻质原油价格折扣价_____美元 　　B 买卖代理人佣金为每桶_____美元 2. 支付货币用美元结算
支付	1. 通过确认的MT103/23（银行有条件付款承诺）或至少确认的，可转让的，可分割的，不可撤销的备用信用证（SBLC，即MT760） 2. 付款应为约定币种的全额，对应每个货件指定数量的总值。 3. 在装货点评估的数量和根据协议确定的价格并给卖方开发票。 4. 可转让，可分割，不可撤销，备用信用证（SBLC）的价值应由装运的价格和数量决定。 5. 卖方和买方各自负责其银行费用。
其他方式	TTO（公海船上交易）使用加纳水域（变更的贸易方式） 1. 买方和卖方执行并盖章本协议，并通过电子邮件交换副本。双方签字的电子传送副本应视为具有法律约束力并可强制执行。这些签名的电子副本应提交其各自的银行。卖方和买方签订现货或（　）月合同，买方返回签署的SPA（特别价格协议书）与超级货运和检查员详细信息。所有买家检查员和超级货运必须在加纳的地面立即行动或交易。 2. 买家的银行通过银行到银行的电子邮件和复制卖家迅速MT799发送到卖家的银行。（MT799是修改信用证电文，为自由格式电报，不需要支付修改费）。

条款	内容
其他方式	3.卖方银行向买方确认买方银行MT799。 4.卖方在____个工作日内收到买方的付款保证书信件，一份____百万容量的买方姓名的船舶，按照程序装船，获得船期可以日期并给买方复印。 5.完成装货后卖方给买方所有文件，并发送装载文件的所有软拷贝。 6.买方在收到上述装载和船舶文件后，在____小时内通过MT760确认上述文件和卖方支付SBLC，并转移到卖方银行和复印件给卖方。 7.船只航行到买家卸货港。 银行费用将用于双方的账户，如果请求信用证的任何修改，一旦已经发出，请求更改的一方将负责支付费用。 除非通过本协议原则的共同协议，否则不得修改合同。
交付	1.卖方保证仅在交易基础上交付交易商品。 2.根据本协议规定的条件和规定，卖方和买方特此确认装载货物的交付量为____BBLS，加或减____%。
检查数量和质量	双方同意，应在指定的TTO点任命国际公认的一级独立测量公司，以根据本文规定评估货物的质量和数量。买方将按照验船师的发票支付检验费。
检查数量和质量	1.由指定验船师公司进行的数量和质量评估应符合石油工业实践中通常使用的方法和程序，并应始终严格遵守修订的ASTM／IP国际标准和现行程序。 2.每批装运油的质量应由装船港在装货作业完成时根据海岸数字由验船师进行评估。该评估数量应用于计算应支付给卖方的金额，在合同中应用附件"A""付款条件"的价格。 3.货物的数量和质量的抽样应按照买方和卖方双方同意的方式，按照ASTM（10）标准进行。

条款	内容
文件	卖方向买方或买方船长提供的签署收货文件如下,其中包括: 全套3张原件和不可转让的提单副本。 1份原件和3份数量证书。 1份原件和3份质量证书。 1份原件和3份原产地证书。 1份原件和3份样品收据。 1份原件和3份主、副本的每份单份文件。 1份油舱报告在装卸码头发出。
补充	如果根据银行担保/备用信用证支付的金额小于向卖方的银行出示的卖方商业发票上显示的总价,买方应立即按照要求向卖方支付任何此类由银行担保/备用信用证。
结论和声明	兹证明双方已了解本销售协议的所有条款和条件,特此同意遵守所有有关特权,权利和豁免的条款,使本销售/采购协议在签署生效日期起生效。为了证明,双方当事人在协议上签字、签署日期,并盖章。

签署、密封和交付:

卖方:_____公司

代表人:　　　　职位:　　　　日期:____年__月__日

签署、密封和交付:

买方:　　　代表人:　　　职位:　　　日期 ____年__月__日

三、铁矿石交易

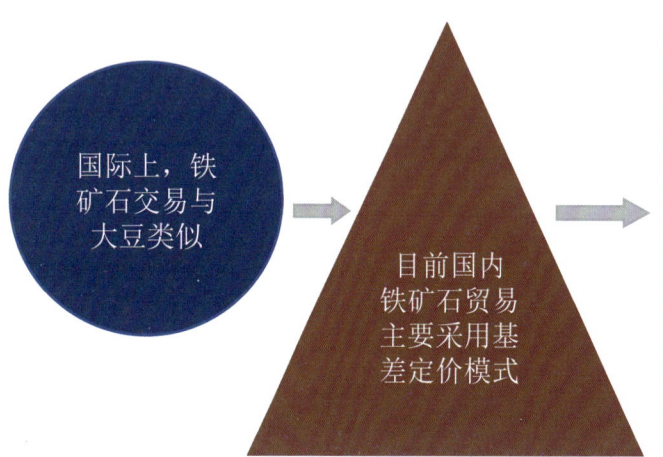

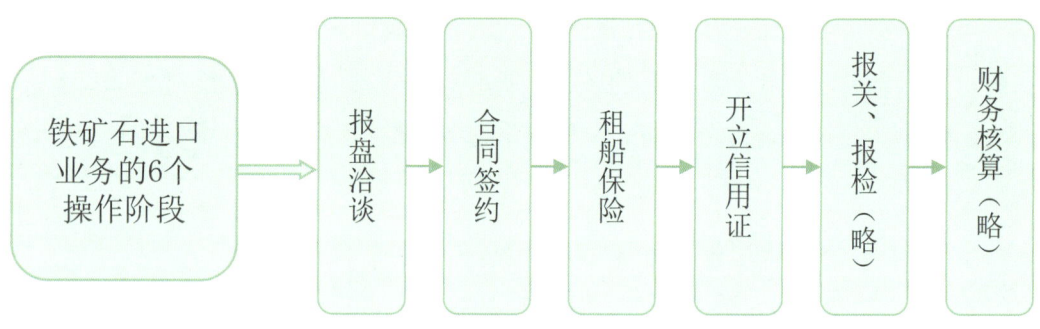

（一）报盘洽谈的标准要素

1. 货物名称、出产矿山。
2. 货物规格、数量。
3. 货物价格、奖罚标准。
4. 装港、装期、卸率及滞速费率。
5. 其他特殊要求（如有），例如无承兑手续费由谁承担。
6. 报盘效期。

（二）合同签约

根据租船方的不同，进口合同可分为CFR/CIF（成本加运费/成本加保险费加运费）合同和FOB合同。合同的组成要点包括：

1. 合同号及签订日期。
2. 合同双方名称及联系信息。
3. 货物描述：品名、产地、装港、卸港、装期、数量、货品规格。
4. 价格及奖罚。
5. 议付条款、首款和尾款所需单据。
6. 装卸港品质差异解决方式。
7. 运输及卸港/装港条款。
8. 保险条款。
9. 不可抗力条款。
10. 风险与所有权转移。
11. 货物损失赔偿条款。
12. 仲裁及法律条款。
13. 其他条款。
14. 双方授权人签字及签章。

（三）租船保险

注意事项：合同履行过程中，租船和登记报船信息这一环节，CFR/CIF和 FOB合同有着很大区别：CFR/CIF合同是由发货人（供应商）租船，而FOB合同是由收货人（买方）租船。

CFR/CIF合同项下，供应商在签订合同后将租用的船只信息报给买方，买方根据所报的船舶信息，判断船只是否符合国内卸港要求。如符合，将接受供应商所报船只；如不符合，可提出合理原因，要求供应商换船，直到买方接受船只为止。

FOB合同项下，由买方租船，将具体装期、货量、装卸港条件等要求报给船运公司后，由船运公司对该航程报价和报出船只。买方将船运公司所报船只发给供货方，须经装港港务局确认合格，方可被接受。同时买方与船运公司议价，确定租船价格。

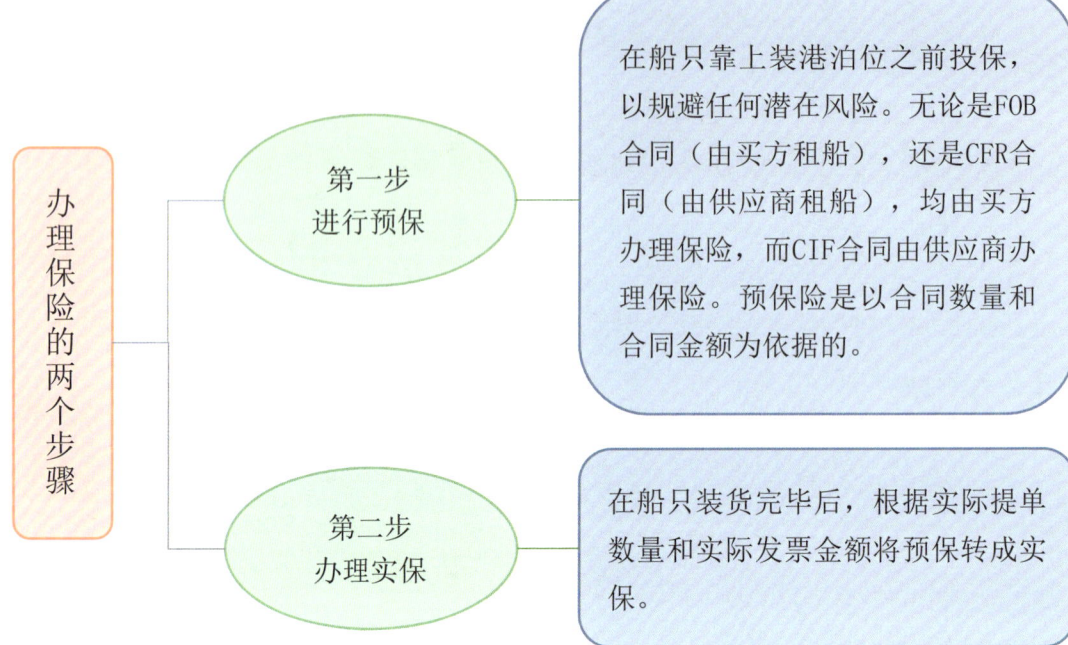

（四）开立信用证

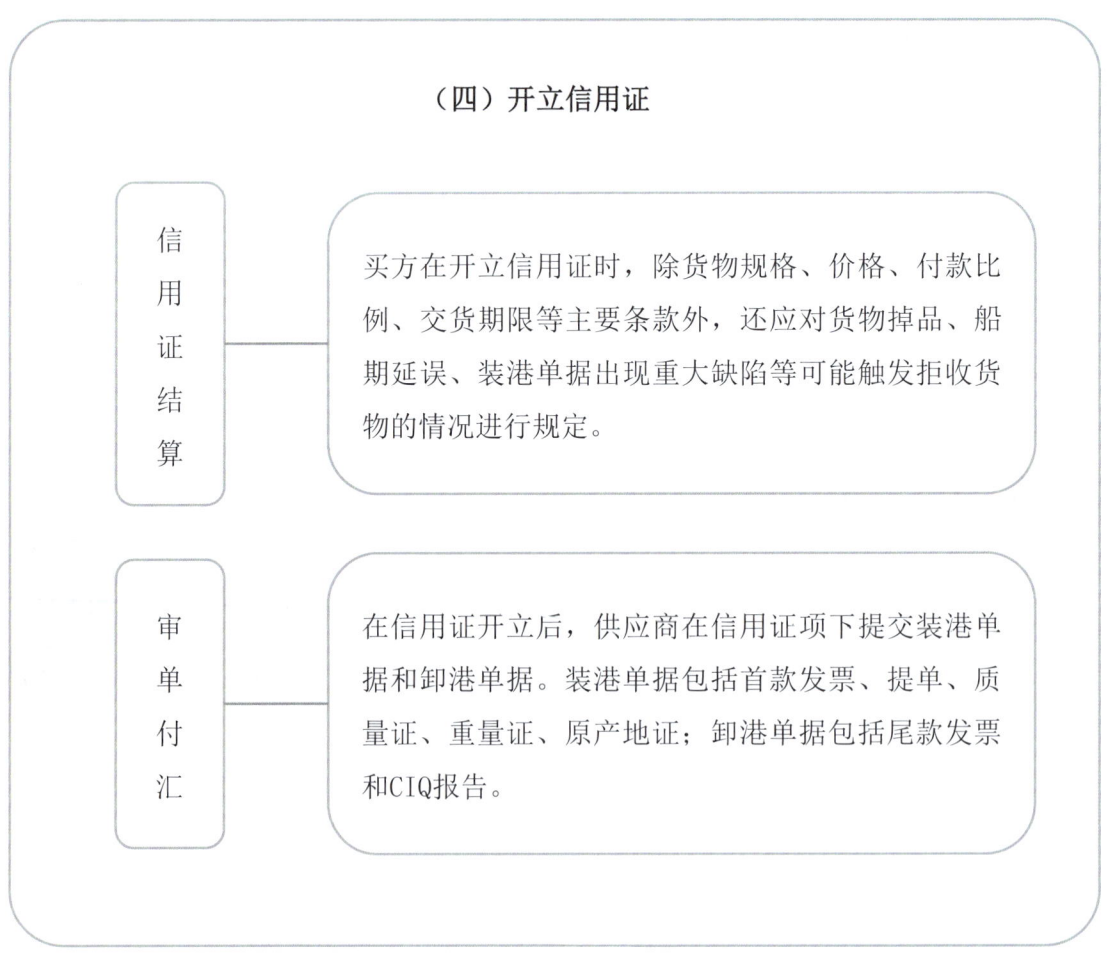

(五)铁矿石交易合同(Iron ore trade contract)

合同编号:

日期:

卖方:

电话:

传真:

买方:

电话:

传真:

鉴于买方同意购买且卖方同意销售下述商品,买方和卖方根据下列条款签订本合同:

第一章 定价模式

第一条:关于定价模式,双方同意以季节定价模式成交,即双方确定××××年度采用季节定价模式。

第二章 价格和成交量

第二条:双方同意按照同品种、同价格的惯例交易,不按照品位进行分类定价

第三条:关于铁矿石价格,双方同意在××××年第一季度价格在××××年第四季度×美元/吨的基础上涨价×%,即价格为×美元/吨。

第四条:就第三条款达成的价格是离岸价,该价格应用于(地点)与中国(地点)港口之间的航线。

第五条:双方商定买方于××××年第一季度进口×万吨品位在×到×之间的铁矿石。

第三章 海运费

第六条：关于海运费，双方认同中国模式，取消金融机制；在××××年第四季度的海运费基础上不再涨价，价格维持在×美元/吨。

第七条：根据第六条，在海运费补贴上，卖方不再予以买方海运费补贴，即海运费补贴比零。

第八条：货物分批次发运，批次由卖方决定，货物在一季度内发运至中国港口，港口装卸费用由卖方承担。

第九条：货物运输途中保险由买方承担，卖方不承担货物途中造成损失的任何责任。

第四章 价格补贴

第十条：关于价格涨幅补贴，卖方给予买方优于发达国家多×%的优惠。

第五章 违约责任

第十一条：合同双方如有违反以上各条款的行为，则根据双方达成的违约处理合同条款进行处理。

第十二条：如果双方仍不能妥善处理争议，则提交中国海事仲裁委员会仲裁，双方应无条件接受仲裁结果。

第六章 附录

第十三条：双方达成的违约处理合同服从于本合同，并具有法律效力。

第三节 大宗商品交易特点

一、升贴水的特点

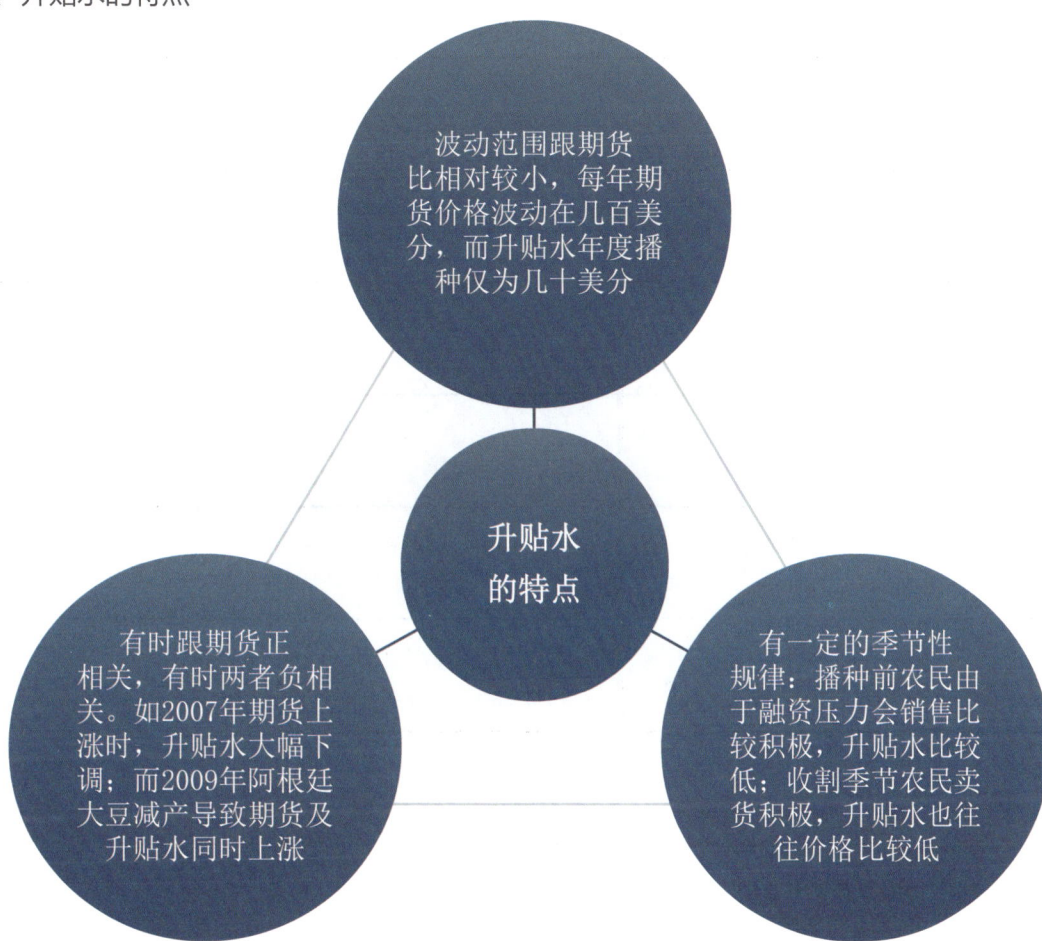

二、影响原油交易的因素

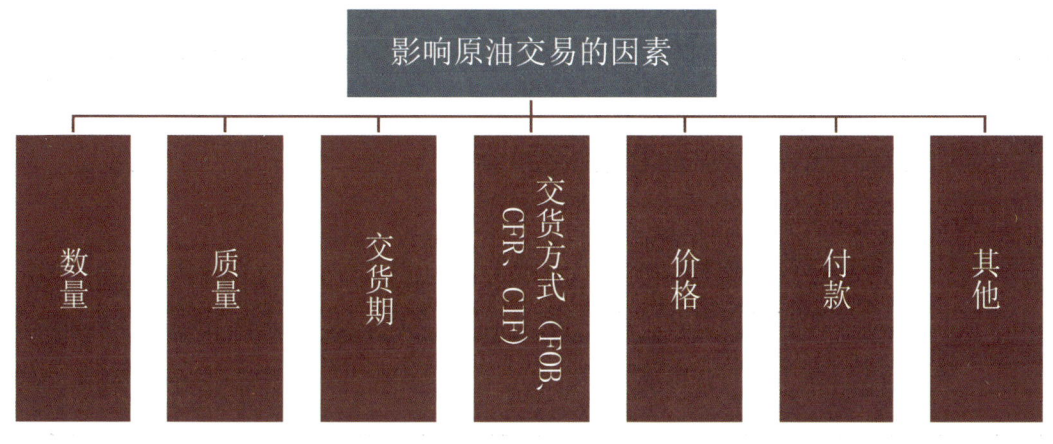

第四节 大宗商品进口报验状态

商品编号	商品名称	英文名称	商品规格、型号
1201901000	黄大豆		种类:黄大豆,转基因,非种用|蛋白含量:35.7%|油含量:20.2%|升贴水:185美分/蒲式耳|无其他申报要素
1201901000	黄大豆		转基因,非种用|35.7%,|20.2%|升贴水:176.71美分/蒲式耳|签约日期:2016年9月7日
1201901000	黄大豆		转基因,非种用|35.7%,|20.2%|升贴水:187.23美分/蒲式耳|签约日期:2016年8月12日
1201901000	黄大豆		转基因,非种用|35.06%,|20.73%|升贴水:92美分/蒲式耳|签约日期:2016年3月9日
1201901000	黄大豆		0|3|转基因,非种用|34.55%|21.03%|166.75美分/蒲式耳|||签约日期:2018年3月7日
1201901000	黄大豆		转基因,非种用|35.5%|19.7%|升贴水:32.96美分/蒲式耳|签约日期:2017年2月23日
1201901000	黄大豆		转基因,非种用|34.55%|21.37%|升贴水:122.42美分/蒲式耳|签约日期:2017年2月14日
1201901000	黄大豆		种类:黄大豆,转基因,非种用|蛋白含量:35.5%|油含量:21.8%|升贴水:206美分/蒲式耳|无其他申报要素
1201901000	黄大豆		转基因,非种用|35.5%|21.8%|升贴水:206美分/蒲式耳 签约日期:2016年8月18日
1201901000	非种用黄大豆(转基因)		转基因黄大豆|蛋白含量:35%|油含量:20.2%|无升贴水|签约日期:2016年6月1日 船期:2016年7月15日~2016年8月15日
1201901000	黄大豆		0|3|转基因,非种用|34.63%|21.15%|151.72美分/蒲式耳|||签约日期:2018年2月16日
1201901000	非种用黄大豆(转基因)		转基因黄大豆|蛋白含量:34.3%|油含量:18.69%|无升贴水|签约日期:2016年8月15日 船期:2016年10月15日~2016年11月15日
1201901000	黄大豆		0|3|种类:黄大豆,转基因,非种用|蛋白含量:35%|油含量:20%|升贴水:137美分/蒲式耳|||无其他申报要素

商品编号	商品名称	英文名称	商品规格、型号
1201901000	黄大豆		转基因，非种用|34.0%|19.7%|升贴水:172美分/蒲式耳|签约日期:2016年7月6日
1201901000	黄大豆		转基因，非种用|35.12%|20.28%|升贴水:101.47美分/蒲式耳|签约日期：2016年4月14日
1201901000	黄大豆		转基因，非种用|34.85%|20.79%|升贴水:98美分/蒲式耳|签约日期：2016年4月27日
1201901000	黄大豆		0|3|转基因，非种用|35.22%|21.19%|144美分/蒲式耳|||签约日期：2018年2月8日
1201901000	黄大豆		4|3|种类:黄大豆，转基因，非种用|蛋白含量:35.11%|油含量:19.89%|升贴水:155美分/蒲式耳||||无其他申报要素
1201901000	非种用黄大豆(转基因)		转基因黄大豆|蛋白含量:34.38%|油含量:18.92%|无升贴水|签约日期:2016年8月17日船期:2016年11月20日～2016年12月20日
1201901000	黄大豆		转基因，非种用|35.15%|21.23%|升贴水为154美分/蒲式耳|签约日期：2016年9月9日
1201901000	黄大豆		0|3|转基因，非种用|34.53%|20.08%|230美分/蒲式耳|||签约日期：2018年4月10日
1201901000	非种用黄大豆(转基因)		转基因黄大豆|蛋白:34.13%|油:19.04%|无升贴水|签约日期:2016年8月11日船期:2016年10月20日～2016年11月20日
1201901000	黄大豆		0|3|转基因，非种用|35.85%|20.17%|176.5美分/蒲式耳|||签约日期：2018年5月30日
1201901000	黄大豆		转基因，非种用|34.63%|19.25%|升贴水:181美分/蒲式耳|签约日期：2016年7月29日
1201901000	黄大豆		0|3|转基因，非种用|34.62%|20.13%|186美分/蒲式耳|||签约日期：2018年9月25日
1201901000	黄大豆		转基因，非种用|35.01%|19.68%|升贴水136美分/蒲式耳|签约日期：2016年6月10日
1201901000	黄大豆		0|3|转基因，非种用|35%|20%|137美分/蒲式耳|||签约日期：2017年10月26日

商品编号	商品名称	英文名称	商品规格、型号
1201901000	黄大豆		种类:黄大豆，转基因，非种用|蛋白含量:35.5%|油含量:19.7%|升贴水:43美分/蒲式耳|无其他申报要素
1201901000	黄大豆		种类:黄大豆，转基因，非种用|蛋白含量:35.01%|油含量:19.68%|升贴水:136美分/蒲式耳|无其他申报要素
1201901000	黄大豆		4|3|转基因，非种用|35.11%|19.89%|升贴水：144.6美分/蒲式耳|||签约日期：2017年10月20日
1201901000	黄大豆		转基因，非种用|35.7%|19.8%|升贴水:81.5美分/蒲式耳|签约日期：2016年5月18日
1201901000	黄大豆		种类:黄大豆，转基因，非种用|蛋白含量:35.35%|油含量:18.62%|升贴水:155美分/蒲式耳|||无其他申报要素
1201901000	黄大豆		转基因，非种用|35.35%|18.62%|升贴水:144.75美分/蒲式耳|||签约日期：2017年9月13日
1201901000	黄大豆		转基因，非种用|35.72%|22.33%|升贴水：82.25美分/蒲式耳|签约日期：2016年4月6日
1201901000	黄大豆		种类:黄大豆，转基因，非种用|蛋白含量:34%|油含量:19.4%|升贴水:112美分/蒲式耳|无其他申报要素
1201901000	黄大豆		转基因，非种用|34.0%|19.4%|升贴水：112美分/蒲式耳|签约日期：2016年12月5日
1201901000	黄大豆		转基因，非种用|35.69%|20.73%|升贴水：110.25美分/蒲式耳|签约日期：2016年6月29日
1201901000	黄大豆		转基因，非种用|34.89%|20.08%|升贴水：114.5美分/蒲式耳|签约日期：2016年12月2日
1201901000	黄大豆		0|3|转基因，非种用|35.09%|21.05%|升贴水：190.25美分/蒲式耳|||签约日期：2018年5月3日
1201901000	黄大豆		0|3|转基因，非种用|34.7%|19.81%|升贴水：203美分/蒲式耳|||签约日期：2018年3月3日

商品编号	商品名称	英文名称	商品规格、型号
1201901000	黄大豆		种类:黄大豆，转基因，非种用|蛋白含量:34.55%|油含量:20.36%|升贴水:176美分/蒲式耳|||无其他申报要素
1201901000	黄大豆		转基因，非种用|34.55%|20.36%|升贴水:165.75美分/蒲式耳|||签约日期：2017年8月30日
1201901000	黄大豆		转基因，非种用|34.91%|20.85%|升贴水：99.75美分/蒲式耳|签约日期：2016年11月10日
1201901000	黄大豆		0|3|转基因，非种用|34.56%|21.16%|升贴水：147.18美分/蒲式耳|||签约日期：2017年11月23日
1201901000	非种用黄大豆(转基因)		转基因黄大豆|蛋白含量:34.5|油含量:18.72%|无升贴水|签约日期:2016年8月4日 船期:2016年10月1日～2016年10月31日
1201901000	黄大豆		0|3|种类:黄大豆，转基因，非种用|蛋白含量:35.5%|油含量:20.2%|升贴水:148美分/蒲式耳|||无其他申报要素
1201901000	非种用黄大豆		0|3|种类:非种用黄大豆|蛋白含量:35.04%|油含量:19.77%|无升贴水|||无其他申报要素
1201901000	非种用黄大豆(转基因)		无品牌|3|转基因黄大豆|蛋白含量：35.1%|油含量:20.7%|无升贴水|||签约日期:2017年9月12日船期:2017年10月1日-2017年10月31日
1201901000	黄大豆		转基因，非种用|33.57%|20.57%|升贴水：938美分/蒲式耳|签约日期：2017年4月21日
1201901000	非种用黄大豆(转基因)		转基因黄大豆|蛋白含量:34.95%|油含量:19.71%|无升贴水|||签约日期:2017年8月24日船期:2017年9月1日～2017年9月30日
1201901000	黄大豆		种类:黄大豆，转基因，非种用|蛋白含量:35.7%|油含量:19.8%|升贴水:58美分/蒲式耳|无其他申报要素
1201901000	黄大豆		0|3|转基因，非种用|35.5%|20.2%|升贴水：137美分/蒲式耳|||签约日期：2017年11月27日
1201901000	黄大豆		0|3|转基因，非种用|34.58%|21.25%|升贴水：154.09美分/蒲式耳|||签约日期：2017年12月19日

商品编号	商品名称	英文名称	商品规格、型号
1201901000	黄大豆		0|3|转基因，非种用|34.6%|21%|升贴水：124美分/蒲式耳|||签约日期：2017年8月23日
1201901000	非种用黄大豆(转基因)		转基因黄大豆|蛋白含量:35.1%|油含量:20.3%|无升贴水|||签约日期:2017年8月31日 船期:2017年10月1日～2017年10月31日
1201901000	黄大豆		转基因，非种用|35.09%|21.92%|升贴水：123美分/蒲式耳|||签约日期：2017年5月15日
1201901000	非种用黄大豆(转基因)		转基因黄大豆|蛋白含量:35.5%|油含量:18.8%|无升贴水|||签约日期:2017年10月24日 船期:2017年11月1日～2017年11月30日
1201901000	黄大豆		转基因，非种用|34.63%|20.17%|升贴水:110美分/蒲式耳|||签约日期：2017年6月26日
1201901000	非种用黄大豆		种类:非种用黄大豆；蛋白含量:34.7%；油含量:19.66%
1201901000	黄大豆		转基因，非种用|34.8%|20.14%|升贴水:173美分/蒲式耳|||签约日期：2017年8月17日
1201901000	黄大豆		0|3|转基因，非种用|35.11%|21.13%|升贴水：219.87美分/蒲式耳|||签约日期：2018年4月12日
1201901000	黄大豆		种类:黄大豆，转基因，非种用|蛋白含量:35.09%|油含量:19.17%|升贴水:166美分/蒲式耳|无其他申报要素
1201901000	非种用黄大豆(转基因)		转基因黄大豆|蛋白含量:35.5%|油含量:20.2%|无升贴水|签约日期:2015年5月27日 成交船期2015年11月15日～2015年12月5日
1201901000	黄大豆		转基因，非种用|35.09%|19.17%|升贴水:161.5美分/蒲式耳|签约日期：2015年10月20日
1201901000	非种用黄大豆		0；3；种类:非种用黄大豆；蛋白含量:35.5%；油含量:20.5%
1201901000	黄大豆		0|3|转基因，非种用|34.87%|20.83%|升贴水：183美分/蒲式耳|||签约日期：2018年10月24日

商品编号	商品名称	商品规格、型号
2709000000	原油	0|3|SAPINHOACRUDEOIL|API:30.27@60℉|非凝析油|||非零售包装 散货
2709000000	原油	0|3|LULACRUDEOIL|API:29.7@60℉|非凝析油|||非零售包装 散货
2709000000	原油	FORTIESBLENDCRUDEOIL|API:40.2@60℉|非凝析油|非零售包装 散货
2709000000	原油	FORTIES BLEND CRUDE OIL|API:39.60@60℉|非凝析油|非零售包装 散货
2709000000	原油	0|3|DSWCRUDEOIL|API:41.2@60℉|非凝析油|||非零售包装 散货
2709000000	原油	GIRASSOLCRUDEOIL|API:30@60℉|非凝析油|非零售包装 散货
2709000000	原油	0|3|IRANIANHEAVYCRUDEOIL|API:29.2@60℉|非凝析油|||非零售包装 散货
2709000000	原油	0|3|DJENOCRUDEOIL|API:27.10@60℉|非凝析油|||非零售包装 散货
2709000000	原油	0|3|SAPINHOACRUDEOIL|API:30.1@60℉|非凝析油|||非零售包装 散货
2709000000	原油	DAS CRUDE OIL|API:39.60|非凝析油|||散货
2709000000	原油	0|3|GIRASSOLCRUDEOIL|API:29.70@60℉|非凝析油|||非零售包装 散货
2709000000	原油	IRANIANHEAVYCRUDEOIL|API：28.90@60℉|非凝析油|||非零售包装 散货
2709000000	原油	0|3|UPPER ZAKUM CRUDE OIL|API:33.9|非凝析油|||非零售 散装

商品编号	商品名称	商品规格、型号
2709000000	原油	0|3|KISSANJEBLENDCRUDEOIL|API:29.7@60℉|非凝析油|||非零售包装 散货
2709000000	原油	RUSSIANEXPORTBLENDCRUDEOIL|API:29.98@60℉|非凝析油|非零售包装 散货
2709000000	石油原油	种类:石油；密度或API:30.1，含硫量<1%
2709000000	原油	SAPINHOACRUDEOIL|API:30.5@60℉|非凝析油|||非零售包装 散货
2709000000	石油原油	0|3|PLUTONIO CRUDE OIL|API:32.30@60℉|非凝析油|||非零售包装 散装
2709000000	原油	SATURNOBLENDCRUDEOIL|API:26.94@60℉|非凝析油|||非零售包装 散货
2709000000	原油	0|3|DJENOCRUDEOIL|API:26.64@60℉|非凝析油|||非零售包装 散货
2709000000	原油	0|3|LULACRUDEOIL|API:30.2@60℉|非凝析油|||非零售包装 散货
2709000000	原油	DSWCRUDEOIL|API:41.6@60℉|非凝析油|||非零售包装 散货
2709000000	原油	0|3|LULACRUDEOIL|API:29.6@60℉|非凝析油|||非零售包装 散货
2709000000	原油	DOBA BLEND CRUDE OIL|API:26.3|非凝析油
2709000000	原油	SAPINHOACRUDEOIL|API:30.46@60℉|非凝析油|||非零售包装 散货
2709000000	原油	LULACRUDEOIL|API:29.5@60℉|非凝析油|非零售包装 散货
2709000000	原油	ESPOBLENDCRUDEOIL|API:35.55@60℉|非凝析油|非零售包装 散货

商品编号	商品名称	商品规格、型号
2709000000	原油	0|3|IRACEMACRUDEOIL|API:32.4@60℉|非凝析油|||非零售包装 散货
2709000000	原油	DAS CRUDE|API:39.19|非凝析油
2709000000	原油	0|3|CASTILLA CRUDE OIL|API:18.3@℉|非凝析油|||非零售包装
2709000000	原油	FORTIESBLENDCRUDEOIL|API:38.1@60℉|凝析油|非零售包装，散货
2709000000	原油	LULACRUDEOIL|API:30.09℉|非凝析油|||非零售包装 散货
2709000000	原油	SAPINHOACRUDEOIL|API:29.81@60℉|非凝析油|非零售包装 散货
2709000000	石油原油	无品牌；；种类:石油；密度或API:30～35，硫含量>2%
2709000000	石油原油	种类:石油；密度或API:28<API<32，含硫量<1%
2709000000	石油原油	硫含量≥2%；API:20～35；非凝析油
2709000000	原油	0|3|DAS CRUDE|API:39.37|非凝析油|||非零售包装 散货
2709000000	原油	0|3|DJENOCRUDEOIL|API:26.66@60℉|非凝析油|||非零售包装 散货
2709000000	原油	0|3|LULACRUDEOIL|API:30.00@60℉|非凝析油|||非零售包装 散货
2709000000	原油	0|3|DOMESTICSWEETCRUDEOIL|API:40.94@60℉|非凝析油|||非零售包装 散货
2709000000	原油	LULACRUDEOIL|API:30.09@60℉|非凝析油
2709000000	原油	PLUTONIO CRUDE OIL|API:33.07@60°F|非凝析油|非零售包装 散货
2709000000	原油	IRACEMACRUDEOIL|API:32.32@60℉|非凝析油|非零售包装 散货

商品编号	商品名称	商品规格、型号
2709000000	原油	0|3|FORTIESBLENDCRUDEOIL|API:40.3|非凝析油|||非零售包装 散货
2601119000	铁矿石	冶炼铁合金|未烧结|块矿|FE:52.64% SIO2：9.37% AL2O3：3.66% S:0.19% P:0.066% H2O:2.62%|粒度：10～50毫米 93%|矿区：巴基斯坦|签约日期：2017年7月20日
2601119000	铁矿石	冶炼生铁（铸铁）|天然矿山开采|深褐色块状|铁:62.88% 水:4%|10～31.5毫米|NEWMAN矿区|合同签约日期：2016年1月12日
2601119000	铁矿石	0|3|未烧结|褐色块状|AL2O3:1.8%，CU:0.002%，FE:62.2%，P:0.095%，S:0.017%，SIO2:4.03%，水分:4.88%，LOI:4.81%|6.3毫米＜平均粒度＜31.5毫米|皮尔巴拉|2018年7月16日
2601119000	铁矿石	炼钢|未烧结|褐色块状|FE:58.22%，H2O：3.04%，P：0.069%，S:0.012%，SIO2：5.39%，AL2O3:1.34%，LOI:9.26%|SIZE：+40毫米，0.1%，-6.3毫米，9.9%|阿特拉斯|2017年8月25日
2601119000	铁矿石	炼铁|未烧结|红褐色块状|FE:62.17%|大于6.3毫米|澳大利亚皮尔巴拉|2017年8月21日|||数量为干重
2601119000	铁矿石	冶炼|未烧结|块状|含量:FE:52.19% H2O:2.44%|粒度:5～50毫米|来源：原产国:巴基斯坦 矿区:ADVANCE METALS INDUSTRIES|合同签订日期:2016年3月10日
2601119000	铁矿石	0|3|炼铁|红褐色块状|FE:62.13%|大于6.3毫米|澳大利亚皮尔巴拉|2018年7月4日|||数量为干重
2601119000	铁矿石	0|3|炼铁|红褐色块状|FE:61.27%|大于6.3毫米|巴西ITAGUAI|2018年1月11日|||数量为干重
2601119000	铁矿石	炼铁用|未烧结|块状|FE:51.05%，H2O:2.06%，SIO2:11.23%，AL2O3:3.41%，S:0.33%，P:0.12%|粒度:10～50毫米:89%|卡拉奇|2017年6月26日
2601119000	铁矿石	0|3|天然矿山开采|块状|FE:58.7% SIO2:6.41% AL2O3:1.16% P:0.09% S:0.019%|20毫米|原产于澳大利亚的阿特拉斯矿区|合同签约日期:2018年10月10日
2601119000	铁矿石	炼铁|天然|块状|FE:52.4% SIO2:7.27% AL2O3:3.18% P:0.15% S:0.084%|平均粒度:20毫米|原产马来西亚的Port Dickson矿区|合同签约日期：2015年3月23日

商品编号	商品名称	商品规格、型号
2601119000	铁矿石	4|3|天然开采；破碎；筛选；|红色块状|含量:FE:61.29% H2O:5%|SIZE:6.3～31.5毫米占83.37%|来源:原产国:澳大利亚 矿区:PILBARA REGION, WESTERN AUSTRALIA|合同签约日期：2018年4月30日
2601119000	铁矿石	0|3|未烧结|褐色块状|FE:65.59%|大于6.3毫米|南非KHUMANI|2018年4月13日|||数量为干重
2601119000	未烧结铁矿石	用于铸铁|天然未烧结|块状|FE:63.39%|24毫米|澳大利亚布鲁克曼矿区|2015年6月2日
2601119000	铁矿石	冶炼生铁（铸铁）|天然矿山开采|深褐色块状|铁:62% 水:0.94%|10～31.5毫米|JOHANHESBURG矿区|2016年4月21日
2601119000	铁矿石	0|3|未烧结|褐色块状|FE:58.07%, SIO2:5.05%, AL2O3:2.37%, TIO2:0.107%, Mn:0.92%, CaO:0.05%, P:0.054%, S:0.032%, MgO:0.04%, K2O:0.037%, Na2O:0.036%, LOI:7.77%, 水分：6.32%|6.3毫米＜平均粒度＜31.5毫米|皮尔巴拉|2018年9月17日
2601119000	铁矿石	炼铁|天然|块状|FE:59.16% SIO2:7.22% AL2O3:1.9% P:0.036% S:0.056%|20毫米|原产于澳大利亚的WHYALLA矿区|合同签约日期:2016年12月5日
2601119000	铁矿石	0|3|天然矿山开采|深褐色块状|铁：62.71% 水:4.33%|10～40毫米|比尔巴拉|2017年12月27日
2601119000	铁矿石	冶炼|未烧结|块状|FE：56.61%；H2O：8.74%|10毫米＜平均粒度＜40毫米|来源：原产国矿区：MORMUGAO|2017年3月31日
2601119000	铁矿石	0|3|天然|块状|FE:57.06% SIO2:6.01% AL2O3:1.43% P:0.093% S:0.055%|20毫米|原产于澳大利亚的ESPERANCE矿区|合同签约日期:2018年5月9日
2601119000	铁矿石	0|3|天然矿山开采|块状|FE:58.53% SIO2:6.25% AL2O3:1.45% P:0.081% S:0.024%|20毫米|原产于澳大利亚的阿特拉斯矿区|合同签约日期:2018年8月27日
2601119000	铁矿石	炼铁用|未烧结|块状|FE:51.20%, H2O:1.66%, SIO2:11.8%, AL2O3:3.41%, S:0.32%, P:0.12%|10～50毫米占89%|卡拉奇|2017年6月26日
2601119000	铁矿石	冶炼铁合金|未烧结|块矿|FE:52.15% SIO2：9.73% AL2O3：4.15% S:0.2% P:0.1% H2O:2.14%|粒度10～50毫米占90.5%|矿区：巴基斯坦|签约日期：2017年7月22日

商品编号	商品名称	商品规格、型号
2601119000	铁矿石	冶炼钢铁|天然开采后筛选|块状|铁50.21%二氧化硅10.36%三氧化二铝3.99%硫0.2%磷0.084%水分2.1%|平均粒度10～50毫米|巴基斯坦jhirak|2017年2月23日
2601119000	铁矿石	0|3|未烧结|褐色块状|FE:62.51%|大于6.3毫米|澳大利亚皮尔巴拉|2018年4月16日|||数量为干重
2601119000	铁矿石	炼铁用|未烧结|块状|FE:51.16%，H2O:4.43%|10～50毫米占81%|卡拉奇矿区|2016年4月13日
2601119000	铁矿石	炼铁|未烧结|褐色块状|FE:61.79%|大于6.3毫米|澳大利亚罗伊山矿区|2017年10月20日|||数量为干重
2601119000	铁矿石	炼铁|未烧结|红褐色块状|FE:62.16%|大于6.3毫米|澳大利亚罗伊山矿区|2017年6月30日|数量为干重
2601119000	铁矿石	用途:配重|加工方法:破碎|外观：黑色颗粒|FE: 66%min，P:0.3%max，SIO2: 3.2%max, Na2O:0.1%max, K2O:0.2%max, AL2O3: 0.5%max, CaO:1.7%max, MgO:0.8%max, TIO2:0.4%max|平均粒度:8～20毫米|来源:基律纳|签约日期:2017年2月28日
2601119000	铁矿石	炼铁|天然|块状|FE:59.96% SIO2:6.86% AL2O3:1.51% P:0.054% S:0.035%|20毫米|原产于澳大利亚的WHYALLA矿区|合同签约日期:2017年11月28日
2601119000	铁矿石	0|3|未烧结|褐色块状|FE:62.58%|大于6.3毫米|澳大利亚|2018年10月12日|||数量为干重
2601119000	铁矿石	炼铁用|原矿未烧结|黄褐色块状|FE:63.55%, SIO2:2.78%, AL2O3:0.83%, P:0.14%, S:0.02%, LOI:5.14%, H2O:5.94%|大于6.3毫米|委内瑞拉奥里诺科河|签约日期：2016年10月12日
2601119000	铁矿石	炼钢用|未烧结|褐色块状|FE:46.16%, SIO2:15.94%, AL2O3:1.75%, P:0.05%, S:0.089%, 水分:10.32%|20毫米<平均粒度≤50毫米|松林矿区|2017年3月6日|货物进境口岸到消费地距离为18千米

第五节 大宗商品行业定价政策

一、大豆定价政策

（一）期货转单

- 期货转单的目的：买卖双方确定最终付款价格
- 合约、数量和时间一般根据现货采购合同条款中相应的规定

期货转单（EFP）要素：合约、数量、时间、价格

价格则取决于期货转单当天的行情波动

（二）期货点价

- 期货点价的目的：确定一单货物的最终成本

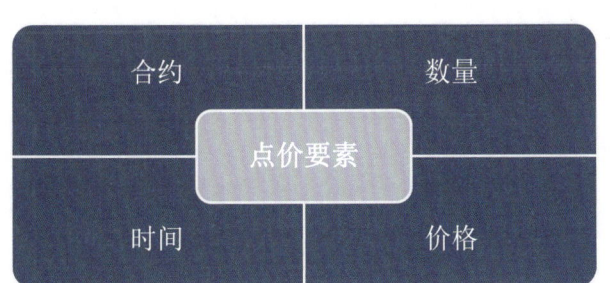

点价要素：合约、数量、时间、价格

转单后期货头寸留下净空单；

根据行情判断低点买入相同合约相同数量多单，以对冲EFP后空单，完成点价；

期货点价和期货转单的合约，数量一一对应；

价格和时间选择上完全取决于对行情方向的判断。

（三）进口成本计算

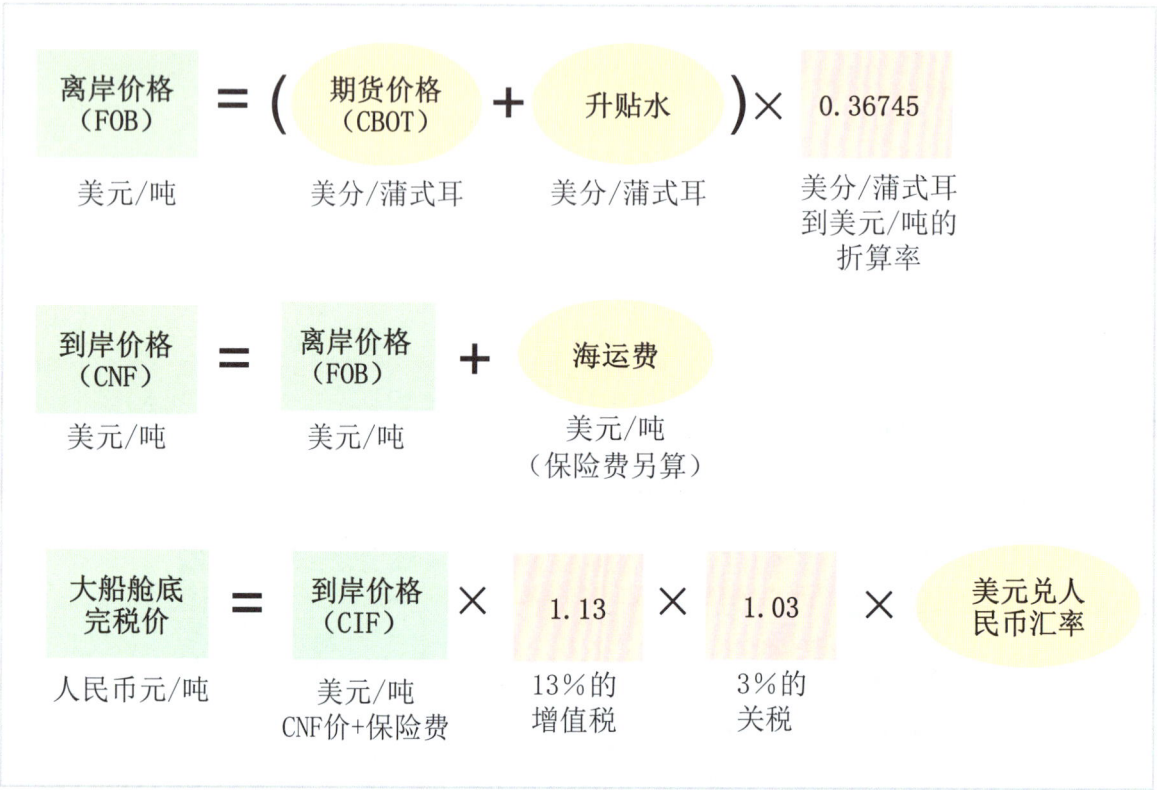

（四）压榨利润

压榨利润=产品产出-进口大豆成本-压榨费用

=豆粕出厂价格×0.79+豆油出厂价格×0.19-进口大豆成本-120（压榨费、包装费、财务费）

进口大豆成本 =进口大豆大船舱底完税价+100（港杂费+短倒费）

（五）最终成本

1. 按照标准EFP业务流程的计算方法：

最终成本＝EFP成本+升贴水+点价后的期货账户亏损

=EFP成本+升贴水-点价后的期货账户盈利

=EFP成本+升贴水+（点价价格-EFP价格）

2. 简单直接的计算方法：最终成本=点价价格+升贴水价格

二、原油定价政策

（一）基准价

国际上，原油交易流程与大豆类似。

随着OPEC定价模式的瓦解，全球的原油贸易开始采用基于各种基准价格进行升贴水调整的公式计价法的定价方式。

原油贸易根据原油采购期限的不同分为：
- 长约合同定价模式
- 现货市场定价模式

现货市场定价方面，多采用某一时间段的基准价格的均价来进行结算。

长约合同采用公式计价法，其选取某一基准价格加上升贴水的方式来定价，具体的公式是：

原油结算价格=基准价格±升贴水

此外，也有部分国家公布的是利用公式计算得到的回溯性绝对价格。

基准价格方面，目前全球原油各地区选择的原油基准价格有所不同，大多数地区选取原油期货作为基准价格，但是第三方评级机构的原油报价也是全球原油基准价格的重要来源。

目前全球的基准价区，主要有三个：

- 北美地区以西德克萨斯轻质原油期货为基准的定价体系；
- 西欧及非洲基于布伦特原油期货的定价体系；
- 中东出口至亚太地区基于迪拜和阿曼的定价体系。

（二）升贴水

```
升贴水的确定 → 主要有产油国或第三方评级机构来制定，主要根据原油 → 品质／运输费用／出口对象／买方的订单量 → 等诸多因素来制定
```

升贴水的设置 → 主要是用于修复不同不同原油和地域对于基准原油价格的价差，从而实现各地的原油价格都能在一个相对合理的价格范围内运行。

布伦特（Brent）
西欧及非洲原油价区
— 西欧及非洲地区的原油定价主要以ICE交易所的Brent原油为主。2000年之后，各地销往欧洲的原油定价以Brent的加权平均价格加上升贴水进行确定。除了期货价格之外，西欧及非洲地区的原油定价特别是短期交易定价也参照远期合约价格或者掉期价格

美国西德克萨斯轻质原油（WTI）
北美原油价区
— 北美地区绝大多数的原油进出口及现货价格基于WTI期货加减升贴水来计算，因此WTI原油是北美地区最重要的原油定价基准

阿曼/迪拜
中东出口至亚太原油价区
— 亚太地区的原油定价相对混乱，一直没有一个权威的基准价格，并且通常采用产地定价的模式。中东地区出口到亚太地区的原油价格以普氏（Platts）的阿曼/迪拜原油均价为基准。由于中东出口至北美和西欧的基准价格是销地报价，而中东销往亚太的报价是产地报价，因此中东销往亚太的报价往往比销往北美和西欧的同等原油的价格高，形成了亚洲溢价

全球原油定价区域

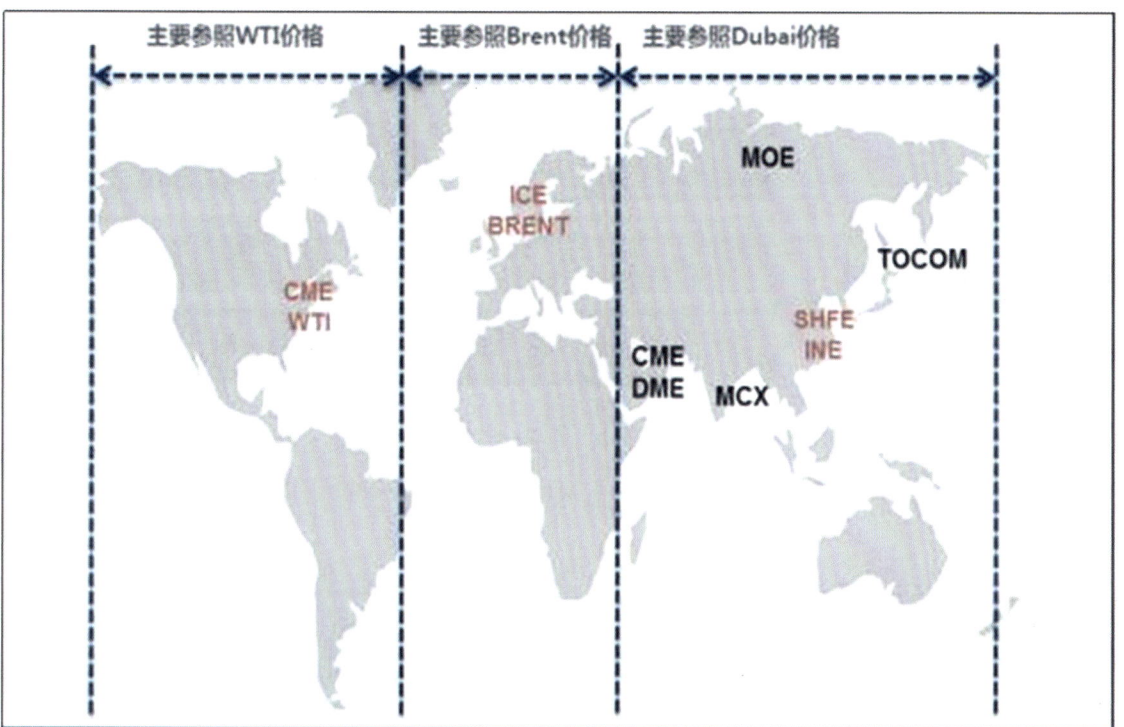

注：数据来自搜狐网——原油定价机制。

（三）远期合约

远期合约是交易双方约定在未来的某一确定时间，以确定的价格买卖一定数量的油品的合约。合约规定交易的标的物、有效期和交割时的执行价格等项内容，是一种保值工具，是必须履行的协议。

（四）掉期

掉期指在外汇市场上买进即期外汇的同时又卖出同种货币的远期外汇，或者卖出即期外汇的同时又买进同种货币的远期外汇，也就是说在同一笔交易中将一笔即期和一笔远期业务合在一起做，或者说在一笔业务中将借贷业务合在一起做。在掉期交易中，把即期汇率与远期汇率之差，即升水或贴水叫做掉期率。

三、铁矿石定价政策

国际主流指数定价来源
- 普氏能源资讯的普氏指数（Platts Iron Ore Index）
- 环球钢讯的TSI（The Steel Index）指数
- 英国金属导报的MBIO（MB Iron Ore Index）指数

目前，铁矿石指数定价方式成为市场普遍接受的基准。

（一）普氏指数

由普氏能源资讯编制的，普氏能源资讯（Platts）是麦格劳-希尔集团的下属机构，其作为一家成立于1909年的能源、金属市场新闻、价格与数据提供商，其在价格指数编制的方法论被认为比其他机构成熟，长期积累的经验也使得其在国际大宗商品领域具有一定影响力。普氏指数是将矿山、贸易商、钢厂、货运商、金融机构等作为询价对象，每天普氏的编辑人员都会与他们联系，询问当天的交易情况和对价格怎么看，最终选出被认为在当天最有竞争力的价格作为"评估价格"。

（二）TSI指数

TSI指数则更加重视每天的实际成交价格，钢厂、矿山和贸易商都是他们的询价对象，并且占比基本三三制，他们每天将实际成交价格上传，TSI的分析师通过整理计算和给予钢厂、矿山和贸易商同样的权重，最终归纳成两种品位(62%和58%)的进口铁矿石到天津港的到岸价。普氏价格指数定位于贸易结算工具，而TSI指数则专注于铁矿石金融衍生品市场，为后期铁矿石进一步金融化做好准备。

（三）MBIO指数

MBIO指数由英国金属导报发起的，是以中国青岛港(CFR)62%品位铁矿石为基准，将所有56%～68%品位铁矿石折合为62%品位，其低品位指数品种也有部分矿山作为参考标准。

(四)混合指数

我国的铁矿石自2018年已经开始使用"混合指数定价",对不采用混合指数定价的可以拒签合同。中国重申了铁矿石定价要采用混合指数定价的问题,并表示要"反对垄断""反对歧视",而这些均指向了此前维系多年的铁矿石贸易定价规则。

自2010年开始,中国与国际矿山公司的铁矿石贸易定价主要参照普氏价格指数。普氏价格指数由普氏能源资讯(Platts)于2008年推出后,许多国际矿山公司主要就是参照这一指数制定价格。因此,普氏价格指数也被认为是决定铁矿石价格的官方指数。不过,在过去接近10年的"普氏指数时代",包括中国的钢厂以及中钢协在内的行业机构中,反对的声音一直未有间断,背后的原因则是基于对这一单一指数定价的公平性的质疑。铁矿石贸易是大宗商品贸易,中国每年使用600亿以上美元进口铁矿石,全球铁矿石海运量的80%在中国,所以中国的主张不容忽视。

所谓"混合指数定价",即主张在铁矿石的定价上不止采用一种价格指数来作为参照的标准,而是要综合参照多种价格指数。

向普氏提供价格信息的市场参与者可分为两类,即价格制定者(经资质审核,在市场更具公信力的市场参与者,可向普氏提交询报盘)和价格追随者(只能针对现有的询报盘进行对敲交易,但不能在普氏数据计算的过程中提交询报盘)。而在现有的"价格制定者"名单里,中资企业占比80%以上,更细化而言,中国钢企的占比达到50%。整体而言,在普氏采纳的价格信息中,来自中国市场的价格信息占比是一个逐步提高的过程。从三大矿山公司的角度来看,他们更愿意采用普氏指数,而不是中国的指数。但考虑到中国用户的强烈诉求,以及单一指数的公正性问题,最终将国内外指数进行混合。这样做的结果是买卖双方的利益可以兼顾,国际、中国的价格指数都能够得到重视。

第六节 行业商品估价过程

一、公式定价简述

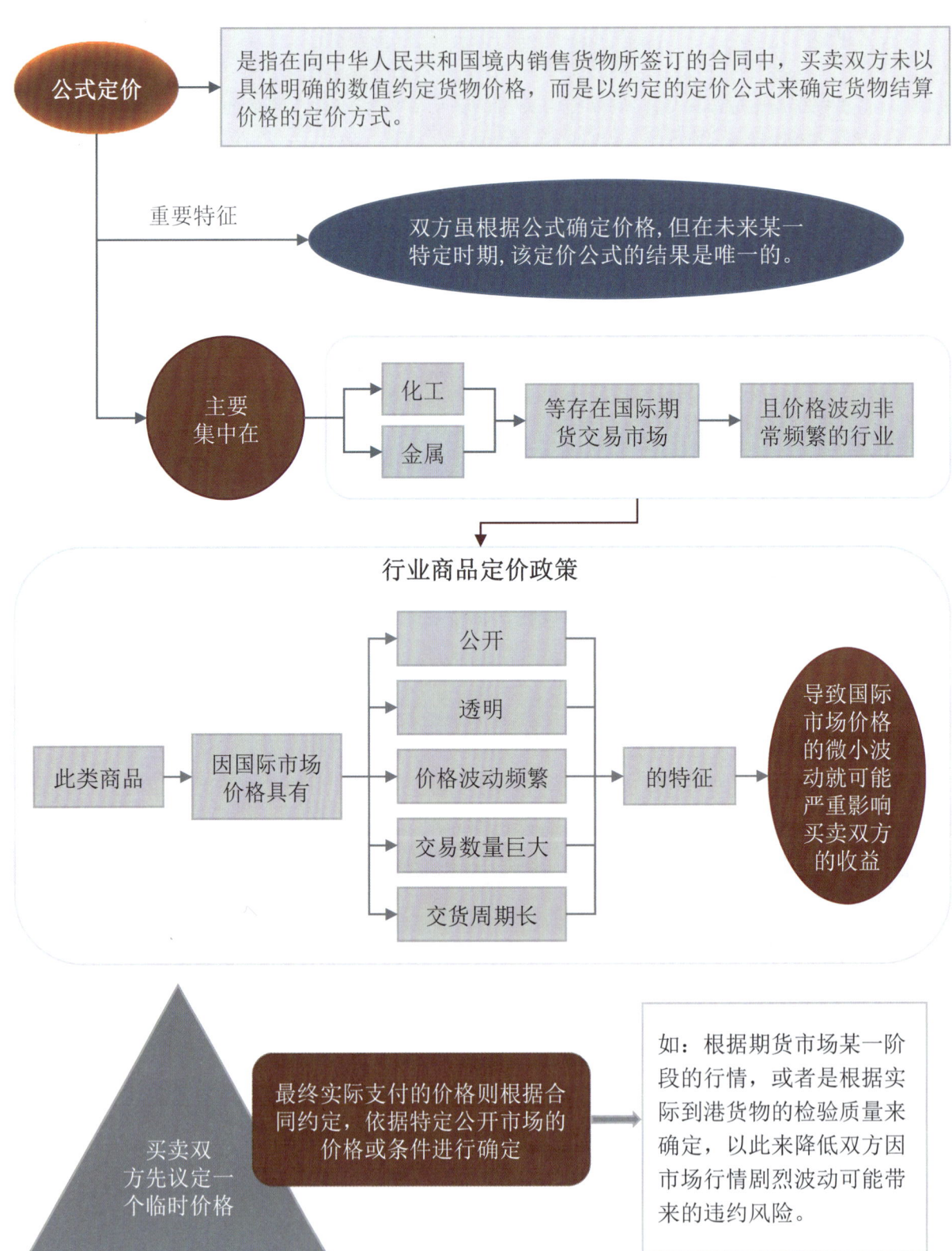

二、公式定价的估价要点

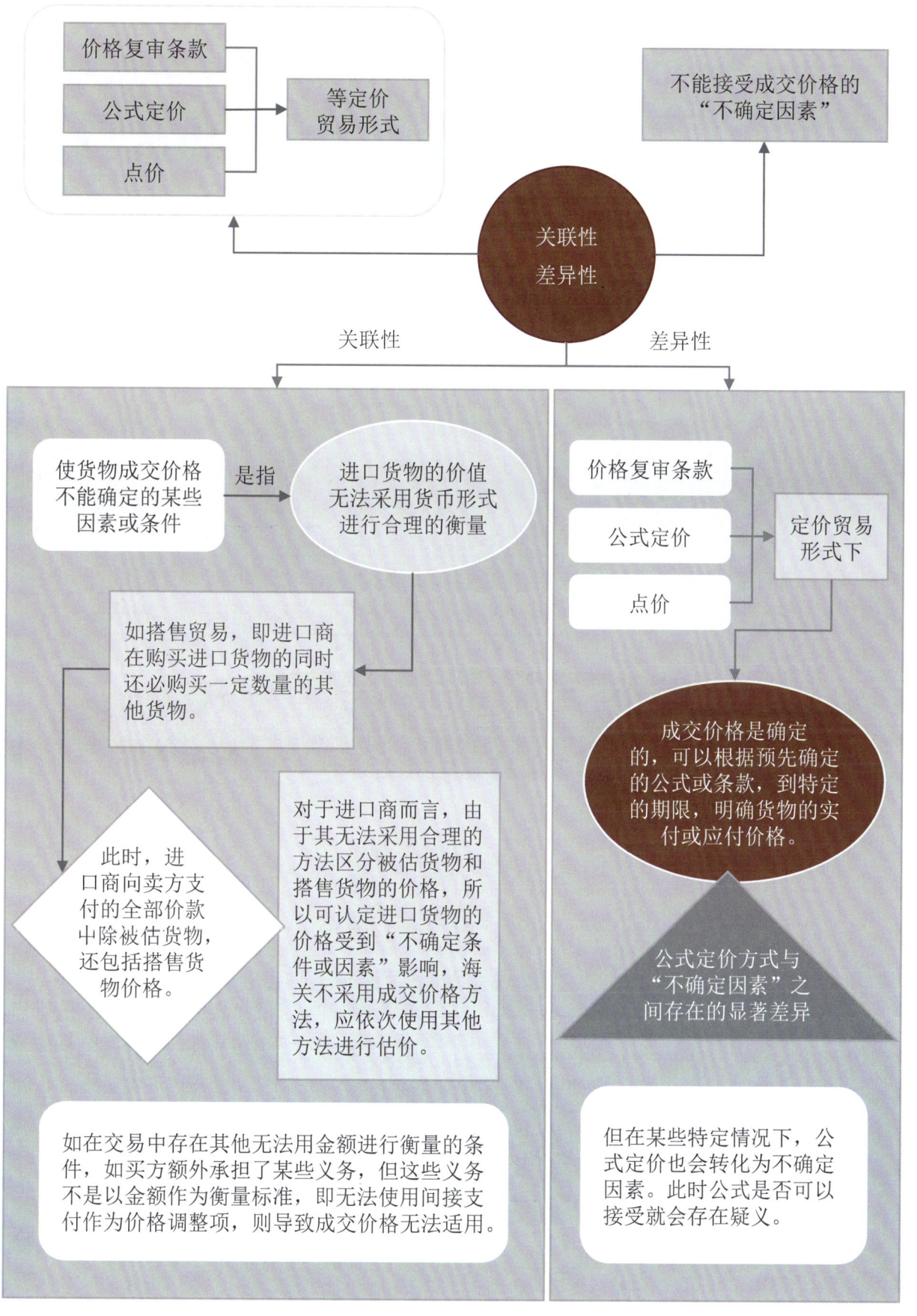

三、出口销售

价格复审条款
公式定价
点价
等定价贸易形式
海关以成交价格作为估价的基础
根本原因是上述贸易方式均符合销售的条件

WTO估价协定
未明确定义“销售”的概念，留待各国国内立法自行决定
《中华人民共和国合同法》
一项交易属于“销售”应同时具备两个条件
所有权发生转移
买方支付对价
根据对国际贸易发展的总结，一项公平的销售行为还应包括
货物风险的转移，包括：货物灭失的风险和货物损益的风险
如一项交易不具备上述三个条件同时发生，则销售不存在。则不能使用成交价格方法估价，而需采用其他方法估价。

WTO海关估价委员会咨询意见，以下交易不符合销售的定义
（一）免费赠送的货物
（二）寄售的进口货物
（三）调拨的进口货物
（四）由非独立法人的代表处进口的货物
（五）经营租赁进口货物
（六）出借的进口货物
（七）为在进口国销毁而进口并由卖方支付进口商劳务费的货物
公式定价或“点价”等定价贸易形式中，销售的两个条件均已实际发生，唯一区别只是具体的货物金额要延期确定，这一事实并不妨碍判定上述贸易方式，符合成交价格定义。

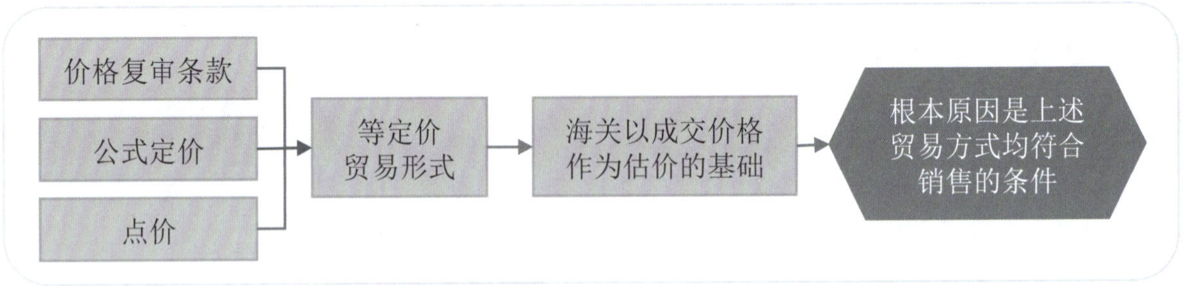

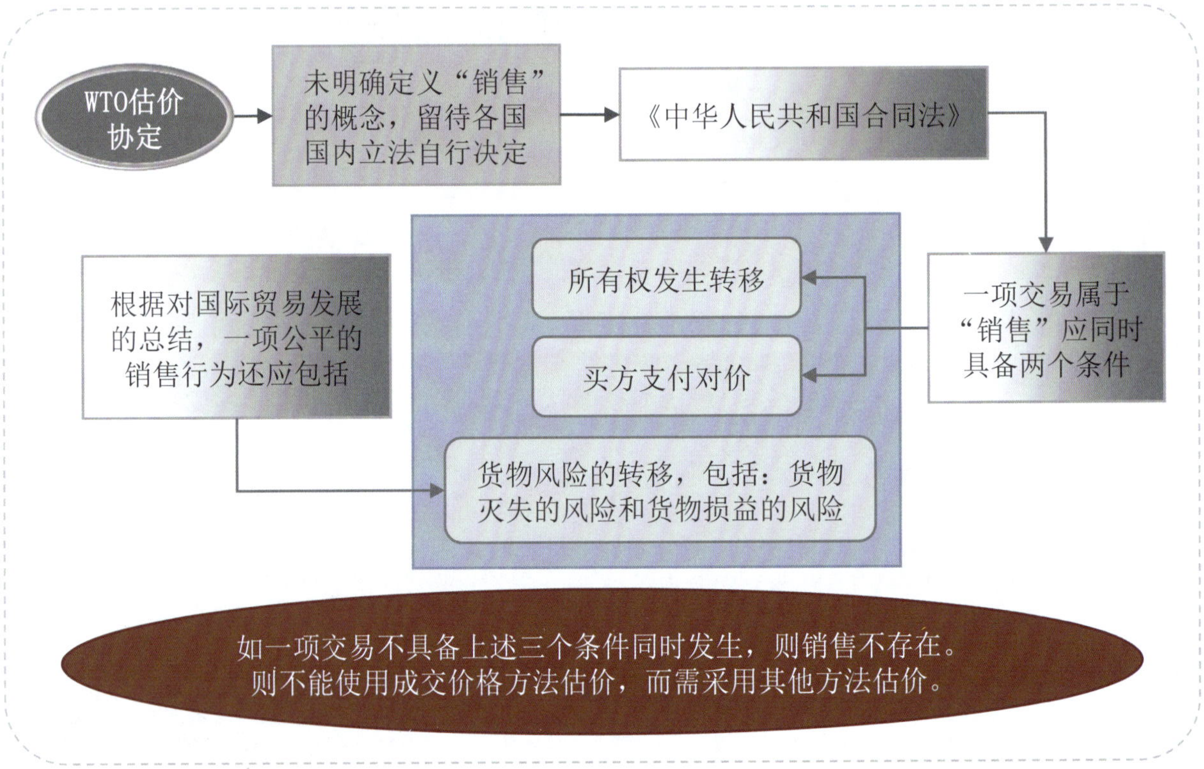

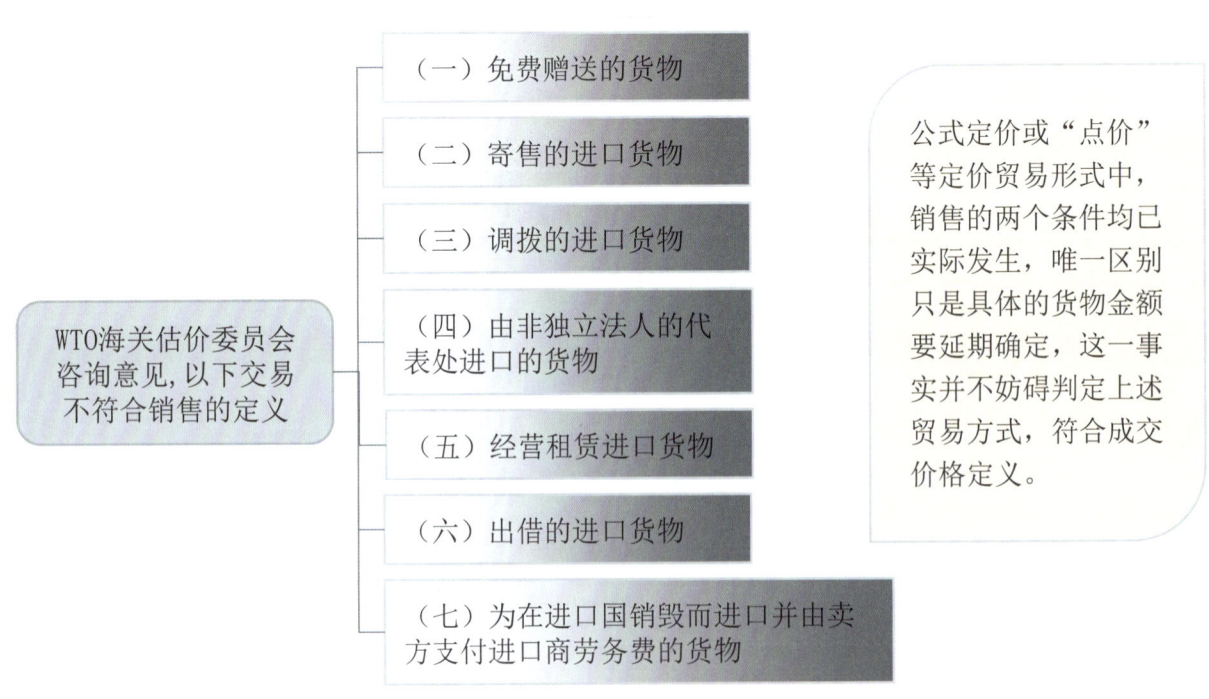

四、海关估价

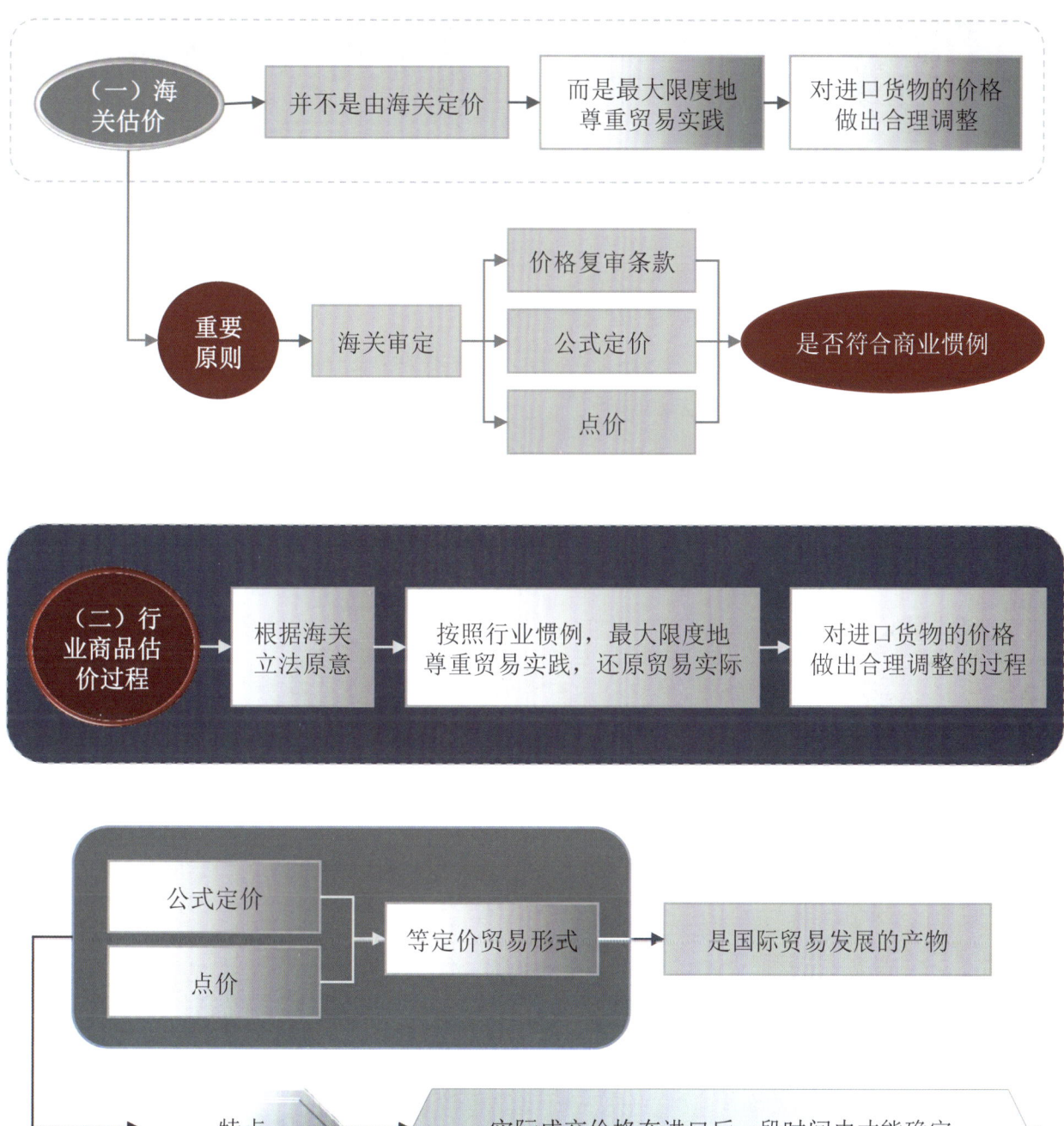

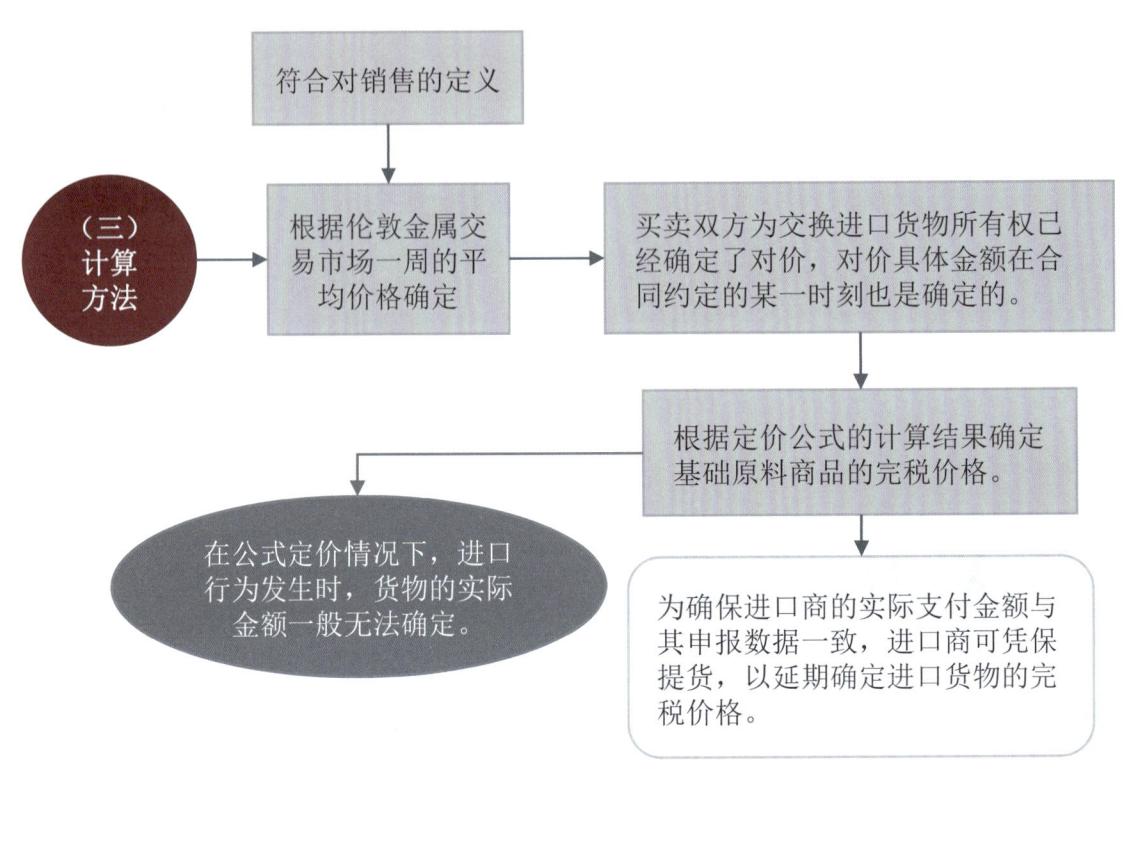

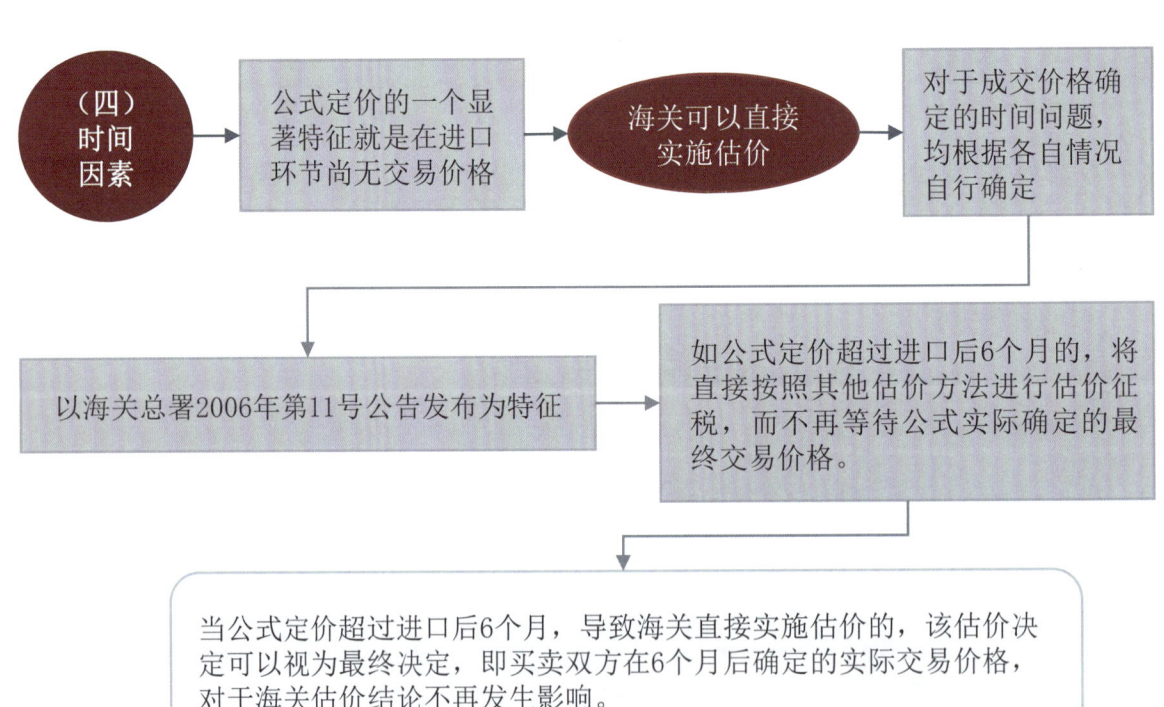

五、中国关于公式定价的规定

国别/机构	法律法规	法条内容
中国	《中华人民共和国进出口关税条例》关于公式定价中成交价格的规定	第十八条 进口货物的完税价格由海关以符合本条第三款所列条件的成交价格以及该货物运抵中华人民共和国境内输入地点起卸前的运输及其相关费用、保险费为基础审查确定。 进口货物的成交价格，是指卖方向中华人民共和国境内销售该货物时买方为进口该货物向卖方实付、应付的，并按照本条例第十九条、第二十条规定调整后的价款总额，包括直接支付的价款和间接支付的价款。 进口货物的成交价格应当符合下列条件： (一)对买方处置或者使用该货物不予限制，但法律、行政法规规定实施的限制、对货物转售地域的限制和对货物价格无实质性影响的限制除外； (二)该货物的成交价格没有因搭售或者其他因素的影响而无法确定； (三)卖方不得从买方直接或者间接获得因该货物进口后转售、处置或者使用而产生的任何收益，或者虽有收益但能够按照本条例第十九条、第二十条的规定进行调整； (四)买卖双方没有特殊关系，或者虽有特殊关系但未对成交价格产生影响。

国别/机构	法律法规	法条内容
中国	《中华人民共和国海关审定进出口货物完税价格办法》关于公式定价中成交价格的规定	第五条 进口货物的完税价格，由海关以该货物的成交价格为基础审查确定，并且应当包括货物运抵中华人民共和国境内输入地点起卸前的运输及其相关费用、保险费。 第七条 进口货物的成交价格，是指卖方向中华人民共和国境内销售该货物时买方为进口该货物向卖方实付、应付的，并且按照本章第三节的规定调整后的价款总额，包括直接支付的价款和间接支付的价款。 第八条 进口货物的成交价格应当符合下列条件： （一）对买方处置或者使用进口货物不予限制，但是法律、行政法规规定实施的限制、对货物销售地域的限制和对货物价格无实质性影响的限制除外； （二）进口货物的价格不得受到使该货物成交价格无法确定的条件或者因素的影响； （三）卖方不得直接或者间接获得因买方销售、处置或者使用进口货物而产生的任何收益，或者虽然有收益但是能够按照本办法第十一条第一款第四项的规定做出调整； （四）买卖双方之间没有特殊关系，或者虽然有特殊关系但是按照本办法第十七条、第十八条的规定未对成交价格产生影响。 第十条 有下列情形之一的，应当视为进口货物的价格受到了使该货物成交价格无法确定的条件或者因素的影响： （一）进口货物的价格是以买方向卖方购买一定数量的其他货物为条件而确定的； （二）进口货物的价格是以买方向卖方销售其他货物为条件而确定的； （三）其他经海关审查，认定货物的价格受到使该货物成交价格无法确定的条件或者因素影响的。

国别/机构	法律法规	法条内容
中国	关于修订公式定价进口货物审定完税价格有关规定的公告 海关总署公告2015年第15号	为规范公式定价进口货物完税价格的审核，便利企业通关，根据《中华人民共和国进出口关税条例》和《中华人民共和国海关审定进出口货物完税价格办法》（以下简称《审价办法》）的规定，现将海关审定公式定价进口货物完税价格的有关规定公告如下： 一、本公告所称的公式定价，是指在向中华人民共和国境内销售货物所签订的合同中，买卖双方未以具体明确的数值约定货物价格，而是以约定的定价公式来确定货物结算价格的定价方式。对仅受成分含量、进口数量影响，进口时不能确定结算价格等的，不属于本公告管理范畴。 按照定价公式确定的结算价格是指买方为购买该货物实付、应付的价款总额。 二、对同时符合下列条件的进口货物，海关以买卖双方约定的定价公式所确定的结算价格为基础审定完税价格： （一）在货物运抵中华人民共和国境内前，买卖双方已书面约定定价公式； （二）结算价格取决于买卖双方均无法控制的客观条件和因素； （三）自货物申报进口之日起6个月内，能够根据定价公式确定结算价格； （四）结算价格符合《审价办法》中成交价格的有关规定。 三、纳税义务人应在公式定价合同项下首批货物进口前，向首批货物进口地海关或企业所在地海关提出备案申请，海关自收齐申请材料后5个工作日内完成备案，对符合本公告第一条规定的，出具《公式定价合同海关备案表》（详见附件1，以下简称《备案表》）。备案结果在全国海关互认，无需重复备案。

国别/机构	法律法规	法条内容
中国	关于修订公式定价进口货物审定完税价格有关规定的公告 海关总署公告2015年第15号	对于货物进口时能够确定结算价格的公式定价合同，纳税义务人无需向海关申请备案。 四、纳税义务人申请备案需提供的材料包括： （一）进口货物合同（如有长期合同应一并提供）； （二）进口货物定价公式的作价标准、选价期、结算期、折扣等影响价格的要素，以及进口口岸、批次和数量等情况说明； （三）其他相关材料。 五、海关经过审核，对符合本公告第二条规定的公式定价货物，在《备案表》中注明以结算价格为基础审查确定完税价格；对不符合本公告第二条规定的公式定价货物，在《备案表》中注明不符合公告第二条规定，按《审价办法》的相关规定审查确定完税价格。 六、纳税义务人进口公式定价货物，因故未能事先向海关备案的，应在申报进口的同时向海关办理备案手续。 七、经海关备案的合同发生变更的，纳税义务人应当在变更合同项下货物首次申报进口前，向原备案地海关重新备案。海关自收齐材料后5个工作日内出具备案结果。 八、纳税义务人申报进口已备案的公式定价货物时，应当在报关单备注栏中准确填报备案号（填制要求详见附件2），并向海关提供确定货物完税价格所需的相关材料。 九、自货物申报进口之日起6个月内不能确定结算价格，海关根据《审价办法》的相关规定审定完税价格。特殊情况经备案地海关同意，可延长结算期限至9个月。 十、纳税义务人应在公式定价货物结算价格确定后10个工作日内向海关提供确定结算价格所需材料并办理相关手续。 十一、公式定价合同执行完毕后，海关实行总量核销。经核销发现实际进口数量与备案合同总量差异较大，超过备案商品溢短装合理范围的，海关应当按《审价办法》的有关规定重新审核合同条款，并可视情作出重新估价的决定。

第七节 商品估价解析

一、进口铁（铜）矿砂估价解析

交易模式	（一）进口商品价格由总公司董事会定期决定，与国际市场价格没有直接联系； （二）商品进口价格根据境外子公司当期生产周期的生产成本确定下一个生产周期的产品价格； （三）每批货物进口后，进口商并不是按照货值即期付款，而是根据总公司的安排和需要付款，付款的时间和金额由总公司董事会决定。
估价方法	（一）事实	进口商以一般贸易方式由B国进口铁矿砂，申报资料显示： 1. 所提供的合同，其条款没有提及因货物品质变化而对成交价格产生的影响，并缺少检验和索赔等有关条款内容。遂要求进口商就相关企业的情况、贸易过程以及定价方式等作出说明。 2. 该公司此前进口的含量大致相同的铁矿砂，所申报价格的变动规律与其他口岸进口铁矿砂的价格变动规律不符，且价格波动幅度较小。根据进口商反馈情况，确定进口商与供货商及出口商之间存在特殊关系。 质疑1、2，据进口商提供的资料显示：境外供货商是进口商在B国设立的子公司，B国子公司的供货商是进口商在A国设立的子公司。进口铁矿砂的价格由总公司董事会制定，不因市场行情的变动而改变。铁矿砂价格计算方法：境外子公司分别保留一定比例的利润。铁矿砂进口价格根据国外公司当期的生产成本确定下一个生产周期的产品价格。每批货物进口后，进口商并未按照货值即期付款，而是根据公司的安排和需要付款，付款的时间和金额由公司董事会决定。其交易流程图如下：

（一）事实	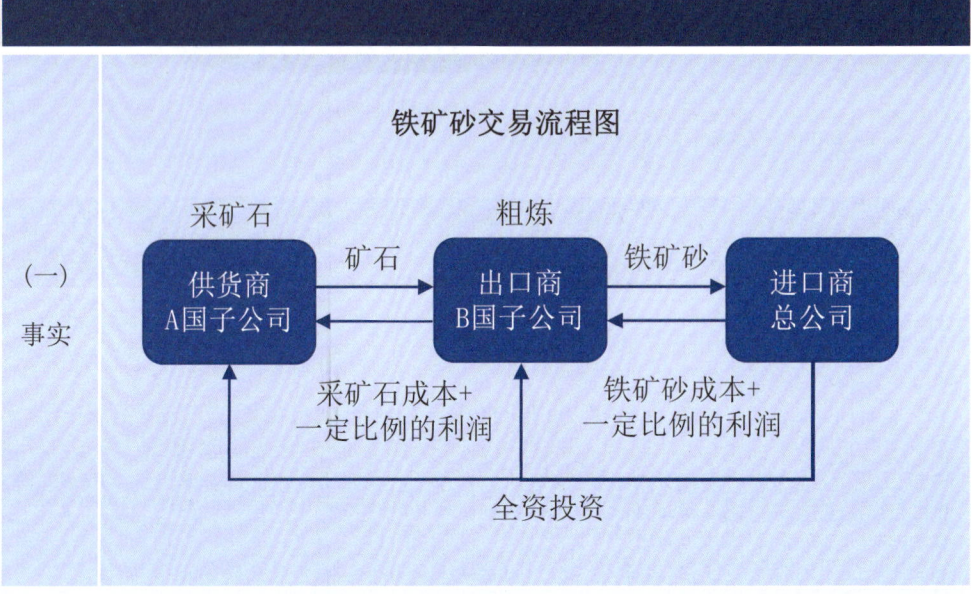

铁矿砂交易流程图 |
| 估价方法

（二）分析 | **1. 确定买卖双方是否存在特殊关系**
A国供货商、B国出口商是进口商设立在境外的全资子公司，根据《审价办法》（海关总署令第213号）第十六条的规定，认定买卖双方之间存在特殊关系。
2. 确定特殊关系是否影响成交价格
以集团董事会来决定进口商品价格，不受市场行情的变化而改变。
根据《审价办法》（海关总署令第213号）第八条、第十七条、第十八条的规定，构成对成交价格产生实质性影响，故海关不接受其申报价格。
经磋商，海关与进口商均未找到相同、类似货物的价格资料，进口商也没有提供采用计算方法所用的相关材料，遂对是否适用"倒扣价格方法"进行确定。
3. 确定估价方法
海关对进口商提供的相关资料进行如下审核，确定：
（1）进口商向海关提供的销售生铁（铸铁）[进口铁矿砂加工成生铁（铸铁）后进行销售]的增值税发票，其日期在海关接受被估货物申报之日起90天内。
（2）所销售商品系铁矿砂经加工后的生铁（铸铁），其价格属进一步加工后货物的销售价格。
（3）进口商进口铁矿砂后加工并直接销售，是在境内第一环节销售，即其销售价格是境内第一销售环节销售的价格。 |

估价方法	（二）分析	（4）进口商与境内销售对象无特殊关系。 （5）该批进口铁矿砂按加工出成率产出生铁（铸铁），且一次性销售数量符合"合计的货物销售总量最大"。 综上，符合《审价办法》（海关总署令第213号）"第二十三条 倒扣价格方法，是指海关以进口货物、相同或类似进口货物在境内的销售价格为基础，扣除境内发生的有关费用后，审查确定进口货物完税价格的估价方法。按销售价格应当同时符合下列条件： (一)是在该货物进口的同时或者大约同时，将该货物、相同或者类似进口货物在境内销售的价格； (二)是按照货物进口时的状态销售的价格； (三)是在境内第一销售环节销售的价格； (四)是向境内无特殊关系方销售的价格； (五)按照该价格销售的货物合计销售总量最大。 第二十四条 按照倒扣价格估价方法审查确定进口货物的完税价格的，下列各项应当扣除： (一) 同等级或者同种类货物在境内第一销售环节销售时，通常的利润、一般费用（包括直接费用和间接费用）以及通常支付的佣金； (二)货物运抵境内输入地点起卸后的运输及其相关费用、保险费； (三)进口关税、进口环节海关代征税及其他国内税。 如果该货物、相同或类似货物没有按照进口时的状态在境内销售，应纳税义务人要求，可以在符合本办法第二十三条规定的其他条件的情形下，使用经进一步加工后的货物的销售价格审查确定完税价格，但是应当同时扣除加工增值额。 前款所述的加工增值额应当依据与加工成本有关的客观量化数据资料、该行业公认的标准、计算方法及其他的行业惯例计算。 按照本条的规定确定扣除的项目时，应当使用与国内公认的会计原则相一致的原则和方法。 第五十一条 "……大约同时，是指海关接受货物申报之日的大约同时，最长不应当超过前后45日按照倒扣价格法审查确定进口货物的完税价格时，如果进口货物、相同或者类似货物没有在海关接受进口货物申

估价方法		
		之日前后45日内在境内销售,可以将在境内销售的时间延长至接受货物申报之日前后90日内。"的规定,确定可以采用倒扣价格方法实施估价。
	(三) 结论	**采用"倒扣价格法"实施估价** 根据《审价办法》(海关总署令第213号)第二十四条"……如果该货物、相同或类似货物没有按照进口时的状态在境内销售,应纳税义务人要求,可以在符合本办法第二十三条规定的其他条件的情形下,使用经进一步加工后的货物的销售价格审查确定完税价格,但是应当同时扣除加工增值额。 前款所述的加工增值额应当依据与加工成本有关的客观量化数据资料、该行业公认的标准、计算方法及其他的行业惯例计算。 按照本条的规定确定扣除的项目时,应当使用与国内公认的会计原则相一致的原则和方法。"的规定进行估价: 第一,通过互联网调阅国内两家冶炼生铁(铸铁)的上市公司上一年度报告并与该公司数据对比,确定其利润水平相近。 第二,依据上述规定结合进口商提供的"铁冶炼车间部门总账及明细账""铁冶炼车间成本明细表""吨铁生产成本表""铁矿砂入账明细"及相关费用原始凭证等,扣除下列费用: (1)每吨铁矿砂冶炼生铁(铸铁)的一般费用(包括管理费用和财务费用等)。 (2)每吨铁矿砂运抵境内输入地点之后的运费、保险费、装卸费及其他相关费用。 (3)进口铁矿砂的进口增值税税率13%(关税税率为0)。 (4)每吨铁矿砂的国内加工增值额(即:每吨铁矿砂的国内加工增值额 = 每吨铁矿砂冶炼租铜的国内生产成本×铁矿砂冶炼生铁(铸铁)的出成率)。 由于铁矿砂冶炼提取生铁(铸铁)后,有副产品且铁渣仍有残值,经海关审定,进口商提供的销售副产品及铁渣的"销售价格"同样符合《审价办法》(海关总署令第213号)第二十四条运用倒扣价格方法的的规定。

故"销售价格"应为销售副产品及铁渣的增值税发票上列明的销售价格（含销项税）与销售生铁（铸铁）的增值税发票上列明的销售价格（含销项税）的合计。因此，每吨铁矿砂的完税价格=["销售价格"÷(1+利润率)-一般费用-国内加工增值额-运抵境内输入地点之后的运费、保险费、装卸费及其他相关费用]÷(1+进口增值税税率)。

严谨运用倒扣价格方法，需特别关注以下关键点和难点：

（一）对"合计的货物销售总量最大"的认定

"合计销售总量最大"是指在进口后的第一级销售环节，以相同的价格售予与转售者无特殊关系的购买者(可能是多个购买者)的销售数量总和。如果有关货物在国内一次性全部出售，则此销售量就是最大的合计销售总量，这时货物的单价就是最大的合计销售总量的单位价格；如果有关货物是分批出售，即全部货物以较小的数量分若干批，按不同的价格卖给不同的购买者，则最大的合计销售总量的单位价格是将按相同价格出售的所有货物数量相加，得到按每种价格出售的货物各自的总数，然后比较这些按不同价格出售的货物总数，其中按相同价格销售数量最大的货物单位价格就是最大的合计销售总量的单位价格。对此，首先，应确认进口商提供的"销售价格"符合"销售总量最大"；其次，根据该进口商每批铁矿砂进口数量及铁矿砂出成率的行业特点，以及进口商近一年的销售记录，确认进口商向国内企业一次性销售数量符合"合计的货物销售总量最大"。

（二）对扣除项中"利润和一般费用"的认定

根据《审价办法》(海关总署令第213号)第二十四条，"利润和一般费用"包括直接费用和间接费用。在使用倒扣价格估价方法时：1.需调阅进口商相关的会计报表及相关账册（有时涉及近几年的），并通过参考其他同类型公司的利润和一般费用水平，确认利润率和相关费用；2.通过财务账册对管理费用、财务费用等"一般费用"进行核算确认。

由于《审价办法》(海关总署令第213号)对倒扣方法的使用有严格的规定，如果没有充足的估价理由和证据材料，建议慎用。

二、进口大豆估价解析

交易模式	**（一）大豆期货交易的基本运作方式** 期货市场，是按照一定的程序，通过商品交易所和经纪商买卖货物、有价证券、股票指数、期权等商品的远期交割合约的一种市场。在期货市场内交易的"商品"并非实际货物，而是各种各样的"期货合约"。期货合约是交易所为便于期货交易而制定的标准的具有法律效力的合同凭证。期货合约的计数单位为"份"，也称为"手"。对应某一固定数量的商品，期货交易者可以通过期货合约的对冲赚取期货交易利润，具体分为两种形式：一是"买空"，即：交易者买入期货合约，待价格上涨后以较高价格卖出期货合约，从而赚取利润；二是"卖空"，即：交易者在不持有期货合约的情况下，在市场内卖出期货合约，待价格下跌后以较低的价格买入相应数量的合约对冲平仓，从而赚取利润。 **（二）大豆的定价模式** 1. **"基差交易"**，也称"期货定价""购买升贴水"，是指买卖双方以一定时期内期货市场上的商品价格为基础，加上双方协商确定的价差（也称基差，或称升贴水），从而确定现货价格并进行现货商品买卖的定价方式。在这种定价方式下，买卖双方在签订合同时，并不直接确定合同价格，而是协商确定合同现货与期货合约的基差，并指定以特定市场的特定商品合约作为定价基础。合同签订后，在基差交易中，买卖双方中的一方或者双方可以通过"点价"（也称"叫价"）选择以期货合约的某一特定成交价格作为计算现货合同价格的基础，从而掌握合同定价的主动权，获得对自己更为有利的价格。根据买卖双方在基差交易中的作用，可以分为"买方叫价""卖方叫价""双方叫价"等形式。 2. **转单定价**（也称"场外交易"），转单定价的具体操作方式为：进口商从其期货套期保值账户上选择一定数量的多单，按照原来的买入价格转给卖方（为降低进口现货大豆的关税成本，其一般选择点价价格较低的期货合约多单转单），要求卖方按照期货合约转单的价格为其提供大豆现货。

交易模式	**（三）中国大豆进口商普遍采用的行业惯例** 为规避价格波动风险，掌握定价主动权，目前，中国大豆进口商多采用买方叫价基差交易方式确定进口大豆的成交价格。其定价公式为：现货价格=基差(也称"升贴水")+相应月份的芝加哥商品交易所（CBOT）大豆期货价格。通常合同中确定基差价格，但不选定期货价，而是规定交易的一方（多为买方）在双方允许的时间内选定期货价格。合同执行中，进口商根据大豆国际期货市场价格走势在规定的期限内确定买入相应月份的期货合约价格(点价)，并以委托单的形式告知供应商。经双方确认，进口商点价的价格即为选定的期货价，加上基差经数量折算后，形成购买现货的价格。大豆买卖合同签订后，卖方承担的义务是拥有CBOT市场大豆期货的空头和为买方提供大豆现货，买方的义务是买入CBOT市场大豆期货的多单并购入大豆现货，从而使期货市场平仓。
估价方法	（一）事实	期货进口商在某一期间内多次进行期货合约买卖，在此期间大豆价格呈连续上涨走势，在该期间多单买入价格差异较大。当期货进口商需进口大豆现货时，与期货出口商按照转单价格签订进口现货合同，约定大豆的进口价格为"基差+买方点价（某时间）"。之后，期货进口商将上述期间内不同价格的多单转给期货出口商，其平均价格大幅低于某时间买方点价期货大豆价格（转单时大豆价格）。 根据CBOT市场某时期的实际价格走势，如期货进口商签约后不转单给期货出口商，而通过期货出口商直接在CBOT市场点价买入多单，买入价格将不会低于某时间买方点价期货大豆价格（转单时大豆价格）。期货进口商的转单条件是要求期货出口商以其转单价格提供大豆现货，对期货出口商而言，其承担的义务是用其在期货市场的空头平掉进口商的多单，同时为期货进口商提供大豆现货。无论大豆价格如何变化，也不管进口商转单价格高低，期货出口商卖出期货空头的价格与其买入大豆现货的价格是相同的，其利润通过约定的基差锁定。

估价方法	
（一）事实	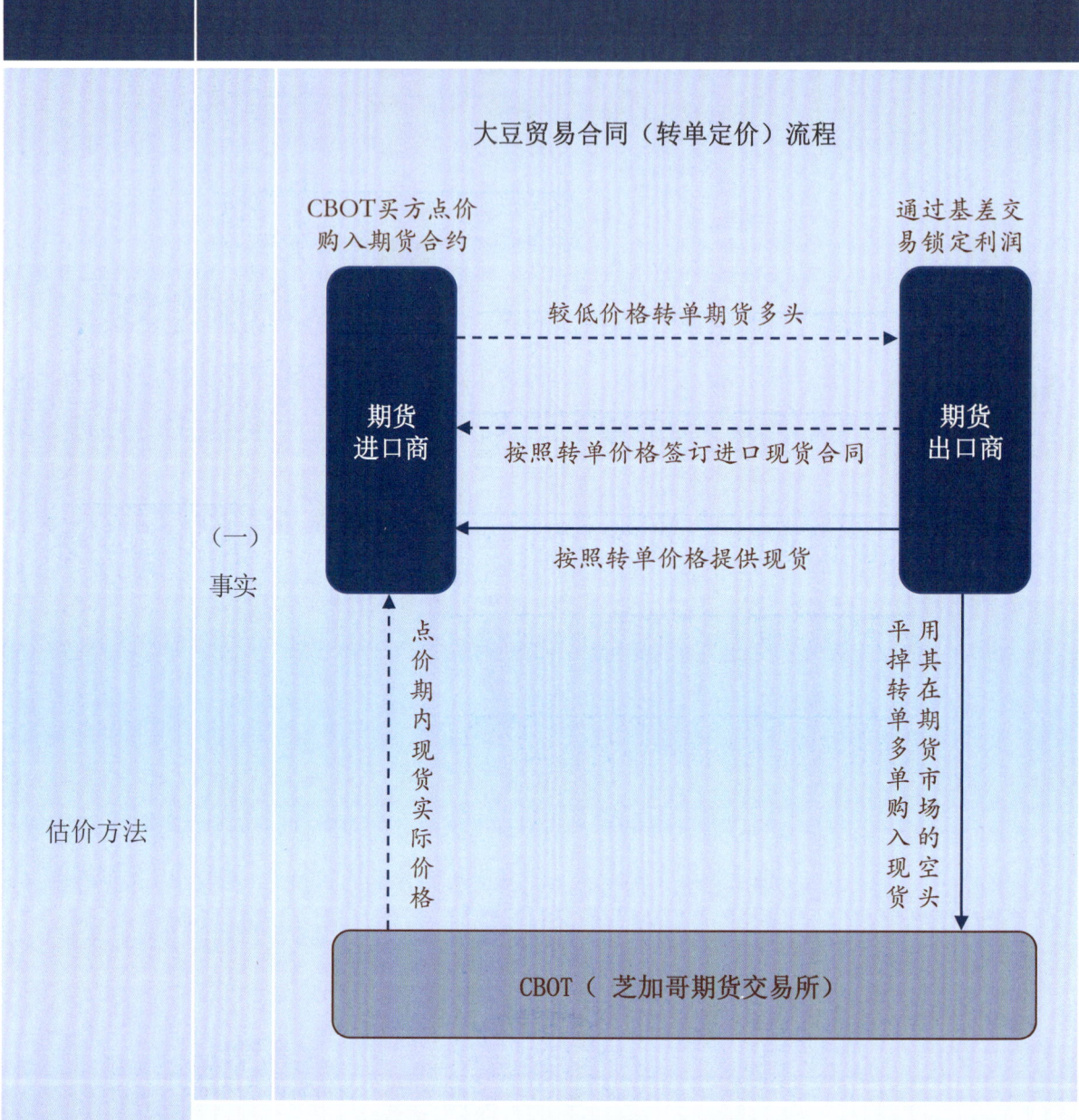
（二）分析	**1. 确定成交价格是否受影响** 《审价办法》（海关总署令第213号）第十条规定："有下列情形之一的，应当视为进口货物的价格受到了使该货物成交价格无法确定的条件或者因素的影响：……（二）进口货物的价格是以买方向卖方销售其他货物为条件而确定的……"期货进口商以转单定价方式签订的进口大豆现货合同，需以期货市场向期货出口商以较低价格转单大豆期货多头为前提，即期货进口商不以低于同期期货市场价格向期货出口商转单提供大豆期货多头，期货出口商则不可能以明显低于同期大豆期货的价格向期货进口商提供大豆

	现货。否则期货进口商直接在CBOT市场点价买入多单，买入价格将大幅高于其转单平均价格。根据上述交易情况可以判定，这种以转单定价方式进口大豆的申报价格的确受到无法确定的条件或因素的影响，不符合成交价格条件，海关应另行估价。 **2. 确定估价方法**
估价方法	（二）分析 根据《审价办法》第六条规定，海关与期货进口商进行了价格磋商，由于进口大豆采用"现货价格=基差（也称'升贴水'）+相应月份的CBOT大豆期货价格"的方式定价，海关与期货进口商无法掌握其他大豆进口企业的基差水平，也无法确定其是具体采用哪个月份的CBOT大豆期货价格，也未发现同时或大约同时有相同原产地大豆进口，所以排除相同、类似货物成交价格估价方法。由于该批进口大豆在国内还未销售，海关与期货进口商也未掌握其他货物在境内销售价格，无法使用倒扣价格方法估价，计算价格方法涉及境外采证，也无法采用。因此，海关在排除使用相同或类似货物价格估价方法、倒扣价格估价方法、计算价格估价方法后，依据期货进口商每票货物的进口时间、进口数量等具体情况，按照合理方法对进口货物实施估价。
	（三）结论 **采用"合理方法"实施估价** 根据大豆期货定价模式以及中国大豆期货进口商普遍采用的行业惯例，海关决定以期货进口商与期货出口商签订的现货进口合同规定的"基差+买方点价期内CBOT期货大豆价格"为基础实施估价。经过对期货进口商进口合同的签订时间、执行时间、同期CBOT期货价格走势以及转单前对应多单买入价格进行了解，确定其以转单定价方式进口大豆的价格及相应时间点。经磋商，海关以合同规定基差及同期CBOT期货市场大豆最低成交价格为基础，综合考虑其进口数量、商业水平等因素，对其以转单定价方式进口大豆的完税价格进行了估价。

评论	**（一）对特殊定价模式是否影响成交价格的认定** 随着中国对外贸易的迅速发展以及国际化进程的加快，买卖双方对进口货物价格的定价方式也突破单一的现货交易模式，日趋多样化。同时部分进口商未取得直接从事境外期货业务的资质，但出于套期保值的需要，往往通过境外有资质的公司在境外期货市场开立账户，并以委托的方式进行交易。面对日益复杂的国际交易环境，相关贸易方和海关应加强对大宗散货定价方式的关注，包括对交易方式、定价模式、行业惯例、市场行情等进行全面审查。企业也应了解海关审价要求，避免因不了解相关规定影响企业信誉。 **（二）怎样认定特殊经营模式影响成交价格** 通过深入的市场调研摸清大豆进口的交易方式、定价模式，行业惯例，将期货进口商进口的大豆成交价格确定方式及价格作比对，准确判断期货进口商的转单定价方式是否影响进口大豆成交价格。

三、进口石油估价解析

交易模式	石油交易具有其独特的行业惯例和贸易模式,多为大合同交易、特殊关系交易等。买卖双方关系、成交方式、数量、条件等均可能对价格造成影响。 (一)大合同交易 以大合同方式成交,由于数量较大,通常可以获得较低价格。但在价格波动剧烈期间,行业中签订大合同的情况较少。 (二)特殊关系交易 对于买卖双方存在特殊关系的,其价格制定方法、利润分配及价格风险承担情况等,均会对价格造成影响。
估价方法	(一)事实 进口商与出口商签订年度长期合同进口石油,申报进口价格低于其他口岸,遂对申报价格提出质疑。根据进口商提供的资料显示:进口商另与其在境外设立的离岸公司签订订单进口石油,不定期向离岸公司支付订单货款及"其他费用";买方境外离岸公司与出口商签订《供货确认函》,并按《供货确认函》支付货款;出口商按照《供货确认函》供货给进口商。贸易流程图如下: **石油贸易合同流程** 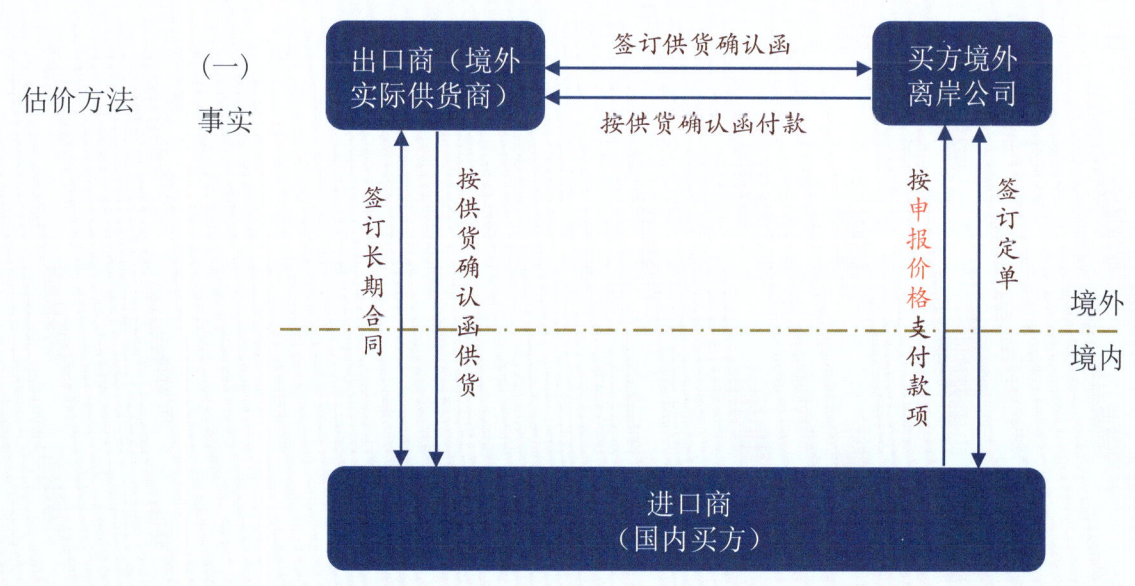

估价方法	（二）分析 **1. 确定年度合同成交价格合理性受到质疑** 出口商向进口商供货，但进口商并未向出口商支付货款；而向进口商在境外设立的离岸公司有实际支付，但支付金额企业未提供。进口商另与其境外离岸公司以订单形式确定进口时间及石油数量，不定期向离岸公司支付订单货款及"其他费用"，买方境外离岸公司再与出口商签订《供货确认函》，并按《供货确认函》支付货款；出口商按照《供货确认函》供货给国内进口商。即石油的实际境外供货商为与进口商签订年度长期合同的出口商，但不实际支付货款，而是由进口商支付给买方境外离岸公司，再由其支付给出口商；进口商以年度长期合同进口石油，申报价格长期不变且明显低于其他口岸申报进口石油价格，与国际石油价格呈连续上涨趋势不符。 **2. 确定交易方之间存在特殊关系，且对成交价格造成影响** 根据《审价办法》（海关总署令第213号）第八条、第十七条、第十八条的规定，买方境外离岸公司与进口商之间存在特殊关系并构成对成交价格产生实质性影响。 进口商不能提供相同或者类似货物的成交价格资料，所以无法使用相同或者类似货物成交价格估价方法。同时，进口商也未能向海关提供使用倒扣价格估价方法和计算价格估价方法所需相关数据资料。因此，最后采用合理方法进行估价。
	（三）结论 **采用"合理方法"实施估价** 在估价过程中，考虑到由于港口条件和距离关系，货物进口到不同港口，运杂费存在差异的实际情况，最终以海关掌握的同期境外石油市场行情和该公司所在地区口岸的进口价格为基础，对该公司及其关联公司在不同时间段进口石油的完税价格分别进行估价。

评论	**(一)了解行业成交惯例** 石油交易具有其独特的行业惯例和贸易模式,较多涉及大合同交易、特殊关系交易等情况。买卖双方关系、成交方式等均会对价格造成影响,这些情况往往通过报关单证难以反映。因此,应通过多种渠道收集价格信息及与企业交易相关的各类合同、补充协议、授权书、订单等信息资料,进一步了解货物的成交过程并收集相关单证,以准确分析判断申报价格的合理性。在价格波动剧烈,行业中签订大合同的情况减少,对于企业的大合同,应进一步了解其签订的原因及合理性。 对于买卖双方存在特殊关系的,应重点了解买卖双方的关系、价格制定的方法、利润分配及价格风险承担情况等,以核实特殊关系是否影响价格。 **(二)认定是否存在特殊关系且是否影响成交价格** 离岸公司参与贸易运作可以给企业带来一定的贸易便利,同时也会掩盖企业进出口活动的真实性和合法性。仅就国内企业与离岸公司从事的贸易过程来看,企业经营似乎合法正常,贸易实际中,还需要海关的监管理念和模式不断完善,以还原贸易实质。

第八节 论 注

一、WTO关于公式定价的规定

国别/机构	法律法规		法条内容
《WTO估价协定》	成交价格概念的规定	对于公式定价中	第一条 1.进口货物的完税价格应为成交价格,即为该货物出口销售至进口国时依照第八条的规定进行调整后的实付成应付的价格,只要: (a) 不对买方处置或使用该货物设置限制,但下列限制除外: 　　(i) 进口国法律或政府主管机关强制执行或要求的限制; 　　(ii) 对该货物转售地域的限制; 　　(iii) 对货物价格无实质影响的限制; (b) 销售或价格不受某些使被估价货物的价值无法确定的条件或因素的影响; (c) 卖方不得直接或间接获得买方因随后对该货物转售、处置或使用后所产生的任何收入,除非能够依照第八条的规定进行适当调整; (d) 买方和卖方无特殊关系,或在买方和卖方有特殊关系的情况下,根据第二款的规定为完税目的的成交价格是可接受的。
	无法确定的条件或者因素的规定	关于公式定价中	1. 进口货物的完税价格应为成交价格,即为该货物出口销售至进口国时依照第八条的规定进行调整后的实付或应付的价格,只要: (a) 不对买方处置或使用该货物设置限制,但下列限制除外: 　　(i) 进口国法律或政府主管部门强制执行或要求的限制; 　　(ii) 对该货物转售地域的限制; 　　(iii) 对货物价格无实质影响的限制; (b) 销售或价格不受某些使被估价货物的价值无法确定的条件或因素的影响; (c) 卖方不得直接或间接得到买方随后对该货物转售、处置或使用后的任何收入,除非能够依照第八条的规定进行适当调整; (d) 买方和卖方无特殊关系,或在买方和卖方有特殊关系的情况下,根据第二款的规定为完税目的的成交价格是可接受的。

国别/机构	法律法规	法条内容
WTO海关估价委员会评论	对于确定实付或应付价格的公式、价格复审的规定	1. 按商业惯例，有些合同可能包含价格复审条款。有复审条款合同中的价格只是暂定的，最终的应付价格是根据合同规定的某些因素确定的。 2. 这种情况会以各种不同的方式发生。第一种情况是，原始订单发出后，货物在某一特定时间交付（如定制的工厂和固定资产设备）；合同规定，最后价格依据双方约定的公式确定，该公式考虑了某些因素的增减额，如生产货物时间跨度内发生的劳动力成本、原料成本、管理费用以及其他投入等。 3. 第二种情况是，所订数量的货物在一段时间内制造，交付。假如合同要求与上述第二款所述类型相同，尽管每种价格是根据原始合同规定的同一公式推导出来的，但第一批货物的最后价格与最后一批货物和其他批次货物的最后价格却有所不同。 4. 另一种情况，货物是一个暂定价格，然后，再按销售合同的规定，在货物交付时，按查验或分析的情况确定最终价格（例如，菜油的酸度标准，矿砂的含金量或羊毛的净含量）。 5. 本《协定》第一条定义的进口货物的成交价格以货物的实付或应付价格为基础。在对该条款的解释性说明中指出，实付或应付价格应是买方为进口货物向卖方已支付或将支付的总额。因此，在订有价格复审条款的合同中，进口货物的成交价格必须依据按合同规定实付或应付的最后总价予以确定。既然进口货物的实际应付价格可以依据合同的数据确定，因此本评定所述类型的价格复议条款不应作为不能确定价格的一项条件或因素[见本《协定》第一条第一款（b）项]。 6. 实践中，如果在估价时价格复审条款的条件已经实现，则实付或应付价格已经知悉，不会产生问题。如果价格复审条款与某些变量有关，而这些变量在货物进口后一段时间才能起到作用，情况就不同了。 7. 考虑到本《协定》建议被估货物的完税价格应尽可能以成交价格为基础，并且第十三条规定了推迟最后确定完税价格的可能性，因此即便在货物进口时不可能确定应付价格，价格复审条款本身不应妨碍根据本《协定》第一条进行估价。

国别/机构	法律法规	法条内容
《WTO估价协定》解释性说明1.1	《协定》第一、二、三条里的时间要素	第一条 1.《海关估价协定》第一条规定，进口货物的完税价格应为成交价格，即为该项货物出口销售至进口国时，满足一定条件和经过必要调整后的实付或应付的价格。 2.《协定》第一条和相关的注释性说明都未提及交易以外的时间标准，而在决定实付或应付价格是否可以作为完税价格的基础时，则需要考虑相应的时间要素。 3. 根据本《协定》第一条的估价方法，导致进口的销售中所达成的实际价格是确定完税价格的基础，交易发生的时间无关紧要。在这问题上，第一条第一款中的"当出售……时"（when sold…）一语并不是说，在决定某一价格是否属于第一条的成交价格时要考虑时间因素，它仅仅指出相关交易的类型，即所谓的"将货物出口销售至进口国"的销售类型。 4. 因此，只要满足第一条规定的条件，进口货物的成交价格就应该被接受，而无须考虑销售合同签订的时间，也无须考虑销售合同签订之后的市场波动。 5. 第一条第二款（b）项确实对时间要素进行了补充说明，但这些说明仅仅与"测试"价格有关。因此，在按第一条确定成交价格时，仍然不考虑时间因素。 6. 第二款(b)项规定，在关联方的交易中，只要进口商能证明成交价格非常接近同时或大约同时进口的三种可替换价格中的一种价格，成交价格就应该被接受，并且依据第一款的规定对货物进行估价。如果"同时或大约同时进口"一语是唯一可以考虑的因素，那么在某些情况下，被估货物和测试价格货物之间就存在实质性的差别，也就不适合进行价格的对比。 7. 应用第二款(b)项时必须符合本《协定》的原则。出口时间，作为适用第二条和第三条时的对比标准，也是可以采用的一种办法。 8.《协定》的框架内还有其他同样可行的措施，特别是使用有关测试价格时要考虑的时间要素，如：第一条第二款(b)Ⅰ中被估货物出口到进口国的时间；第一条第二款(b)Ⅱ中被估货物在进口国销售的时间；第一条第二款(b)项Ⅲ中被估货物进口的时间。

国别/机构	法律法规	法条内容
《WTO估价协定》解释性说明1.1	《协定》第一、二、三条里的时间要素	第二条和第三条 9. 本《协定》第二条和第三条对时间要素的考虑是不同的。第一条中进口货物的完税价格是以独立的要素为基础，即货物的实付或应付价格。和第一条不同的是，第二条和第三条则要参考按第一条规定确定的价格，即相同或类似货物的成交价格。 10. 为了执法的统一性，第二条和第三条均指出，根据本条款确定的完税价格是与所估货物同时或大约同时出口的相同或类似货物的成交价格。因此这两条指出了实施时要考虑的外部时间因素。 11. 应该注意的是，实施第二条和第三条时要考虑的外部时间要素是被估货物出口的时间，而不是其销售的时间。 12. 所指的外部时间要素必须是对相关条款进行实际的应用。因此，"或大约"一词只不过是为了使"同时"一词在某种程度上显得不那么刻板而已。此外，还应当注意到，依据《协定》总的介绍性说明，《协定》旨在将完税价格建立在符合商业惯例的简单和公正的标准之上。从这一原则出发，"同时或大约同时"应被认为包含了一段时间，尽可能接近于出口时间，因为在此期间可能影响价格的商业惯例和市场行情比较相似。在最后的分析中，有关问题必须在符合第二条和第三条的规定下逐案解决。 13. 与时间有关的规定当然是无法改变本《协定》严格的执行顺序，即要求在无法使用第二条时方可使用第三条。因而，类似货物（与之相对的是相同货物）的出口时间更接近于被估货物的这一事实永远都不能颠倒第二条和第三条的适用顺序。 海关估价的时间问题 14. 上述关于实施本《协定》第一、二、三条时时间要素作用的陈述，与海关估价的具体时间没有任何关系。第九条也只规定了货币换算时须考虑的时间。

二、美国关于公式定价的规定

国别/机构	法律法规	法条内容
美国	美国海关估价法规对于确定实付或应付价格的公式、价格复审的规定	19GFR152.103（a）（1）在确定完税价格时，应考虑实付或应付价格。而无论其构成实付或应付价格的推导方式是什么，它可以是由于折扣、增加、磋商影响的结果或按某一公式计算达成的。例如按伦敦商品交易所某一出口日决定的价格，"应付"系指进口时没有支付，但是买方承诺将在某一时刻支付的情况。支付可以采用信用证或可转让信用工具的形式。支付可以是直接的，也可以是间接的。
	美国海关历年来对于确定实付或应付价格的公式、价格复审行政裁定的索引	根据双方以前达成的公式： 买方欠外国卖方的货物的金额是根据买卖双方以前的协议计算确定的，该协议考虑了单价、船运数量及其他因素。买方有权将未用过的货物返还给卖方。发票将等到双方协调确认后才向买方开具，包括确定船运数量和返还的货物数量。这一计算进口货物价格的方式不属延期确定进口货物实付或应付价格的公式。实付或应付价格的扣除项发生在进口以后，确定成交价格时可以不考虑这一扣除因素。 海关允许按公式确定的价格来确定完税价格，只要最终的销售价格以将来某一事实为基础确定，但这一事实的发生不能是卖方或买方可控制的。如果将来的事实是基于卖方或买方可控制的因素，则该公式在估价时不被接受。在本案中，进口货物最终的实际价格通过磋商达成，而该议价过程可能持续到货物进口到美国以后。价格磋商考虑了折扣、返利或其他价格调整因素。双方控制着价格是否作调整或调整的程度，这样的控制造成该定价方式不符合海关可以接受的公式定价的要求，因此成交价格法不能用来确定进口货物完税价格。

国别/机构	法律法规	法条内容
美国	美国海关历年来对于确定实付或应付价格的公式、价格复审行政裁定的索引	进口时,进口货物的价格是根据一个可变的价格公式,并受汇率波动影响。价格不是固定不变的,在年底需进行调整,最终的价格可能在进口以后15个月才能确定。货物的基本购买价格需根据货物全球年生产总量,发票是按进口时预计价格开具的。在本案中确定完税价格时不能用成交价格,19CFR152.103(a)(1)不适用本案。汇率: 买卖双方的最终交易价格取决于出口时确定的一个计算公式。既然价格是按公式计算的,且在进口之日前就达成,卖方向买方支付的汇兑损益就不构成返利,或其他实付或应付价格的扣除项。在确定成交价格时,应考虑因汇率变动引起的汇兑损失或收益对于发票价格的调整项。 暂定价格: 根据一项"购销协议",买方从卖方购买并进口所需的某种化学品用于杀虫剂生产。协议规定了一个暂定价格。暂定价格反映了卖方在一固定交换比率下生产该化学品的全部成本,但并不包括其利润部分。在每一合同年度末,暂定价格将被调整,以反映卖方全部的生产成本。协议要求卖方在每一合同年度开始时,向买方确定暂定价格。买方则有义务说明其基于暂定价格的预期销售利润。如果双方对利润不满意,双方将根据新的成本数据进行磋商,以达成一个新的利润水平。既然货物装船时实付或应付价格尚无法确定,根据公式计算的进口化学品价格不能用作确定被估货物的完税价格。每一合同年度的最终价格要等到卖方确定了其发生的全部成本以后才能确定。

三、日本关于公式定价的规定

国别/机构	法律法规	法条内容
日本	日本海关关税法基本通告关于期货交割货物估价的规定	4.4-2确定从LME指定仓库领取的铝锭的完税价格 从LME(伦敦金属交易所)指定仓库领取的铝锭,其完税价格的计算如下。 1. 计算从日本的LME指定仓库领取的进口铝锭的完税价格时,如果由于该铝锭从海外搬入日本LME指定仓库时的进口成交价格不明确以及该铝锭的销售价格根据LME市价不断变化等原因,无法按照关税法第四条1第1款(确定完税价格的原则),第四条2(按相同类似货物的成交价格确定完税价格)、第四条3第1款(基于国内销售价格确定完税价格)以及同条第2款(基于制造成本确定完税价格)规定的估价方法计算完税价格时,适用关税法第四条4(确定特殊进口货物的完税价格)的规定,应基于以LME价格为指标的交易,将领取到国内的该铝锭的发票价格作为完税价格。 2. 此种情形下,该铝锭在纳税申报时,原则上,应提交或出示以下所列的全部文件,从而计算完税价格。 (1) 该铝锭的LME授权证副本。 (2) LME指定仓库经营者印发的证明该铝锭所有者的确认书。 (3) 取得该授权证的发票中记载该授权证编号的文件(但是,如果不能在纳税申报时提交或出示该发票时,可以是该发票的副本)。

第八章 飞机租赁估价解析

第一节 飞机租赁行业概况

一、飞机租赁简介

飞机租赁：出租人在一定时期内把飞机提供给承租人使用，承租人则按租赁合同向出租人定期支付租金

飞机的所有权属于出租人，承租人取得的是使用权

飞机租赁期一般较长，是一种以融物的形式实现中长期资金融通的贸易方式：
- 融资租赁
- 经营租赁
- 减税租赁
- 杠杆租赁
- 售后回租

飞机租赁分类：

- 租赁市场按飞机类型划分
  - 民航客机租赁
  - 公务机租赁
  - 直升机租赁

- 按租赁的业务性质划分
  - 经营性租赁
  - 融资性租赁

- 按租赁的范围划分
  - 干租
  - 湿租

- 按出租人的融资来源和付款对象划分
  - 分租
  - 售后回租

二、行业现状

航空运输产业的快速发展是我国航空租赁行业发展的基础。2016年，我国民航完成旅客运输量48796万人次，比上年增长11.9%。国内航线完成旅客运输量43634万人次，比上年增长10.7%，其中港澳台航线完成985万人次，比上年下降3.4%；国际航线完成旅客运输量5162万人次，比上年增长22.7%。2017年，行业完成旅客运输量5.5亿人次，比上年同期增长了12.2%。

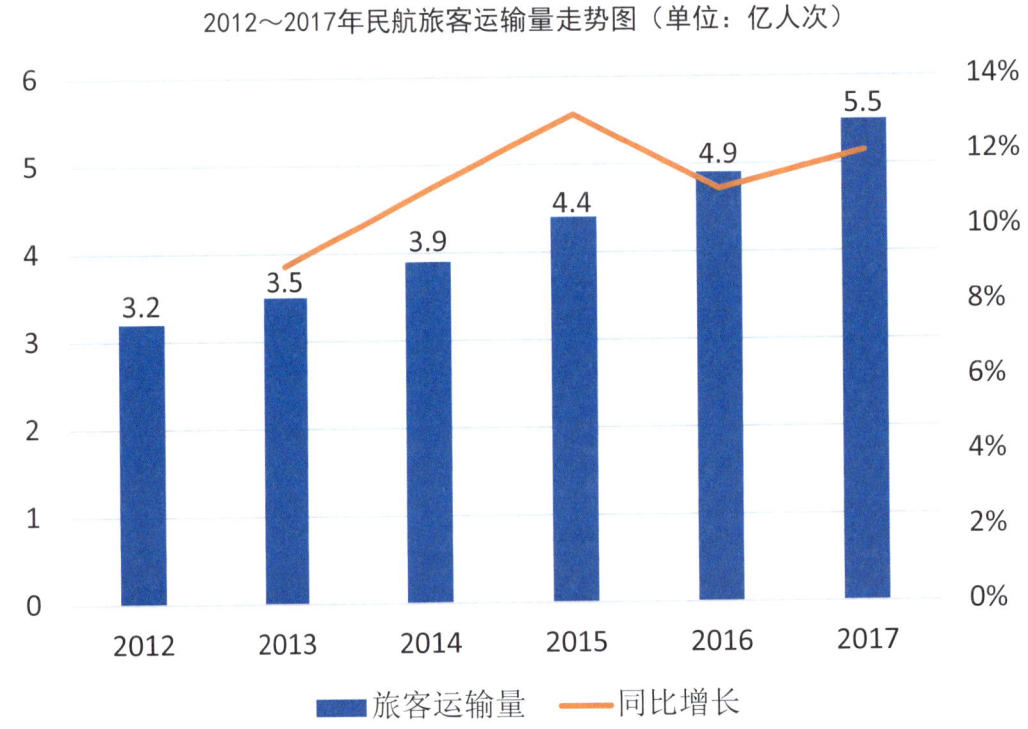

2012～2017年民航旅客运输量走势图（单位：亿人次）

注：数据来自前瞻经济学人——2018年中国航空租赁行业现状分析，租赁机队规模已超3300架。

2013年，我国民航2145架运输飞机中，采用经营租赁方式引进的约750架，采用融资租赁方式引进的约645架，合计1395架，占民航机队规模的65%，是我国航空公司引进飞机的首要模式。随着时间的推移，经营租赁优势在我国航空租赁领域中逐渐显现。并于2016年在应用占比中超过了融资租赁成为我国航空租赁中最常使用的租赁模式。在两种模式相互转换中，我国航空租赁机队规模也在2017年年底达到了3325架的规模，实现了快速的增长。

第八章 飞机租赁估价解析

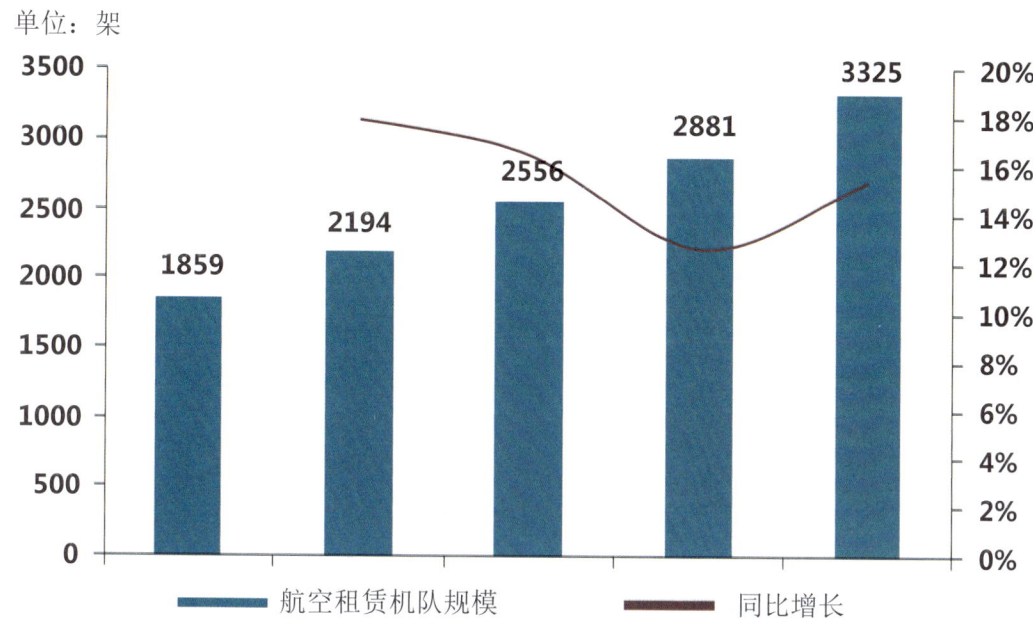

2013～2017年我国飞机租赁行业机队规模变化趋势图

我国飞机租赁市场，不仅有民航租赁，还有公务机租赁和直升机租赁。民航租赁起步早，在租赁模式的成熟度上也领先于公务机和直升机租赁市场，是目前我国飞机租赁市场的主要类型。

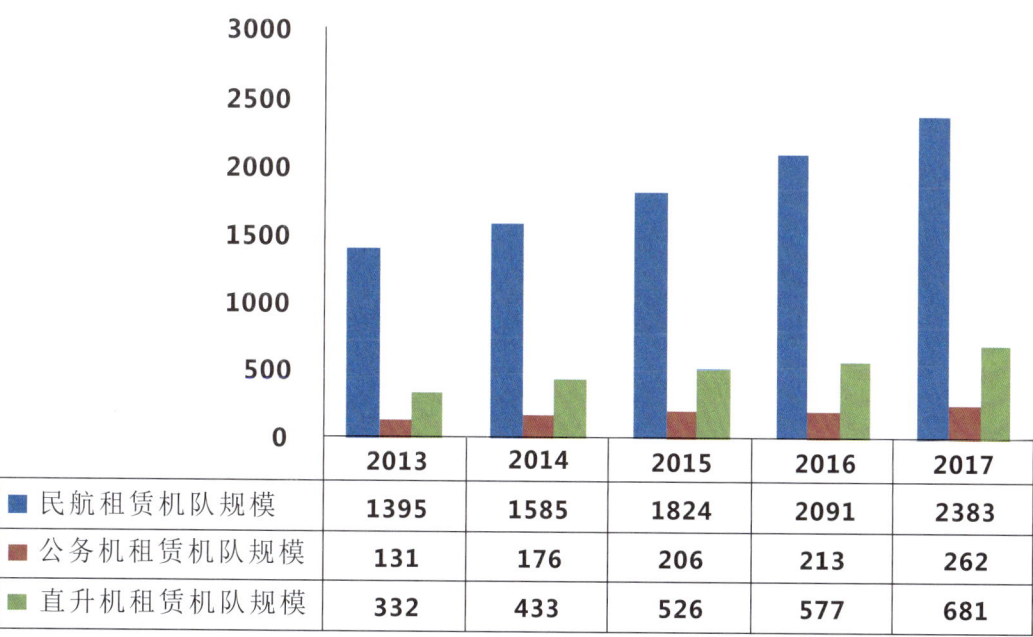

2013～2017年中国航空租赁机队规模分领域情况（单位：架）

	2013	2014	2015	2016	2017
民航租赁机队规模	1395	1585	1824	2091	2383
公务机租赁机队规模	131	176	206	213	262
直升机租赁机队规模	332	433	526	577	681

注：以上数据均来自前瞻经济学人——2018年中国航空租赁行业现状分析，租赁机队规模已超3300架。

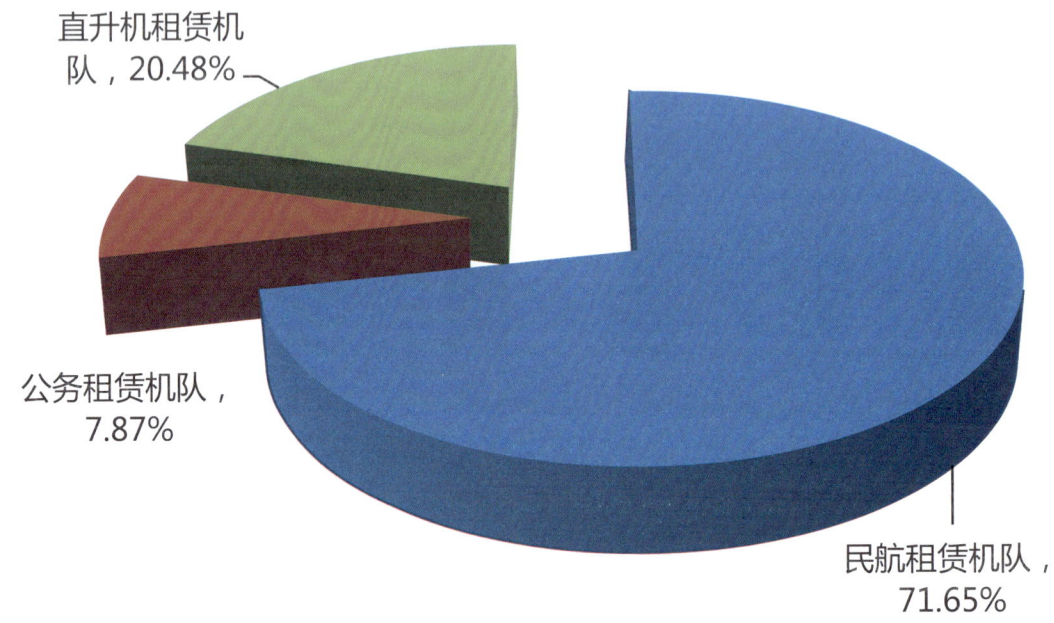

2017年中国航空租赁市场格局

注：以上数据来自前瞻经济学人——2018年中国航空租赁行业现状分析，租赁机队规模已超3300架。

国内航空公司一览表（截至2018年12月31日）				
分类	下属航空公司	基本情况	机队规模	主要机型
国航系	中国国际航空	中国第一大航空公司，代码：CA，总部：北京，月客运输总量435.07万人次	约256架	B777、B767、B757、B747、B737/A340、A330、A321、A320、A319
	北京航空	代码：CA，总部：北京	约10余架	波音BBJ、空中客车A318、湾流G450、达索猎鹰7X、庞巴迪环球快车
	深圳航空	中国第五大航空公司，代码：ZH，总部：深圳，月客运输总量159.95万人次	约212架	B737、A320、A319
	山东航空	中国第九大航空公司，代码：SC，总部：济南，月客运输总量77.58万人次	约50架	B737、CRJ-200
	西藏航空	代码：TV，总部：西藏拉萨	约28架	空客A319-100、空客A320、空客A330-200
	昆明航空	代码：KY，总部：云南昆明	约27架	波音737-700、737-800、737-MAX8
	大连航空	代码：CA，总部：大连	约20架	波音737-800
	澳门航空	代码：NX，总部：澳门	约22架	空客A319-132、空客A320-232、空客A320NEO
	中国国际货运航空	代码：CA，总部：北京	约13架	B777F、B757-200F、B747-400F

国内航空公司一览表(截至2018年12月31日)

分类	下属航空公司	基本情况	机队规模	主要机型
南航系	南方航空	中国第三大航空公司,代码:CZ,总部:广州,月客运输总量581.48万人次	约400架	B777、B747、B757、B737、A330、A321、A320、A319、A300
南航系	厦门航空	中国第六大航空公司,代码:MF,总部:厦门,月客运输总量130.06万人次	约60架	B757、B737
南航系	河北航空	代码:NS,总部:河北石家庄	约28架	B737-800、E190、B737-700
南航系	重庆航空	代码:OQ,总部:重庆	约27架	空客A320-200、空客A319-100、空客A320neo
东航系	东方航空	中国第二大航空公司,代码:MU,总部:上海,月客运输总量492.65万人次	约330架	B777、B767、B737/A330、A320、A319
东航系	上海航空	中国第七大航空公司,代码:FM,总部:上海,月客运输总量115.59万人次	约77架	B757、B737,
东航系	中国联航	代码:KN,总部:北京	约39架	波音737-800、波音737-700
东航系	幸福航空	总部:西安	约26架	MA60
东航系	中国货运航空	代码:CK,总部:上海	约20架	波音777F、空客A330-600、波音747-400ERF

分类	下属航空公司	基本情况	机队规模	主要机型
海航系	海南航空	中国第四大航空公司,代码：HU,总部：海口,月客运输总量171.18万人次	约200架	B767、B737、A340、A330
	天津航空	代码：GS,总部：天津	约89架	EMBRAERERJ-190型飞机、空中客车A320、EMBRAERERJ-195型飞机
	首都航空	代码：JD,总部：北京	约80架	空客A319、空客A320
	西部航空	代码：PN,总部：重庆	约33架	空客A320、空客A319
	祥鹏航空	代码：8L,总部：昆明	约43架	波音737-800、波音737-700、空客A320
	金鹏航空	总部：上海,代码：TH	约12架	波音727-200F、麦道MD-11F
	福州航空	代码：FU,总部：福州	约18架	B737-800、B737-MAX8
	乌鲁木齐航空	代码：UQ,总部：乌鲁木齐	约15架	B737-800
	金鹿公务	代码：JD,总部：北京	约57架	Gulfstream 550、Gulfstream 200
	北部湾航空	代码：GX,总部：南宁	约28架	空客A320、E190
	长安航空	代码：9H,总部：西安	约11架	波音737-800
川航系	四川航空	中国第八大航空公司,代码：3U,总部：成都,月客运输总量102.01万人次	约60架	A330、A320、EMB145
	成都航空	代码：EU,总部：成都	约41架	空客A320、ARJ21-700、空客A319
民营系	吉祥航空	代码：HO,总部：上海	约64架	空客A320
	奥凯航空	代码：BK,总部：北京	约32架	波音737-800、新舟60
	春秋航空	中国第十大航空公司,中国第一家低成本航空公司,代码：9C,总部：上海	约20架	空客A320
	顺丰航空	代码：O3,总部：深圳	约54架	B757-200、B767-300
	长龙航空	代码：GJ,总部：杭州	约32架	空客A320
	华夏航空	代码：G5,总部：贵阳	约43架	CRJ900NG
	东海航空	代码：DZ,总部：深圳	约25架	波音737-800
	九元航空	代码：AQ,总部：广州	约17架	波音737-800
	瑞丽航空	代码：DR,总部：昆明	约18架	波音737-700、波音737-800
各航空公司飞机总架数			2637架	

第二节 行业商品交易模式

一、经营性租赁

经营性租赁 → 一种以提供飞机短期使用权为特征的租赁形式

↓

飞机的所有权不会转移给承租人 —— 出租人根据市场需要，选择通用性较强的飞机，在一定的期限内供承租人选择租用，以回收投资成本和风险报酬

（一）经营性租赁的特征

- 合同可撤销
- 属于表（资产负债表）外融资
- 不完成支付
- 租期较短
- 租金一般按月或按季支付
- 承租人不承担所有权上的一切风险
- 租赁期满，飞机退还给出租人

由于经营性租赁协议的最大特点是租约到期后租赁资产依然归属于出租人

↓

如果承租人对租赁资产的维护和运营不规范，很可能使租赁资产产生预期之外的贬值

↓

经营性租赁协议履约期间对飞机状况（即资产质量）的约定和检测就显得十分关键

- 经营性租赁合同中对飞机的维护、维修、大修和日常运营等承租人的义务作出详细约定，有大量的技术条款和法律条款
- 允许出租人的代理人在飞机运营期间拥有更为频繁的检查权利（经营性租赁通常为一年一次）
- 出租人关注租赁资产状况，承租人频繁地提交租赁资产的运行状况数据
- 经营性租赁合同中对租期结束时退租的规定详细明确，包括退租的整个流程、对租赁资产的技术细节要求、对租赁资产的补偿金的评估流程和计算方法等，并且，退租的时间往往会有意和飞机的大修时间相匹配，以保障飞机退租状况良好

双方会在合同中约定承租人对出租人作出相应补偿，或者要求承租人在退租时对飞机做一次"退租检"。经营性租赁合同中往往会约定一笔"大修基金"，由承租人以现金汇票或信用证的形式存放于出租人处，在退租时根据对飞机状况和下次大修的时间间隔判断归出租人所有的金额。

（二）经营性租赁贸易流程

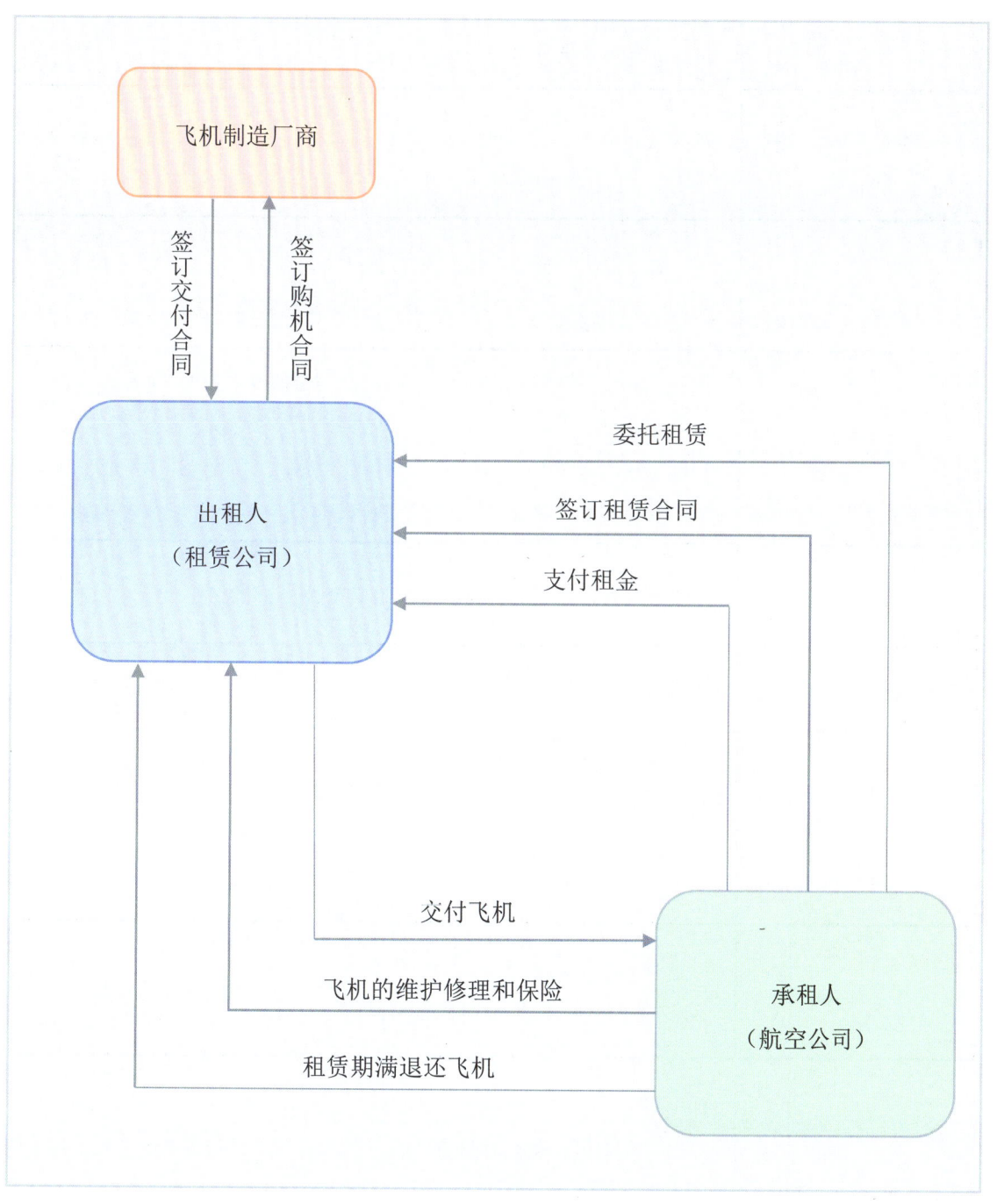

（三）经营性租赁合同要点

合同要点	具体内容
租金	1. 明确租金价格的基准年份； 2. 租金价格，固定或浮动； 3. 支付日期，先付/后付，季付/月付等； 4. 币种； 5. 首笔租金支付日期
租金保证金（保函）	一般情况下为3个月的租金现金保证金，但对于信用评级高的公司现在一般接受保函形式
维修储备金（保函）	固定数额的大修储备金或浮动的大修储备金，一般情况下为现金保证金形式，但对于信用评级高的公司现在一般接受保函形式
保险	1. 保险金额，一般为agree value（商定价值）的110%~120%； 2. 保险内容； 3. 免赔额，递减保险率； 4. 保险的其他要求
起租日	一般情况下，起租日为飞机交付给航空公司的那一天
租期	1. 租期一般是选择在飞机进行大修的几个关键年份：4, 6, 8, 10, 12, 14年等； 2. 起租日，租赁年份； 3. 租赁延长选择权，飞机优先购买权； 4. 提前终止合同的要求； 5. 延迟交付的条款。
转租及提前退租	1. 是否可以转租，转租条件； 2. 承租人是否享有提前退租的权利。
租期内的维修要求	1. 以中国为例，一般要求CAAC或EASA/FAA修理厂； 2. 出租人承担AD执行费用的限值。

合同要点	具体内容
转让	租期内,出租人将飞机转卖给第三方的一些书面规定
延迟交付	1.承租人原因导致的延迟交付;2.出租人原因导致的延迟交付
违约	1.违约条款说明;2.关联交易,交叉违约的要求;3.违约的赔偿金及时间要求
维修要求	适航维修标准
退租条款	
退租检MRO	
退租交付地点	
适航标准	
适航证书	
机身	完成最近一个C检并清C检以下维修项目
发动机/发动机寿命件	
起落架/起落架寿命件	
辅助动力装置	
时控件和寿命件(发动机和起落架寿命件除外)	
部件证书	
维修补偿金(附加租金)	
发动机维修补偿金	
辅助动力装置维修补偿金	
起落架维修补偿金	
维修补偿金调整浮动系数	

二、融资租赁

- 融资租赁 → 是指出租人购买承租人选定的飞机，享有飞机所有权，并在一定期限内将飞机出租给承租人有偿使用

  - 对于承租人而言，实际上是以租金的形式采取分期付款的方式购买了飞机

（一）融资租赁的特征

- 飞机的型号、数量由承租人指定
- 不可撤销，即：租期内，租赁协议不得随意解除
- 租期基本接近飞机的使用寿命或折旧寿命
- 承租人负担所租飞机在租期内营运的一切费用
- 飞机的所有收益权及风险均转让给承租人
- 飞机的法律所有权属出租人，经济使用权属承租人
- 租赁期满，承租人可以选择续租、退租和购买

（二）融资租赁常见贸易流程

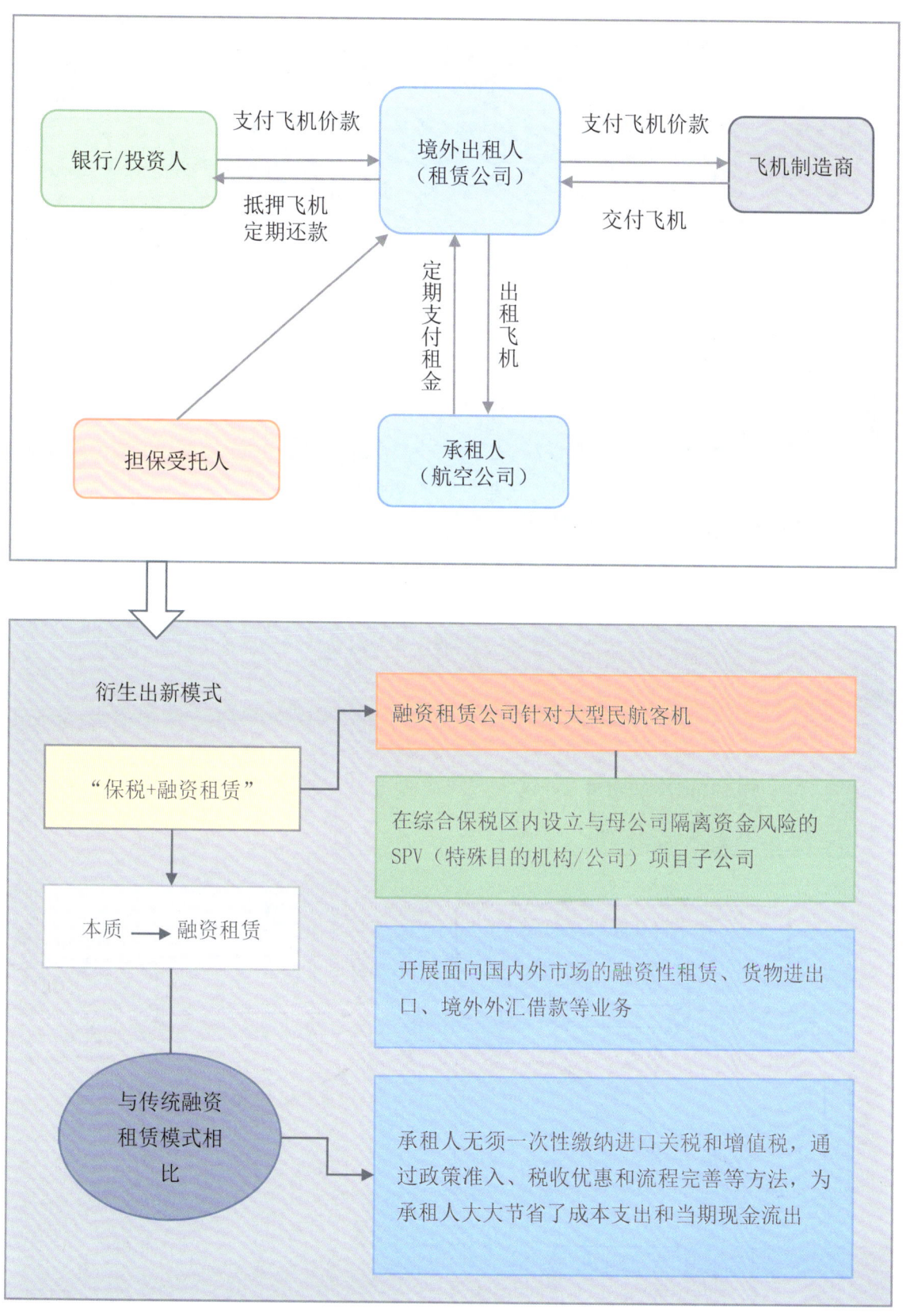

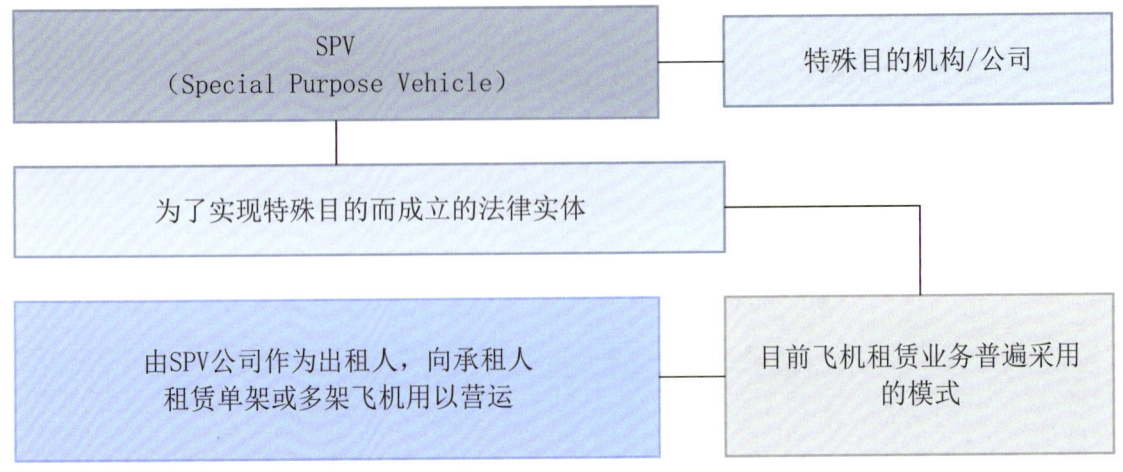

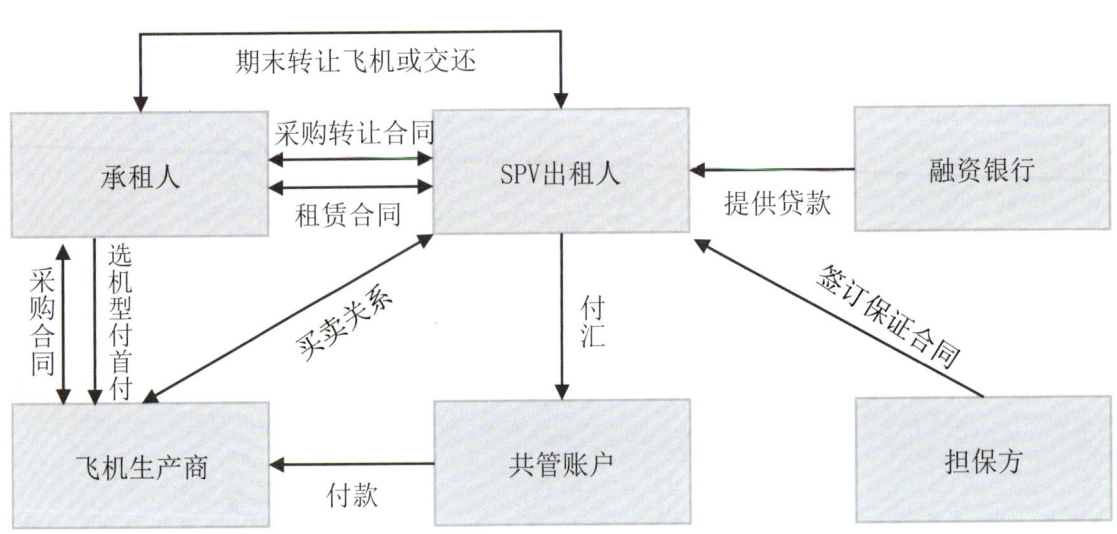

（三）融资租赁合同要点

条款	条款内容
第一条 租赁物	租赁物、交付时间、交付方式
第二条 租赁期限	起租日、租赁期
第三条 租金及支付方式	融资总金额、租金计算方式、租金支付方式、租金标准调整
第四条 双方的权利义务	**出租人的权利义务：** 1. 出租人有权了解承租人的生产经营和财务状况，有权要求承租人及时、真实、完整地提供相关材料。 2. 出租人有权了解航空器及其附属设备的运行状况。出租人有权要求承租人及时提供有关航空器及其附属设备的所在地、运营、使用、保险、登记、维护等方面的资料。 3. 出租人有权对航空器的运营、使用、维护和状况进行检查。在不干扰日常商业运营前提下，承租人应给予配合。 4. 在交付日或交付日前，出租方必须从制造商处取得航空器所有权及相关必要文件。 5. 除非租赁期提前终止或承租人发生违约事件，出租人不得干扰承租人使用、占有和运营航空器的权利。 6. 出租人保证承租人按照约定购买航空器的权利，此权利不会受到航空器转让或者抵押的影响。 7. 出租人对航空器的运营、使用、维护和状况进行检查或检验不应影响承租人对航空器的正常经营使用。 **承租人的权利义务：** 1. 承租人应得到符合约定可使用的航空器及其附属设备，并有权运营该航空器。 2. 承租人有权占有、使用和运营航空器，除非租赁期提前终止或者承

条款	条款内容
第四条 双方的权利义务	租人违反本合同约定影响出租人行使相关权利，该项权利不因出租人享有航空器所有权而受到干扰。 3．未经出租人事先书面同意，承租方不得出售、转让或以任何其他方式处置航空器，且不得对航空器设置任何形式的抵押或任何其他担保权益。 4．承租人应向出租人提供出租人认可的担保。当保证人发生下列情形之一时，承租人须及时告知出租人，并提供经出租人认可的新的担保： （1）经营或财务状况严重恶化； （2）在其他金融机构有到期债务未能偿还； （3）保证人涉及重大诉讼、仲裁或行政措施，主要资产被采取了财产保全或其他强制措施； （4）停产、歇业、解散、停业整顿、被撤销或营业执照被吊销、申请（被申请）破产、破产等丧失担保能力的情形。 5．承租人应自行承担航空器及附属设备在使用过程中产生的费用，承担因非出租人原因导致的对航空器的扣押、冻结、留置或没收所发生的损失，承担因非出租人原因导致的与航空器及其附属设备相关其他承租人的债权人索赔而发生的损失，并补偿因上述事项造成出租人遭受的相关损失。 6．承租人应负责航空器的备件、维修、保养、定检等，并承担有关费用。如果装配在航空器上的零部件损坏或无法使用，承租人应进行更换并自行承担相关费用。 7．承租人应以书面形式准确完整保存航空器的飞行、机身和发动机的维护、修理以及按规定保留的有关航空器的记录、数据和文件。 8．承租人应遵守有关航空器保险的法律要求，并承担保险费用。如果承租人未能续展保险，出租人有权办理相应的保险并支付保险费，有关费用应由承租人向出租人支付。
第五条 租赁物的损毁	1．____方承担航空器的所有损失。在航空器发生____金额的损坏（正常磨损除外）时，____方应立即以书面形式通知____方，并就有关补救措施提交书面文件，相关的费用由____方承担。 2．租赁期内航空器全损，如出租人未能在全损日后____日内收到保险公司关于航空器全损的保险赔偿金，则承租人应在出租人要求后的____个工

条款	条款内容
第五条 租赁物的 损毁	作日内向出租人全额支付到期租金、未到期本金和出租人的实际损失以及其他应付款项。出租人收到前述款项，应立即签署并向承租人递交产权转移证书。 3. 租赁期内航空器全损，如出租人在全损日后____日内收到保险公司关于航空器全损的保险赔偿金，该笔赔偿金应按下列条款使用： （1）保险赔偿金应冲抵所有到期租金、未到期本金和出租人的实际损失及其他应付款项，冲抵后多余部分，由出租人转付给承租人； （2）保险赔偿金应冲抵所有到期租金、未到期本金和出租人的实际损失及其他应付款项，冲抵后不足部分，由承租人向出租人补足。
第六条 权属关系	1. 航空器所有权人按约定将航空器交付给承租人，经承租人验收合格并签署书面接收证明文件《航空器接收证书》后，航空器所有权人将所有权转移证明文件《所有权转移证书》交付给出租人。 2. 双方约定，航空器接收证明文件和所有权转移证明文件交付之日起，____方享有航空器的所有权，____方享有对航空器的占有和使用权，____方承担航空器灭失、损毁等所有风险。航空器的发动机和零部件归____方所有。因维修替换下的发动机和零部件的所有权归____方享有。 3. 对航空器进行的改装、维修、保养、定检等所产生的对航空器的增值，____方拥有所有权。 4. ____方同意在航空器交付后的____个工作日内办理航空器所有权登记，有关费用由____方承担。 5. 租赁期届满，承租人向出租人支付名义货价等应付款项购买航空器，取得航空器所有权。航空器所有权转让给承租人后，出租人应立即签署并向承租人递交产权转移证明文件。航空器机身和发动机仍在有效期内的，出租人一并转让给承租人，同时出租人应向承租人递交航空器及其附属设备的相关技术资料。

三、融资性租赁与经营性租赁的主要区别

飞机经营性租赁和融资性租赁的区别		
类别	经营性租赁	融资性租赁
租金的性质	使用物件的对价	使用资金的对价
决定租金的主要因素	飞机的使用价值,飞机的成本和闲置成本	资金利息的高低,利差的大小
租金的状态	一般在租期内固定不变,只有另行签订合同才发生改变	除固定利率和等额年金法,一般情况租期内,租金浮动或者递变
承租人的动机	使用	留购
支付方式	按月先付租金	可谈判,参照合同执行
租金物件的维修	出租人	承租人
租赁物件的残值	出租人	出租人或承租人
避税效果	承租人效果明显	不是很明显

四、其他方式

（一）包机

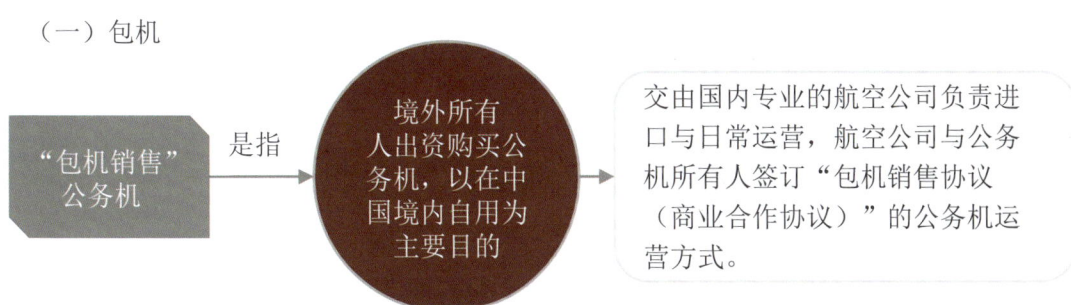

包机协议要点

条款	条款内容
第一条 期限	生效日期、有效期、延期方式及条件。
第二条 费用支付	1. 承运人按照每个包机飞行每小时×美元直接向飞机所有者支付包机费用，该费用应根据协议规定按时以转账方式支付。 2. 飞机所有者需向运营人偿付包机飞行中发生的第三方费用。承运人当月向飞机所有者开具上月第三方费用账单。 3. 付费守时性是协议的核心。
第三条 承运人义务	1. 签订包机协议、包机协议期限和条件需符合飞机所有者的规定。 2. 需定期向飞机所有者递交包机飞行记录。 3. 应使飞机所有者免予遭受因违反本协议项下的任何规定而引起的或与之相关的任何索赔、要求、债务、诉讼、成本和费用。 4. 承运人应全面负责为提供本协议项下的相关服务而产生或与之相关的所有税费、费用、减免税、间接税和其他收费，包括但不限于离境税、报关费、乘客设施税和其他税、费。 5. 第三条包含的补偿在本协议终止后仍然有效。
第四条 保险	协议期间，飞机所有者需一直保持飞机处于有效保险之下，保险额及覆盖范围符合附件二要求。

条款	条款内容
第五条 不可抗力	1. 任何一方不需就本协议签署后产生的不可抗力事件（按照下列解释）造成其未能全部或部分地履行或延迟履行其在本协议项下的责任和义务而向另外一方承担责任；但第五条不能免除任何一方本应按照本协议向另一方支付已发生款项的义务（除非适用的法律明确表示禁止或延迟支付该款项）。 2. "不可抗力"是指发生天灾、雷电、滑坡、地震、不寻常的恶劣天气、流行疾病、火灾、爆炸、洪水、（地面或建筑）下沉、罢工、政府行动、战争、阴谋破坏、暴动、内乱；损失或不能获得公共事业服务或燃油，或者出现承运人合理控制之外的任何其他事由，且对于该事由的结果，即使寻求免除义务的承运人合理预见或在采取预防措施后也无法避免。不可抗力包括在本协议签署之后出现的适用法律、法规、条例或法令的变更，或它们的解释或实施发生变更，只要该变更极大影响了承运人履行义务的能力。 3. 如果任何一方不按照本协议履行其责任和义务，是由于受到第2款中列举的一个或多个事件的直接影响，则该方应书面通知另外一方并说明出现的不可抗力事件及不可抗力事件发生的时间。在该不可抗力事件持续影响的期间（且仅限于这个期间），应该暂停实施本协议。一旦该方不再受该不可抗力事件的影响，应立即书面通知另一方。 4. 如果该不可抗力事件持续影响超过×天，一方有权提前×天向另一方发出终止本协议的书面通知，终止本协议。如果在此期间内，一方发出通知表明该不可抗力事件已经停止对本协议的影响，并且该等停止刚一发生，就立即重新完整地、如期地履行其在本协议下的义务，则终止本协议的通知应视为无效。
第六条 赔偿	1. 因飞机所有者或其高级职员、雇员、员工或代理人，不论由合同或民事侵权（包括过失行为）或其他原因引起或与之有关的任何作为或不作为，并由此致使或导致承运人及其高级职员、雇员、员工、代理人或分包商所产生的任何损失、损害赔偿、索赔、债务、诉讼、诉讼程序、成本与费用，飞机所有者应全额向承运人赔偿并使他们完全免予损害。 2. 承运人不应被视作公共承运人而进行此协议涉及的任何运输。 3. 本协议第六条中包含的赔偿内容在本协议终止后应继续有效。

条款	条款内容
第七条 协议的终止	1. 以下情况可终止本协议： （1）依照本协议第一条（期限）的规定终止； （2）飞机所有者或承运人任何一方至少提前×个月书面通知另一方，可终止本协议； （3）飞机所有者处理掉飞机并且至少提前×天通知运营人； （4）符合第五条不可抗力的情形； （5）飞机全损、被宣布全损或被认定全损。 2. 本协议无论因何原因终止，将不影响终止前已经形成的任何一方的权利和义务，也不影响本协议中明确表示或暗示在本协议终止时生效或在本协议终止后继续有效的条款。
第八条 转让	本协议对双方的继承人、执行人、管理人、承继人或受让人有约束力，并为上述人之利益而设立生效。未经另一方事先书面同意，任何一方不得转让本协议。
第九条 通知	依照本协议发出的或必需的所有通知都应为书面形式，应通过传真发送给本协议各方在签字页指定的传真号码。通知在向接收方成功完成发送后即被认为已被接收。
第十条 补救与豁免	1. 任何一方在任何方面的容忍或放任不应构成对另一方应履行的约定或条件的豁免，反之亦然。尽管有该等容忍或放任，除非另一方完全履行上述约定或条件，否则该方有权依照本协议或适用法律行使补救措施。 2. 本协议下任何条款的豁免和任何违约的豁免应以书面方式作出、且仅在被要求给予豁免的一方或该方代表进行书面签署后才可生效。
第十一条 完整协议	本协议（包括其附件）及在本协议中提及的其他协议在此构成双方有关飞机的完整协议，并取代双方先前所有的书面或口头协议。
第十二条 副本	本协议可通过传真签署一份或多份副本，每份副本均被视为原件，所有副本构成一份完整协议。

条款	条款内容
第十三条 保密条款	除按照法律、任何法院、主管机构或监管机构规定进行的披露外，未经另一方事先书面同意（该同意不得被无理拒绝或拖延），一方不得促使其董事、高级职员和雇员就任何有关本协议或其有关交易的信息发表声明或进行披露，或披露另一方的身份[除向他们各自的履行保密义务的专业顾问或他们各自的董事、秘书和股东（无论是直接、中间或最终的股东，或者是相关股份的法定或受益所有人）]披露。
第十四条 修订	对本协议任何条款的修订需经双方书面签署后方可生效。
第十五条 守时重要性	就本协议所有目的而言，守时是本协议的核心条件。
第十六条 管辖法律和仲裁	1.本协议受中国法律管辖并对其进行解释。 2.因本协议的履行所引起的或与之有关的任何争议应由双方友好协商解决。如果因本协议引起的或与之有关的任何争议未能在争议产生后×天内通过协商解决，则任何一方可将该争议提交中国国际经济贸易仲裁委员会按其仲裁规则在北京予以仲裁。仲裁应由×名仲裁员以中文进行。仲裁裁决是终局性的且具有约束力。仲裁费用由败诉方承担。
第十七条 持续有效	第三条（承运人的义务）、第六条（赔偿）、第十三条（保密条款）、和第十六条（管辖法律和仲裁）在本协议终止后继续有效。
第十八条 其他事项	1.本协议条款的标题仅为阅读方便而设置，在解释本协议时，应忽略不作考虑。 2.本协议附件是本协议的一部分。 3.除非上下文有其他要求，否则： （1）提及一个人，包括任何公共团体和个人、法人团体或非法人团体； （2）提及"公司"，应被解释为包括任何企业、公司或其他法人团体，无论在何地、以何种方式组建或设立的。 4.对法律规定的提及，应被解释为： （1）经不时修订或重新制定的法律规定；

条款	条款内容
第十八条 其他事项	（2）任何被废止、又重新制定（无论是否进行修订）的法律规定； （3）依照相关法律规定制定的任何命令、法规、法律性文件或其他附属法规。 5.提及书面，应包括以可读的和非短暂存在的形式复制词汇的任何模式。 6.对一天中时间的提及，是指北京时间。 7.（1）类比规则不应适用，因此，以"其他"开头的一般词汇不得因其前面的词汇是代表特定种类的行为、事实或事情而做出限制性解释。 （2）一般性词汇不得因其后面是该一般词汇涵盖的特定例子而做出限制性解释。 8."飞机所有者"和"承运人"包含他们各自的自然人代表、继承者和允许的受让人。

（二）减税租赁

出租人可以享受投资、折旧、利息等方面的税务扣减；承租人不能以任何形式向出租人提供购置飞机的优惠

出租人将其所有的飞机租给承租人使用，出租人是飞机的法定所有人和经济所有人，获得所在国减税的经济利益，并以降低租金的形式向承租人转让部分减税优惠，承租人取得飞机的使用权并支付租金，租期结束时，承租人有按公平市场价格优先购买飞机的权利，也可以选择退租或续租

（三）杠杆租赁

又称衡平租赁、举债租赁、贷购租赁、利用贷款租赁

基本是融资减税租赁的一种形式

出租人只需投资飞机购买价格的20%～40%的资金，其余的大部分资金（60%～80%）以出租人的名义借款获得，但出租人必须以飞机作抵押并将有关权益转让给贷款人，即出租人拥有飞机的所有权，享有如同对飞机完全投资的同等税收优惠，并将一部分减税优惠以降低租金的方式转让给承租人，从而使承租人可以获得比其他方式更低的融资成本

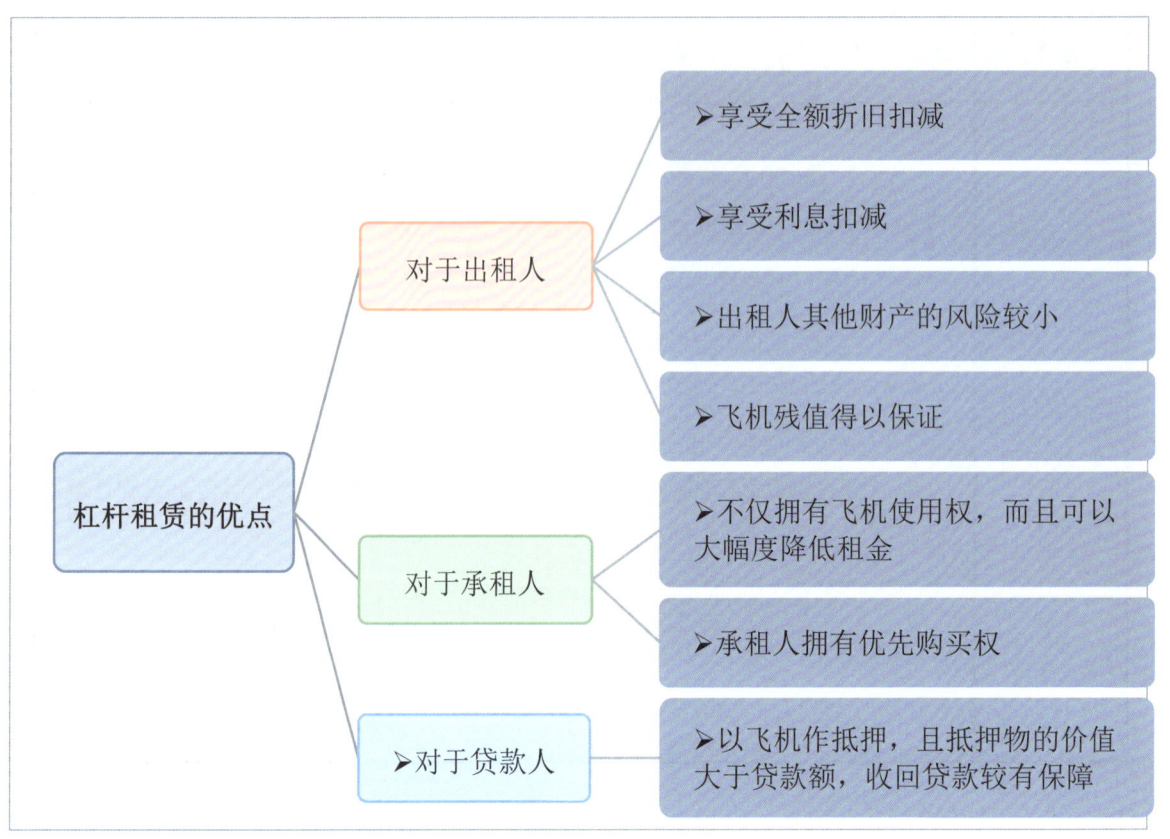

（四）转租赁

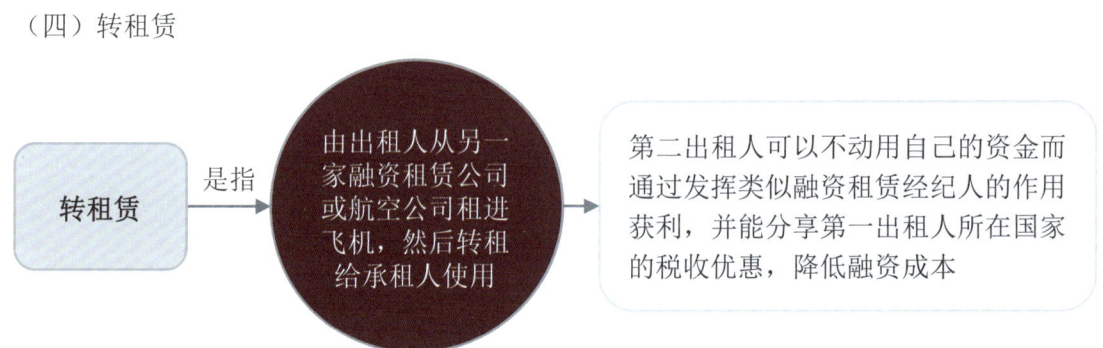

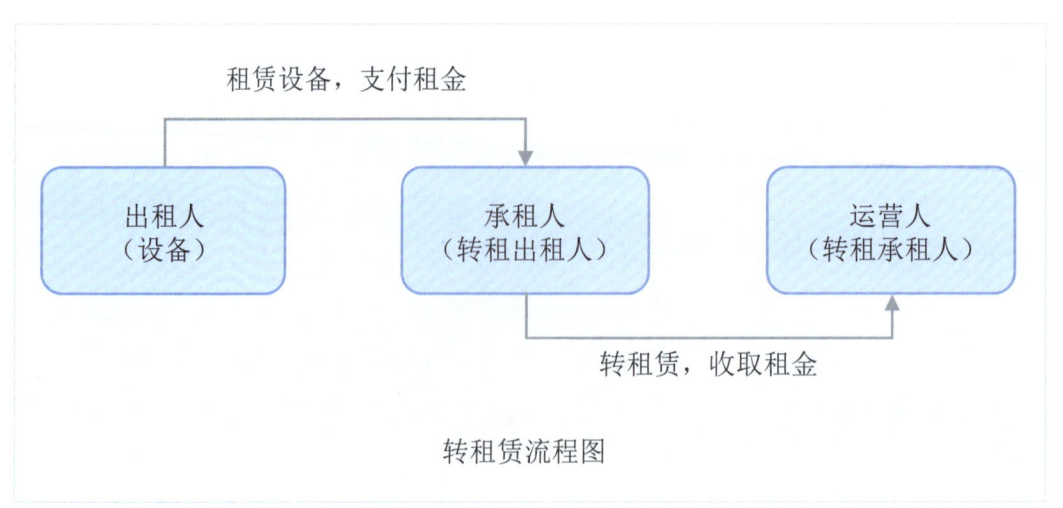

转租赁流程图

（五）售后回租

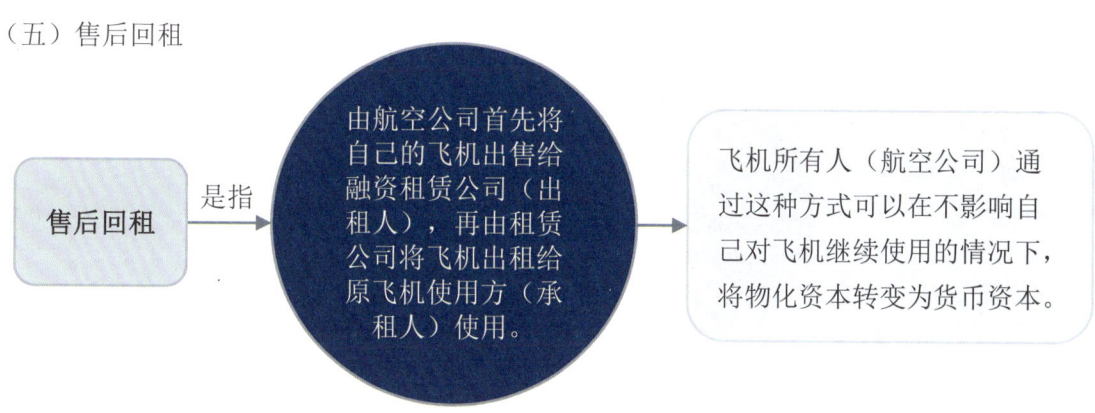

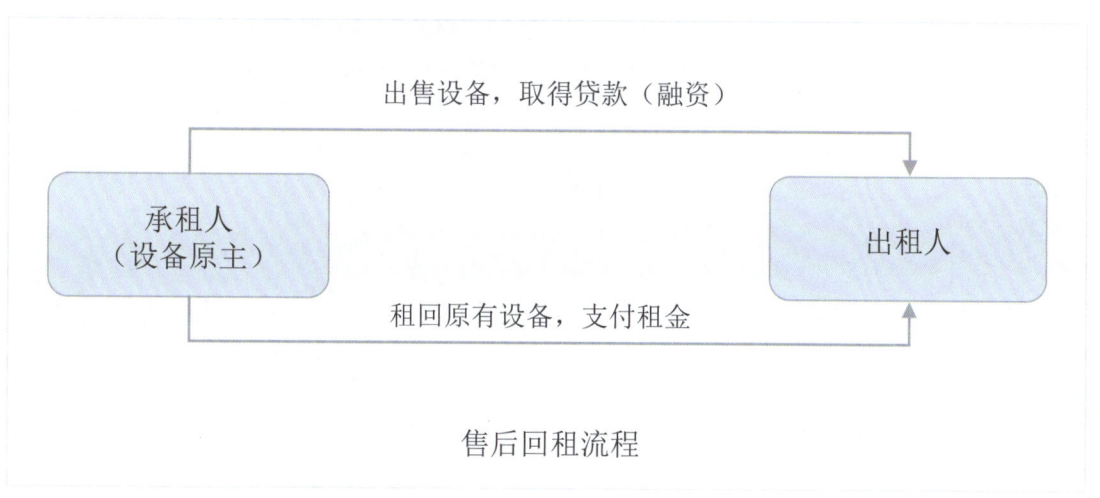

售后回租流程

（六）干租

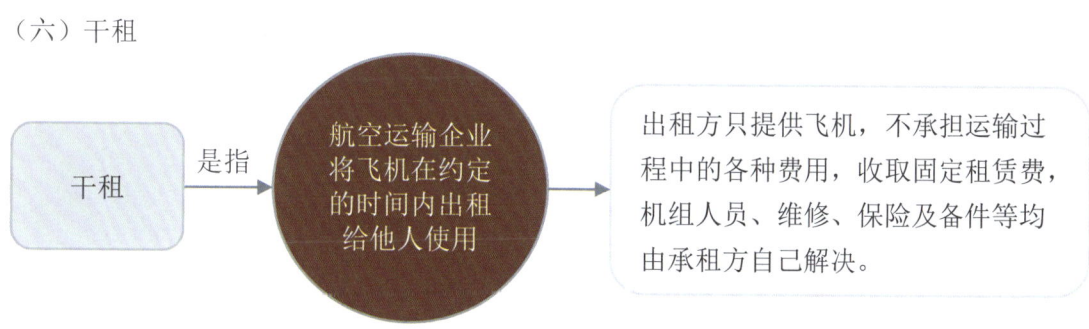

（七）湿租

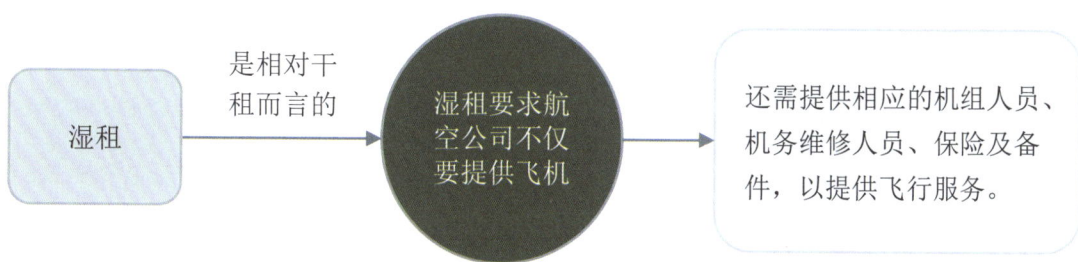

（八）尾款租赁

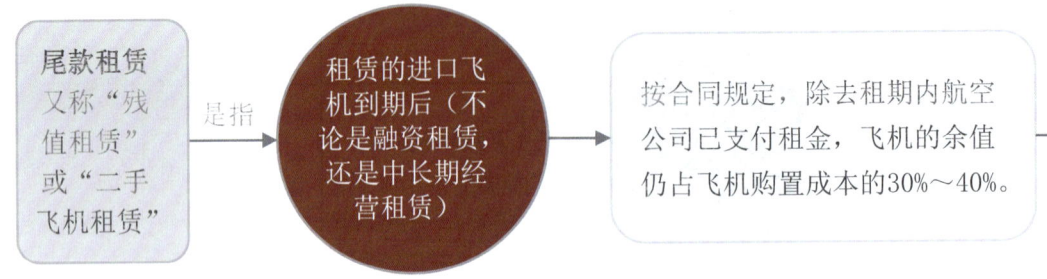

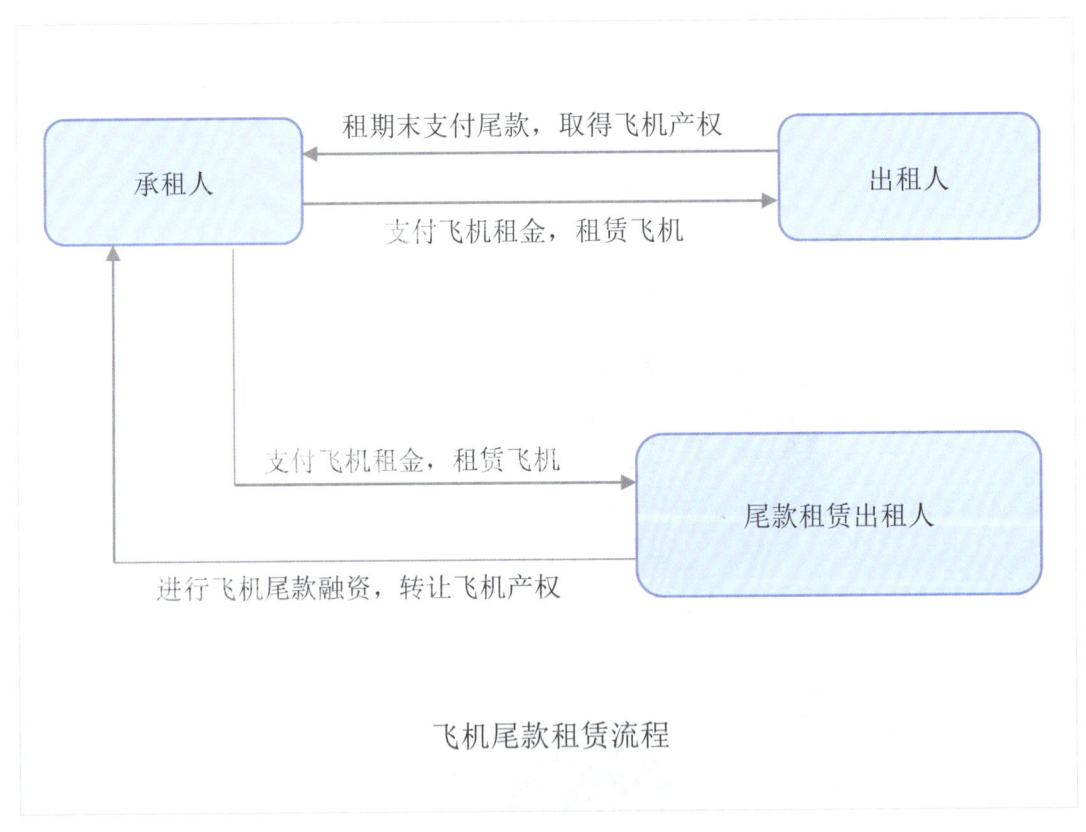

飞机尾款租赁流程

飞机租赁主要信息列表	租赁基本情况	租金总额
		每期租金金额
		租金期次
		租金支付日
		起租日期
		融资金额
		飞机价格
		飞机交付日期
	保险基本信息	保修金额
		承保人
		投保人
		保修权益转让协议
	发动机基本信息	发动机价格
		发动机制造商发票号
		发动机质保协议
		发动机协议号
		发动机序列号
		发动机制造商
		发动机型号
	机身基本信息	机身价格
		机身质保协议号（包括补充协议号）
		BFE卖据
		机身制造商卖据
		机身制造商发票号
		中国国籍标志和登记标志
		出厂序号
		飞机制造商
		飞机型号
	主要协议	轧差协议号
		购机协议转让协议号
		购机协议号
		租赁协议号

第三节 飞机租赁产业国家政策

法律	条款	具体内容
一、《中华人民共和国民用航空法》	第二十六条	民用航空器租赁合同,包括融资租赁合同和其他租赁合同,应当以书面形式订立。
	第二十七条	民用航空器的融资租赁,是指出租人按照承租人对供货方和民用航空器的选择,购得民用航空器,出租给承租人使用,由承租人定期交纳租金。
	第二十八条	融资租赁期间,出租人依法享有民用航空器所有权,承租人依法享有民用航空器的占有、使用、收益权。
	第二十九条	融资租赁期间,出租人不得干扰承租人依法占有、使用民用航空器;承租人应当适当地保管民用航空器,使之处于原交付时的状态,但是合理损耗和经出租人同意的对民用航空器的改变除外。
	第三十条	融资租赁期满,承租人应当将符合本法第二十九条规定状态的民用航空器退还出租人;但是,承租人依照合同行使购买民用航空器的权利或者为继续租赁而占有民用航空器的除外。
	第三十一条	民用航空器融资租赁中的供货方,不就同一损害同时对出租人和承租人承担责任。
	第三十二条	融资租赁期间,经出租人同意,在不损害第三人利益的情况下,承租人可以转让其对民用航空器的占有权或者租赁合同约定的其他权利。

法律	条款	具体内容
二、《中华人民共和国合同法》	第十三章 租赁合同	第二百一十二条 租赁合同是出租人将租赁物交付承租人使用、收益，承租人支付租金的合同。 第二百一十三条 租赁合同的内容包括租赁物的名称、数量、用途、租赁期限、租金及其支付期限和方式、租赁物维修等条款。 第二百一十四条 租赁期限不得超过二十年。超过二十年的，超过部分无效。租赁期间届满，当事人可以续订租赁合同，但约定的租赁期限自续订之日起不得超过二十年。 第二百一十五条 租赁期限六个月以上的，应当采用书面形式。当事人未采用书面形式的，视为不定期租赁。 第二百一十六条 出租人应当按照约定将租赁物交付承租人，并在租赁期间保持租赁物符合约定的用途。 第二百一十七条 承租人应当按照约定的方法使用租赁物。对租赁物的使用方法没有约定或者约定不明确，依照本法第六十一条的规定仍不能确定的，应当按照租赁物的性质使用。 第二百一十八条 承租人按照约定的方法或者租赁物的性质使用租赁物，致使租赁物受到损耗的，不承担损害赔偿责任。 第二百一十九条 承租人未按照约定的方法或者租赁物的性质使用租赁物，致使租赁物受到损失的，出租人可以解除合同并要求赔偿损失。 第二百二十条 出租人应当履行租赁物的维修义务，但当事人另有约定的除外。 第二百二十一条 承租人在租赁物需要维修时可以要求出租人在合理期限内维修。出租人未履行维修义务的，承租人可以自行维修，维修费用由出租人负担。因维修租赁物影响承租人使用的，应当相应减少租金或者延长租期。 第二百二十二条 承租人应当妥善保管租赁物，因保管不善造成租赁物毁损、灭失的，应当承担损害赔偿责任。 第二百二十四条 承租人经出租人同意，可以将租赁物转租给第三人。承租人转租的，承租人与出租人之间的租赁合同继续有效，第三人对租赁物造成损失的，承租人应当赔偿损失。承租人未经出租人同意转租的，出租人可以解除合同。

法律	条款	具体内容
二、《中华人民共和国合同法》	第十三章 租赁合同	第二百二十五条 在租赁期间因占有、使用租赁物获得的收益,归承租人所有,但当事人另有约定的除外。 第二百二十六条 承租人应当按照约定的期限支付租金。对支付期限没有约定或者约定不明确,依照本法第六十一条的规定仍不能确定,租赁期间不满一年的,应当在租赁期间届满时支付;租赁期间一年以上的,应当在每届满一年时支付,剩余期间不满一年的,应当在租赁期间届满时支付。 第二百二十九条 租赁物在租赁期间发生所有权变动的,不影响租赁合同的效力。 第二百三十五条 租赁期间届满,承租人应当返还租赁物。返还的租赁物应当符合按照约定或者租赁物的性质使用后的状态。
	第十四章 融资租赁合同	第二百三十七条 融资租赁合同是出租人根据承租人对出卖人、租赁物的选择,向出卖人购买租赁物,提供给承租人使用,承租人支付租金的合同。 第二百三十八条 融资租赁合同的内容包括租赁物名称、数量、规格、技术性能、检验方法、租赁期限、租金构成及其支付期限和方式、币种、租赁期间届满租赁物的归属等条款。融资租赁合同应当采用书面形式。 第二百三十九条 出租人根据承租人对出卖人、租赁物的选择订立的买卖合同,出卖人应当按照约定向承租人交付标的物,承租人享有与受领标的物有关的买受人的权利。 第二百四十条 出租人、出卖人、承租人可以约定,出卖人不履行买卖合同义务的,由承租人行使索赔的权利。承租人行使索赔权利的,出租人应当协助。 第二百四十一条 出租人根据承租人对出卖人、租赁物的选择订立的买卖合同,未经承租人同意,出租人不得变更与承租人有关的合同内容。 第二百四十二条 出租人享有租赁物的所有权。承租人破产的,租赁物不属于破产财产。

法律	条款	具体内容
二、《中华人民共和国合同法》	第十四章 融资租赁合同	第二百四十三条 融资租赁合同的租金，除当事人另有约定的以外，应当根据购买租赁物的大部分或者全部成本以及出租人的合理利润确定。 第二百四十四条 租赁物不符合约定或者不符合使用目的的，出租人不承担责任，但承租人依赖出租人的技能确定租赁物或者出租人干预选择租赁物的除外。 第二百四十五条 出租人应当保证承租人对租赁物的占有和使用。 第二百四十六条 承租人占有租赁物期间，租赁物造成第三人的人身伤害或者财产损害的，出租人不承担责任。 第二百四十七条 承租人应当妥善保管、使用租赁物。承租人应当履行占有租赁物期间的维修义务。 第二百四十八条 承租人应当按照约定支付租金。承租人经催告后在合理期限内仍不支付租金的，出租人可以要求支付全部租金；也可以解除合同，收回租赁物。 第二百四十九条 当事人约定租赁期间届满租赁物归承租人所有，承租人已经支付大部分租金，但无力支付剩余租金，出租人因此解除合同收回租赁物的，收回的租赁物的价值超过承租人欠付的租金以及其他费用的，承租人可以要求部分返还。 第二百五十条 出租人和承租人可以约定租赁期间届满租赁物的归属。对租赁物的归属没有约定或者约定不明确，依照本法第六十一条的规定仍不能确定的，租赁物的所有权归出租人。

法律	条款	具体内容
三、《企业会计准则第21号——租赁》	第一章 总则	第二条 租赁，是指在一定期间内，出租人将资产的使用权让与承租人以获取对价的合同。 第三条 本准则适用于所有租赁，但下列各项除外： （一）承租人通过许可使用协议取得的电影、录像、剧本、文稿等版权、专利等项目的权利，以出让、划拨或转让方式取得的土地使用权，适用《企业会计准则第6号——资产》。 （二）出租人授予的知识产权许可，适用《企业会计准则第14号——收入》。 勘探或使用矿产、石油、天然气及类似不可再生资源的租赁，承租人承租生物资产，采用建设经营移交等方式参与公共基础设施建设、运营的特许经营权合同，不适用本准则。
	第三章 承租人的会计处理	第十四条 在租赁期开始日，承租人应当对租赁确认使用权资产和租赁负债，应用本准则第三章第三节进行简化处理的短期租赁和低价值资产租赁除外。 使用权资产，是指承租人可在租赁期内使用租赁资产的权利。 租赁期开始日，是指出租人提供租赁资产使其可供承租人使用的起始日期。 第十五条 租赁期，是指承租人有权使用租赁资产且不可撤销的期间。承租人有续租选择权，即有权选择续租该资产，且合理确定将行使该选择权的，租赁期还应当包含续租选择权涵盖的期间。承租人有终止租赁选择权，即有权选择终止租赁该资产，但合理确定将不会行使该选择权的，租赁期应当包含终止租赁选择权涵盖的期间。 发生承租人可控范围内的重大事件或变化，且影响承租人是否合理确定将行使相应选择权的，承租人应当对其是否合理确定将行使续租选择权、购买选择权或不行使终止租赁选择权进行重新评估。 第十六条 使用权资产应当按照成本进行初始计量。该成本包括： （一）租赁负债的初始计量金额；

法律	条款	具体内容
三、《企业会计准则第21号——租赁》	第三章 承租人的会计处理	（二）在租赁期开始日或之前支付的租赁付款额，存在租赁激励的，扣除已享受的租赁激励相关金额； （三）承租人发生的初始直接费用； （四）承租人为拆卸及移除租赁资产、复原租赁资产所在场地或将租赁资产恢复至租赁条款约定状态预计将发生的成本。前述成本属于为生产存货而发生的，适用《企业会计准则第1号——存货》。 承租人应当按照《企业会计准则第13号——或有事项》对本条第（四）项所述成本进行确认和计量。 租赁激励，是指出租人为达成租赁向承租人提供的优惠，包括出租人向承租人支付的与租赁有关的款项、出租人为承租人偿付或承担的成本等。 初始直接费用，是指为达成租赁所发生的增量成本。增量成本是指若企业不取得该租赁，则不会发生的成本。 第十七条 租赁负债应当按照租赁期开始日尚未支付的租赁付款额的现值进行初始计量。 在计算租赁付款额的现值时，承租人应当采用租赁内含利率作为折现率；无法确定租赁内含利率的，应当采用承租人增量借款利率作为折现率。 租赁内含利率，是指使出租人的租赁收款额的现值与未担保余值的现值之和等于租赁资产公允价值与出租人的初始直接费用之和的利率。 承租人增量借款利率，是指承租人在类似经济环境下为获得与使用权资产价值接近的资产，在类似期间以类似抵押条件借入资金须支付的利率。 第十八条 租赁付款额，是指承租人向出租人支付的与在租赁期内使用租赁资产的权利相关的款项，包括： （一）固定付款额及实质固定付款额，存在租赁激励的，扣除租赁激励相关金额； （二）取决于指数或比率的可变租赁付款额，该款项在初始计量时根据租赁期开始日的指数或比率确定； （三）购买选择权的行权价格，前提是承租人合理确定将行使该选择权；

法律	条款	具体内容
三、《企业会计准则第21号——租赁》	第三章 承租人的会计处理	（四）行使终止租赁选择权需支付的款项，前提是租赁期反映出承租人将行使终止租赁选择权； （五）根据承租人提供的担保余值预计应支付的款项。 实质固定付款额，是指在形式上可能包含变量但实质上无法避免的付款额。 可变租赁付款额，是指承租人为取得在租赁期内使用租赁资产的权利，向出租人支付的因租赁期开始日后的事实或情况发生变化（而非时间推移）而变动的款项。取决于指数或比率的可变租赁付款额包括与消费者价格指数挂钩的款项、与基准利率挂钩的款项和为反映市场租金费率变化而变动的款项等。 第十九条 担保余值，是指与出租人无关的一方向出租人提供担保，保证在租赁结束时租赁资产的价值至少为某指定的金额。 未担保余值，是指租赁资产余值中，出租人无法保证能够实现或仅由与出租人有关的一方予以担保的部分。 第二节 后续计量 第二十条 在租赁期开始日后，承租人应当按照本准则第二十一条、第二十二条、第二十七条及第二十九条的规定，采用成本模式对使用权资产进行后续计量。 第二十一条 承租人应当参照《企业会计准则第4号——固定资产》有关折旧规定，对使用权资产计提折旧。 承租人能够合理确定租赁期届满时取得租赁资产所有权的，应当在租赁资产剩余使用寿命内计提折旧。无法合理确定租赁期届满时能够取得租赁资产所有权的，应当在租赁期与租赁资产剩余使用寿命两者孰短的期间内计提折旧。 第二十二条 承租人应当按照《企业会计准则第8号——资产减值》的规定，确定使用权资产是否发生减值，并对已识别的减值损失进行会计处理。 第二十三条 承租人应当按照固定的周期性利率计算租赁负债在租赁期内各期间的利息费用，并计入当期损益。按照《企业会计准则第17号——借款费用》等其他准则规定应当计入相关资产成本的，从其规定。

法律	条款	具体内容
三、《企业会计准则第21号——租赁》	第三章 承租人的会计处理	该周期性利率，是按照本准则第十七条规定所采用的折现率，或者按照本准则第二十五条、第二十六条和二十九条规定所采用的修订后的折现率。 第二十四条 未纳入租赁负债计量的可变租赁付款额应当在实际发生时计入当期损益。按照《企业会计准则第1号——存货》等其他准则规定应当计入相关资产成本的，从其规定。 第二十五条 在租赁期开始日后，发生下列情形的，承租人应当重新确定租赁付款额，并按变动后租赁付款额和修订后的折现率计算的现值重新计量租赁负债： （一）因依据本准则第十五条第四款规定，续租选择权或终止租赁选择权的评估结果发生变化，或者前述选择权的实际行使情况与原评估结果不一致等导致租赁期变化的，应当根据新的租赁期重新确定租赁付款额； （二）因依据本准则第十五条第四款规定，购买选择权的评估结果发生变化的，应当根据新的评估结果重新确定租赁付款额。 在计算变动后租赁付款额的现值时，承租人应当采用剩余租赁期间的租赁内含利率作为修订后的折现率；无法确定剩余租赁期间的租赁内含利率的，应当采用重估日的承租人增量借款利率作为修订后的折现率。 第二十六条 在租赁期开始日后，根据担保余值预计的应付金额发生变动，或者因用于确定租赁付款额的指数或比率变动而导致未来租赁付款额发生变动的，承租人应当按照变动后租赁付款额的现值重新计量租赁负债。在这些情形下，承租人采用的折现率不变；但是，租赁付款额的变动源自浮动利率变动的，使用修订后的折现率。 第二十七条 承租人在根据本准则第二十五条、第二十六条或因实质固定付款额变动重新计量租赁负债时，应当相应调整使用权资产的账面价值。使用权资产的账面价值已调减至零，但租赁负债仍需进一步调减的，承租人应当将剩余金额计入当期损益。 第二十八条 租赁发生变更且同时符合下列条件的，承租人应当将该租赁变更作为一项单独租赁进行会计处理： （一）该租赁变更通过增加一项或多项租赁资产的使用权而扩大了租

法律	条款	具体内容
三、《企业会计准则第21号——租赁》	第三章 承租人的会计处理	赁范围; (二)增加的对价与租赁范围扩大部分的单独价格按该合同情况调整后的金额相当。 租赁变更,是指原合同条款之外的租赁范围、租赁对价、租赁期限的变更,包括增加或终止一项或多项租赁资产的使用权,延长或缩短合同规定的租赁期等。 第二十九条 租赁变更未作为一项单独租赁进行会计处理的,在租赁变更生效日,承租人应当按照本准则第九条至第十二条的规定分摊变更后合同的对价,按照本准则第十五条的规定重新确定租赁期,并按照变更后租赁付款额和修订后的折现率计算的现值重新计量租赁负债。 在计算变更后租赁付款额的现值时,承租人应当采用剩余租赁期间的租赁内含利率作为修订后的折现率;无法确定剩余租赁期间的租赁内含利率的,应当采用租赁变更生效日的承租人增量借款利率作为修订后的折现率。租赁变更生效日,是指双方就租赁变更达成一致的日期。 租赁变更导致租赁范围缩小或租赁期缩短的,承租人应当相应调减使用权资产的账面价值,并将部分终止或完全终止租赁的相关利得或损失计入当期损益。其他租赁变更导致租赁负债重新计量的,承租人应当相应调整使用权资产的账面价值。
	第四章 出租人的会计处理	第一节 出租人的租赁分类 第三十五条 出租人应当在租赁开始日将租赁分为融资租赁和经营租赁。 租赁开始日,是指租赁合同签署日与租赁各方就主要租赁条款作出承诺日中的较早者。 融资租赁,是指实质上转移了与租赁资产所有权有关的几乎全部风险和报酬的租赁。其所有权最终可能转移,也可能不转移。 经营租赁,是指除融资租赁以外的其他租赁。 在租赁开始日后,出租人无需对租赁的分类进行重新评估,除非发生租赁变更。租赁资产预计使用寿命、预计余值等会计估计变更或发生承租人违约等情况变化的,出租人不对租赁的分类进行重新评估。

法律	条款	具体内容
三、《企业会计准则第21号——租赁》	第四章 出租人的会计处理	第三十六条 一项租赁属于融资租赁还是经营租赁取决于交易的实质，而不是合同的形式。如果一项租赁实质上转移了与租赁资产所有权有关的几乎全部风险和报酬，出租人应当将该项租赁分类为融资租赁。 一项租赁存在下列一种或多种情形的，通常分类为融资租赁： （一）在租赁期届满时，租赁资产的所有权转移给承租人。 （二）承租人有购买租赁资产的选择权，所订立的购买价款与预计行使选择权时租赁资产的公允价值相比足够低，因而在租赁开始日就可以合理确定承租人将行使该选择权。 （三）资产的所有权虽然不转移，但租赁期占租赁资产使用寿命的大部分。 （四）在租赁开始日，租赁收款额的现值几乎相当于租赁资产的公允价值。 （五）租赁资产性质特殊，如果不作较大改造，只有承租人才能使用。 一项租赁存在下列一项或多项迹象的，也可能分类为融资租赁： （一）若承租人撤销租赁，撤销租赁对出租人造成的损失由承租人承担。 （二）资产余值的公允价值波动所产生的利得或损失归属于承租人。 （三）承租人有能力以远低于市场水平的租金继续租赁至下一期间。 第三十七条 转租出租人应当基于原租赁产生的使用权资产，而不是原租赁的标的资产，对转租赁进行分类。 但是，原租赁为短期租赁，且转租出租人应用本准则第三十二条对原租赁进行简化处理的，转租出租人应当将该转租赁分类为经营租赁。 第二节 出租人对融资租赁的会计处理 第三十八条 在租赁期开始日，出租人应当对融资租赁确认应收融资租赁款，并终止确认融资租赁资产。 出租人对应收融资租赁款进行初始计量时，应当以租赁投资净额作为应收融资租赁款的入账价值。 租赁投资净额为未担保余值和租赁期开始日尚未收到的租赁收款额按照租赁内含利率折现的现值之和。

法律	条款	具体内容
三、《企业会计准则第21号——租赁》	第四章 出租人的会计处理	租赁收款额，是指出租人因让渡在租赁期内使用租赁资产的权利而应向承租人收取的款项，包括： （一）承租人需支付的固定付款额及实质固定付款额，存在租赁激励的，扣除租赁激励相关金额； （二）取决于指数或比率的可变租赁付款额，该款项在初始计量时根据租赁期开始日的指数或比率确定； （三）购买选择权的行权价格，前提是合理确定承租人将行使该选择权； （四）承租人行使终止租赁选择权需支付的款项，前提是租赁期反映出承租人将行使终止租赁选择权； （五）由承租人、与承租人有关的一方以及有经济能力履行担保义务的独立第三方向出租人提供的担保余值。 在转租的情况下，若转租的租赁内含利率无法确定，转租出租人可采用原租赁的折现率（根据与转租有关的初始直接费用进行调整）计量转租投资净额。 第三十九条 出租人应当按照固定的周期性利率计算并确认租赁期内各个期间的利息收入。该周期性利率，是按照本准则第三十八条规定所采用的折现率，或者按照本准则第四十四条规定所采用的修订后的折现率。 第四十条 出租人应当按照《企业会计准则第22号——金融工具确认和计量》和《企业会计准则第23号——金融资产转移》的规定，对应收融资租赁款的终止确认和减值进行会计处理。 出租人将应收融资租赁款或其所在的处置组划分为持有待售类别的，应当按照《企业会计准则第42号——持有待售的非流动资产、处置组和终止经营》进行会计处理。 第四十一条 出租人取得的未纳入租赁投资净额计量的可变租赁付款额应当在实际发生时计入当期损益。 第四十二条 生产商或经销商作为出租人的融资租赁，在租赁期开始日，该出租人应当按照租赁资产公允价值与租赁收款额按市场利率折现的现值两者孰低确认收入，并按照租赁资产账面价值扣除未担保余值的现值后的余额结转销售成本。 生产商或经销商出租人为取得融资租赁发生的成本，应当在租赁期开始

法律	条款	具体内容
三、《企业会计准则第21号——租赁》	第四章 出租人的会计处理	日计入当期损益。 第四十三条 融资租赁发生变更且同时符合下列条件的，出租人应当将该变更作为一项单独租赁进行会计处理： （一）该变更通过增加一项或多项租赁资产的使用权而扩大了租赁范围； （二）增加的对价与租赁范围扩大部分的单独价格按该合同情况调整后的金额相当。 第四十四条 融资租赁的变更未作为一项单独租赁进行会计处理的，出租人应当分别下列情形对变更后的租赁进行处理： （一）假如变更在租赁开始日生效，该租赁会被分类为经营租赁的，出租人应当自租赁变更生效日开始将其作为一项新租赁进行会计处理，并以租赁变更生效日前的租赁投资净额作为租赁资产的账面价值； （二）假如变更在租赁开始日生效，该租赁会被分类为融资租赁的，出租人应当按照《企业会计准则第22号——金融工具确认和计量》关于修改或重新议定合同的规定进行会计处理。 第三节 出租人对经营租赁的会计处理 第四十五条 在租赁期内各个期间，出租人应当采用直线法或其他系统合理的方法，将经营租赁的租赁收款额确认为租金收入。其他系统合理的方法能够更好地反映因使用租赁资产所产生经济利益的消耗模式的，出租人应当采用该方法。 第四十六条 出租人发生的与经营租赁有关的初始直接费用应当资本化，在租赁期内按照与租金收入确认相同的基础进行分摊，分期计入当期损益。 第四十七条 对于经营租赁资产中的固定资产，出租人应当采用类似资产的折旧政策计提折旧；对于其他经营租赁资产，应当根据该资产适用的企业会计准则，采用系统合理的方法进行摊销。 出租人应当按照《企业会计准则第8号——资产减值》的规定，确定经营租赁资产是否发生减值，并进行相应会计处理。 第四十八条 出租人取得的与经营租赁有关的未计入租赁收款额的可变租赁付款额，应当在实际发生时计入当期损益。 第四十九条 经营租赁发生变更的，出租人应当自变更生效日起将其作

法律	条款	具体内容
三、《企业会计准则第21号——租赁》	第四章 出租人的会计处理	为一项新租赁进行会计处理，与变更前租赁有关的预收或应收租赁收款额应当视为新租赁的收款额。 第五章 售后租回交易 第五十条 承租人和出租人应当按照《企业会计准则第14号——收入》的规定，评估确定售后租回交易中的资产转让是否属于销售。 第五十一条 售后租回交易中的资产转让属于销售的，承租人应当按原资产账面价值中与租回获得的使用权有关的部分，计量售后租回所形成的使用权资产，并仅就转让至出租人的权利确认相关利得或损失；出租人应当根据其他适用的企业会计准则对资产购买进行会计处理，并根据本准则对资产出租进行会计处理。 如果销售对价的公允价值与资产的公允价值不同，或者出租人未按市场价格收取租金，则企业应当将销售对价低于市场价格的款项作为预付租金进行会计处理，将高于市场价格的款项作为出租人向承租人提供的额外融资进行会计处理；同时，承租人按照公允价值调整相关销售利得或损失，出租人按市场价格调整租金收入。 在进行上述调整时，企业应当基于以下两者中更易于确定的项目：销售对价的公允价值与资产公允价值之间的差额、租赁合同中付款额的现值与按租赁市价计算的付款额现值之间的差额。 第五十二条 售后租回交易中的资产转让不属于销售的，承租人应当继续确认被转让资产，同时确认一项与转让收入等额的金融负债，并按照《企业会计准则第22号——金融工具确认和计量》对该金融负债进行会计处理；出租人不确认被转让资产，但应当确认一项与转让收入等额的金融资产，并按照《企业会计准则第22号——金融工具确认和计量》对该金融资产进行会计处理。

第四节 飞机租赁贸易进口报验状态

监管方式	商品编号	商品名称	商品规格、型号
0110	8802401000	民航客运飞机	航空运输；客运飞机；41413千克；BOEING；B737-800
0110	8802401000	民航客运飞机	航空运输；客运飞机；41413千克；BOEING；B737-87L
0110	8802401000	民航客运飞机	航空运输；客运飞机；41413千克；BOEING；B737-800
0110	8802401000	民航客运飞机	航空运输；客运飞机；41244千克；AIRBUS；A320-200
0110	8802401000	民航客运飞机	航空运输；客运飞机；41244千克；AIRBUS；A320-214
0110	8802401000	民航客运飞机	航空运输；客运飞机；41413千克；BOEING
0110	8802401000	民航客运飞机	航空运输；客运飞机；41413千克；BOEING；B737-800
0110	8802401000	民航客运飞机	航空运输；客运飞机；40540千克；AIRBUS；A319-133
0110	8802401000	民航客运飞机	航空运输；客运飞机；41345千克；AIRBUS；A320-232；非公务机
0110	8802401000	民航客运飞机	航空运输；客运飞机；40590千克；AIRBUS；A319-133
0110	8802401000	民航客运飞机	航空运输；客运飞机；41960千克；AIRBUS；A320-232；非公务机
0110	8802401000	民航客运飞机	航空运输；客运飞机；41910千克；AIRBUS；A320-232
0110	8802401000	民航客运飞机	航空运输；客运飞机；41950千克；AIRBUS；A320-232

监管方式	商品编号	商品名称	商品规格、型号
0110	8802401000	民航客运飞机	航空运输；客运飞机；40540千克；AIRBUS；A319-133
0110	8802401000	民航客运飞机	航空运输；客运飞机；40570千克；AIRBUS；A319-133
0110	8802401000	民航客运飞机	航空运输；客运飞机；39826千克；AIRBUS；A319-133
0110	8802401000	民航客运飞机	航空运输；客运飞机；41345千克；AIRBUS；A320-200
0110	8802401000	民航客运飞机	航空运输；客运飞机；41468千克；BOEING；B737-800；非公务机
0110	8802401000	民航客运飞机	航空运输；客运飞机；41413千克；BOEING；B737-800；非公务机
0110	8802401000	民航客运飞机	航空运输；客运飞机；41413千克；BOEING；B737-800
0110	8802401000	民航客运飞机	航空运输；客运飞机；38060千克；BOEING；737-700
1523	8802402000	民航客运飞机	航空运输；客运飞机；122315千克；AIRBUS；A330-300；非公务机；B-1036/SN:1839；新飞机
1523	8802402000	民航客运飞机	航空运输；客运飞机；122300千克；AIRBUS；A330-300；非公务机；B-1017/SN:1829；新飞机
1523	8802402000	民航客运飞机	航空运输；客运飞机；122525千克；AIRBUS；A330-300；非公务机；B-8865/SN:1810；新飞机
1523	8802401000	民航客运飞机	航空运输；客运飞机；41244千克；AIRBUS；A320-214
1523	8802401000	民航客运飞机	航空运输；客运飞机；41930千克；AIRBUS；A320-214；非公务机；B-8219/MSN(SN):6721；新飞机

监管方式	商品编号	商品名称	商品规格、型号
1523	8802401000	民航客运飞机	航空运输；客运飞机；41413千克；BOEING；B737-800；非公务机；SN:61127；新飞机
1523	8802401000	民航客运飞机	航空运输；客运飞机；41413千克；BOEING；B737-800；非公务机；SN:61126；新飞机
4561	8802401000	民航客运飞机	航空运输；客运飞机；41204千克；BOEING；737-800
4561	8802401000	民航客运飞机	航空运输；客运飞机；41369千克；BOEING；737-800
4561	8802401000	民航客运飞机	航空运输；客运飞机；38963千克；BOEING；737-800；非公务机；SN:30692；旧飞机，出厂时间：2002年12月9日
4561	8802401000	民航客运飞机	航空运输；客运飞机；38904千克；BOEING；737-800；非公务机；SN:30680；旧飞机，出厂时间：2002年12月1日
4561	8802401000	民航客运飞机	航空运输；客运飞机；32940千克；BOEING；737-800；非公务机；SN:30628；2002年4月20日
4561	8802401000	民航客运飞机	航空运输；客运飞机；39113千克；BOEING；737-800；非公务机；SN:28241；2002年4月20日
9800	8802401000	民航客运飞机	航空运输；客运飞机；42104千克；AIRBUS；A320-214
9800	8802401000	民航客运飞机	航空运输；客运飞机；41995千克；AIRBUS；A320-214
9800	8802401000	民航客运飞机	航空运输；客运飞机；41890千克；AIRBUS；A320-214
9800	8802401000	民航客运飞机	航空运输；客运飞机；41990千克；AIRBUS；A320-214
9800	8802401000	民航客运飞机	航空运输；客运飞机；41990千克；AIRBUS；A320-214

监管方式	商品编号	商品名称	商品规格、型号
9800	8802401000	民航客运飞机	航空运输；客运飞机；41930千克；AIRBUS；A320-214
9800	8802401000	民航客运飞机	航空运输；客运飞机；41890千克；AIRBUS；A320-214；非公务机
9800	8802401000	民航客运飞机	航空运输；客运飞机；41930千克；AIRBUS；A320-214
9800	8802401000	民航客运飞机	航空运输；客运飞机；41890千克；AIRBUS；A320-214
9800	8802401000	民航客运飞机	航空运输；客运飞机；38963千克；BOEING；737-800
9800	8802401000	民航客运飞机	航空运输；客运飞机；41241千克；BOEING；737-800
9800	8802401000	民航客运飞机	航空运输；客运飞机；41413千克；波音B737-800
9800	8802401000	民航客运飞机	航空运输；客运飞机；41413千克；波音；B737-800
9800	8802401000	民航客运飞机	航空运输；客运飞机；41219千克；BOEING；737-800
9800	8802401000	民航客运飞机	航空运输；客运飞机；37785千克；BOEING
9800	8802401000	民航客运飞机	航空运输；客运飞机；37934千克；BOEING
9800	8802401000	民航客运飞机	航空运输；客运飞机；38904千克；BOEING；737-800
9800	8802401000	民航客运飞机	B737-800型客机
9800	8802402000	民航客运飞机	航空运输；客运飞机；122300千克；AIRBUS

监管方式	商品编号	商品名称	商品规格、型号
9800	8802402000	民航客运飞机	航空运输；客运飞机；122315千克；AIRBUS
9800	8802402000	民航客运飞机	航空运输；客运飞机；122300千克；AIRBUS；A330-300
9800	8802402000	民航客运飞机	航空运输；客运飞机；122315千克；AIRBUS
9800	8802401000	民航客运飞机	航空运输；客运飞机；32940千克；BOEING；737-800
9800	8802402000	民航客运飞机	航空运输；客运飞机；122525千克；AIRBUS；A330-300
9800	8802401000	民航客运飞机	航空运输；客运飞机；39113千克；BOEING；737-800
9800	8802401000	民航客运飞机	航空运输；客运飞机；41870千克；AIRBUS；A320-214；非公务机
9800	8802401000	民航客运飞机	航空运输；客运飞机；41870千克；AIRBUS；A320-214
9800	8802401000	民航客运飞机	航空运输；客运飞机；41870千克；AIRBUS；A320-214
9800	8802401000	民航客运飞机	航空运输；客运飞机；41942千克；AIRBUS；A320-214
9800	8802401000	民航客运飞机	航空运输；客运飞机；41942千克；AIRBUS
9800	8802401000	民航客运飞机	航空运输；客运飞机；41995千克；AIRBUS
9800	8802401000	民航客运飞机	航空运输；客运飞机；41990千克；AIRBUS；A320-214；非公务机
9800	8802401000	民航客运飞机	航空运输；客运飞机；41990千克；AIRBUS
9800	8802401000	民航客运飞机	航空运输；客运飞机；42120千克；AIRBUS；A320-214

监管方式	商品编号	商品名称	商品规格、型号
9800	8802401000	民航客运飞机	航空运输；客运飞机；42120千克；AIRBUS；A320-214；非公务机
9800	8802401000	民航客运飞机	航空运输；客运飞机；42120千克；AIRBUS；A320-214
9800	8802401000	民航客运飞机	航空运输；客运飞机；42120千克；AIRBUS；A320-214
9800	8802401000	民航客运飞机	航空运输；客运飞机；42120千克；AIRBUS
9800	8802401000	民航客运飞机	航空运输；客运飞机；42060千克；AIRBUS；A320-214
9800	8802401000	民航客运飞机	航空运输；客运飞机；42060千克；AIRBUS；A320-214；非公务机
9800	8802401000	民航客运飞机	航空运输；客运飞机；42060千克；AIRBUS；A320-214
9800	8802401000	民航客运飞机	航空运输；客运飞机；42060千克；AIRBUS；A320-214
9800	8802401000	民航客运飞机	航空运输；客运飞机；42060千克；AIRBUS

民航客机

公务机

直升飞机

波音737

空客A320

第五节 飞机租赁行业定价政策

一、飞机采购的价格（费用）构成

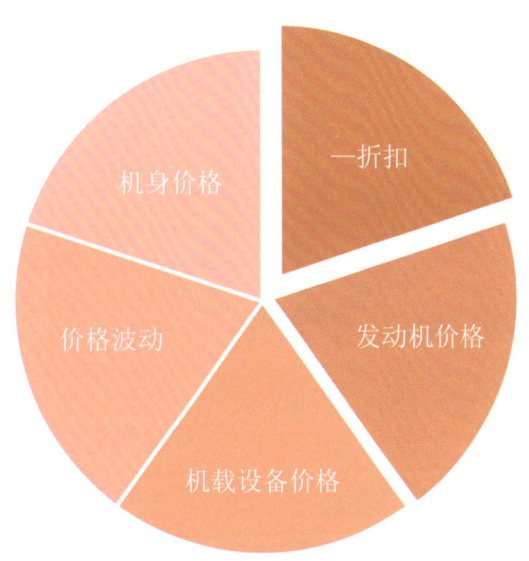

折扣的分类	折扣明细
按折扣类型分	现金扣减折扣
	信用折扣
按折扣内容分	机身折扣
	额外机身折扣
	改装折扣
	新用户折扣
	发动机折扣
部分飞机的折扣与飞机相关的零部件采购数量直接相关	

二、经营性租赁的价格（费用）构成

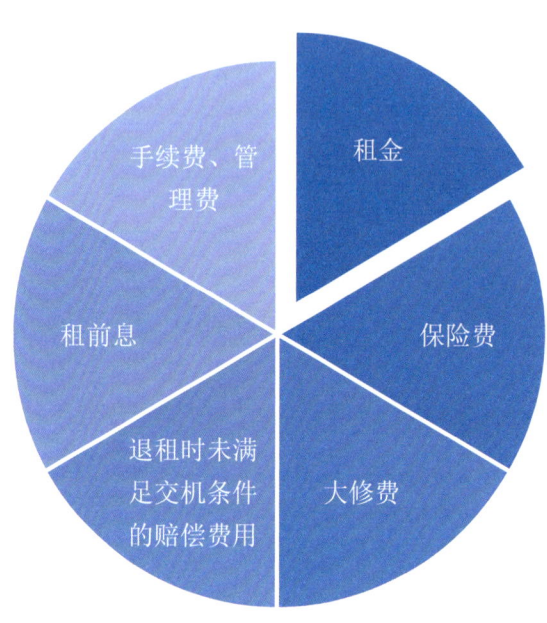

三、融资性租赁的价格（费用）构成

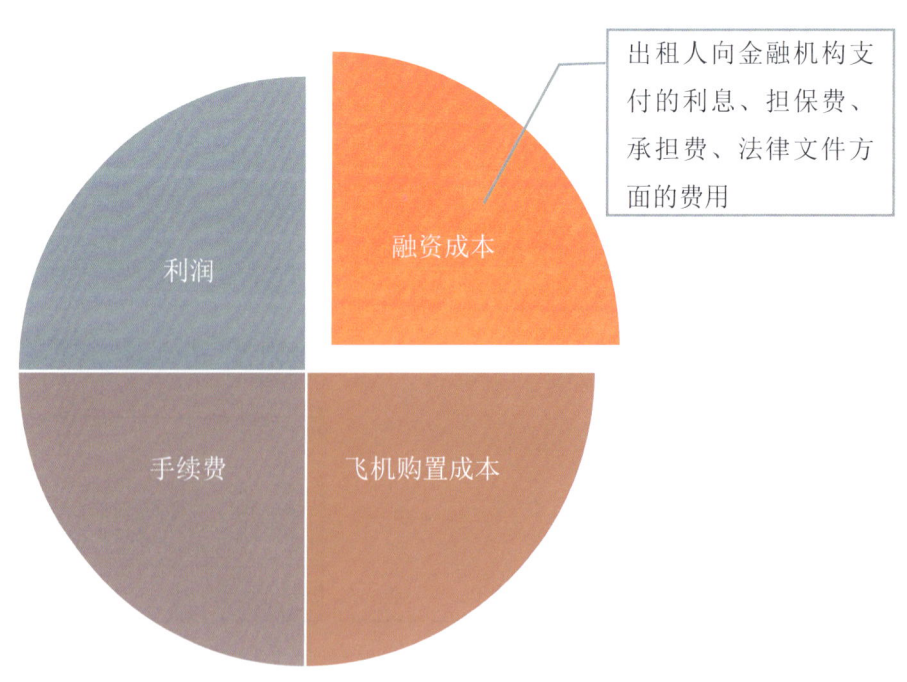

四、"包机租赁"公务机价格(费用)构成

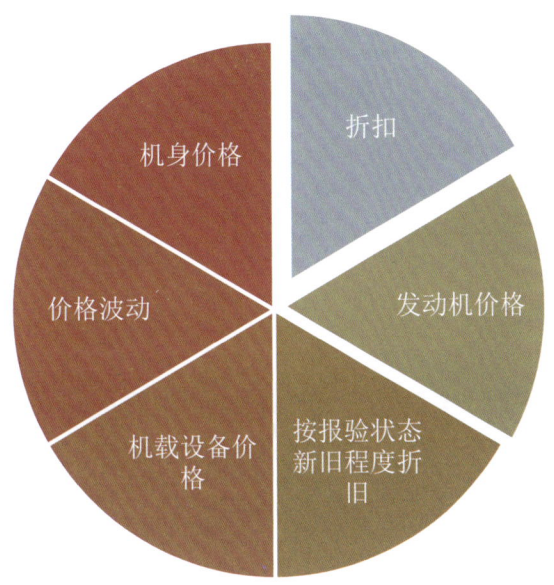

飞机价格构成要素表

		×年×月基础价格	浮动到交付日价格	×年×月基础价格数据来源
	机身			
构型变更	机身变更			
	系统变更			
	发动机			
	飞机总价			
	额外平衡折扣			
	机身折扣			
	飞机发动机新配置折扣			
	批量折扣			
现金折扣	额外机身折扣			
	机身变更折扣			
	"鲨鳍"翼梢设计折扣			
	额外机身变更折扣			
	飞机重量变更折扣			
	现金折扣总额			
	买家提供设备			
	飞机交付价格			
	发动机折扣			
	飞机净价			

注：交付日价格=基础价格×浮动系数

飞机交付价格=飞机总价-现金折扣总额+BFE

飞机净价=飞机交付价格-发动机折扣(现金或实物)

飞机价格评估表

价格要素（币种）

价格要素	基本金额	基本条件	基本日期	修订公式	最终金额
机体					
机身改装					
机身规格调整					
设备供应商选择					
发动机系统					
××型号发动机					
飞机总价					
付款通知					
卓越的价格稳定性					
机身					
行李运送装置					
机身附加					
机身规格调整					
新引擎选配					
"鲨鳍"小翼					
附加机身规格调整					
重量差异					
总付款通知					
附加要素					
买方提供设备					
发票金额					

第六节 商品估价解析

一、飞机采购估价解析

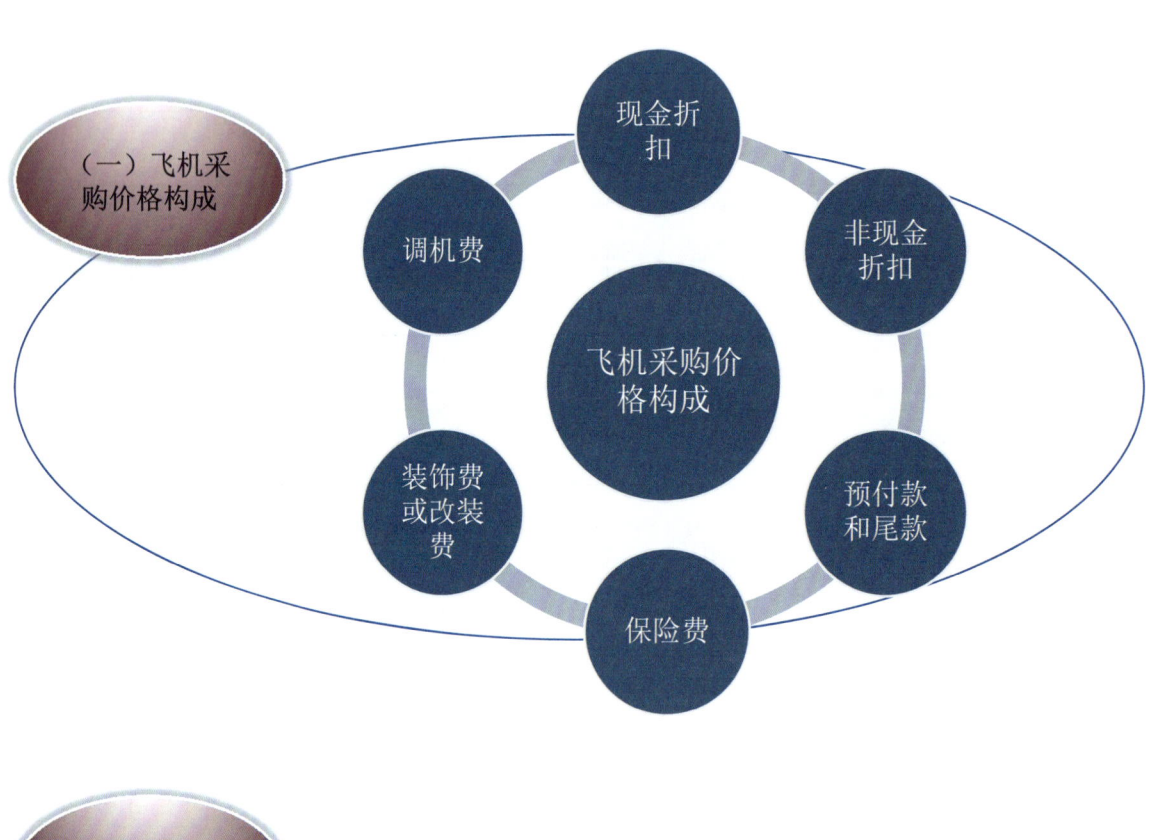

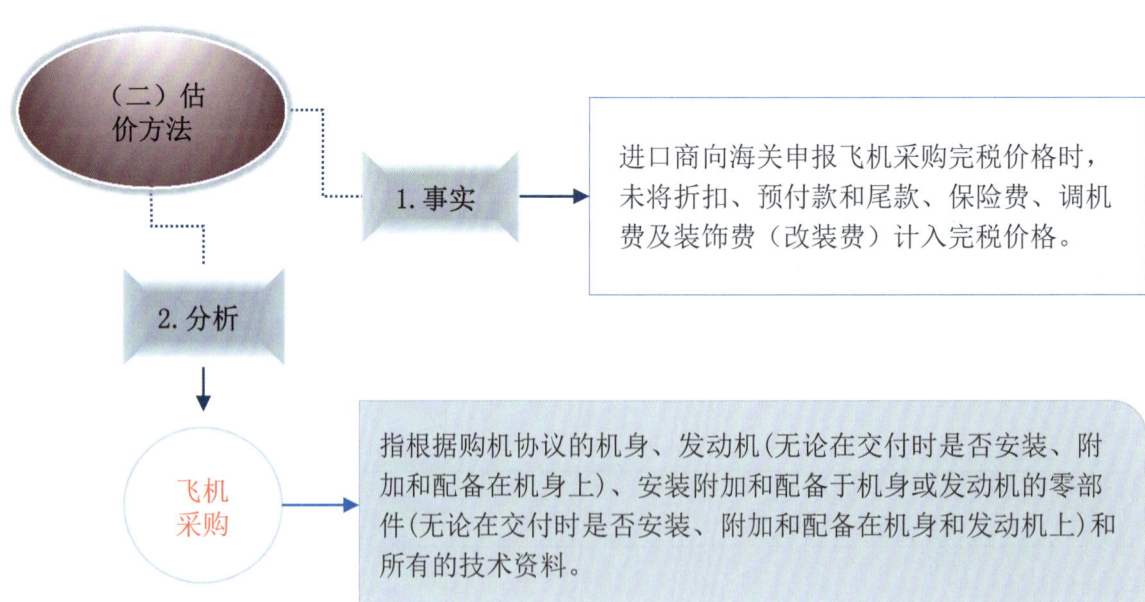

第八章 飞机租赁估价解析

飞机价格 → 指飞机的净价（包含BFE价款），即扣除机身制造商和发动机制造商就机身和发动机给予的现金折扣或现金回扣后的飞机购买价格。

飞机采购完税价格 → 按照《中华人民共和国海关审定进出口货物完税价格办法》（海关总署令第213号）

成交价格的调整项目

第七条　进口货物的成交价格，是指卖方向中华人民共和国境内销售该货物时买方为进口该货物向卖方实付、应付的，并且按照**本章第三节**的规定调整后的价款总额，包括直接支付的价款和间接支付的价款。

- **现金折扣**：是指受市场行情、购机数量、所选机型、谈判能力等因素的影响，卖方给予买方的价格减让，应按《审价办法》相关规定进行审核。

- **非现金折扣**：是指卖方给予买方的除现金折扣外的其他优惠，一般不能用于冲抵飞机货款，不应从飞机的完税价格中扣除。

- **预付款和尾款**：未包含在申报价格中的预付款和尾款是直接或间接支付的款项，应计入完税价格。

- **保险费**：对于飞机购买合同约定的由买方支付的机身、零备件一切险，应按航空保单区分出与进口飞机有关的国际运输时段的保险费，根据《审价办法》第三十六条的规定，计入飞机的完税价格。

- **装饰费或改装费**：属于飞机采购成本的一部分，应计入完税价格。

- **调机费**：买方委托国内托管公司到飞机制造厂代为验收并自行飞回境内的调机费，按照《审价办法》第三十五条的规定不再另行计入。

3. 结论

根据《中华人民共和国海关审定进出口货物完税价格办法》（海关总署令第213号）第七条，以及飞机采购价格的构成，现金折扣、非现金折扣、预付款和尾款、调机费、保险费及装饰费（改装费）应计入完税价格。如调机费为买方委托国内托管公司到飞机制造厂代为验收并自行飞回境内产生的，则按照《审价办法》第三十五条的规定不再另行计入。

（三）评论

采购进口飞机的完税价格按《审价办法》第七条规定进口货物的成交价格，是指卖方向中华人民共和国境内销售该货物时买方为进口该货物向卖方实付、应付的，**并且按照本章第三节的规定调整**后的价款总额，包括直接支付的价款和间接支付的价款。

以基础价格加浮动价格为基础审查确定

重点审核以下款项和费用：现金折扣、非现金折扣、预付款和尾款、调机费、保险费及装饰费（改装费）。

价格调整项目旨在说明使用成交价格估价方法确定进口货物的完税价格时，需要计入进口货物完税价格的价格调整项目。

在交易过程中，买卖双方可能会涉及对于交易本身的一些其他安排，这些安排是独立于销售行为之外存在的，通常会采取独立交易的形式，以独立合同、独立发票体现相关金额。进口商在进行会计处理时，通常也不记入被估货物的采购成本，而是进入费用栏目。

但在海关估价意义上，这些独立的交易安排与被估货物的生产、销售、出口等行为密切相关，也构成了被估货物的完税价格。如果价格调整项目已经包含在被估货物的发票价格中，则海关无须另行调整；如果价格调整项目单独存在，未包括在被估货物发票价格中，则海关需根据本条的规定，经调整以后确定完税价格。

综上，贸易实际中需关注购机协议和有关贸易安排，以及相关款项和费用，使完税价格符合贸易实际，还原贸易实质。

二、飞机租赁估价解析

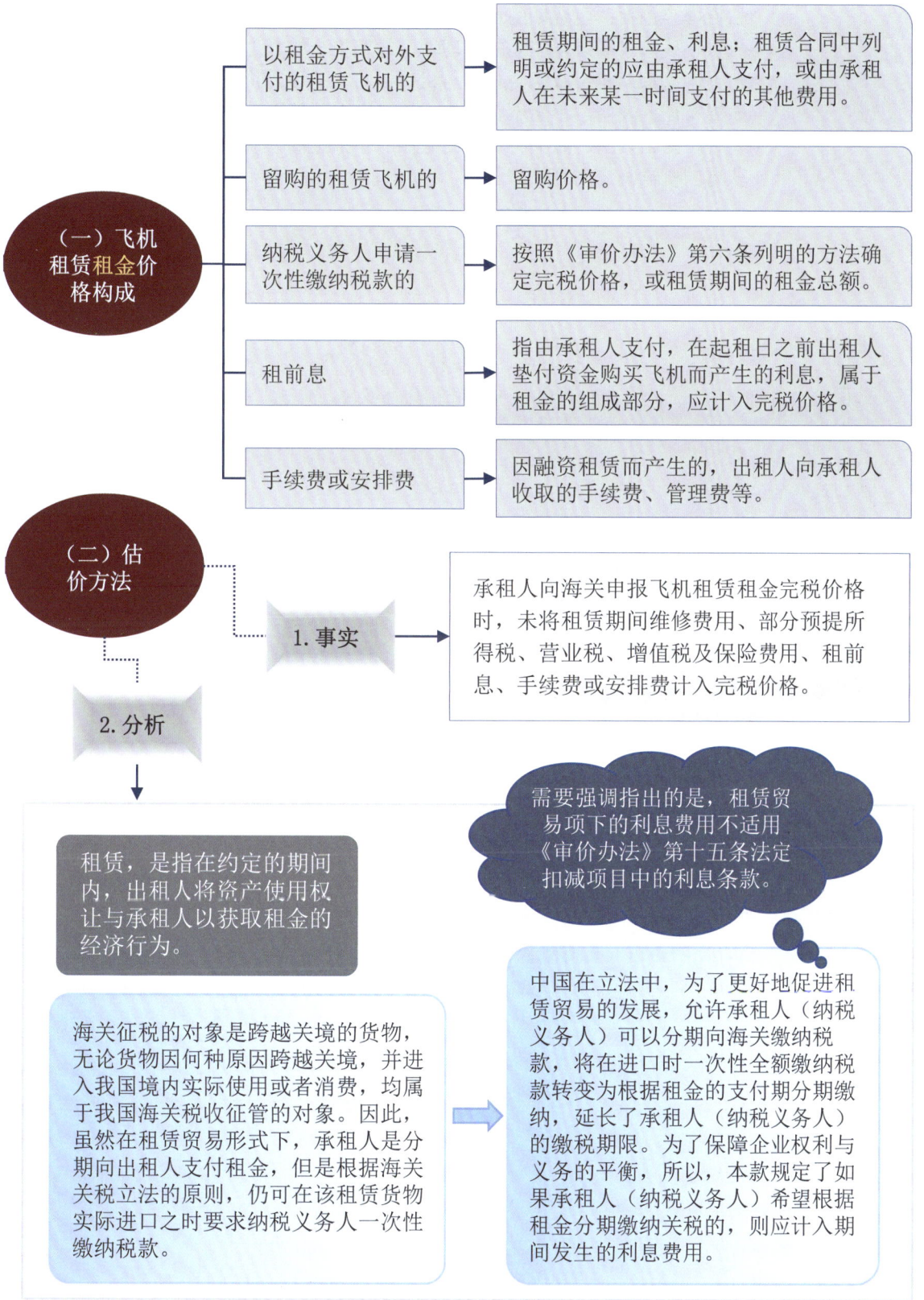

估价内容包括：租赁期的合理性、租赁标的物价值的合理性、租赁物残值（如果存在）的合理性、每期租金的合理性。其原则是确保每期租金或租金总额与租赁标的物的使用价值相匹配。如果有证据表明，租金不合理的，或者存在其他影响租赁交易公平性的因素的，海关将不接受企业的申报金额，而根据可以获得的资料确定完税价格。

租赁货物的主要特征是承租人定期向出租人支付租金，而不是采用一次性支付的形式，并因支付租金暂时获得某种财产的使用权。租金应计入该租赁货物的完税价格。

➡ 当以每期的租金作为完税价格时，为了租赁货物而向出租人支付的利息应计入该租赁货物的完税价格。由承租人支付，在起租日之前出租人垫付资金购买飞机而产生的利息，属于租金的组成部分，应计入完税价格。

➡ 在合同约定的租金之外另行为出租人承担的预提所得税、营业税、增值税以及租赁结束后未退还承租人的维修保证金，因融资租赁而产生的，出租人向承租人收取的手续费、管理费等均应计入完税价格。

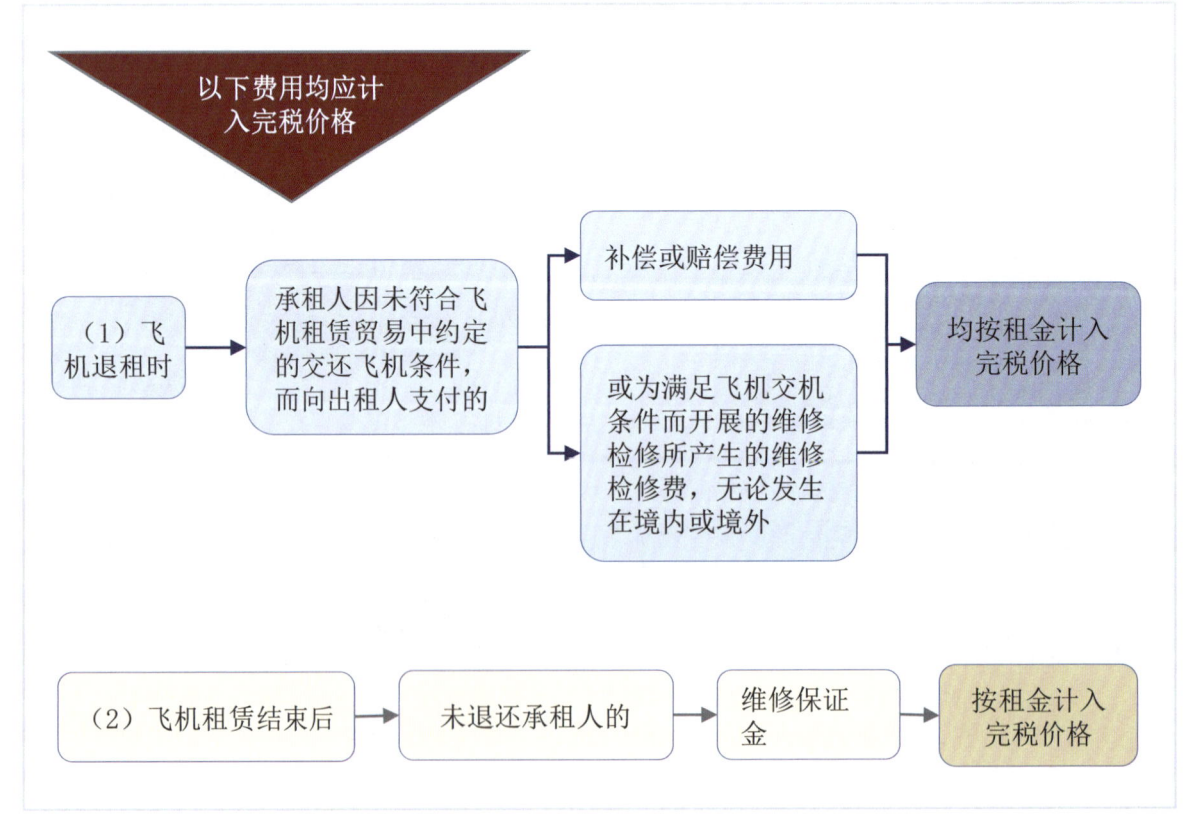

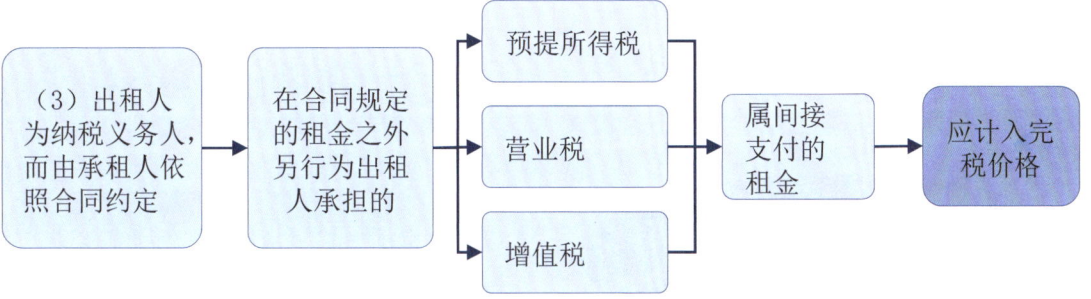

3. 结论

根据《中华人民共和国海关审定进出口货物完税价格办法》（海关总署令第213号）及其释义、WTO海关估价委员会相关建议，如果租赁进口的货物没有相同或类似进口货物，或者无法使用倒扣和计算方法估价时，海关可以使用合理方法对租赁货物实施估价。

（三）评论

由于租赁的实质是出租人向承租人让渡一定时期内的货物使用权，或者让渡一定时期内的资金使用权，其实质是服务贸易，并未发生实际的货物销售。《WTO估价协定》认为，在租赁贸易中，货物的所有权未发生转移，不符合货物销售的要件，不能采用成交价格方法估价。

WTO海关估价委员会曾建议，如果租赁进口的货物没有相同或类似进口货物，或者无法使用倒扣和计算方法估价时，海关可以使用合理方法对租赁货物实施估价，根据国内承租人，即纳税义务人在该被租赁货物经济使用期限内每期应支付的租金确定其完税价格。同时，对于某些可以在进口时确定该货物的完税价格的，本条也赋予可进口商选择一次性缴纳的权利。

中国海关在立法中，也借鉴了WTO的上述观点。鉴于租赁货物的特殊性，由于多数租赁货物为使用过的货物，或者货物的用途具有专用性，使用其他估价方法存在一定的困难，规定了对于租赁货物可以根据每期的租金确定完税价格。

同时，除合同列明的租金项目外，出租人与承租人在租赁合同中列明或约定的应由承租人支付，或由承租人在未来某一时间支付的其他费用，也属于应计入完税价格的租金的组成部分。

三、"包机销售"公务机估价解析

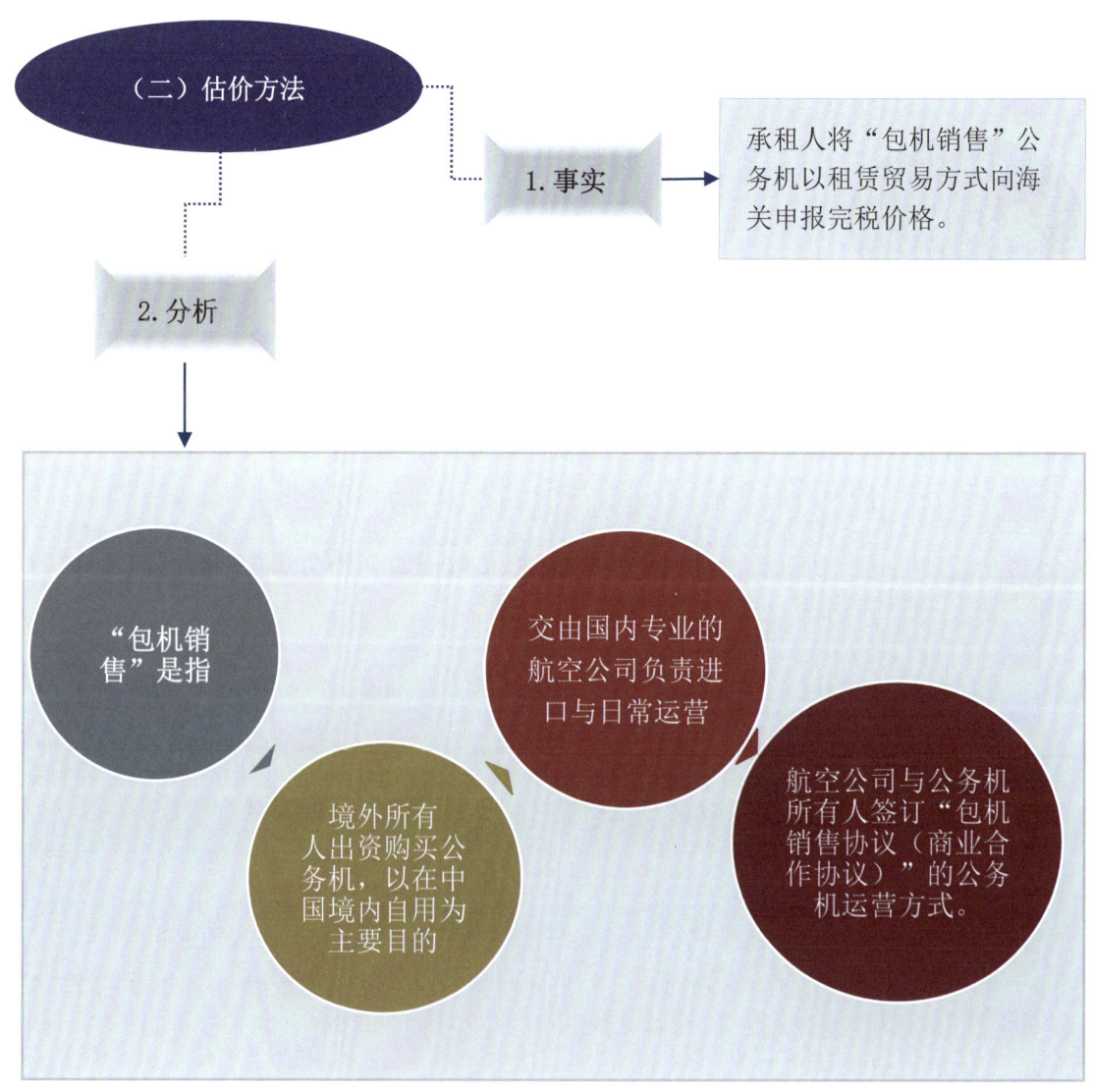

(1)"包机销售"公务机其贸易方式不属租赁贸易

> 租赁,是指在约定的期间内,出租人将资产使用权让与承租人以获取租金的经济行为。 → 主要特征是承租人定期向出租人支付租金 → "包机销售"的公务机无此特征

"包机销售"的公务机"所有权是外方,以包机销售费用作为'租金'向海关申报的公务机"是一种新型进口模式。 → 海关现有的监管方式,均不能完全适用其监管要求,根据进口公务机相关协议判断,飞机由其所有人交由境内航空公司托管。 → 其主要用途为境外所有人自用,且未发生境内外的实际租赁行为。 → 不宜以租赁贸易方式进行监管,不应以包机款作为计税依据。

(2)"包机销售"公务机不应按照"暂时进出境货物"方式监管

"包机销售"的公务机所有权是境外所有人
→ 由境内航空公司按照签订的"包机销售协议(商业合作协议)"托管
→ 并由境内航空公司负责进口与日常运营,主要目的以境外所有人在中国境内自用
→ 实行"包机销售"的公务机属于商业运营,与暂时进出境货物的要求不符
→ 不属于《中华人民共和国海关暂时进出境货物管理办法》所列暂时进出境货物的范围
→ 不应按照"暂时进出境货物"方式监管

(3) "包机销售"公务机应按照"其他贸易"方式监管

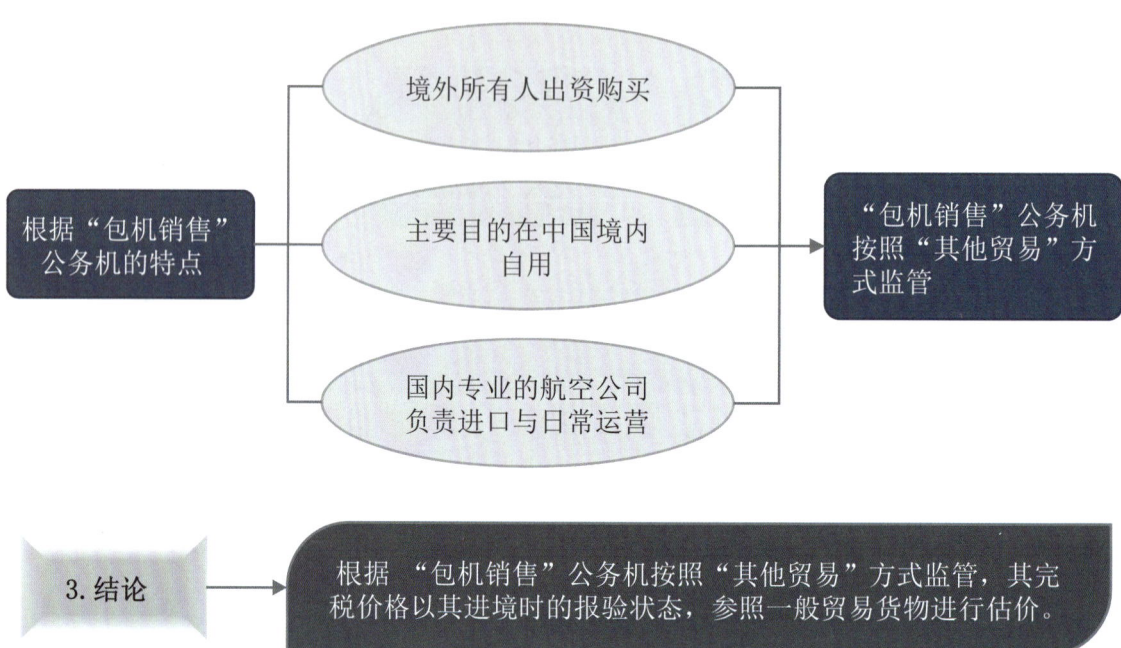

3. 结论 → 根据"包机销售"公务机按照"其他贸易"方式监管,其完税价格以其进境时的报验状态,参照一般贸易货物进行估价。

(三) 评论

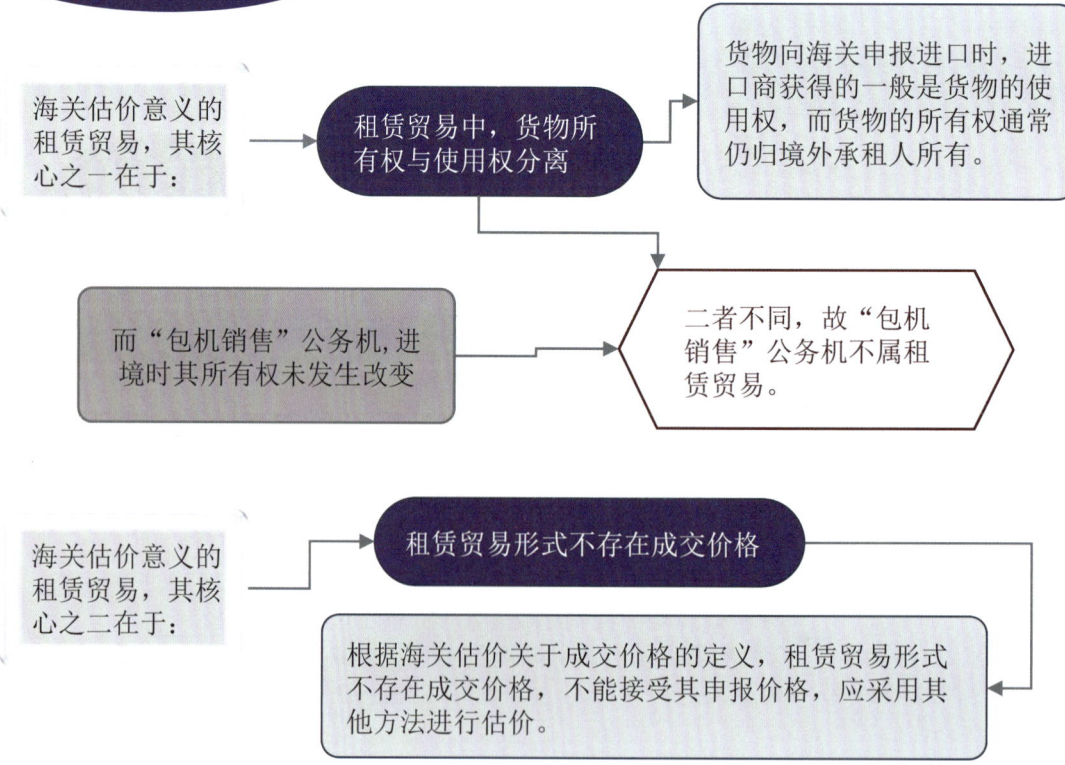

第八章 飞机租赁估价解析

- WTO对此也作出专门规定 → 《WTO估价协定》的成交价格方法不适用于租赁贸易

- 《中华人民共和国海关暂时进出境货物管理办法》所列暂时进出境货物的范围如下： ← 实行"包机销售"的公务机其性质与暂时进出境货物的要求不符。因此，也不应按照"暂时进出境货物"方式监管。

暂时进出境货物包括：

- 在展览会、交易会、会议以及类似活动中展示或者使用的货物；
- 文化、体育交流活动中使用的表演、比赛用品；
- 进行新闻报道或者摄制电影、电视节目使用的仪器、设备以及用品；
- 开展科研、教学、医疗活动使用的仪器、设备和用品；
- 在本款第（一）项至第（四）项所列活动中使用的交通工具以及特种车辆；
- 货样；
- 慈善活动使用的仪器、设备以及用品；
- 供安装、调试、检测、修理设备时使用的仪器以及工具；
- 盛装货物的包装材料；
- 旅游用自驾交通工具及其用品；
- 工程施工中使用的设备、仪器以及用品；
- 测试用产品、设备、车辆；
- 海关总署规定的其他暂时进出境货物。

综上，"包机销售"公务机既不属于租赁贸易，又不符合暂时进出境货物的范围，海关现有的监管方式，均不能完全适用其监管要求。 → 根据"包机销售"公务机的特点，按照"其他贸易"方式监管，其完税价格以其进境时的报验状态，参照一般贸易货物进行估价。

第七节 论 注

WTO关于租赁交易的规定

国别/机构	法律法规	法条内容
《WTO估价协定》	本《协定》中的销售概念 咨询性意见1.1	WTO海关估价委员会提出下述意见： （一）《关于实施1994年关税及贸易总协定第七条的协定》（以下简称本《协定》）未规定"销售"的定义，第一条第一款仅规定了满足某些要求和条件的具体商业运作。 （二）根据本《协定》的基本意图，即应尽可能使用进口货物的成交价格进行海关估价，只有最广义地理解"销售"一词，亦即应按第一条和第八条的规定合并理解从而加以确定，方可取得解释和实施方面的一致性。 （三）有益的是，需要制订一份不能被视为构成符合第一条和第八条一并要求条件的销售案例清单。在这些案例中，所使用的估价方法当然应根据本《协定》规定的先后次序加以确定。 根据上述意见制订的案例清单随附于后。这份清单并非是详尽无遗的，还须依据实践经验加以补充。
		按租借或租赁合同进口的货物，即使合同包括购买货物的选择权，租借或租赁交易就其本质而言，不构成销售交易。
		以出借方式提供，但货物的所有权仍属出借方。有时，货物（通常是机械）由货主出借给客户。这类交易不属于销售交易。

国别/机构	法律法规	法条内容
《WTO估价协定》	研究2.1 对租借或租赁货物的处理	（一）成交价格以进口货物出口销售到进口国的实付或应付价格为基础，是本《协定》下的首要估价方法。 （二）在咨询性意见1.1"本《协定》中的'销售'概念"中指出，即使合同包括购买货物的选择权，就租借或租赁交易本质而言，也不构成销售。因此对此类情况，成交价格方法并不适用，须按照本《协定》规定的顺序，采用其他估价方法。 （三）当存在与租借或租赁货物相同或相似货物出口销售到进口国时，本《协定》第二条或第三条的估价方法可能适用。 （四）如果本《协定》第二条和第三条也不适用，接下来就必须考虑第五条。但由于租借或租赁的货物实际上并不是在进口国内销售，因此在相同或类似货物在进口国有销售的情况下，才能适用第五条。如果第五条仍不适用，就有必要采用本《协定》第六条确定完税价格。 （五）一旦本《协定》第二条至第六条均不可能适用，就必须采用第七条项下的各种可能存在的方法进行估价。 （六）采用本《协定》第七条估价时，应首先按照第一条至第六条的顺序，利用合理灵活的方法进行估价。在此方面，应注意技术委员会有关实施第七条的法律文书（咨询性意见12.1、12.2和12.3）以及发表过的有关具体实施第七条的文件。 （七）如果按照本《协定》第七条的规定，按顺序采用第一条至第六条的估价方法也无法确定海关估价时，可以使用属于本条第二款范围之内的、与本《协定》和《关于实施关贸总协定第七条的协定》的原则和总则相一致的其他合理方法进行估价。 （八）例如，估价可以基于出口到进口国的有效（新的或使用过）的货物价格清单。在被估货物已被使用的案例中，首先考虑使用

国别/机构	法律法规	法条内容
《WTO估价协定》	研究 2.1 对租借或租赁货物的处理	的是使用过的货物的有效价格清单。如果没有，也可以使用新货物的价格清单。但是由于在确定进口货物的海关估价时考虑到进口货物进口时的状态，因此在采用新货物的价格清单时，必须将被估货物的折旧情况和报废等因素一并考虑进去。 （九）另一种办法就是请教估价专家，以求得海关和进口商均能接受的价格。用此方法确定的价格应符合本《协定》第七条的规定。 （十）在一些案例中，租赁合同中通常包括购买选择权。这种选择权的授予可能在合同初期、也可能在执行期，还可能在末期。在第一个情况中，海关估价应建立在选择性价格的基础上。在后两个情况中，海关估价应以租赁合同中的租金加上附加费用为基础。 （十一）在没有购买选择权的案例中，按本《协定》第七条的估价应以进口货物实付或应付的租赁费用为基础。这样，货物经济寿命期内的累计租赁费用可能成为估价的基础。另外，需要注意的是在某些案例中分期（在经济寿命期内）支付的租金要比一次性支付的租金高。 （十二）有时，确定货物的经济寿命常会遇到一些实际的问题，比如在技术变革率很高的行业中。而以往有关相同或相似货物经济寿命的经验或许有用，在大多数案例中，通常采用的解决办法是向专业进口公司进行咨询。另外应指出的是，新货物和使用过的货物的经济寿命是不同的，比如对于新货物而言，我们使用的是"全寿命期"，而对于使用过的货物而言，我们使用的是"剩余的寿命期"。

国别/机构	法律法规	法条内容
《WTO估价协定》	研究 2.1 对租借或租赁货物的处理	（十三）一旦确定了全部的租赁费用，可能就有必要根据合同条款和本《协定》有关的原则进行费用的调整，或是计入，或是扣除，以确定出完税价格。未包括在租赁费用中的应税项目，但可能成为计入项的也应予以考虑。在此方面，可对照本《协定》第八条所列的要素作为参考。在扣减方面，不应计入完税价格的因素都应扣减。 （十四）下例即说明以应付租赁费用为基础确定完税价格。（第八条各项要素忽略不计）。无论合同期多长，此方法均适用。货物在评估的经济寿命内重新出口，如果国内立法允许，关税及其他税费应予退还。

参考资料及数据来源

1. 赛迪智库：2018年全球集成电路产品贸易报告

   https://www.useit.com.cn/thread-22706-1-1.html

2. 中国产业信息网：2018年我国集成电路产业经营数据出炉

   http://www.chyxx.com/industry/201904/728243.html

3. 亿欧网：深度 | 全球半导体产业链分析及资产配置建议（上）

   https://www.iyiou.com/p/98620.html

4. 中国半导体行业状况简析:IDM模式&垂直分工模

   http://www.360doc.com/content/17/1107/16/40977736_701694188.shtml

5. 百度文库：芯片独家销售代理协议书

   https://wenku.baidu.com/view/7608d91b1fd9ad51f01dc281e53a580216fc50ea.html

6. 百度文库：OEM采购合同

   https://wenku.baidu.com/view/3447e857b6360b4c2e3f5727a5e9856a561226ab.html

7. 2018年中国医药行业经营数据分析及2019年趋势预测

   http://stock.10jqka.com.cn/20181228/c608960923.shtml

8. 中商情报网：2018年中国医药品进口量同比增长10.1%

   https://baijiahao.baidu.com/s?id=1623721033378570549&wfr=spider&for=pc

9. 百度文库：药品进口的流程、周期及价格体系构成

   https://wenku.baidu.com/view/dd3fbdc26137ee06eff91831.html

10. 百度文库：药品采购合同

    https://wenku.baidu.com/view/ca70ec62001ca300a6c30c22590102020740f21c.html?from=search

11. 中商情报网：2018年1～12月中国汽车及汽车底盘进口数量及金额增长情况分析（图）

    https://baijiahao.baidu.com/s?id=1622736708529019626&wfr=spider&for=pc

12. 百度文库：第十章 汽车贸易交易程序

    https://wenku.baidu.com/view/3685130451e79b8969022695.html

13. 百度文库：车辆采购合同

    https://wenku.baidu.com/view/bc42e6665b8102d276a20029bd64783e09127d28.html?from=search

14. 百度文库：销售确认书

    https://wenku.baidu.com/view/838885d0360cba1aa811dafa.html?from=search

15. 全球铁矿石四大指数简介

    http://blog.sina.com.cn/s/blog_72fdd1ae01011qb4.html

16. 中国产业信息：2018年中国大豆进口量及进口来源国家分析

    http://www.chyxx.com/industry/201808/667449.html

17. 中商情报网：2018年中国大豆市场回顾及2019年市场展望

http://www.askci.com/news/chanye/20181225/1523331139215_3.shtml

18. 中国产业信息：2018年油价走势分析、2019年油价走势预测及影响原油价格的主要因素分析

http://www.chyxx.com/industry/201901/705545.html

19. 中国产业信息：中国原油需求缺口量大于原油产量，进口依赖严重

http://www.chyxx.com/industry/201901/705566.html

20. 中国产业信息：2018年中国原油行业产量、消费量及进出口情况统计分析

http://www.chyxx.com/industry/201808/664511.html

21. 搜狐网：《Mysteel：铁矿石2018年市场回顾及2019年展望》

http://www.sohu.com/a/284681421_100032720

22. 中国产业信息：2019年铁矿石产量增速近2.2%，供过于求格局加剧、价格承压

http://www.chyxx.com/industry/201902/711978.html

23. 中商情报网：2018年铁矿价格整体窄幅震荡 2019年铁矿石市场将如何变化

http://www.askci.com/news/chanye/20181226/1746561139250.shtml

24. 兰格钢铁：2019年铁矿石市场或稳中微升

http://shidian.lgmi.com/html/201901/04/9023.htm

25. 百度文库：大豆国际贸易实务（现货交易与期货定价）

https://wenku.baidu.com/view/60696ad7227916888586d77b.html?from=search

26. 百度文库：原油采购销售合同

https://wenku.baidu.com/view/b7c76f69cbaedd3383c4bb4cf7ec4afe04a1b11c.html

27. 百度文库：进口铁矿石业务操作流程及市场分析

https://wenku.baidu.com/view/3b9b18dd102de2bd960588da.html?from=search

28. 百度文库：铁矿石贸易中英文合同

https://wenku.baidu.com/view/c39d2b9bdd3383c4ba4cd230.html?from=search

29. 搜狐网：原油定价机制

https://www.sohu.com/a/194169031_460360

30. 百度百科：远期合约

https://baike.baidu.com/item/%E8%BF%9C%E6%9C%9F%E5%90%88%E7%BA%A6

31. 百度百科：掉期

https://baike.baidu.com/item/%E6%8E%89%E6%9C%9F/3048850?fr=aladdin

32. 前瞻经济学人：2018年中国航空租赁行业现状分析，租赁机队规模已超3300架

https://www.qianzhan.com/analyst/detail/220/180223-8ce70db0.html

33. 搜狐网：大成•实践指南｜飞机经营租赁探讨——典型经营性租赁实例分析

https://www.sohu.com/a/199726302_806432

34. 搜狐网：飞机经营租赁合同——谈判点梳理

https://www.sohu.com/a/201804971_473276

35. 百度文库：航空器融资租赁合同范本

https://wenku.baidu.com/view/8cf4a25bb42acfc789eb172ded630b1c59ee9bdf.html

36. 谭向东.飞机租赁实务（修订版）[M].北京：中信出版社，2012。